디자인 정의

디자인 정의

우리에게 필요한 세상을 위한

송유미 옮김   사샤 코스탄자 척 지음

에이콘

에이콘출판의 기틀을 마련하신 故 정완재 선생님 (1935-2004)

연합 미디어 프로젝트(Allied Media Projects)를 위해
연합 미디어 프로젝트는 미디어를 기반으로 조직된 공동의 연구소로,
세상을 변화시키는 그들의 영향력은 여러 세대에 걸쳐 확산될 것이다.

**마더 사이보그(Mother Cyborg)와 디트로이트 커뮤니티 테크놀로지 프로젝트
(Detroit Community Technology Project)를 위해**
그들은 디지털 스튜어드십(digital stewardship), 디스코 테크(DiscoTechs),
그리고 우리에게 필요한 세상을 구축하는 선구자다.

두 개의 영혼(two-spirit) 사람들을 위해
기나긴 식민지 시대에서 살아남은 그들은 정당한 권리를 되찾고자
여전히 모닥불 앞에 모여 앉아 머리를 맞댄다.
그리고 자신의 자리를 되돌려달라고 목소리를 낸다.

감사의 글

이 책은 훌륭한 분들의 도움으로 출판될 수 있었다. 먼저, 디자인 정의 네트워크Design Justice Network의 창립자들, 특히 유나 리Una Lee, 빅토리아 바넷Victoria Barnett, 웨스 테일러 Wes Taylor, 카를로스 가르시아Carlos(L05) Garcia, 논시케렐로 무티티Nontsikelelo Mutiti, 에드리 엔 게이더Adrienne Gaither, 테일러 스튜어트Taylor Stewart, 에보니 뒤마Ebony Dumas, 다니엘 오 베르Danielle Aubert, 빅터 무어Victor Moore, 그레이슨 브릴마이어Gracen Brilmyer의 수년간의 노 고 없이는, 우리가 알고 있는 디자인 정의 이론이나 실천 행동들이 존재하지 못했을 것이다. 이들뿐 아니라, 2016년부터 연합 미디어 콘퍼런스Allied Media Conference에서 디자 인 정의 워크숍을 조직하고 참여한 수백 명의 사람들에게도 감사 인사를 전한다. 디자 인 정의 네트워크 원칙Design Justice Network Principles의 첫 번째 버전을 만든 저자로, 유나 리, 제니 리Jenny Lee, 멜리사 무어Melissa Moore, 웨슬리 테일러Wesley Taylor, 숀 피어스Shauen Pearce, 진저 브룩스 다카하시Ginger Brooks Takahashi, 에보니 뒤마Ebony Dumas, 헤더 포스텐 Heather Posten, 크리스틴 소넨버그Kristyn Sonnenberg, 샘 홀러런Sam Holleran, 라이언 헤이즈 Ryan Hayes, 댄 헤를리Dan Herrle, 던 워커Dawn Walker, 티나 하나에 밀러Tina Hanaé Miller, 니키 로치Nikki Roach, 에일윈 로Aylwin Lo, 노엘 바버Noelle Barber, 키위 일라폰테Kiwi Illafonte, 데본 드 레나Devon De Lená, 애쉬 아더Ash Arder, 브룩 토질로우스키Brooke Toczylowski, 크리스티나 밀러Kristina Miller, 낸시 메자Nancy Meza, 베카 버드Becca Budde, 마리나 초모르Marina Csomor, 페이지 라이츠Paige Reitz, 레슬리 스템Leslie Stem, 월터 윌슨Walter Wilson, 지나 라이허트Gina Reichert, 대니 스피츠버그Danny Spitzberg를 소개한다. 또한 이 책은 T4SJTech for Social Justice 프로젝트, #QTPower 크루, 연합 미디어 멤버들 없이는 불가능했을 것이다. 그중에서 도 다이아나 누세라Diana Nucera는 커뮤니티 기술 운동의 본보기를 보여줬다. 하우스 오 브 사이보그House of Cyborg여, 영원하라! 또한, 여기에 열거하기엔 너무나 많은 협력적 디자인 스튜디오^{Collaborative Design Studio}의 직원들, 연구 조교들, 학생들, 커뮤니티 파트너들에게도 감사 드린다.

MIT Press의 편집자인 산드라 브라만^{Sandra Braman}, 기타 데비 마낙탈라^{Gita Devi Manaktala}, 글들을 다듬는 데 커다란 도움을 준 멜린다 랜킨^{Melinda Rankin}, 마이클 심즈^{Michael Sims}, 캐시 가루소^{Kathy Caruso}에게도 깊은 감사 인사를 전한다. 연구 소교인 마리엘 가르시아 몬테스^{Mariel García-Montes}, 케이티 루이스 아서^{Katie Louise Arthur}, 애니스 레이첼 샌즈^{Annis Rachel Sands}는 많은 시간을 나와 함께하며 원고 작업을 도왔다. 이들에게 특별한 감사를 전한다. 마야 웨고너^{Maya Wagoner}의 논문은 디자인 교육학에 대한 내 생각에 커다란 영향을 줬다. 또한 #MoreThanCode(코드 그 이상) 보고서와 T4SJ 프로젝트, 이 책 전체에 녹여낸 결과물들은 마야 웨고너와 베르한 타예^{Berhan Taye}가 전국의 주요 실무자들과 인터뷰를 계획하고 수행하지 않았다면 결코 존재할 수 없었을 것이다. 그 프로젝트는 또한 캐롤라인 리바스^{Caroline Rivas}와 크리스 슈바이들러^{Chris Schweidler}의 노고로 가능했다. 크리스, 참여적 행동 연구를 발전시키기 위해 당신이 했던 모든 노력에 감사 인사를 전한다. 스카이 하우스^{Sky House}는 언제나 든든한 지원군이 돼 주고 있다.

집필 초반에 읽기 어려운 모호한 글을 읽어준 독자들, 릴리 이라니, 루하 벤자민^{Ruha Benjamin}, 리사 팍스^{Lisa Parks}, 캐서린 디그나지오^{Catherine D'Ignazio}, 유나 리, 알레산드라 렌지^{Alessandra Renzi}에게도 특별한 감사를 전한다. 저스틴 라이히^{Justin Reich}와 에릭 클로퍼^{Eric Klopfer}는 디자인 교육학에 대해 정말 유용한 의견을 줬고, IoF^{Ideas on Fire}(https://ideasonfire.net)의 케시 한나바흐^{Cathy Hannabach}와 서머 맥도날드^{Summer McDonald}는 첫 번째 챕터에 사려 깊은 조언을 해줬다. 로라 포를라노^{Laura Forlano}와 디자인 리서치 소사이어티 2018^{Design Research Society 2018}의 디자인 페미니즘 트랙을 주관한 주최자들은 내가 이 책의 주제를 공개적으로 토론하고 더 발전시킬 기회를 제공했다. 리샤 나드카르니^{Lisha Nadkarni}는 이 책의 초기 제안서에 중요한 피드백을 해줬고, 케이시 토레슨^{Casey Thoreson}은 색인을 만들었다.

또한 이 책은 CMS/W^{Comparative Media Studies/Writing}(비교 미디어 연구·저술)와 MIT의 교수 진과 직원들, 특히 리사 팍스, 짐 파라디^{Jim Paradis}, T.L. 테일러^{T.L. Taylor}, 라라 발라디 ^{Lara Baladi}, 비벡 볼드^{Vivek Bald}, 캣 시젝^{Kat Cizek}, 이안 콘드리^{Ian Condry}, 카릴린 크로켓^{Karilyn Crockett}, 팔로마 듀앙^{Paloma Duong}, 폭스 해럴^{Fox Harrell}, 에릭 클로퍼^{Eric Klopfer}, 로리 르준 ^{Lorrie LeJeune}, 켄 매닝^{Ken Manning}, 닉 몬포트^{Nick Montfort}, 저스틴 라이히, 에드 스키아파^{Ed Schiappa}, 윌리엄 우리키오^{William Uricchio}, 징 왕^{Jing Wang}, 앤드류 휘태커^{Andrew Whittaker}, 사라 월로진^{Sarah Wolozin}, 에단 주커만^{Ethan Zuckerman}의 도움 없이는 세상에 나올 수 없었을 것 이다. WGS^{Women's and Gender Studies}(여성과 젠더 연구)의 MIT 프로그램, 특히 헬렌 리^{Helen Lee}와 에밀리 히스텐드^{Emily Hiestand}와 MIT 콜랩^{MIT CoLab}의 데이나 커닝햄^{Dayna Cunningham}, 필 톰슨^{Phil Thompson}, 시저 맥도웰^{Ceasar McDowell} 또한 내게 큰 호의를 베풀었고, 아르투로 에스코바르^{Arturo Escobar}, 새디 레드 윙^{Sadie Red Wing}, 리나 덴식^{Lina Dencik}, 데이터 정의 프 로젝트^{Data Justice project}, 조이 부올람위니^{Joy Buolamwini}의 지원과 격려를 받았다.

셰이 리베라^{Shey Rivera}, 데이 에르난데스^{Dey Hernández}, 루아나 모랄리스^{Luana Morales}, 재스 민 고메즈^{Jasmine Gomez}, 루이스 코토^{Luis Cotto}, 그리고 보스턴의 비와 눈 속에서 생명, 사 랑, 분노를 나누는 푸에르토리코의 친구들 모두에게 감사 인사를 전한다.

어머니 캐롤 척^{Carol Chock}에게 최종 리뷰에 대한 감사를 전하고, 바바라 짐벨^{Barbara Zimbel}, 아버지 피터 코스탄자^{Peter Costanza}, 폴 마자렐라^{Paul Mazzarella}에게도 고마운 마음 을 전한다. 수년 동안 모두 인내하고 응원해주셨다.

야라 리세아가 로하스^{Yara Liceaga Rojas}에게 형언할 수 없을 만큼 무한한 감사를 전한다. 더 나은 미래의 씨앗인 솔^{Sol}, 엘리아스^{Elías}, 이나루^{Inarú}에게도 진심으로 감사한다.

옮긴이 소개

송유미(song.yoomee@gmail.com)

디자인 방법론과 사회문화적 관점에서의 디자인 진화 방향에 관심이 많다. 항상 재미 있는 디자인, 사회에 도움이 되는 디자인을 하며 살고 싶은 바람이 있다.

에이콘출판사에서 출간한 『인간 중심 UX 디자인』(2013), 『제대로 된 UX 디자인 방법 론』(2015), 『사용자 경험 지도』(2019), 『디자인 협업』(2020), 『AI & UX』(2022)를 번역했다.

옮긴이의 말

저자인 사샤 콘스탄자 척은 사회구조적 차별을 당하는 소외 계층과 연대하며, 사회적 평등을 구현하고자 노력해온 디자인 활동가다. 그녀는 이 책에서 기존 사회 권력 구조를 공고히 하고 심지어 지배와 억압의 매트릭스를 재생산하는 디자인을 비판하며, 공정하면서도 포용적인 디자인을 모색하기 위한 여러 이론과 활동 사례들을 소개한다. 특히, 퀴어로서 본인이 겪은 차별을 생생하게 전하며, 여러 연구자 및 활동 단체와 진행해온 미디어 정의 활동이 어떻게 변화해왔는지 구체적 사례들로 풀어낸다. 디자인과 미디어의 사회적 책임과 영향력을 고민하는 연구자들의 단단하면서도 틀에 갇히지 않은 신선한 제안, 활동들을 만나볼 수 있다.

미국은 백인, 유색인, 원주민, LGBQT 등 다양한 구성원으로 이뤄진 민주주의 국가임에도 불구하고, 유럽에서 건너간 청교도 중심의 백인 가부장제 가치가 주류 질서로 자리 잡았다. 다원적 가치를 존중하고 누구든 의사 결정 과정에 자유롭게 참여할 수 있어야 하겠으나, 실제로는 주류 질서를 따르지 않는다는 이유로 소외되고 차별받는 사람이 많다. 인종 차별, 성차별, 이민자 차별, 장애인 차별 등 마이너리티에 대한 미묘하고도 예측하기 어려운 차별이 계속됐고, 특히 이런 차별은 교차적으로 발생하면서 더욱 폭력적으로 변해간다. 하지만 여러 차별을 경험하는 사람들은 침묵하지 않는다. 더욱 적극적으로 자신의 목소리를 내고 커뮤니티를 통해 연대하고 있다. 예를 들어, 얼마 전 아프리카계 미국인 조지 플로이드 사망 사건을 계기로 많은 미국인이 '블랙 라이브스 매터Black Lives Matter(흑인의 생명도 소중하다)'를 외치며 거리로 쏟아져 나왔다. 이 시위와 연계해 퀴어 단체들도 '퀴어 리버레이션 마치Queer Liberation March(퀴어 해방 행진)'를 진행했다. 비주류 계층이 사회 문제와 정치에 관심을 두고 커뮤니티 네트워크로 서로 연결되는 상황에서, 공정과 포용성의 가치가 주목받고 관련 사회 활동이 다채롭게 일어나고 있다. 이런 커다란 흐름을 이해하고 이 책을 읽으면 좋을 듯하다.

미디어 발전에 따라 많은 디자이너가 디자인과 기술 사용에 대한 윤리와 태도를 고민한다. 저자의 글을 읽으면서 디자이너의 윤리적 측면을 또 다르게 고민하는 사람들의 생각을 듣게 돼 무척 반가웠다. 그녀는 디자인 방향에 따라 사회의 구조적 불평등이 더욱 심각해질 수도 있고, 반대로 해소될 수도 있다고 설명한다. 디자이너가 그동안 무심코 수행한 여러 작업이 기존 사회의 구조적 불평등을 재생산하고 심화시키는 결과를 가져올 수 있다는 것을 알고, 디자이너가 어떤 시각과 태도로 디자인 작업을 해야 할지 고민하는 뜻깊은 시간이 되길 바란다. 이 책을 읽으면서 세상을 향한 포용과 다양성에 대한 논의를 시작하고, 우리의 선택이 사회에서 소외된 사람들의 권리와 삶에 영향을 미칠 수 있음을 생각해보는 시간이 왔으면 좋겠다.

이 책에서는 'community' 주도의 실천 행동을 지향한다. 'community'는 풀뿌리, 지역사회, 공동체 등으로 번역할 수 있었으나, 한국에서의 민주주의적 의미나 표현과는 달리 미국 내 사회 다양성 이슈와 연계된 커뮤니티를 지칭하는 측면이 있어 '커뮤니티'라는 용어로 번역했음을 밝힌다.

지은이 소개

사샤 코스탄자 척 Sasha Costanza-Chock(https://www.media.mit.edu/people/schock/updates)

MIT 시민 미디어MIT Civic Media 부교수이자, 하버드 대학의 버크만 클라인 센터 인터넷과 사회 연구Berkman-Klein Center for Internet & Society 부교수이며, 연합 미디어 프로젝트Allied Media Projects의 운영 위원이다. 정보 통신 기술과 사회 운동에 관한 수많은 출판물의 저자이기도 하다. 첫 번째 책은 『Out of the Shadows, Into the Streets!』(MIT Press, 2014)이다.

시리즈 편집자의 소개글

산드라 브라만 Sandra Braman

민주주의 사회에서 모든 시민은 본인이 무엇을 어떻게 할 것인지, 우리의 세상을 어떻게 구조화할 것인지에 대한 의사 결정에 참여할 수 있어야 한다. 지난 수백 년 동안 민주주의의 이론과 실천, 조직의 형태와 의사 결정 과정은 발전해 왔고, 바로 그 방식이 우리 사회를 만들어가는 방식임을 인식해야 한다. 선거, 입법 절차, 법과 증거에 대한 사법적 해석 모두 우리가 인간을 위한 정책 결정을 하는 방식의 일부였으며 지금도 여전히 유효하게 작용한다.

하지만 오늘날 우리는 우리가 결정하는 이 세상이 단지 사회적 social 이지만은 않음을 안다. 우리는 **사회기술적** sociotechnical 관점도 이해할 수 있어야 한다. 디지털 환경에서는 '코드가 법 code is law'이라는 말도 있듯, 이 관점이 우리가 무엇을 할 것인지, 어떻게 운영할 것인지, 우리의 세상을 어떻게 구조화할 것인지에 영향을 미치는 제약과 어포던스의 기반이 되기도 한다. 의사 결정의 사회적 측면은 (힘든 문제라 하더라도) 그대로 유지된다. 우리가 공동의 대화와 의사 결정에 있어 사회적 측면과 기술적 측면을 고려하는 방법을 배운다면 모든 사람에게 유익할 것이다. 그러나 하드웨어, 소프트웨어, 네트워크 아키텍처를 디자인할 때 개인이 참여할 수 있는 프로세스를 떠올려보자. 우리가 사회적 관점에서의 세상을 형성하는 데 사용하는 프로세스와 유사한 디자인 프로세스는 무엇인가? 프로세스가 더 발전하고 정교해질수록, 그리고 창작에 참여하기 위해 기술을 사용하는 사람들의 실천 및 헌신의 범주가 더욱 넓어질수록, 공동의 노력이 실질적으로 의사 결정을 위한 커뮤니케이션으로 이어지고 결과에도 영향을 미치게 된다.

바로 이것이 이 책에서 집중하는 문제다. 이 책은 공항 바디 스캐너에서 트위터 등에 이르기까지 다양한 기술 사례를 통해, 누가 역사적으로 그리고 전형적으로 디자인 프로세스에 참여하는지, 누가 참여할 수 있는지에 관한 질문을 체계적으로 탐색한다. 또한, 디자인 프로세스에 공동 참여가 어디서 어떤 단계에 일어날 수 있는지, 물리적인 절차상의 현장 관점에서도 살펴보며, 한편으로는 이 과정에 참여하길 열망하는 개인들조차도 일상의 모든 압박을 감안한 상황에서 할 수 있는 일의 한계에 대해, 그리고 다른 한편으로는 여러 측면에서의 디지털 리터러시(디지털 문해력)에 대해 알아본다. 이 책은 아주 잘 쓰여졌으며, 사례 자체를 본질적으로 흥미롭고 긴요하게 설명하고 있다. 저자는 여러 전문 문헌에 대한 깊은 지식을 책에 녹여냈다.

여러 면에서 이 책은 기여하는 바가 크다. 대학 곳곳에서 속속 등장한 이 분야 관련 학위 프로그램 커리큘럼에 적용할 만한 풍부한 입문용 개요를 제공한다. 기술 디자인 측면과 사회·정치적 옹호 측면에서 활동하는 실무자라면 이 책이 유용하다고 여길 게 틀림없다. 개인적으로 가장 흥미롭고 독창적이며 중요하다고 생각된 부분은 세 번째 장이다. 세 번째 장에서는 사회 운동이 기술적 혁신을 이끌어내는 과정을 다뤘다. 한편, 이 분야에서 기술 발명과 혁신을 위한 사회적 원천과 동기가 제대로 반영되지 않은 채 연구됐다고 생각되는 주제가 있는데, 바로 '빈곤'이다. 1980년대에 미니애폴리스 Minneapolis의 세인트폴 St. Paul에 있는 과테말라 난민 커뮤니티는 이와 관련해 깊은 가르침을 줬다. 이 주제에 관한 문헌들이 있긴 하지만 산발적이며 때로는 부수적으로 다뤄진다. 예를 들어, 크리스틴 오건 Christine Ogan은 1980년대 튀르키예에서 당시 예상치 못한 비디오카세트 레코더의 정치적 용도에 관한 연구로 영예를 안았다. 이 연구는 할리우드의 영화 배급 증가 목적이 무엇인지 연구하기 위해 받은 펀드로 수행됐다. 이 결과물의 가장 뛰어난 점은 사례 중심의 분석이었다. 참여 관찰자 또는 자문화기술지 autoethnography(연구자 본인의 경험을 반성과 성찰을 통해 기록하고 연구함) 방식으로 연구자의 개인적 경험을 풍부하게 다뤘다. 하지만 상호 연관된 관점에서의 정보와 커뮤니케이션 기술의 완전하고도 체계적인 역사에는 근접하지 못했다. 그런 연결고리까지 고려했다면, 여러 이유로 굉장한 가치를 가지게 됐을 것이다.

저자는 오늘날의 사회기술적 환경에서 기술과 관련해 디자인 정의를 효과적으로 보장하는 방법은 새로운 공동체 형성과 프로세스의 개발과 함께 사회적 측면을 혁신하는 것이라고 주장한다. 이 책은 실천에서 정책, 연구에 이르기까지 여러 유용한 의견을 제시한다. 또한 연구, 이론, 실천 관점에서 지속적으로 발전시키고 참여할 수 있는 훌륭한 토대를 제공한다.

차례

들어가며

이 책은 디자인과 권력의 관계에 관한 책이다. 구조적 불평등을 야기하는 시스템을 계속 강화시키지 않도록 디자인 가치, 실천, 내러티브, 현장, 교육학을 조사하고 변화시키기 위해 노력하는 디자이너, 개발자, 기술자, 학자, 교육자, 커뮤니티 주최자 등으로 구성된 커뮤니티의 성장을 소개한다. 또한 디자인, 사회 정의, 그리고 개인과 커뮤니티 및 제도적 수준에서의 지배와 저항의 역학을 고민해본다. 본질적으로는 디자인(이미지, 사물, 소프트웨어, 알고리듬, 사회기술 체계, 건축 환경 등 우리가 만드는 모든 것)이 시스템적 억압의 재생산에 너무나 자주 기여하는 방식에 대한 비판에 귀를 기울이라는 요청이다. 그리고 무엇보다 더 나은 세상, 많은 세계가 서로 어우러지는 세상을 만들라는 메시지이자 그 세계로의 초대장이다. 공동의 해방과 생태적 지속 가능성이 가능한 세계를 기대해본다.

디자인, 기술, 사회 변화에 대한 대중적 내러티브는 더욱 강력해진 개인 기기, '지능형' 시스템, '트위터 혁명'에 대한 테크노 유토피아적 과대 광고와 디지털 감시digital surveillance, 허위 정보disinformation, 알고리듬 불공정algorithmic injustice에 관한 총체적이고 비관적인 설명이 주를 이룬다. 이 책은 '필요한 모든 매체를 이용해' 커뮤니티의 목소리를 증폭시키고자 고군분투하는 활동가들과 커뮤니티 조직가들의 일상적 실천 차원에서의 디자인, 기술, 사회 변화에 대한 이해를 기반으로 한다.[1] 여기서 입증하려는 바와 같이 새로운 정보 통신 기술ICT, Information and Communication Technologies은 실리콘밸리에서만 관심의 대상이 아니라 극적인 시위 활동의 물결 속에서, 그리고 일상에서 소외된 사람들의 커뮤니티와 사회 운동 네트워크에서도 등장한다. 나의 더 큰 목표는 사회적 변혁을 위한 도구로서의 디자인의 가능성과 위험성에 관한 대화를 나누는 것이다. 먼저, 트랜스섹슈얼·트랜스젠더의 존재를 부정하고 최소화하려는 트랜스* 부정trans* erasure과 관련해 스스로 체화된 경험을 이야기하는 것으로 시작해보려 한다. 이 경험이 거의 모든 디자인 영역을 아우를 수 있는 귀중한 인사이트를 내포하고 있다고 믿는다.

본론을 시작하기에 앞서
#TravelingWhileTrans, 디자인 정의,
지배의 매트릭스에서 탈출하기

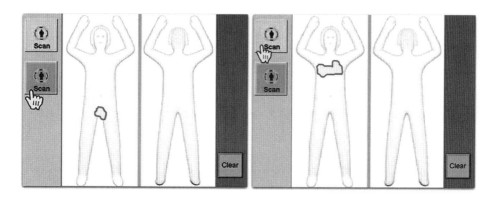

그림 0.1 밀리미터파 바디스캐너 인터페이스에서 강조 표시되는 '이상 표식' (출처: 코스텔로(Costello) 2016)

2017년 6월, 디트로이트 메트로 공항의 보안 검색대에 섰다. 디트로이트에서 20년째 열리고 있는 '미디어 기반 조직화를 위한 공동 연구' 활동인 AMC^Allied Media Conference(연합 미디어 콘퍼런스)를 마치고 보스턴으로 돌아가는 길이다. AMC에서는 매년 6월 미디어 제작자, 디자이너, 활동가, 조직가, 소프트웨어 개발자, 예술가, 영화 제작자, 연구원 등 2,000명이 넘는 문화 종사자들이 모여 보다 공정하고 창의적이며 협력적인 세상을 만드는 방법에 대한 아이디어와 전략을 공유한다.[1] 논바이너리^nonbinary(제3의 성), 트랜스*,[2] 팜므^femme(트랜스 여성) 성향을 지닌 내가 AMC에서 보낸 시간은 매우 자유로웠다. 이 콘퍼런스는 그 어떤 곳보다 퀴어^Queer, 트랜스*^Trans*, 인터섹스^Intersex, 젠더 비순응 GNC, Gender-Non-Conforming 등 모든 유형의 사람을 포용하려 노력한다. 물론 완벽함과는 거리가 있고 진정한 포용적 공간을 구축한다는 것이 무엇을 의미하는지에 대해 매해 새로운 도전과 어려운 대화를 불가피하게 거듭하고 있지만, 이는 무척 강력한 경험이다. 몸은 피곤했지만 이 평행 세계에 빠져든 지 약 일주일 만에 나는 마음 깊은 곳에서부터 상쾌함을 느꼈다. 이로써 더 나은 미래를 만들 수 있다는 믿음의 저수지가 채워졌다.

하지만 보안 라인에 서서 밀리미터파 스캐닝 기계에 가까이 다가가면서 내 스트레스 지수는 높아지기 시작한다. 나는 나 자신이 하얀 피부, 미국 시민권, 그리고 MIT^Massachusetts Institute of Technology에 소속돼 있어 상대적 특권을 누리고 있음을 안다. 나는 분명 보안 검색에서 겪을 수 있는 상황 중 가장 파괴적이고 해로운 최악의 상황은 겪지 않을 것이다. 예를 들어, 밀입국자 수용소로 보내지거나 추방 절차를 밟게 될 일 등을 걱정할 필요가 없다. 테러와의 전쟁을 위한 글로벌 인프라인 비밀 감옥이나 관타나모 만^Guantanamo Bay에 감금되진 않을 것이다.[3] 또한, 보안 전문가 브루스 슈나이어 ^Bruce Schneier가 '보안 극장^security theater'이라고 칭했던 곳에 구금돼 비행기를 놓치지도 않을 것이다.[4] 다만, 숱한 여행 중 딱 한 번 공항 한쪽으로 이동해 대기실에 머문 다음 국토안보부DHS, Department of Homeland Security의 추가 심문을 받은 적이 있긴 하다.[5]

내 차례가 다가오면 심장 박동이 빨라지기 시작한다. 내 몸이 밀리미터파 스캐너에 이상 표식으로 표시되고 교통안전국TSA, Transportation Security Administration 요원의 창피하고도 불편한 수색이 이어질 걸 알기 때문이다. 나는 젠더 규범의 특성한 사회기술적 설정(시스 규범성cis-normativity, 모든 사람이 태어날 때 할당된 성별과 일치하는 젠더 정체성을 갖는다는 가정, 성별을 남녀 두 가지로만 구분)으로 이런 일이 거의 확실히 일어날 것을 안다. 이런 젠더 규범은 사용자 인터페이스UI, User Interface 디자인, 스캔 기술, 남녀 성별 신체 형상 데이터 구성, 위험 감지 알고리듬의 조합을 통해 스캐너에 내재되며, TSA 요원의 사회화 경향과 교육, 경험에 따라 스캐너는 운용된다.[6]

여성을 안내하는 TSA 요원이 내게 밀리미터파 스캐너에 들어가라고 손짓한다. 나는 머리 위로 팔을 들어 올리고 손바닥이 앞을 향하게 해 삼각형 형태를 만든다. 스캐너가 내 몸을 중심으로 돌고 나면 요원은 내게 기계에서 나와 스캐너 출구 바로 앞 패드에 발을 딛고 기다리라는 신호를 보낸다. 나는 왼쪽에 있는, 인체를 형상화한 윤곽이 표시된 화면 디스플레이를 힐끗 본다. 예상대로 평면 패널 디스플레이 위에 밝은 형광 노란색 픽셀들이 사타구니 영역을 강조해 표시한다(그림 0.1 참조). 내가 스캐너에 들어갔을 때 반대편에 있는 TSA 수행원은 UI에서 남성 또는 여성을 선택하라는 메시지를 받았다. 남성용 버튼은 파란색, 여성용 버튼은 분홍색이다. 내 성별 표현은 논바이너리 팜므이기에 보통은 여성을 선택한다. 그러나 밀리미터 해상도에서 내 신체의 3차원 윤곽은 밀리미터파 스캐너 제조업체(그리고 그 하청업체)가 설계한 데이터 세트 및 위험 알고리듬에 의해 내재된(연구자인 릴리 이라니Lilly Irani, 닉 다이어 위드포드Nick Dyer-Witheford, 메리 그레이Mary Gray, 싯다르트 수리Siddharth Suri가 일깨워 줬듯이) 레이블 지정 및 분류 작업을 하는 소규모의 클릭 작업자들에 의해 훈련된 여성 신체의 통계적 규범과는 다르다.[7] 요원이 남성을 선택하면 통계적 데이터베이스의 표준 남성 체형에 비해 내 가슴이 너무 큰 탓에 가슴 주변에 이상 경고와 강조 표시가 뜬다. 여성을 선택하면 내 사타구니 영역이 통계적 여성 기준에서 벗어나 위험 경고가 작동된다. 다시 말해, 내 몸은 그 기계를 이길 수가 없다. 이 사회기술적 체계는 나를 '위험한' 것으로 표시하고 TSA 보안 프로토콜의 다음 단계로 상황을 악화시킨다.

이 일은 실제 상황이다. 나는 이상 표식으로 표시된다. 화면에서 내 사타구니 주변은 형광 노란색으로 강조 표시된다. 요원은 내게 한 발 물러나라고 하면서 (평소처럼) 신체 수색 동의를 요청한다. 가까이에서 나를 확인한 요원 대부분은 내 성별에 대해 혼란스러워한다. 보안 프로토콜의 다음 단계는 남성 또는 여성 TSA 요원이 내 팔과 겨드랑이, 가슴, 엉덩이와 다리, 허벅지 안쪽에 손을 대고 신체 수색을 하는 것이다. 여기서 TSA 정책의 '몸수색은 대상자와 동일한 성별의 담당자가 해야 한다'라는 부분이 문제가 된다.[8] 나는 논바이너리 트랜스* 팜므로서, 보안 프로토콜의 알고리듬으로는 쉽게 해결되지 않는 문제를 제시한다. 요원들은 내가 여성 요원에게, 때로는 남성 요원에게 몸수색 당하기를 선호할 거라고 가정한다. 간혹 내 취향을 묻기도 한다. "둘 다아니다"라는 정직한 답변은 불행히도 받아들여지지 않는다. 오늘은 특히 운이 좋지 않다. 상황을 지켜보던 남성 안내 요원 하나가 "제가 할게요!"라고 큰 소리로 말한 뒤 내게 다가온다. 나는 말했다. "내가 뭘 선호하는지 물어보지 않으시겠어요?" 그는 잠시 멈칫하더니 이내 내가 있는 쪽으로 다가오기 시작했다. 이번엔 스캐너를 조작하던 여성 안내 요원이 그를 막는다. 그녀는 내게 무엇을 선호하는지 묻는다. 이제 나는 공개된 공간에서 여행객들의 호기심 가득한 시선을 온몸으로 받으며 두 명의 TSA 요원 옆에 서 있다. 결국 남성 요원이 물러서고 여성 요원이 나 못지않은 불편한 표정으로 내 몸을 수색한다. 그러고 나서야 게이트로 계속 이동하도록 내보내진다.

여기서 전달하려는 핵심은 사회기술 체계의 설계 또는 정치 이론가 랭던 위너Langdon Winner가 이야기한 "어떻게 인공물이 정치적 성향을 띄는가"라는 개념을 통해 커다란 체계(규범, 가치, 가정을 포함하는 범주에서의 체계)들이 어떻게 구성되고 재생산되는지에 대한 것으로, 내가 일상에서 겪는 작지만 구체적인 사례를 보여주고자 했다.[9] 이런 경우, 시스 규범성은 공항 보안 시스템 내 여행객 상호 작용의 여러 수준을 고려해 적용된다. 이상치와 위험 요소를 평가하는 데이터베이스, 모델, 알고리듬은 모두 이진법(남성 아니면 여성), 시스 규범성을 따른다. 남성·여성 성별을 선택하는 UI는 이진법, 시스 규범성이다.[10] 남성 또는 여성 TSA 요원에게 추가 몸수색을 수행토록 지정하는 것도 시스 규범성과 이진법적 젠더 규범이다. 이런 상호 작용의 각 단계에서 공항 보안 기술, 데이터베이스, 알고리듬, 위험 평가 관행은 모두 두 개의 성별만 있고 성별 표현은 생물학적 성별에 부합할 것이라는 가정을 기반으로 디자인됐다. 자신의 신체가 이분법적 신체 유형 규범에서 허용 가능한 편차 범위에 들지 않는 사람은 누구든지 위험치로 표시되며 공항 보안 시스템에서 (작든, 크든) 이상하게 부각되고 불균형적인 대상으로 인식되는 피해 부담을 안고 있다. 그들이 예로 들어 설명하곤 하는 전형적인 제국의 폭력이다. 그래서 QTI(퀴어Queer, 트랜스*Trans*, 인터섹스Intersex)와 GNC들은 밀리미터파 스캐닝 기술의 디자인과 그 기술이 사용되는 방식에 상당한 부담을 느낀다. 시스템은 우리에게 맞지 않게 편향돼 있다. 시스젠더들은 대부분 밀리미터파 스캐너가 이진법과 시스 규범적 성별 체계에 따라 작동한다는 사실을 인식하지 못한다. 하지만 트랜스*들 대부분은 삶에 직접적으로 영향을 받기 때문에 이 사실을 너무나 잘 알고 있다.[11]

앞서 설명했듯 이 시스템들은 QTI와 GNC에게 적합하지 않은 방식으로 편향돼 있다. 프로퍼블리카ProPublica(언론의 독립을 주장하며 만들어진 언론사, www.propublica.org)의 탐사보도 팀이 기사화한 것처럼 침습적인 머리카락 수색을 자주 당하는 흑인 여성에게도 적합하지 않으며,[12] 사회학자 시몬 브라운Simone Browne이 『Dark Matters』(Duke University Press Books, 2015)에서 설명한 것처럼 시크교 남성, 이슬람 여성 등 머리를 감싸는 사람들에게도 적합하지 않다.[13] 브라운이 언급했듯, 그리고 알고리듬 정의 리그Algorithmic Justice League(www.ajl.org)의 설립자인 조이 부올람위니Joy Buolamwini가 기술적으로 보여주듯, 성별은 그 자체가 인종화돼 있다. 인간들은 백인 우월주의로 착색된 렌즈를 통해 사람의 얼굴과 신체를 남성과 여성으로 분류하도록 기계를 훈련시켰다.[14] 공항 보안은 또한 비규범적 체형을 가졌거나 의수를 사용해서 위험치로 표시될 가능성이 있는 장애인들에게도 적합하지 않게 편향돼 있고, 웨어러블 또는 신체 이식형 의료 기기를 사용하는 사람들에게도 적합하지 않다. QTI와 GNC, 흑인, 원주민, 유색 인종PoC, People of Color, 이슬람교도, 시크교도, 이민자, 장애인은 모두[15] 이 시스템으로 인해 두 배, 세 배 또는 수 배의 부담을 지며 높은 피해 위험에 직면하고 있다.

나는 「Journal of Design and Science」에 에세이 형식으로 이 경험을 공개했다. 이 글은 인공 지능^(AI)의 한계와 가능성에 대한 사려 깊은 대화와 관련해 시기적절한 요구였던 'Resisting Reduction(환원에 대한 저항)' 선언문에 대한 응답으로 쓴 것이었다.[16] 나는 논바이너리 트랜스* 팜므로서 여러 면에서 내 존재의 가능성이 부정되도록 설계된 세계를 살고 있기에 그 부름에 매우 깊이 감응됐다. 밀리미터파 스캐너 모델을 훈련하는 데 사용된 것과 동일한 시스 규범, 인종 차별, 장애인 차별적 접근 방식이 이제 거의 모든 영역의 AI를 개발하는 데 사용된다. 내 관점에서 보면 AI 개발의 현재 경로가 의도적이든 아니든, 우리 삶을 구성하는 AI 시스템과의 수천 가지의 일상적 상호 작용 과정에서 일어나는 **지배 매트릭스**(이 개념에 관해서는 나중에 다시 살펴본다)에 의해 구조화된 환원적 규범의 평범하고도 가차 없는 반복을 통해 주변에서 우리를 지우는 시스템이 계속 재생산될까 걱정된다. AI 디자인이 어떻게 구조적 불평등을 재생산하는지에 대한 우려는 디자인의 모든 영역으로 더 광범위하게 확장해 고민해볼 수 있으며, 이러한 우려 사항들은 커뮤니티에서 공유된다.

디자인 정의 네트워크

디자인 정의^(Design Justice)는 내가 만든 용어가 아닌, 실천 커뮤니티에서 나온 개념이다. 나는 이 책이 커뮤니티의 디자인 정의 활동을 주목받게 하고 확산시키며 지지를 얻게 만들길 바란다. 이 커뮤니티는 미국과 전 세계에 걸쳐 사회 운동과 커뮤니티 기반 조직^(CBO, Community-Based Organization)에 함께 참여해 활동하는 디자인 실무자들로 구성된다. 여기에는 디자이너, 개발자, 기술자, 언론인, 커뮤니티 조직가, 활동가, 연구원 등이 포함되며 이들 중 다수는 디자인 정의 네트워크^(Design Justice Network)(http://designjusticenetwork.org)에 가입돼 있다. 디자인 정의 네트워크는 2015년 여름 AMC에서 30여 명의 디자이너, 예술가, 기술자, 커뮤니티 조직가가 워크숍 'Generating Shared Principles for Design Justice(디자인 정의를 위한 공동의 원칙 세우기)'에 참여하면서 탄생했다.[17] 이 워크숍은 유나 리^(Una Lee), 제니 리^(Jenny Lee), 멜리사 무어^(Melissa Moore)가

기획하고 유나 리와 웨슬리 테일러^{Wesley Taylor}가 진행했다. 이 워크숍은 연합 미디어 프로젝트^{AMP, Allied Media Projects}의 네트워크 원칙, 디트로이트 디지털 정의 연합^{DDJC, Detroit Digital Justice Coalition}의 디지털 정의 원칙, 디트로이트 퓨처 유스^{Detroit Future Youth}의 교육학에서 영감을 받았다. 워크숍의 목표는 **사회적 영향력을 행사하는 디자인** 또는 **제품을 위한 디자인**의 프레임을 넘어, 디자이너들로 하여금 디자인 프로세스와 실천 방안이 해방을 위한 도구가 될 수 있을 만큼 좋은 의도가 필연적으로 충분한지 혹은 충분하지 않은지 다시금 생각하게 만들고, 디자인 실무자들이 (종종 무의식적으로 이뤄지는) 기존 불평등의 재생산을 거듭하지 않도록 하는 데 도움이 되는 원칙을 발전시킨다.[18] 이 워크숍에서 개발된 원칙 초안은 이듬해에 디자인 정의 네트워크의 코디네이터들에 의해 개선돼 2017년 AMC에서 개정됐고 2018년에는 다음과 같은 형식으로 발표됐다.

디자인 정의 네트워크 원칙

이 원칙은 살아있는 문서다.

디자인은 우리 현실의 많은 것을 이뤄내고 우리 삶에 엄청난 영향을 미친다. 하지만 우리 중 디자인 프로세스에 참여하는 사람은 거의 없다. 특히 시각 문화, 새로운 기술, 커뮤니티 계획, 정치적이고 경제적인 시스템 구조 등을 살펴보면, 디자인 결정으로 가장 부정적인 영향을 받는 사람들은 그 결정이 어떻게 내려지는지에 대한 과정에는 정작 영향력이 가장 미미하다.

디자인 정의는 디자인 프로세스를 재고하고, 평소 디자인에서 소외된 사람들을 중심에 두며, 협력적이고 창의적인 실천을 통해 커뮤니티가 직면한 심각한 문제를 해결한다.

1. 우리는 디자인을 통해 커뮤니티를 **유지하고 치유하며** 힘을 실을 뿐 아니라 착취적이고 억압적인 시스템으로부터의 해방을 추구한다.
2. 우리는 디자인 프로세스의 결과에 **직접적으로** 영향을 받는 사람들의 목소리에 집중한다.

3. 우리는 디자이너의 의도보다는 **커뮤니티에 대한 디자인의 영향력을 우선 고려**한다.

4. 우리는 변화가 프로세스의 끝 지점이 아니라 **책임감 있고 다가가기 쉬우며 협력적인 프로세스에서 나타나는 것**으로 여긴다.

5. 우리는 디자이너의 역할을 **전문가가 아니라 촉진자로 여긴다.

6. 우리는 **모든 사람이 자신의 생생한 경험을 바탕으로 한 전문가**이며 우리가 디자인 프로세스에 저마다 독특하고 훌륭하게 기여한다고 믿는다.

7. 우리는 커뮤니티에 **디자인 지식과 도구를 공유**한다.

8. 우리는 **지속 가능한 결과, 커뮤니티가 주도해 통제된 결과**를 지향한다.

9. 우리는 지구와 우리를 연결하고, 우리 서로를 다시 연결하는 **비착취적 솔루션**을 지향한다.

10. 우리는 새로운 디자인 솔루션을 찾기 전에 커뮤니티 수준에서 **이미 작동하고 있는 것이 무엇인지** 살펴본다. 우리는 전통적이고 토속적이며 지역적인 지식과 실천을 존중하고 고양한다.[19]

이들 원칙은 현재 300명이 넘는 사람과 조직이 채택했다. 디자인 정의 네트워크는 많은 사람들의 노력으로 성장하고 육성됐다. 수십 명의 코디네이터(감사의 글에 언급한 이들을 포함해)와 워크숍 진행자 외에도 디자이너 유나 리, 빅토리아 바넷Victoria Barnett, 웨슬리 테일러, 나를 포함해 운영을 담당하는 커미티 멤버들이 네트워크를 돕고 있다.[20] 네트워크에서는 우리의 생각과 활동들을 지속적으로 기록해 일련의 잡지를 만들었으며(http://designjusticenetwork.org/zine), AMC에서 트랙을 편성하고 정기적으로 워크숍을 개최한다. AMC의 디자인 정의 트랙에 참여한 수십 개의 조직과 수백 명의 개인에 관한 정보는 콘퍼런스 프로그램 아카이브에서 확인할 수 있다.[21]

특히 디자인 스튜디오 '앤드 올쏘 투And Also Too'는 디자인 정의에 관한 아이디어와 실천을 발전시키는 데 핵심적인 역할을 해왔다. 디자이너 유나 리가 설립한 앤드 올쏘 투는 '사회 정의를 꿈꾸는 사람들을 위한 공동의 디자인 스튜디오'이며 디자이너이자 예술가인 루페 페레즈Lupe Pérez, 실버 스털링Sylver Sterling, 라라 스테파노비치 톰슨Lara Stefanovich-Thomson, 자라 아지Zahra Agjee의 본거지이기도 하다. 그들은 사이트에서 본인들의 신념을 이렇게 설명한다. "앤드 올쏘 투는 우리가 살고 싶어 하는 세상의 선구적 이미지와 해방을 위한 도구를 만들기 위해 코디자인co-design 방식을 채용한다. … 우리의 작업은 두 가지 핵심 신념을 중심으로 수행된다. 첫째는 프로젝트가 해결하려는 문제의 직접적 영향을 받는 사람들이 디자인 프로세스의 중심에 있어야 한다는 것이다. 둘째는 누구든 디자인에 의미 있게 참여할 수 있어야 한다는 것이다."[22] 앤드 올쏘 투는 디자인 정의 네트워크 원칙을 발전시켰고, 그들의 일상 업무에서 이 원칙에 따라 행동했다.[23] 이외에 디자인 정의를 실천하는 사람들로는 노동자들의 협동조합인 리서치 액션 디자인RAD, Research Action Design과[24] 디트로이트에 기반을 둔 예술가 집단인 콤플렉스 무브먼트Complex Movements, 그리고 점점 늘고 있는 300명 이상의 디자인 정의 네트워크 원칙Design Justice Network Principles 서명인들이 있다(전체 목록은 http://designjusticenetwork. org/network−principles에서 확인 가능).

최근에는 디자인 정의 네트워크에 공식적으로 (아직!) 연결되지 않은 그룹들도 여러 소셜 미디어 플랫폼에서 #designjustice(디자인 정의) 해시태그를 사용하기 시작했다. 2017년 디자인에즈프로테스트 이벤트(DesignAsProtest, 항의하는 의미로서의 디자인 활동, https://www.dapcollective.com/ 참고)를 조직한 건축가와 도시 계획가들도 그랬고, 건축에서의 성별, 인종 격차를 불식시키기 위해 천명된 디자인 공정 캠페인EquityXDesign campaign, 2018년 뉴올리언스에서 디자인 정의 서밋Design Justice Summit을 소집한 미국 건축가 협회AIA, American Institute of Architects 소속 건축가들이 그랬다. 캐롤라인 힐Caroline Hill, 미셸 몰리토르Michelle Molitor, 크리스틴 오티즈Christine Ortiz가 이끄는 공정 디자인 협력 Equity Design Collaborative(https://www.equitydesigncollaborative.com/ 참고)도 인종 정의 분석 racial justice analysis을 통해 디자인 사고방식을 바꾸기 위해 노력해 왔다.[25]

또한 **디자인 정의**라는 용어를 사용하진 않지만 디자인 정의 관련 실천에 긴밀히 참여하는 많은 조직이 존재한다. 예를 들어 통합 디자인 리서치 센터IDRC, Inclusive Design Research Centre는 '오픈소스 개발자, 디자이너, 연구원, 지지자, 자원봉사자로 구성된 국제 커뮤니티가 함께 협력해 새로운 정보 기술 및 실천 행동이 포용적으로 디자인되도록 연구하는 리서치 개발 센터'다.[26] 시민 디자인Civic Design의 교수 시저 맥도웰Ceasar

McDowell(https://dusp.mit.edu/people/ceasar-mcdowell)은 **주변부를 위한 디자인**design for the margins 이론과 실제 실천 사례를 폭넓게 발전시켰다.[27] 이외에도 관련 프로젝트, 그룹 및 네트워크에는 프로그레시브 커뮤니케이션 협회Association for Progressive Communications, 카탈로니아 가인펑크 단체Catalan GynePunk collective(DIY 부인과 의학 관련 퀴어 페미니스트 디자인 실천 사례를 개발하고 배포함[28]), 미디어 정의 센터Center for Media Justice, 코딩 권리Coding Rights(브라질), 크리티컬 메이킹 랩Critical Making Lab, 데이터 액티브Data Active, 탈식민화 디자인Decolonising Design, 사회 개입을 위한 디자인 스튜디오Design Studio for Social Intervention, 공공 공간을 위한 디자인 신뢰Design Trust for Public Space, 디지털 정의 랩Digital Justice Lab(토론토), 팸테크넷FemTechNet, 인텔리전트 미스치프Intelligent Mischief(브루클린), MIT 콜랩MIT CoLab, 씨드 네트워크SEED Network, 사회 정의 디자인 스튜디오Social Justice Design Studio, 테크 공정 단체Tech Equity Collective 등이 있다.[29]

특히 AI 알고리듬 의사 결정 지원 시스템의 등장으로, 불평등이 재생산되는 방식에 도전하는 연구자들과 컴퓨터 공학자들의 커뮤니티가 빠르게 성장하고 있다. 이 분야에선 무엇보다도 최근 버지니아 유뱅크스Virginia Eubanks의 『자동화된 불평등』(북트리거, 2018), 사피야 노블Safiya Noble의 『구글은 어떻게 여성을 차별하는가』(한스미디어, 2019), 메레디스 브루사드Meredith Broussard의 『페미니즘 인공지능』(이음, 2019), 루하 벤자민의 『Race After Technology』(Polity, 2019) 등의 출판물을 선보이고 있다. 이 영역에선 또한 새로운 조직과 네트워크가 폭발적으로 증가하는 추세다. 데이터 포 블랙 라이브스Data for Black Lives(https://d4bl.org)는 인종 정의 관점에서 데이터 과학, 머신러닝, AI, 기타 사회기술 체계를 재고해보려는 데이터 과학자, 학자, 예술가, 커뮤니티 조직가들의 주된 커뮤니티로 부상했다. 많은 커뮤니티 중 일부를 소개하면, AI 나우 협회AI Now Institute, 알고리듬 정의 리그Algorithmic Justice League, 비판적 인종 및 디지털 연구 센터Center for Critical Race and Digital Studies, 데이터와 사회Data & Society, 데이터 정의 랩Data Justice Lab(카디프), 디지털 공정 랩Digital Equity Lab(뉴욕), 저스트 데이터 랩JUST DATA Lab, 우리의 데이터 본체 프로젝트Our Data Bodies Project, 사람들의 AI 안내서People's Guide to AI, LAPD 스파이 중지 연합Stop LAPD Spying Coalition 등이 있다.

나는 이 책 전반에 디자인 정의 원칙들을 실행하기 위해 노력하는 사람들을 소개하는 것을 비롯해, 여러 학자와 디자이너들, 조직들의 작업물을 살펴보고 참고할 것이다. (너무 많아서 모두를 언급하는 건 불가능하겠지만.)

방법론Methods

나만의 관점

페미니즘 이론은 모든 지식이 이해하는 자의 구체적으로 체화된 경험에 따른다는 사실을 인정하는 토대에서 시작한다.[30] 따라서 나는 여기서 독자를 위해 나의 위치와 궤적을 보여주는 것으로 시작한다. 나는 이탈리아·러시아·폴란드·유대인 혈통의 논바이너리 트랜스* 팜므 퀴어이며, 미국의 현재 인종 자본주의 논리로 보면 백인이다. 뉴욕 북부 이타카 근처 시골의 히피적인 협동조합 가정에서 태어났고, 페미니스트, 반전, 반제국주의, 라틴 아메리카 연대, 환경 운동에 참여했던 부모님 아래서 컸다. 나는 오난다가Onandaga, Onönda'gaga', 서스케하녹Susquehannock, 카유가Cayuga, Gayogohó:no', 이로쿼이Iroquois, Haudenosaunee 연맹 사람들에게서 빼앗은 땅에서 자랐다. 나의 정치 교화는 먼저 부모님과 지역 사회를 통해 이뤄졌고, 그다음에는 공립 대안 학교인 대안 커뮤니티 스쿨Alternative Community School의 선생님들을 통해 이뤄졌다. 멕시코 푸에블라에서 고등학교를 다녔고, 그 후 보스턴으로 이사해 하버드 대학에 장학금을 받고 다니면서 새로운 차원의 교육적 특권을 누렸다. 보스턴에 있는 동안엔 인기 있는 연극 및 문화 조직 단체인 아지트아르테AgitArte(https://agitarte.org)에 합류했고,[31] 그 안에서 호세 호르헤 디아즈Jose Jorge Díaz와 마이다 그라노 데 오로Mayda Grano de Oro 같은 푸에르토리코 예술가 조직가들과 함께하면서 더욱 정치 이슈에 관심 두게 됐다. 대학 졸업 후 대학원 교육을 위해 필라델피아로 가기 전엔 나의 활동가로서의 작업이 미디어 이론과 연계되길 바랐고, 푸에르토리코 산후안에서 에듀아르떼EducArte라는 공공 예술 프로젝트를 수행했다.

2000년대 초반에 나는 DIY 사회 운동 저널리즘의 글로벌 인디미디어 네트워크의 일원으로 활동했다.[32] 라틴 아메리카 여기저기를 여행하면서 기증된 비디오 카메라와 컴퓨터를 지역 인디미디어 단체에 가져가서 대규모 시위 사건에 대해 민초들의 관점에서 취재해 보도했다. 이어 글로벌 정의 운동에 대한 다큐멘터리 영화와 비디오를 제작해 배포했다.[33] 그리고 인디미디어를 통해 나 또한 자유 소프트웨어free software에 대해 배우고 소프트웨어 개발 기술도 습득했다.

2003년엔 내 삶을 계속 변화시키고 채워가는 공간인 '연합 미디어 콘퍼런스'에 참여하게 됐다.[34] 서던 캘리포니아 대학교University of Southern California에서 박사 과정을 밟기 위해 로스앤젤레스로 이사했으며, 그곳에 머무르는 동안 남부 캘리포니아 대중 교육 연구소IDEPSCA, Institute of Popular Education of Southern California, 의류 노동자 센터GWC, Garment Worker Center 등 커뮤니티 기반 조직들과 함께 일하면서, 참여 디자인을 통해 개발된 모바일 보이스VozMob, Voces Móviles/Mobile Voices 같은 노동자 주도의 미디어 프로젝트를 지원했다.[35] 2011년엔 보스턴으로 옮겨 MIT에서 자리를 잡았고, 2014년엔 크리스 슈바이들러Chris Schweidler, 벡스 후르비츠Bex Hurwitz와 함께 노동자 소유 협동조합인 '리서치 액션 디자인'을 공동 설립했다.

이 글을 쓰고 있는 2018년엔 유명 대학의 교수직을 맡고 있다. 나는 백인, 교육 불평등, 자본주의, 능력주의, 정착민 식민주의의 시스템에 속해 있으며, 이 시스템 안의 내 위치로 인해 실질적 혜택을 누리기도 하고, 어떤 면에서는 피해를 입기도 한다. 동시에 나는 가부장제(과거에 이 시스템의 이점과 폐해를 모두 경험했다), 트랜스 혐오, 트랜스 여성 혐오, 시스 규범성에 기반한 억압을 경험한다. 지금껏 살면서 쌓아온 경험, 이러한 나의 관점들로 인해 내 안에서는 억압과 해방을 위한 도구로서의 디자인에 대한 개념이 생겨났다. 나는 이 책 여기저기서 내 삶의 경험을 보여주면서 핵심 요점들을 설명할 예정이다.

참여 행동 연구

내 작업물의 대부분은 참여 행동 연구PAR, Participatory Action Research와 협력적 디자인 codesign(이하 '코디자인'으로 칭함)에 속한다. PAR은 커트 르윈Kurt Lewin, 존 듀이John Dewey, (나중엔) 파울로 프레이레Paulo Freire, 올랜도 팔스보르다Orlando Fals-Borda, 린다 투히와이 스미스Linda Tuhiwai Smith 같은 학자들, 교육자들의 연구물에 뿌리를 둔 프레임워크다. 그리고 이 프레임워크는 함께 나누는 탐구와 행동의 공동체 발전을 강조한다.[36] 서로 밀접하게 연합하는 접근 방식인 **코디자인**은 1960−1970년대에 사회기술 체계 디자인에 노동자와 관리자를 모두 포함하려 했던 스칸디나비아의 노력에서 기원을 확인할 수 있다. 참여 행동 연구와 코디자인에선 커뮤니티를 연구 대상이나 테스트 사용자가 아니라 공동 연구자, 협력적 디자이너로 여긴다. 2장에서는 코디자인 방법론의 근원에 대해 좀 더 심층적으로 논의한다.

나는 내 연구 파트너인 커뮤니티 기반 조직들과 함께 늘 그렇듯이 참가자 관찰participant observation, 반구조적 인터뷰semi-structured interview, 대중 교육popular education, 코디자인 워크숍codesign workshop 등의 방법을 조합해 사용한다. 이 책의 실증적 근거로 다음과 같이 나의 경험들을 소개한다. (1) 디자인 정의 원칙을 실행에 옮기려 하는 노동자들의 협동조합인 리서치 액션 디자인RAD.cat의 공동 설립자로서의 경험을 소개한다. (2) '#코드 그 이상: 실무자들은 정의와 공정을 위한 기술 지형도를 재해석한다#MoreThanCode: Practitioners Reimagine Tech for Justice and Equity'라는 보고서를 작성한 PAR 팀이자 '사회 정의를 위한 기술Tech for Social Justice' 프로젝트를 진행한 일원으로서의 경험을 이야기한다.[37] 이 보고서는 100개 이상의 반구조적 인터뷰(대부분 마야 왜고너Maya Wagoner, 베르한 타예Berhan Taye가 수행함)와 미국 전역의 기술자, 디자이너, 개발자, 제품 관리자 등과 함께한 11개의 포커스 그룹 시리즈를 기반으로 작성됐다(morethancode.cc 참고). (3) 2012년부터 현재까지 MIT의 '시민 미디어: 협력적 디자인 스튜디오Civic Media: Collaborative Design Studio' 과정을 개발하고 교육, 평가해온 경험을 소개한다.

이 책 자체가 PAR 프로젝트라고 할 순 없지만, 여기에 포함된 경험과 통찰력은 커뮤니티에서 여러 연구원, 커뮤니티 조직가, 디자인 실무자와 협력해 수년에 걸쳐 개발된 것임을 밝힌다.

'우리'와 '나'에 대한 메모

나는 반인종차별주의, 페미니스트 원칙, 인식론을 따르는 학자이자 디자인 실무자로서 다음과 같은 사항을 분명히 하고자 한다. 이 책의 저자는 한 명이지만, 책에서 다루는 많은 아이디어는 새로운 실천 커뮤니티로서 존재하는 디자인 정의 네트워크를 통해 발전된 것임을 밝힌다. 디자인 정의의 핵심 아이디어에 대한 모든 공은 이 커뮤니티에 있다. 반면, 이 글에 존재하는 오류에 대한 모든 책임은 내게 있다. 이 원고를 검토한 누군가의 말을 빌려 이야기하자면, 이 글엔 단일 저자로서 규범적 디자인 정의 프레임워크를 제공하려는 시도와 디자인 정의 운동으로 인해 생성된 지식을 증폭시키고자 하는 의도 간에 팽팽한 긴장감이 존재한다. 나는 이 긴장감이 지속되도록 끝까지 최선을 다할 것이다.

이 책에서 나는 3인칭 관점으로 설명하기도 하고, **우리들, 나**라는 1인칭 대명사를 사용해 이야기하기도 한다. 나의 개인적 경험을 기술하거나 그릴 때는 1인칭 단수를 사용해 요점을 설명한다. 기존 디자인 정의 실무자들의 커뮤니티를 언급할 땐 **우리**를 사용하곤 하는데, 나는 이러한 단어 사용을 분명히 구분하려 한다. 또 다른 측면으로는, **우리**는 보다 자유롭고 보다 정의로운 세상을 만들기 위한 폭넓은 노력의 일환으로, 디자인을 다시 세우는 데 관심을 가진 사람들의 열망과 포부를 담은 더 넓은 범주의 커뮤니티를 언급한다. 이 책을 읽는 모두가 더 넓은 **우리**에 포함돼 있다고 느끼길 바란다. 몇 가지 핵심 용어부터 살펴보자.

디자인 정의正義: 핵심 용어 정의定義

디자인

> 디자인(명사): 마음 속에 구상돼 차후 실행하고자 하는 계획. 행동에 의해 실행될 아이디어
> 의 구상이나 프로젝트
>
> – 옥스포드 영어 사전[38]

디자인에 대한 정의는 여러 가지가 있다. 나는 여기서 그 정의들을 통합하려는 시도는 하지 않을 것이며, 특정 정의를 채택하지도 않을 것이다. 다만, 디자인 정의에 대한 이론과 실제를 이야기하기에 앞서, **디자인**이라는 용어가 사용되는 여러 방법 중 일부를 간략하게 논의하고 이 책의 맥락에서 가장 도움이 되는 의미와 몇 가지 생각을 제시해 보려 한다.

디자인design이라는 동사는 라틴어 de signum(표시하다) 또는 designō(표시하다, 가리키다, 기술하다)에서 유래했다. 처음엔 대상에 의미 있는 물리적 표시를 하는 행위를 설명하는 단어였다. signum은 주로 프랑스어에서 'signify, assign, designate, signal' 같은 단어들로 진화했으며,[39] 이 의미는 오늘날에도 디자이너가 무언가를(나중에는 물건, 건물, 시스템 등이 되는 콘셉트들을) 스케치하고, 그리고, 표시한다는 발상을 담고 있다. 일반적으로 디자인에는 여러 의미가 존재한다. 우리는 이 단어를 인공물, 건물, 시스템에 대한 계획, 패턴(예를 들어 직물의 꽃무늬 등), 예술 작품의 구성, 물체의 형태, 외관, 특징을 가리키는 데 사용한다.[40] 또한 이 단어는 디자인 작업의 실제, 디자인 분야 또는 디자인 하위 분야를 의미하기도 한다(예를 들어 '아이슬란드 디자인이 세계 가구 시장을 지배한다' 등).

빅터 파파넥Victor Papanek은 자신의 고전적 텍스트인 『인간을 위한 디자인』(미진사, 2009)에서 디자인을 인간 커뮤니티의 보편적 관행, 실천으로 포지셔닝한다. "모든 사람이[41] 디자이너입니다. … 디자인은 의미 있는 질서를 부여하려는 의식적 노력입니다."[42] 디자인 교수이자 실무자, 철학자인 토니 프라이Tony Fry도 우리 모두가 디자이너이며 디자인은 건축가, 그래픽 디자이너, 산업 디자이너 등 디자인 전문가들만의 영역이 아니라

고 주장한다. 그는 심지어 디자인을 모든 의도적 행위의 구성 요소로 본다.[43] 디자인 이론 교수이자 「Design Philosophy Papers」의 편집자인 앤 마리 윌리스Anne-Marie Willis 는 다음과 같이 말한다.

"디자인은 디자이너, 문화 이론가, 철학자, 일반인들이 일반적으로 인식하는 것보다 훨 씬 더 광범위하고 심오한 개념입니다. 디자인을 한다는 것은 인간의 기본 행위입니다. 우 리는 디자인합니다. 다시 말해 우리는 우리의 행동과 산출물을 미리 예시하는 방식으로 숙고하고 계획하며 구체화합니다. 우리는 세상을 디자인하지요. 동시에, 세상도 우리에 게 반응하고 우리를 디자인합니다."[44]

디자인은 또한 그래픽 디자인, 패션 디자인, 인터랙션 디자인, 산업 디자인, 건축, 계획 등 다양한 산업군에서 특정 전문 분야의 전문 지식과 실제 사례를 가리키는 용어로 사 용되기도 한다. 그리고 디자인이 전문가 활동이나 전문가들이 수행하는 특정 유형의 작업이라는 논의와 함께, 소외된 사람들의 디자인 실천을 다루는 문헌도 꾸준히 증가 하고 있다. 흔히 무보수로 일하면서 드러나지 않는 형태의 노동에 많은 여성이 관여하 게 되곤 한다.[45] 이러한 현상에 대한 페미니스트 관점의 비판 의견들을 살펴보자. 그들 에 따르면, 일상적이고 토속적이며 종종 인식되지 않는 디자인 실천의(3장 참고) 중요성 을 인정하는 게 중요하다. 대안적 관점의 기술과 디자인 역사는 학술, 대중 저술 모두 에서 주류 디자인 이론과 역사에서 오랫동안 지워졌던 사람들, 사례들, 전문 지식 형 태를 회복하고 다시 중점화하는 데 도움이 된다. 보이지 않는 기술 디자인 작업에 대 한, 이렇게 대척점에 위치한 역사 중 일부는 널리 대중화되기도 했다. 예를 들어, 영화 〈히든 피겨스Hidden Figures〉(2017)는 NASA에서 우주 비행 궤적을 코딩하는 '인간 컴퓨터' 로 일한 캐서린 존슨Katherine Johnson과 다른 흑인 여성의 작업을 연대순으로 기록한다.[46] 또한, 최근의 혁신과 관련한 문헌은 개별 디자이너의 신화에서 벗어나, 자신의 요구에 더 잘 부합하도록 기술을 지속적으로 수정하고 해킹하며 용도 변경, 재사용하는 '리드 사용자lead user'가 수행하는 핵심 역할을 강조한다[47](2장 참고).

그러나 보편적 인간 활동으로서의 디자인에 대한 포괄적인 비전은 여러 면에서 디자인의 정치 경제적 현실과 충돌한다. 사실, 모든 사람이 디자인하지만 특정 종류의 디자인 작업만 인정되고 가격이 매겨지며 보수가 지불된다. 다시 말해 디자인은 전문화돼 있으며, 어떤 사람들은 디자인 전문가로서 (때로는 꽤 높은) 급여를 받는다. 디자인 분야에는 25,000명 이상의 회원을 보유한 미국 그래픽 아트 협회AIGA, American Institute of Graphic Arts 같은 전문 협회가 존재하고[48] 그들을 중심으로 한 콘퍼런스가 열린다. 그리고 각각의 하위 분야에는 이에 걸맞은 인증, 라이선스, 표준화 규범, 원칙을 위한 광범위한 프로세스가 존재한다. 건축가들, 산업 디자이너들에겐 그들만의 인증, 라이선스 체계가 있고, 미국 접근성 이사회United States Access Board 같은 표준 기구는 미국 장애인법 접근성 가이드라인Americans with Disabilities Act Accessibility Guidelines 등의 규범들을 합의한다. 또한, 유니버설 디자인 원칙 같은 원칙들이 만들어지기도 한다.[49]

로버트 호프만Robert Hoffman, 악셀 로슬러Axel Roesler, 브라이언 문Brian Moon 등 디자인 학자들에 따르면, **디자이너**는 산업 혁명과 함께 특정 유형의 직업으로 등장했다. 그전까지 전문 도구를 만들고 사용하고 보수하는 방법에 대한 지식은 공예 길드를 통해 전해졌다. 그러나 공예 길드 모델은 많은 전문가 사이에서 기술의 분배가 필요한 대규모 설계를 지원하기 어려웠다. 따라서 디자이너와 상호 작용하지 않는 계층의 사람들을 위해 디자인하는, 이 새로운 과업은 산업 디자인의 기원을 특징짓게 됐다.[50] 또한 당시에 디자이너들은 손으로 만드는 이전의 프로세스를 기계가 할 수 있는 프로세스로 재구성하는 새로운 역할을 맡았다. 대량 조립 라인 기반의 생산은 대중을 대상으로 하는 인공물들과 다른 기계들을 제조하는 데 도움이 되도록 설계된 기계들에 대한 수많은 디자인의 생성을 가져왔고, 더욱 필요하게 만들었다.[51]

산업 혁명 시대의 디자인과 산업, 기계, 대량 생산과의 연관성은 시간이 지남에 따라 바뀌어갔다. 디자인, 디자이너, 디자인 작업은 이제 컴퓨터, 소프트웨어, 객체와 시스템의 가상 표현 시스템과 떼려야 뗄 수 없도록 연결돼 있다. 산업 디자인, 건축, 그래픽 디자인, 소프트웨어 디자인을 포함한 모든 전문 디자인 분야에서 디자인 작업은 주로 컴퓨터와 소프트웨어 도구를 사용해 수행하는 디지털 작업이 됐다. 그리고 다른 많은 분야와 마찬가지로, 디자인 과업들도 점점 더 자동화되거나 반자동화되고 있다. 2장에선 누가 디자인 작업을 해서 돈을 받는가에 대한 디자인 정의의 영향에 대해 더 깊이 논의한다.

또한 디자인은 생각하고 배우며 세상과 관계를 맺는 방법이다. 디자인을 통한 추론은 주로 연역적이거나 귀납적이지 않고 오히려 귀추적이고 사변적인 지식 생산 방식이다. **연역적 추론**은 일반적인 것에서 구체적인 것으로 판단하고 **귀납적 추론**은 구체적인 것들에서 일반적인 것으로 추론하는데, **귀추적 추론**은 불완전한 관찰 결과 안에서도 최상의 예측을 한다.[52] 도시 계획 교수이자 철학자, 조직 학습organizational learning 연구자인 도널드 쇤Donald Schön은 다음과 같이 말했다. "디자이너들은 모든 것을 조합하고 새로운 것을 만들어냅니다. 많은 변수와 제약 조건을 프로세스 안에서 다루면서 말이죠. 어떤 것들은 처음부터 아는 조건들이었고, 어떤 것들은 디자인하면서 발견한 것들입니다. 디자이너들의 판단은 대부분 의도한 것과는 다른 결과를 낳습니다. 디자이너들은 변수들을 최대한 효율적으로 조직하고 상충하는 값들을 조정하며 제약 조건들을 우회합니다. 일부 디자인 제품들이 다른 제품들보다 우수할 수는 있지만 특별한 정답은 없는 프로세스입니다."[53] 그래서 디자인은 **사변적**이기도 하다. 디자인은 미래를 구상하고 다루는 일이다.[54] 디자이너들은 아직 존재하지 않는 이미지, 사물, 건물, 시스템을 상상한다. 우리는 미래의 비전을 제안하고 예측하며 옹호한다. 또는 특정 종류의 디자인으로 미래의 비전에 경고한다.

인류학자 아르투로 에스코바르Arturo Escobar는 저서 『Designs for Pluriverse』(Duke University Press Books, 2018)에서 디자인을 '세계를 만드는 윤리적 실천'으로 설명한다.[55] 그는 오늘날의 디자인 관행이 현대성의 전체화 인식론을 너무나도 빈번하게 재생산하고 그 과정에서 토착적 세계관, 지식 형태, 존재 방식은 지워버리는 현 상황을 재고해야 한다고 촉구한다. 에스코바르는 '많은 세계에 부합하는' 세상을 만드는 데 중점을 둔 디자인 접근 방식을 요구한다. 이는 사파티스타Zapatista 슬로건을 참조한 것으로, 생태학적 붕괴를 향해 급격하게 소용돌이치는 현재의 세계화된 시스템을 넘어서야 하는 필요성을 강력하게 표현한 것이다. 에스코바르는 식민지 존재론, 인식론 등 세계를 이해하는 방법들이 오래전부터 지금까지 장기적으로, 그리고 여전히 지속적으로 전개되면서 토착 생활 세계가 소멸된다는 사실을 상기시킨다. 우리에게 필요한 세계를 만들어가기 위한 커뮤니티 주도 실천(이 책의 부제)에 대한 요청은 다원성에 대한 에스코바르의 생각에서 직접적으로 영감을 받았다. 비슷한 맥락에서 라메시 스리니바산[Ramesh Srinivasan]은 저서 『Whose Global Village?』(NYU Press, 2018)을 통해 원주민들이 세계에 의미 있는 질서를 부여하는 그들만의 고유한 방식이 있음을 상기시킨다. 그들의 방식은 수 세기에 걸쳐 식민주의로 공격받았을 뿐 아니라, 심지어 인간 중심 디자인 또는 참여적인 디자인 프로세스에서도, 오늘날의 사회기술 체계와의 상호 작용에서도 고려되지 않을 때가 많았다.[56]

총체적 프로젝트로서의 디자인은 어떠한가? 의심할 여지 없이 **디자인 사고**는 점점 더 대중화됐다. 스탠포드 디스쿨[Stanford d.school]과 디자인 기업 IDEO가 추진하는 이 접근 방식은 비즈니스, 학계, (최근에는) 공공 부문 전반에 걸쳐 널리 영향을 미치고 있다.[57] 페미니스트 과학기술연구[STS, Science and Technology Studies], 인간 컴퓨터 상호 작용[HCI, Human-Computer Interaction], 남아시아를 연구하는 학자 릴리 이라니는 북반구 선진 기업들만이 관리할 수 있는 핵심 프로세스로서의 디자인, 가치 사슬 최상위에서 판단하는 디자인으로서(순백의 재생산을 위한 메커니즘으로서) 식민지 정치 경제를 재생산하기 위해 디자인 사고가 전개되는 방식을 비판한다.[58] 제품 디자이너 나타샤 젠[Natasha Jen]은 널리 알려진 99U 강연에서 "디자인 사고는 헛소리"라고 말했다.[59] 사회학자 루하 벤자민은 저서 『Race After Technology』에서 디자인과 체계적 인종 차별주의 간의 관계를 분석한다. 그녀는 혁신에 대한 의도적 반인종주의적 접근을 지적하며 구조적 불평등의 탈출구로서의 디자인에 대한 보편주의적, 해결주의적 개념에 대한 건전한 회의론을 촉구한다.[60] 이 책의 후반부에서 디자인 사고에 대한 논의를 좀 더 이어갈까 한다.

결론적으로, 디자인은 '동사'와 '명사' 모두의 개념으로 이해될 수 있으며, 보편적인 인간 활동이자 고도로 전문화된 실천 분야다(한 분야로 인정되기도 하고 여러 분야로 분류되기도 한다). 또한, 전문 소프트웨어를 사용해 미래의 사물과 시스템을 만드는 방법이자 토착민들의 생활 방식에 내재된 전통 지식을 일상적으로 사용하는 것, 누군가의 손과 사고가 담긴 일종의 작품, 예술과 과학 등으로 설명될 수 있다. 내 목표는 이 다면적 가치들을 하나의 진정한 본질로 포착하거나 축소하려는 것이 아니다. 디자인 정의는 디자인의 **모든 의미**에 적용되는 일련의 질문과 도발을 이끌어낸다. 그러나 **디자인 정의**에 관한 유의미한 정의를 내리기 전에, 흑인 페미니즘 사상과 관련된 두 가지 핵심 개념을 간략하게 논의하겠다. 이 책의 많은 주장에 내포된 핵심 개념인 **교차성**intersectionality과 **지배의 매트릭스**matrix of domination를 소개하고자 한다.

교차성

흑인 페미니즘 사상은 인종, 계층, 젠더를 서로 맞물리는 체계로 근본적으로 재개념화한다. 각각의 요소는 스스로 작동할 뿐 아니라 교차 지점의 개인들에 의해 종종 함께 경험된다. 이러한 근본적인 통찰력을 기반으로 구축된 분석 프레임워크를 **교차성**이라고 한다. 이 개념은 오랜 유산을 내포하고 있다(아프리카계 미국인 노예 폐지론자이자 여성 인권 운동가인 소저너 트루스Sojourner Truth의 '나는 여자가 아닙니까?Ain't I a Woman?', 공산당 서기 클라우디아 존스Claudia Jones의 '삼중 억압triply oppressed'에 관한 글, 콤바히 리버 콜렉티브Combahee River Collective의 백인 페미니즘 비판에 대해 생각해 보자).[61] **교차성**이라는 용어는 흑인 페미니스트 법률 학자 킴벌레 크렌쇼Kimberlé Crenshaw가 1989년에 쓴 '인종과 성의 교차를 탈주변화하기Demarginalizing the Intersection of Race and Sex'에서 처음으로 사용했다.[62] 이 글에서 크렌쇼는 기존의 차별금지법(민권법 제7장Title VII of the Civil Rights Act)이 어떻게 흑인 여성 노동자를 보호하지 못했는지, 또 어떻게 계속해서 보호하는 데 실패했는지 설명한다.

첫 번째 사례로 제네럴 모터스GM, General Motors에서 일하는 흑인 여성 근로자들은 차별금지법이 단일 정체성 범주single-identity category만 보호하도록 돼 있어 고용주에 대한 차별 소송에 법적 근거를 인정받지 못했던 사례를 설명한다. 법원은 GM이 백인 여성을 고용했기 때문에 회사가 조직적으로 여성을 차별하지 않았다고 판결했다. 또한 GM이 라인에서 일할 흑인 남성을 상당수 고용했기 때문에 흑인 차별의 증거도 충분하지 않다고 밝혔다. 이런 이유로 현실에서 **흑인 여성으로서** 조직적인 고용 차별을 경험한 흑인 여성들은 현행법의 보호를 받지 못하고 법적 청구권을 행사할 수 없었다. 두 번째 사례는 법원이 휴 헬리콥터 주식회사Hugh Helicopters, Inc.를 고소한 흑인 여성의 차별 주장을 기각한 사건이다. 자신의 인종을 명시해 차별을 이야기하려 했던 원고에 대해 법원은 "고용주가 단순히 '여성'을 차별했다는 일반적 주장과 모순된다"라고 판시했다.[63] 다시 말하자면, 법원은 흑인 여성이 백인 여성을 포함한 **모든** 여성을 하나의 계층으로서 대표할 수 있다는 사실을 인정할 수 없었다. 세 번째 사건에서 법원은 제약회사의 흑인 여성 근로자에 대한 차별적 손해배상을 판결했지만, 흑인 여성이 흑인 전체의 주장을 대변할 수 없다는 이유로 **모든** 흑인 근로자에 대한 손해배상은 거부했다.[64]

크렌쇼는 각각의 사례에서 통계 분석의 역할에 주목했다. 법원은 때때로 흑인 여성 원고에게 차별 주장에 반대하는 모든 여성에 대한 광범위한 통계를 요구했고, 어떤 경우에는 모든 흑인 근로자가 아닌 흑인 여성만을 다룬 데이터로 허용 데이터 범위를 제한했다. 후자의 경우엔 흑인 여성 직원들의 전체 수가 적어서 통계적으로 유효한 차별 주장이 불가능했지만, 원고가 모든 여성, 모든 흑인 또는 두 데이터를 모두 포함할 수 있었다면 강력한 주장이 가능했을 것이다. 나중에 크렌쇼는 1991년 「스탠포드 법률 리뷰Stanford Law Review」의 기사 '주변부 지도 그리기Mapping the Margins'[65]를 통해 유색 인종 여성들이 인종 차별과 성차별이 교차하는 지점의 산물로서 남성 폭력을 자주 경험하지만, 페미니즘과 반인종주의적 담론과 실천 모두에서 주변화되고 특정 법적 구제책에 대한 접근도 거부되는 상황을 명쾌하게 설명한다.[66]

교차성 개념은 사회과학, 법학 등 연구와 실천의 여러 영역에서 여전히 전개되고 있는 길고도 느린 패러다임 전환의 근거를 제공했다. 이런 패러다임 변화는 디자인의 다양한 영역들도 변화시키기 시작했다. 이 책의 핵심 주장 중 하나는 크렌쇼가 **단일 축 분석**single-axis analysis이라고 부르는 개념, 즉 인종, 계층, 젠더를 독립적인 구성체로 간주하는 경향이 편견에 도전하려는 선의의 디자이너들의 의도를 그리고 디자인하는 대상, 시스템, 환경을 통해 개선해보려는 그들의 의지를 지속적으로 약화시킨다는 것이다. 크렌쇼가 지적한 것처럼 법률에서 "단일 축 프레임워크는 그룹의 다른 특권이 있는 구성원들의 경험으로 분석을 제한함으로써 인종과 성차별의 개념화, 식별, 교정에서 흑인 여성을 지운다. 다시 말해 인종 차별 사건에서 차별은 성별에서의 우위 또는 계층적 특권을 지닌 흑인의 관점에서 보는 경향이 있고, 성차별 사건에서 초점은 인종과 계층의 특권을 가진 여성에게 집중된다. 이렇게 가장 특권을 가진 그룹 구성원에게 집중되는 초점은 여러 부담을 가진 사람들을 주변화하고 차별의 원인을 개별 원인으로 돌리는, 이해할 수 없는 주장으로 판단을 흐리게 한다."[67]

이 책에서 나는 보편적 디자인 원칙과 관행이 어떻게 특정 집단의 사람들을, 특히 백인 우월주의이자 이성애 가부장제, 자본주의, 정착민 식민주의 아래서 교차적으로 불이익을 받거나 많은 부담을 지닌 사람들을 지우고 있는지 보여주려 한다. 게다가 디자이너들은 디자인의 불평등을 고려할 때(전문 디자인 프로세스 대부분은 불평등을 전혀 고려하지 않음) 흔히 단일 축 프레임워크를 적용한다. 그래서 오늘날 대부분의 디자인 프로세스들은 그들이 재생산하는 편익과 부담의 불평등한 분배를 확인하거나 관여하거나 설명하거나 수정하려는 시도를 불가능하게 만드는 방식으로 돼 있다. 크렌쇼가 언급하듯 성별, 인종, 계층에 대한 교차적 이해에 기반하지 않는 페미니즘 이론과 반인종주의적 정책은 공식적인 정책 요구 상황에서 흑인 여성 등 여러 부담을 지닌 사람들의 경험을 적절하게 배려하지 못한다. 디자인 정의는 '디자인 요청'에도 마찬가지 상황이라고 주장한다.

예를 들어, 교차성은 AI 개발에 절대적으로 중요한 개념이다. 단일 축(즉, 비非교차) 알고리듬 편향 검사는 (정의는 고사하고) 알고리듬 공정성을 보장하기에 충분하지 않다. 알고리듬 편향 검사에 관한 관심, 특히 머신러닝 커뮤니티의 FAT*(공정성Fairness, 책임Accountability, 투명성Transparency)에 대한 관심이 빠르게 증가하고 있지만 대부분 단일 축으로 돼 있다. 그 검사들은 인종이나 성별 같은 단일 변수에 따른 오류율의 편향된 분포만 찾는다. 이 또한 중요한 발전이겠으나, 머신러닝 시스템에 대한 교차 편향 검사의 새로운 규범을 필수적으로 개발해야 하겠다. 이를 위해 알고리듬 정의 리그의 조이 부올람위니는 머신러닝이 교차적으로 편향된 방식을 보여주는 작업을 계속해서 진행했다. 부올람위니와 연구원 팀닛 게브루Timnit Gebru는 젠더 쉐이드Gender Shades 프로젝트에서 '피부색이 하얀 남성' 데이터 세트로 훈련된 얼굴 분석 도구가 백인 남성의 이미지에서 가장 잘 동작하고 흑인 여성의 이미지에서 가장 나쁜 성공률을 보여주고 있음을 밝혔다.[68] 이를 입증하기 위해 그들은 먼저 다양한 피부 톤의 남성과 여성의 얼굴 이미지들로 새로운 기준 데이터 세트를 만들어야 했다.

물론, 디자인 정의 분석이 시스템을 좀 더 포괄적으로 만들기는커녕 아예 디자인 자체를 거부하도록 요청하는 때도 많다. 이 책의 후반부에서 #TechWontBuildIt 운동에 관한 논의를 이어갈 것이다. 그러니 잠시 산업 전용industry appropriation에 관한 이야기는 제쳐두자. 부올람위니와 게브루의 연구는 얼굴 분석 시스템이 기술적으로 편향돼 있음을 보여줄 뿐 아니라(비록 그게 사실이긴 하지만), 머신러닝 시스템 개발을 고려하는 곳이라면 어디서든 교차 훈련용 데이터 세트, 교차 기준, 교차 검사 시스템을 개발해야 한다는 교훈을 구체적인 사례로 보여준다. 그렇게 해야 하는 절박함은 알고리듬 의사결정 지원 시스템이 사람들의 삶과 기회에 미치는 영향력(또는 잠재적인 영향)에 정비례한다.

교차 분석 없이는 지배의 매트릭스 안에서 여러 부담을 지닌 사람들의 경험에 부합하는 개체 또는 시스템을 디자인할 수 없다.

지배의 매트릭스

교차성과 밀접한 관련이 있으면서도 오늘날 덜 알려진 '지배의 매트릭스' 개념은 흑인 페미니스트 학자이자 사회학자, 미국 사회학 협회의 전 회장인 패트리샤 힐 콜린스Patricia Hill Collins가 발전시킨 용어로 인종, 계층, 젠더를 서로 맞물리는 억압의 시스템으로 지칭한다. 이 단어는 권력, 억압, 저항, 특권, 불이익, 편익, 피해가 어떻게 체계적으로 배분되는지 생각하게 만드는 개념 모델이다. 콜린스는 1990년 저서 『흑인페미니즘사상』(여이연, 2019)에서 이 용어를 소개하면서 흑인 여성 대부분의 삶을 구조화하는 데 역사적으로 가장 중요한 세 가지 체계로 인종, 계층, 성별을 제시한다. 그녀는 부수적인 억압 시스템이 다른 사람들에게 지배의 매트릭스로 작용한다는 점에 주목한다. 콜린스에게 이 용어는 서로 영향을 미치며 사람들의 삶을 형성하는 모든 억압 체계를 포괄하는 분석 방식이다.[69]

콜린스는 또한 모든 개인이 지배 매트릭스 안에서의 위치에 따라 이득과 손해를 동시에 본다는 점을 강조한다. "각 개인은 모든 이의 삶을 구성하는 다양한 억압 시스템에서 각기 다른 양의 불이익과 특권을 부여받는다."[70] 따라서 교차적 흑인 페미니즘 분석은 우리가 동시에 여러 지배 그룹과 여러 종속 그룹에 속한 구성원이라는 점을 이해하도록 돕는다. 디자인 정의는 (1) 디자인(어포던스, 디스어포던스, 대상, 환경, 서비스, 시스템, 프로세스)이 지배 매트릭스 안에서의 개인의 위치에 기반해 그들에게 불이익과 특권을 분배하는 방식을 고려하게 하고, (2) 디자인이 다양한 조건에서 작동하는 방식에 주의를 기울이도록 촉구한다.

콜린스는 『흑인 페미니스트 사상』에서 다음과 같이 말했다. "사람들은 세 가지 수준에서 억압을 경험하고 이에 저항한다. 개인으로서의 수준뿐 아니라, 인종, 계층, 성별에 의해 생성된 문화적 맥락의 그룹 또는 커뮤니티로서의 수준 그리고 사회 기관의 시스템적 수준을 경험하는 것이다. 흑인 페미니스트 사상은 세 가지 수준 모두를 지배의 현장이자 잠재적 저항의 현장으로 강조한다."[71] 디자인 정의는 디자인이 세 가지 수준(개인, 커뮤니티, 기관)에서 지배와 저항과 관련되는 방식을 탐색하도록 촉구한다. 먼저 개인 수준에서 예를 들어보자면, 우리는 프로필 생성 시 두 가지 성별 중 하나를 선택할 수 있는 드롭다운 메뉴 등의 기능을 통해 인터페이스 디자인이 개인의 신원을 확인하거나 거부하는 방식을 탐색해볼 수 있다. 이렇게 겉보기엔 사소해 보이는 디자인 결정은 서로 다른 개인에게 전혀 다른 영향을 미친다.

다음으로 커뮤니티 수준에서 살펴보면, 플랫폼 디자인은 커뮤니티 가이드라인, 규칙, 언어 규범을 설정하고 시행함으로써(예를 들어 다양한 종류의 콘텐츠 조정 알고리듬, 클릭워커, 의사 결정 지원 시스템을 통해), 특정 종류의 커뮤니티들을 육성하는 동시에 다른 커뮤니티들을 억제한다. 프로퍼블리카ProPublica가 페이스북Facebook의 내부 콘텐츠 조정 가이드라인에 흑인 아동은 보호 범주에 포함되지 않은 반면 백인 남성은 포함된다고 명시돼 있다고 밝혔을 때[72] 페이스북이 AI 콘텐츠 조정 시스템을 통해 증오심 표현과 부정적이고 선동적인 트롤 메시지 문제들을 처리할 수 있다고 한 마크 주커버그Mark Zuckerberg의 의회 증언은 사람들에게 확신을 주지 못했다. 또한 페이스북에선 '백인 우월주의자

white supremacist' 게시물은 금지돼야 하지만 '백인 민족주의자white nationalist' 게시물은 언론의 자유 범위 안에 있다는 콘텐츠 조정 가이드라인이 유출돼 페이스북의 위상은 회복되지 못했다.[73]

기관적 수준에서 우리는 지배의 매트릭스를 재생산하거나 매트릭스에 도전하는 디자인 결정이 어떻게 기관 조직 안에서의 펀딩 우선순위, 정책, 관행의 영향을 받는지 고려할 수 있을 것이다. 디자인 기관으로는 기업(구글Google, 애플Apple, 마이크로소프트Microsoft), 국립과학재단NSF, National Science Foundation과 국방부DoD, Department of Defense 같은 펀딩 기관을 통해 어떤 종류의 디자인에 우선순위를 부여할지 결정하는 국가 단위의 기관, 벤처 캐피털 회사, 표준 제정 기관(ISO, W3C, NIST 등), 법률 기관(미국 장애인법 등), 디자이너를 교육하는 대학 등이 있다. 기관들은 다른 행위자들의 디자인에도 영향을 미칠 뿐 아니라 사회 전반에 이익과 피해를 분배하는 디자인 대상, 시스템, 프로세스도 디자인한다. 예를 들어, 미국으로 이민 갈 수 있는 능력은 미국 의회에서 통과된 법률, 소프트웨어 의사 결정 지원 시스템, 집행 우선순위에 영향을 미치는 행정 명령 등을 통해 다양한 그룹의 사람들에게 불평등하게 분배된다. 2018년에 국토안보부DHS는 사람들의 소셜 미디어 프로필에서 '좋은 이민자·나쁜 이민자'를 자동 예측하는 '추가 검토용' 소프트웨어를 개발하기 위해 공개 입찰을 했다. 하지만 시민 자유 연대civil liberties와 이민자 인권 운동가들의 대규모 반발 이후, DHS는 뒷걸음질 치며 해당 시스템이 '현재의 기술력' 이상의 수준을 요구한다면서, 해당 업무를 소프트웨어 프로그램 대신 인력을 투입해 해결하겠다고 번복했다. 약 10만 명 이민자들의 소셜 미디어 프로필을 수동으로 모니터링하는 임무를 위해 180명 직원을 고용해 1억 달러 이상을 지급할 계획을 세운 것이다.[74] 더 넓은 관점으로 보면 비자 할당은 항상 권력자들의 정치적 우선순위에 따라 설계된 알고리듬이었다. 이 알고리듬은 오랫동안 특권을 누린 백인, 이성애·시스 규범, 부富, 더 높은 사회경제적 지위를 반영한다.[75]

마지막으로, 흑인 페미니스트 사상은 보편적 지식보다 상황적 지식의 가치를 강조한다. 다시 말해 권력, 억압, 저항의 본질에 대한 특별한 통찰은 예속된 입장을 취하는 사람들에게서 나온다. 이 접근 방식은 또한 특정 관점에서 발전된 지식은 부분적 지식이라는 것을 명백하게 인식한다. "전체를 망라하는 지배의 매트릭스는 여러 그룹을 수용한다. 각각의 그룹은 상응하는 부분적 관점, 상황적 지식을 (그리고 명확하게 식별 가능한 종속 그룹의 경우엔 종속된 지식을) 생성하는 불이익과 특권에 대한 다양한 경험이 있다. 영원히 확고한 비전을 가진 그룹은 없다. 어떤 집단도 절대적 '진리'를 발견하게 만드는 이론이나 방법론을 갖고 있지 않으며, 더 심하게는 다른 집단의 경험을 평가하는 보편적 규범으로 자신의 이론과 방법론을 선포할 수 없다."[76]

깊이 뿌리 박혀있고 서로 맞물려 있는 억압 체계가 제시하는 시험대는 감당할 수 없을 만큼 압도적으로 보일 수도 있다. 어떤 길로 가야 지배의 매트릭스에서 벗어날 수 있을까?

디자인 정의

지금까지 **디자인, 교차성, 지배의 매트릭스**가 지닌 의미에 대해 간략하게 살펴봤다. 이 절을 마무리하는 차원에서 디자인 정의에 다음과 같은 잠정적 설명을 붙여둔다.

> 디자인 정의는 디자인이 다양한 그룹의 사람들에게 혜택과 부담을 어떻게 분배하는지 분석하기 위한 프레임워크다. 디자인 정의는 디자인이 지배의 매트릭스(백인 우월주의, 이성애 가부장제, 자본주의, 능력주의, 정착민 식민주의 등 여러 형태의 구조적 불평등을 포괄)를 재생산하거나 매트릭스에 도전하는 방식에 집중한다. 디자인 정의는 디자인의 혜택과 부담을 더욱 공평하게 분배하는 것을 목표로 하는, 그리고 디자인 결정에 의미 있는 참여를 하고 커뮤니티 기반의, 원주민과 디아스포라 디자인 전통, 지식, 실천의 인정에 의미를 두는, 성장하는 실천 커뮤니티이기도 하다.

이것이 디자인 정의의 정식 정의는 아니다. 또한 다년간의 프로세스를 통해 확장되고 성장하는 실무자들의 커뮤니티에서 개발된, 앞서 제시된 디자인 정의 네트워크 원칙 Design Justice Network Principles을 대체해서도 안 된다. 대신, 이 책의 디자인 이론과 실천에 대한 생각을 정리하는 데 유용하도록 간결하게 정리한 설명 정도로 봐주길 바란다.

디자인 정의에 관해 적었던 이 설명은 #BlackLivesMatter(흑인의 생명도 소중하다), 이민자 권리 운동, LGBTQI+와 두 개의 영혼들을 위한 투쟁, 젠더 정의, 트랜스* 해방, #IdleNoMore(더 이상 가만 있지 않아)와 #StandWithStandingRock(미국 원주민 인디언 지지) 같은 원주민 투쟁, 장애 정의 운동, #MeToo(나도 그랬어) 운동, 환경 정의 운동, 플랫폼 협동주의와 #TechWontBuildIt(기술은 하지 않아) 같은 새로운 노동 운동 등 네트워크로 연결된 사회 운동의 출현으로 인해, 최근 몇 년 동안 미국에서 볼 수 있는 교차적 페미니즘 사상과 행동의 폭넓은 부상과 함께 강한 반향을 일으키고 있다. 그리고 이런 단체들은 극우의 부활에 저항하며 정의롭고 지속 가능한 세계를 위해 구체적 제안을 발의하고자 싸운다. 그들은 성장하고 있으며 2018년에는 미국 의회에 좌파, 퀴어, B/I/PoC의 목소리를 내기 위해 기록적인 수의 의석을 획득하는 등 역사적인 중간 선거를 위한 모멘텀을 제공했다.

교차적 페미니즘 네트워크 운동은 또한 기술, 디자인, 사회 정의 간의 관계에 관한 논쟁을 점점 더 넓히고 있다. 프레임워크로서의 디자인 정의가 디자인에 대한 기존 비판과 새로운 비판까지 아울러 지원하는 (그리고 이미지에서 제도까지, 제품에서 플랫폼까지, 특정 실무자에서 전문 협회까지 아우르는) 도구를 제공하길 바라며, 특정 사회 운동의 특수성에 기반을 둔, 혁신적인 형태의 커뮤니티 주도 디자인을 잘 문서화하길 바란다. 이 책은 디자인 정의 네트워크의 활동, 디자인 프로젝트 일을 하면서 디자인 이론과 실습을 가르친 나의 경험, 실무자 인터뷰 결과를 담았다. 이와 함께 다른 학자들, 디자이너들, 커뮤니티 조직가들의 글을 가져와 소개했다. 이 책이 기술 부문 고용에 다양성이 필요함을 주장하는 데 그치지 않고, 우리의 생각과 대화를 전환하는 데 도움이 되길 바란다. 우리 모두의 더 나은 미래를 만들어가기 위해 이미 진보적 사회 운동과 긴밀히 협력하고 있는, 성장하는 디자인 정의 실무자 커뮤니티를 가시화하는 데 일조하길 바란다.

이 책의 구성

우리는 디자인 정의 네트워크에서 지난 몇 년 동안 디자인이 어떻게 작동하는지, 그리고 우리는 디자인이 어떻게 작동하길 원하는지 질문해왔다. 나는 다음과 같은 질문들을 폭넓게 살펴본 후 각 장으로 구성했다.

- **가치**Value 우리가 디자인하는 사물과 시스템에서 우리는 어떤 가치를 표현하고 재생산하는가?
- **실천**Practice 누가 디자인을 하는가? 우리는 커뮤니티가 디자인 프로세스와 실천 행동을 제어하도록 어떻게 변화하고 있는가?
- **내러티브**Narrative 사물이 디자인된 방식에 관해 우리는 어떤 이야기를 하는가? 디자인 과제의 범위는 어떻게 정하며, 디자인 문제를 어떻게 구성하는가?
- **현장**Site 우리는 어디에서 디자인을 하는가? 디자인 프로세스의 영향을 가장 많이 받는 사람들이 디자인 현장에 접근할 수 있게 하려면 어떻게 해야 하는가? 어떤 디자인 현장이 특권을 가지며 어떤 현장이 무시되거나 소외되는가?
- **교육학**Pedagogy 우리는 디자인 정의를 어떻게 가르치고 배워야 할까?

책의 구성은 다음과 같다.

1장은 '우리가 디자인하는 사물과 시스템에서 우리는 어떤 가치를 표현하고 재생산하는가?'라는 주제를 다룬다. 현재 백인 우월주의적 이성애 가부장제, 자본주의, 능력주의, 정착민 식민주의의 가치는 우리가 디자인하는 대상, 프로세스, 시스템의 어포던스와 디스어포던스 측면에서 너무나도 자주 재생산된다. 1장은 페이스북을 사용해 트랜스*, 퀴어, 이민자 연대 시위를 조직하는 이야기로 시작한다. 그 경험을 기반으로 어포던스, 디스어포던스, 차별적 디자인, 인지 부하에 대한 문헌을 소개하며 비판적 대화를 이어간다.[77] 디자인 어포던스는 종종 사물의 보편적인 특징으로 추정되지만, 여기서는 실제로 지배 매트릭스에 따라 불평등하게 존재하고 있는 개념으로 정의한다. 그리고 다음 섹션에서 밸류센서티브 디자인value-sensitive design(가치 우선주의 디자인),[78] 유니버설 디자인universal design(보편적 디자인), 인클루시브 디자인inclusive design(장애인·노인 등 사회적 약자를 배려하는 포용적 디자인) 같은 접근 방식에 대해 논의한다. 이런 디자인 방법은 시간이 지나면서 디자인 이론과 실천에 있어 꼭 필요한 변화를 가져왔고 디자인 정의는 이를 기반으로 하지만 중요한 면에서는 또 다르게 발전해왔다. 1장은 또한 지배의 매트릭스가 디자인되는 대상과 시스템에 끊임없이 하드코딩되는 방식을 풀어내기 위해, 과학과 기술 연구 안에 자리한 페미니즘, 반인종주의적 관점에 주목한다.[79] 이 매트릭스는 디자이너들에게 '악의'가 있어서 발생하는 것이 아니라, '구체적으로 정의되지 않은unmarked' 최종 사용자들에 대한 부적절한 가정, 머신러닝 기술로 알고리듬을 훈련하려고 마련된 편향된 데이터 세트의 사용, 제한적인 피드백 루프 등 의도하지는 않았지만 부주의한 메커니즘으로 인해 발생한다. 이런 문제를 해결하려면 디자인 정의를 중심으로 도구들을 개편해야 한다. 이 장에서는 디자인 정의 관점으로 차등적 인지 부하differential cognitive load, 교차 계측intersectional instrumentation, 벤치마킹benchmarking, A/B 테스트 같은 다양한 디자인 개념들과 도구들을 분석한다. 그리고 '지배의 매트릭스로부터의 해방'이 의미하는 것이 무엇인지 묻는 것으로 끝을 맺는다.

2장은 '누가 디자인을 하는가? 우리는 커뮤니티가 디자인 프로세스와 실천 행동을 제어하도록 어떻게 변화하고 있는가?'라는 주제에 초점을 맞춘다. 디자인 정의에서 가장 가치 있는 점은 디자이너들이 변경하려는 조건을 직접 경험하는 사람들을 디자인 과정에 충분히 참여시키고 그들이 이에 대한 책임을 지고 통제하게 하는 것이다. 이 장은 '우리 없이 우리 이야기를 논하지 말라nothing about us without us'라는 슬로건을 널리 알린 장애 정의 운동을 토대로 한다.[80] 기술 부문 고용 상황에서의 인종, 계층, 젠더 특성에 관한 논의로 시작되며, 형평성에 대한 주장("우리는 더 다양한 디자이너들과 소프트웨어 개발자들이 필요하다")에서 책임과 커뮤니티 통제에 대한 주장("결과에 가장 큰 영향을 받는 사람들이 디자인 프로세스와 제품을 주도하고 소유해야 한다")으로 화제를 전환할 것을 제안한다. 이는 새로운 아이디어가 아니다. 이 장에서는 기술 디자인의 참여 패러다임의 전환을 검토하고 여러 이론 및 실천 분야 중에서 사용자 주도 혁신user-led innovation, 참여 디자인participatory design, 페미니스트 HCI에 관한 논의를 한다.[81] 여기서 요지는 문제로부터 가장 직접적인 영향을 받는 커뮤니티 구성원들의 리더십과 통제가 매우 중요하다는 점이다. 이 방식이 윤리적이기 때문이기도 하고, 지배의 매트릭스 안에서 소외된 사람들의 암묵적, 경험적 지식이 (커뮤니티의 구성원이 아닌 사람들은 만들어낼 가능성이 거의 없는) 아이디어, 접근 방식, 혁신을 이끌어낼 것이 확실하기 때문이다. 2장은 미국 전역의 사회 정의 실무자들을 위한 기술 운동과 관련된 #MoreThanCode를 소개하는 것으로 끝을 맺는다. 특히, 기술 디자인 프로세스에서 커뮤니티 책무를 창출하는 방법에 대한 실무자들의 제안을 담았다.

이야기엔 커다란 힘이 있다. 3장에서는 '디지털 기술의 디자인에 대해 우리는 어떤 이야기를 하는가?'를 묻는다. 트위터Twitter의 '공식적인' 탄생 이야기(창립자 중 한 명이 매우 뛰어나면서도 비현실적인 천재성을 보였다는)와 그 과정의 일부였던 개발자들의 반론(아나키스트 활동가들에 따르면 2004년 NYC 공화당 전당 대회 시위에서 활동 단체들이 경찰보다 한발 앞서 움직일 수 있게 돕는 도구로 트위터용 데모 디자인을 한 것이라고 함)을 대조하면서 시작된다.[82] 요점은 귀속성attribution과 관심attention이 디자인 프로세스의 중요한 이점benefits이며, 이는 보다 공평하게 분배돼야 한다는 점이다. 미디어 기술의 혁신은 하향식 프로세스로 이뤄지는 게 아니다. 모든 사회기술적 혁신과 마찬가지로 사용자와 도구 개발자의 상호 작용으로 만들어진다. 특히 사회 운동은 미디어 산업들 간의 관계와 사회 운동의 (왜전된) 정보 전달로 인해 미디어 도구와 실천에 있어 혁신의 온상이었다. 사회 운동, 특히 주변부 커뮤니티들이 이끄는 사회 운동은 대중 매체에서 조직적으로 무시되고 잘못 표현되며 공격을 받는다. 그래서 운동 단체들은 필요에 따라 강력한 커뮤니티 미디어를 구성하고 적극적인 반공공counterpublic을 구축하며 미디어를 혁신시키곤 한다.[83] 사회 운동을 통해 혁신된 미디어는 후에 더 폭넓은 문화 산업군에서 채택된다. 예를 들면, 텍스트몹TXTMob과 트위터Twitter, 딥디시 TVDeepDish TV에서 아큐파이Occupy로 진화한 DIY 라이브스트림, 시그널Signal에서 왓츠앱WhatsApp으로 발전한 메시지 암호화가 그렇다. 이런 이야기들은 기술의 역사에서 사회 운동의 기여가 잊혀지지 않도록 더 널리 알려져야 한다. 3장의 마지막 절에선 디자인 범주 정의, 프레임 구성의 중요성을 탐구하고 디자인의 도전이 반정치적 기구로 작동하는 방식을 비판적으로 분석한다. 디자이너들이 구조적 불평등과 커뮤니티 저항이 생기지 않도록 체계적으로 디자인해 문제를 '해결'하려면, 기관은 어떻게 '문제'를 구성하고 범위를 지정해야 할까? 이 장에서는 궁극적으로 디자인 범주 정의 방식을 결핍에서 자산 기반 접근 방식으로 전환해야 한다고 주장한다. 또한 디자인 프로세스에서 '아이디어 수집', '솔루션 테스트' 단계뿐 아니라 범위 지정, '문제 정의' 단계에서 커뮤니티의 리더십이 필요하다는 점을 강조한다.

4장에서는 '우리는 어디에서 디자인을 하는가?'라는 질문에 대해 고민한다. 물론, 디자인은 하위집단의 디자인 현장과 주변부 커뮤니티를 포함해 모든 곳에서 발생한다. 그러나 특정 현장은 디자인 실천 관점에서 이상적인 장소로 평가된다. 이 장의 앞부분에선 핵랩hacklabs, 메이커스페이스makerspaces, 팹랩fablabs, 해커톤hackathons 같은 디자인 현장에 관한 문헌들을 살펴본다. 사람들은 이런 현장에 모여 기술을 공유하고 배우며 디자인하고 프로토타입을 만들어보고 새로운 기술을 사용해 실제로 구축해본다. 어떤 학자들은 핵랩을 사회 운동 네트워크와 긱geek 커뮤니티의 교차 지점에서 명백히 정치화된 공간이라고 주장한다.[84] 시간이 지남에 따라, 시 행정부에서 기술물신주의에 맞춰 시립 '혁신연구소'를 세웠음에도 개인의 역량이나 기업가적 시민의식에 기반한 스타트업 문화와 신자유주의적 담론은 핵랩을 선택했다.[85] 4장에서는 팹랩 네트워크도 분석해 소개한다.

다음으로, 해커톤의 이상, 담론, 실천에 대해 질문한다. 사람들은 해커톤이 무엇을 한다고 생각하며, 해커톤에선 실제 어떤 일이 일어나고 있는가? 그들은 어떤 방식으로 지배의 매트릭스에 도전하고 재생산하는가? 우리는 어떻게 그들을 더 자유롭고 포용적인 현장으로, 그리고 디자인 정의 원칙과 관행에 따라 조직된 현장으로 상상할 수 있는가? 최근 핵랩, 메이커스페이스, 해커톤에서는 성별, 인종, 성적 취향에 따라 다양한 변화를 시도하려는 움직임이 있었다. 예를 들어, 디스코테크DiscoTech(디트로이트 디지털 정의 연합Detroit Digital Justice Coalition에서 개척), 크립토파티CryptoParty, 트랜스*H4CKTrans*H4CK, #A11yCAN 해커톤#A11yCAN Hackathon, 유축기를 엉망으로 만들지 않기 해커톤Make Breast Pump Not Suck Hackathon, 정책 서밋Policy Summit 등을 참고하자. 4장에서는 핵랩 참가자의 다양화 외에도 디자인 정의를 위해선 이런 현장들을 사회 운동 네트워크에 의도적으로 연결하는 더 넓은 의미의 문화적 변화가 필요하다고 결론지었다.

5장은 디자인 정의의 비판적 교육학critical pedagogy에 대해 폭넓게 성찰한다. '우리는 디자인 정의를 어떻게 가르치고 배워야 할까?'에 관해 질문한다. 파울로 프레이리, 벨 훅스Bell Hooks 등의 연구를 기반으로 한 비판적 교육학, 대중 교육의 이면에 있는 견해들을 요약하면서 시작한다. 시모어 페이퍼트Seymour Papert와 미첼 레스닉Mitchel Resnick 같은 구성주의 디자인 교육 이론가들과의 대화를 소개하며, 다이아나 누세라Diana Nucera의 커뮤니티 기술 교육학과 디트로이트 커뮤니티 기술 프로젝트Detroit Community Technology Project, 마야 왜고너의 비판적 커뮤니티 기술 교육학Critical Community Technology Pedagogy, 캐서린 디그나지오Catherine D'Ignazio와 로라 클라인Laura Klein의 데이터 과학 페미니스트 교육학 등을 다룬다. 5장의 후반부에는 지난 6년간 MIT에서 '시민 미디어, 협력적 디자인 스튜디오Civic Media: Codesign Studio' 과정을 가르친 경험을 담았다. 협력적 디자인 스튜디오 사례 연구에서 얻은 것을 종합하고, 10가지 디자인 정의 네트워크 원칙의 틀 안에서 각 사례를 구체적으로 소개한다. 윌리엄 뒤부아W. E. B. DuBois와 부커 워싱턴Booker T. Washington이 교육의 본질을 주제로 벌인 유명한 논쟁에 대한 성찰로 마무리되며, 우리에게 다음과 같은 사항을 고려하도록 요청한다. 기관적 구조가 기술 디자인의 커뮤니티 기반 교육학을 지원한다는 것은 무슨 의미인가? 교육 체제의 신자유화 시대가 당면하고 있는 도전 과제는 무엇인가? 컴퓨팅 교육의 목적은 모든 사람을 좋은 프로그래머로 만드는 것인가, 아니면 모든 프로그래머를 좋은 사람으로 만드는 것인가?

이 책은 결론을 짓기보다는 많은 질문을 던지면서 끝을 맺는다. '미래의 과업을 향한 방향성'은 성장하는 #TechWontBuildIt 운동을 설명하면서 '미래의 디자인 정의를 위한 주요 방향성은 무엇인가'에 관해 묻는다. 디자인 정의 프로세스와 그 결과물 간 팽팽한 긴장, 디자인 이론에서 흑인 페미니즘 사상의 역할, 실용적 디자인의 역설, 건축, 도시 계획, 산업 디자인, 패션 디자인 같은 디자인 영역에서 필요한 구체적인 디자인 정의 작업 등을 다룬다. 이에 이어 프로젝트 평가, 영향 평가처럼 디자인 정의 프레임워크를 확장하기 위한 후보 영역을 검토한다(가이드라인, 표준, 규범, 법률, 의도치 않은 결과

간 역학 관계 등). 5장은 디자인 정의와 플랫폼 협동주의platform cooperativism, 디자인 정의 현장에 대한 체계적 자원 지원의 필요성, 디자인 정의 교육을 지원하기 위한 제도적 메커니즘에 대한 성찰로 끝을 맺는다. 마지막으로, 독자들에게 더 연구해보면 좋을 주제들을 소개하고 디자인 정의 실무자 커뮤니티에 참여하도록 초대한다.

한계

이야기를 시작하기에 앞서 내 접근 방식의 한계를 알려둔다. 먼저, 디자인 정의는 모든 형태의 디자인에 적용할 수 있는 프레임워크라고 생각한다. 하지만 내가 경험한 실천 사례와 지식은 특정 분야에 국한되며 그 분야에서의 사례를 주로 소개했다. 다른 학자들과 실무자들은 디자인 정의 프레임워크를 다른 영역으로 확장하도록 권한다. 특히 산업 디자인, 패션 디자인, 건축 등 다른 분야에서 디자인 정의의 의미를 탐구하길 바라는 이들도 있다. 나는 이와 같은 분야에 대해선 깊이 알지 못하며, 그 영역들에서는 정의를 내리지 못한다.

또 다른 주의 사항을 덧붙이자면, 이 책은 입문용 설명서how-to manual가 아니다. 연합 미디어 프로젝트 네트워크 원칙에는 다음과 같은 내용이 있다. '문제가 있는 곳에선 어떤 방식으로든 이미 문제에 대처하고 있다. 이런 조치를 이해하는 것은 문제 해결을 위한 효과적인 전략을 발전시키는 출발점이 된다. 따라서 우리는 문제가 아닌 해결 방법에 중점을 둔다. 우리는 우리 자신의 힘과 정당함을 강조한다. 우리는 우리가 무력하지 않다고 가정한다. 우리는 공격보다 구축에 더 많은 시간을 할애한다.'[86] 이를 바탕으로 나는 이 책 전반에 걸쳐, 디자인 프로세스가 지배의 매트릭스를 재생산하는 방식들에 대한 비판과 이미 존재하는 디자인 정의 작업에 대한 논의 사이에서 균형을 찾으려 노력했다. 이 책은 실무자를 위한 매뉴얼이 아니다. 디자인 정의 네트워크는 이미 훌륭하면서도 실용적인 가이드를 제작하고 있으며, 이 가이드는 진zine 시리즈, 연합 미디어 콘퍼런스의 연간 디자인 정의 트랙, 네트워크 웹사이트 등 다양한 채널에서 확인할 수 있다. 하지만 사람들이 가이드를 더욱 쉽게 접할 수 있도록, 네트워크에서 디자인 정의 방법론 키트를 만들어 공유해주길 바란다. 자신의 업무에서 디자인 정의를 실행하는 데 관심이 있는 이들은 지금 당장 웹사이트(http://designjusticenetwork.org)를 방문해 도움받길 바란다.

디자인 정의는 대체로 개념적 틀과 실천의 커뮤니티로서 디자인에 대한 자유로운 접근을 위한 규범적이고 실용적인 제안을 제시한다. 디자인 정의 실무자들은 디자인의 모든 단계에 민주적 참여와 커뮤니티 제어가 체계적으로 이뤄져야 하고 이런 실천을 계속해서 발전시켜야 하는 윤리적 의무가 우리에게 있다고 여기기 때문에 **규범적**인 경향이 있다. 우리는 디자인 프로세스에서 역사적으로 소외된 커뮤니티들을 중심으로 작업을 한다. 동시에 우리는 이런 원칙을 따르는 디자인이 우리 모두에게 더 잘 맞는 이미지, 물건, 제품, 시스템을 생산할 수 있다고 믿기 때문에 **실용적**인 측면도 존재한다.

디자인 정의 커뮤니티는 커지고 있다. 이들은 우리 일상에서 디자인 정의 원칙을 실현하기 위해 노력하는 사람들이자 조직들이다. 디자인 정의 네트워크 원칙들은 커뮤니티 주도 프로세스에 대한 책임 의식 관점에서 다뤄지고 있다. 디자인 정의 네트워크는 이런 원칙들을 '살아 있는 문서'로 설명하고 있으며, 실무자들과 함께 계속 발전시킬 계획이다. 점잖고 교양 있는 독자 여러분께서는 내용을 곰곰이 생각해보고 자신의 업무에 녹여 원칙들을 계속 발전시켜 보길 바란다. 디자인 정의의 이론과 실천, 교육을 함께 만들어가자!

1장

디자인 가치: 편견으로부터의 해방

그림 1.1 미카 바잔트(Micah Bazant)의 포스터 아트, 〈우리 모두 여기에 속한다〉(2017)

기술은 언제나 **사회적** 지식, 관행, 제품의 한 형태다. 갈등과 타협의 결과이며, 그 결과는 주로 사회 안에서 다른 그룹들과의 권력과 자원 배분에 따라 좌우된다.

  – 주디 와이즈먼(Judy Wajcman), 『페미니즘과 기술의 대결』(Polity, 2013)

디자인은 한 세계의 정치가 다른 세계의 제약이 되는 과정이다.

  – 프레드 터너(Fred Turner)[1]

여러분이 사용하는 베타 버전의 소셜 네트워크에서 다른 사용자가 공격해오는 것을 차단할 수 없다면, 그 소셜 네트워크는 아마도 백인 친구들이 개발했을 것이다. #ello

  – @AngryBlackLady[2]

"흑인, 무슬림, 이민자, 퀴어! 모두 환영합니다!"

"우리는 퀴어다! 우리는 트랜스다! '벽' 안돼! '금지' 안돼!"

"자유로워지자! 우린 모두 벗어던져야 해!"

보스턴 시청의 거친 콘크리트 벽 위에 잔뜩 적힌 구호들이 당장이라도 튀어나올 듯 강렬하다. 2017년 2월 5일 일요일, 도널드 트럼프가 미국 대통령으로 취임한 지 16일 만에 일어난 일이다. 무려 천 명이 넘는 퀴어, 트랜스*, 이민자 인권 운동가, 우리의 가족, 친구, 연합 사람들이 정부 센터 앞에 모였다. LGBTQI+의 거대한 무지개색 깃발과 이보다는 작은 분홍·파랑·하얀색 트랜스* 깃발들이 2월의 냉랭한 공기 중에 반파시스트 행동 단체의 검정, 빨강, 흰색 깃발과 나란히 펄럭인다. 나는 **젬베**(아프리카 전통

타악기)를 들고 계단을 오른다. 코플리 광장으로 행진하는 동안 북을 치면서 구호를 선창해달라는 요청을 받아서다. 하지만 퀴어, 트랜스* 등 여러 정체성의 교차점에 있는 다섯 명의 시위 조직가들(흑인, 라틴계, 아시아인, 이민자, 장애인 노동자)이 먼저 마이크를 서로 주고받으며 집결한 이유에 대한 집단 성명서를 낭독한다.

트럼프는 LGBTQ 커뮤니티를 억압으로부터 보호하고 싶다고 주장한다(!!!). 하지만 … 위헌적인 #MuslimBan(무슬림 금지) 정책은 퀴어와 트랜스를 포함한 수백만 명에게 커다란 고통을 주고 있다. 국경 장벽과 무장 조치는 사막에서 더 많은 생명을 앗아간다. 급습, 구금, 추방의 확대는 우리 모두에게 영향을 미치며, 특히 미등록 이주민 퀴어Undocuqueer들에 대한 폭력이 늘어난다. 국제 금지 규정Global Gag Rule(낙태 지원 국제기구 단체에 연방 자금 지원을 막는 규정)의 원복은 번식의 정의를 훼손한다. #KeystoneXL(키스톤 XL 파이프라인), #NoDAPL(다코타 액세스 파이프라인) 재개를 통한 원주민 자치권에 대한 공격은 두 개의 영혼들을 비롯한 모든 원주민에 대한 공격이다. 트럼프가 인기 투표에서 졌다는 이유로 50개 주 전체에서 유권자 식별법voter ID law을 시행하겠다고 위협하는 건 주변부 유권자의 권리 박탈을 의미한다. 트럼프는 또한 전국적으로 강제 신체 수색권Stop and Frisk 제도를 확대하겠다고 했는데, 이런 수색은 모든 커뮤니티의 흑인이나 황인 같은 유색인들을 대상으로 일어날 것이다. 우리는 퀴어, 트랜스, 젠더 비순응 유색인들이 인종 차별적 경찰 폭력의 가장 큰 표적이 될 것임을 알고 있다. … 우리는 흑인, 무슬림, 원주민, 이민자, 퀴어, 장애인, 여성, POC 커뮤니티, 그리고 이 교차점에 있는 모든 사람을 위해 여기에 있다! 우리의 해방은 얽히고설켜 있기에 서로를 위해 지금 여기에 있는 것이다. 우리는 서로를 보고 있으며 서로를 지지한다. 모두가 자유로워질 때까지 우리 중 누구도 자유롭지 않다! 우리 '모두' 자유를 얻지 못한다면, #SHUTITDOWN!(멈춰라!!)"[3]

트랜스* 퀴어 해방과 이민자 연대 시위는 선거에 대한 응답, 트럼프 행정부의 첫 번째 조치에 대한 응답으로 2017년 겨울과 봄에 일어난 대규모 거리 시위의 일부였다. 이 시위는 보스턴에 기반을 둔 활동가, 변호사, 문화 종사자, (내가 참여했던) 커뮤니티 조직가들이 모여, 즉석에서 만든 #QTPower의 노력으로 일주일도 채 되지 않아 조직됐다. 이처럼 신속하게 시위를 조직하는 데 우리가 주로 사용한 도구들을 간략히 소개해보겠다. 우선 대면 회의와 전화 회의를 통해 행사의 주요 계획을 세웠다. 구글 문서를 사용해 전체 프레임, 언어, 요구 사항, 물류 정보에 대한 초안을 작성했으며, 이메일, 전화, 메신저를 통해 공동 후원자를 모으고, 페이스북을 통해 활동을 홍보했다. 우리는 또한 지난 10년 동안 사회 운동 네트워크를 통해 작품이 널리 알려진 시각 예술 작가 미가 카잔트 Micah Bazant의 연대 이미지의 상징적 힘(그림 1.1)을 사용해 행사를 홍보했다.

이제 활동가들이 정치 시위를 조직하는 데 유용한 도구로 페이스북을 사용한다는 건 학계와 대중 모두에 널리 알려진 이야기다. 이런 설명의 가장 좋은 점은 소셜 미디어 플랫폼과 정치적 시위 활동 간 관련성에 관한 간결한 이야기를 중층적으로 들려준다는 것이다. 기술의 사회적 영향을 연구하는 미디어 학자이자 사회 참여 지식인인 제이넵 투페치Zeynep Tufekci는 사회 운동가들이 다른 많은 일을 해낼 능력이 부족한 상황에서도 페이스북 같은 도구를 사용해 단순하고도 광범위한 요구로 많은 사람을 신속하게 동원할 수 있다고 주장한다.[4] 아랍의 봄so-called Arab Spring, 점거 운동Occupy movement, 스페인 15-M 운동을 연구한 사회 운동 학자인 파올로 게르바우도Paolo Gerbaudo 역시 페이스북과 트위터 팔로워 수가 많은 카리스마 넘치는 활동가들이 대의 민주주의 의사 결정 메커니즘을 개발하지 않고도 소셜 네트워크를 사용해 집회를 연출하고 사회 운동을 이끌었던 방법을 설명한다.[5] 한편, 이민자 또는 원주민 커뮤니티와 함께 일하는 학자이자 디자인 이론가인 라메시 스리니바산은 아랍의 봄이 소셜 미디어 플랫폼 도입의 불가피한 결과라고 주장하는 지나치게 단순화된 미국 매스미디어 내러티브에 경고한다.[6] 그 대신 봉기와 혁명을 일으킨 지역 활동가들의 정치, 역사, 조직, 비판 의식을 강조한다.[6] 커뮤니케이션 학자인 모야 베일리Moya Z. Bailey, 사라 잭슨Sarah Jackson, 브룩 푸컬트 웰스Brooke Foucalt-Welles는 사회 운동 네트워크가 #SayHerName(그녀의 이름을 부르자), #GirlsLikeUs(우리와 같은 소녀들), #MeToo(나도 그랬어) 같은 해시태그 행동주의 캠페인에서 트위터의 어포던스를 어떻게 활용하는지 분석한다.[7]

에밀리아노 트레레Emiliano Treré, 바트 캠머츠Bart Cammaerts, 알레산드라 렌지Alessandra Renzi 같은 미디어, ICT, 사회 운동 학자들은 페이스북(그리고 다른 소셜 미디어 플랫폼들)에서 디자인된 어포던스가 활동가 사용을 가능하게 하면서도 제한하는 방법들에 대해 구체적으로 설명한다.[8] 예를 들어, 우리가 #QTPower(QT파워) 활동을 조직하는 동안 페이스북 이벤트Facebook Event는 수천 명에게 행동을 촉구하는 내용을 신속하게 배포하고 RSVPRépondez s'il vous plaît 기능(회신 요청 기능)을 통해 사람들의 관심도를 측정할 수 있는 훌륭한 도구를 제공했다. 시위 집결을 요청하는 동안 이벤트 RSVP 기능은(페이스북 용어로는 "I'm going") 평소보다 실제 참가율에 더 가깝게 취합됐다. 시위 조직가들은 수천 명이 행사 참석 여부를 회신하면 다른 시기에 훨씬 적은 회신율을 보인 행사들 대비 실제로 수천여 명이 참석할 가능성이 있다는 사실을 공유했다.[9]

그러나 일반적으로 페이스북은(특히 페이스북 이벤트는) 커뮤니티 조직가들에게 가장 중요한 일인, 사람들을 참여시키는 활동과 관련해선 끔찍한 도구를 제공한다.[10] #QTPower 이벤트가 끝난 후 이벤트 페이지에 어느 정도 추가적인 정보, 사진, 피드백을 공유할 수 있었지만, 우리는 이벤트 주최자임에도 불구하고 모든 참석자에게 다음 활동에 대한 메시지를 전달할 방법이 없었다. 이벤트 토론에 올린 게시물들은 페이스북의 뉴스피드 알고리듬의 불투명한 의사 결정에 따라 일부에게만 보였다. 물론, 우리에겐 시위 참가자들이 피드에서 집결과 관련된 추가 콘텐츠를 쉽게 찾도록 페이스북에 수수료를 지불하는 옵션이 있었지만, 플랫폼 디자인은 우리가 가장 하고 싶던 일을 할 수 있는 능력을 거저 부여하길 거부했다. 이런 경우, 우리는 모든 시위 참가자(그리고 행사에 관심을 보인 사람들)에게 연락해 다음 집결에 초대한다. 몇 주 후 트럼프 행정부는 전국의 트랜스*와 젠더 비순응자들에 대한 민권법 제7장Title IX의 역행안을 발표했다.[11]

페이스북의 어포던스와 활동가들의 기본 요구 간 불일치는 살사커먼SalsaCommons, 네이션빌더NationBuilder, 활동 네트워크Action Network 등의 헌신적인 활동가 CRMConstituent Relationship Management system(구성원 관계 관리 시스템)의 전체 생태계의 존재와 그 필요성을 보여준다. 커뮤니티 조직가들, 정치 활동가들의 요구 사항을 토대로 디자인된 이런 플랫폼에는 캠페인 구축의 핵심 프로세스와 일치하는 기능, 인터페이스 요소, 역량이 내재돼 있다. 그리고 대량의 이메일 목록 관리, 청원, 이벤트, 설문조사, 기금 마련 같은 도구들과 활동가 퍼포먼스 기록, 목록 세분화, 자동 알림, 설명서 같은 참여 사다리 서비스들을 제공한다. 이런 유형의 도구들은 이런 플랫폼에 어느 정도는 내장돼 있다. 대개 이 플랫폼의 설립자들은 캠페인을 해본 경험이 있어 그들의 니즈를 이해하고 있기 때문이기도 하고, 대부분이 UCD^{User-Centered Design}(사용자 중심 디자인) 방법론들과 애자일 개발을 통해 지속적으로 플랫폼 어포던스와 사용자 요구를 일치시켜 개선해 나가기 때문이다.

그러나 이런 플랫폼들은 상대적으로 소수의 전문 캠페인 활동가 그룹만 사용하는 니치 서비스^{niche service}(틈새 서비스)로 존재한다. 그리고 그 플랫폼들은 캠페인 데이터베이스의 연락처 수 기준으로 돼 있어 늘 그렇듯 사용에 비용이 들고, 학습에 상당한 시간과 에너지를 투자해야 한다. 그래서 그 플랫폼들은 사회 운동에 참여하는 사람들에게 절대 널리 채택되지 않을 것이다. 사회 운동 활동가들, 조직가들, 참가자들을 포함한 대부분의 사람들은 그 플랫폼 대신, 가장 인기 있는 소셜 네트워크 사이트와 호스팅 서비스를 목표 달성을 위한 도구로 사용한다. 우리는 이 사이트들의 어포던스 안에서 제한 요건을 감내하며 작업을 한다. 이 도구들이 우리에게 당면한 특정 과업에 적합하지 않더라도, 또 운동 참가자들이 실제 피해 범위에 노출되는 상황이더라도 이 도구를 사용한다.

가장 인기 있다는 소셜 미디어 플랫폼은 왜 커뮤니티 조직 및 운동 구축이라는 중요한 일에 제한된 어포던스를 부여하는가? 플랫폼에서 일하는 디자이너들, 소프트웨어 개발자들, 제품 관리자들이 우리의 관심을 사로잡고 이를 수익화하기 위해 디지털 세상 최적화에 그들의 시간, 에너지, 탁월한 능력을 쏟는 이유는 무엇인가(시민 참여 극대화, 환경적으로 지속 가능한 선택, 공감 구축 등 가치 있는 대안적 결과를 달성하는 다른 잠재적 목표들보다 플랫폼 최적화에 집중하는 이유는 무엇인가)? 즉, 많은 사람에게 불평등함이 너무나 명백해서 우리가 기존의 권력 불평등 시스템을 시급히 해체해야 하는 상황에서도, 그 불평등을 재생산하는 기술을 계속 디자인하는 이유는 무엇인가? 디지털 인터페이스, 애플리케이션, 플랫폼, 알고리듬, 하드웨어, 인프라를 포함한 모든 종류의 기술(사회공학 시스템)을 디자인하는 방식을 변환해 자유로워지는 데 필요한 것은 무엇인가?

누구를 위한 일상인가?
지배 매트릭스에 따른 어포던스와 디스어포던스의 분포

디자인 이론의 핵심 개념 중 하나인 어포던스affordance부터 이야기해보자. 인터렉션 디자인 재단Interaction Design Foundation은 어포던스에 대해 "사용자들이 그 디자인으로 수행할 수 있는 행동possible action을 보여줌으로써 사용자들이 해당 개체object와 상호 작용할 수 있는 방법을 제안하는 개체 속성이다. 예를 들어, 버튼은 돌리거나 눌러야 하는 것처럼 보일 수 있다"라고 설명한다.[12] 어포던스는 1970년대 후반 인지 심리학자 제임스 깁슨James Gibson에 의해 만들어진 용어다. 깁슨은 "환경의 어포던스는 동물에게 제공되는 개념으로, 어포던스가 좋든 나쁘든 제공되는 것"이라고 말했다.[13] 이 용어는 디자인 교수 윌리엄 가버William W. Gaver의 「Technology Affordances」라는 논문을 계기로 다양한 분야에서 영향력을 얻었고,[14] 인지과학자이자 인터페이스 디자이너인 도널드 노먼Donald Norman의 저서 『디자인과 인간심리』(학지사, 2016)가 출간되면서 인간과 컴퓨터 간 상호 작용 연구HCI, Human-Computer Interaction 분야에서 더욱 폭넓게 활용됐다.[15] 노먼에게 어포던스는 '사물이 인지되는 실제적 속성, 주로 사물이 어떻게 사용될 수 있는지를 결정하는 기본 속성'을 의미한다.[16] 예를 들어, 의자는 앉을 수 있고, 문손잡이는 돌릴 수 있으며, 마우스는 화면에서 커서를 움직이고 특정 위치를 클릭할 수 있고, 터치스크린은 톡톡 두드리거나 스와이프할 수 있다.

『디자인과 인간심리』는 디자인 분야에서 고전으로 여겨지는 글이다. 유용한 통찰과 설득적인 사례들이 가득하다. 그러나 이 책은 인종, 계층, 성별, 장애 같은 불평등의 축을 완전히 무시한다. 노먼은 자본주의capitalism가 사물의 디자인을 형성해오고 있다고 아주 간략하게 언급할 뿐[17] 그 생각을 책의 핵심 개념과 연결해 설명하지 않는다. 인종이나 인종 차별은 이 책 어디에서도 볼 수 없다. 파리 소르본의 원형 극장인 루이스 레어드Louis Laird를 설명하는 구절에서 '여성women'이란 용어가 단 한 번 등장한다. '천장에 있는 벽화는 책을 읽으려고 애쓰는 남자 주위에 있는 벌거벗은 여성들을 보여준다.'[18] 게이, 레즈비언, 트랜스젠더 같은 용어는 보이지 않는다. '특별한 사람들을 위한 디자인^{Designing for Special People}'이라는 제목의 3페이지 분량의 절에서도 장애에 대해선 거의 논의하지 않는다. 이 짧은 절에서 노먼은 디자이너들이 왼손잡이를 위해 디자인할 때 직면하는 문제들을 설명하면서 "노약자, 장애인, 시각장애인(전맹 또는 저시력), 청각장애인(농아 또는 난청), 키가 아주 작거나 큰 사람, 외국인이 겪는 특별한 문제들을 고려하라"라고 촉구한다.[19] 그는 장애 B/I/PoC^{Disabled B/I/PoC}가 지배의 매트릭스 안에서 권력의 중심축인 비장애인 우월성^{able-bodied supremacy}을 해체하기 위해 싸울 때,[20] 장애 B/I/PoC가 창안한 장애 정의 모델^{disability justice model}은 무시하고, 사회적·관계적 모델^{social/relational model}(사회가 신체적 또는 심리적 격차가 있는 사람들의 접근 요구를 충족시키는 조치를 하기보다는 불필요한 배제 입장을 취함으로써 그들을 어떻게 적극적으로 무력화시키는지 인식하는 모델)[21] 보다는 장애를 '결함 있는^{defective}' 신체와 해결해야 할 '문제^{problem}'로 보는 개인·의료 장애 모델^{individual/medical model of disability}에 확고하게 동의한다. 노먼은 다국어 음성 메시지 시스템에 대해 간단히 설명하고 키보드 자판과 영어에 대해서도 언급한다.[22] 다시 말해, 이 책은 더 나은 디자인을 위한 핵심 원칙을 제공하는 데 활용하기 어려운 디자인 객체에 관한 개요서이며, 지배 매트릭스의 인종, 계층, 성별, 장애 등의 여러 측면이 어떻게 형성되고 어떻게 어포던스에 대한 접근을 제한하는지에 관한 질문을 완전히 무시한다. 디자인 정의에서는 "지배 매트릭스는 어포던스의 지각 가능성^{perceptibility}과 가용성^{availability}을 어떻게 형성하는가?"라는 주제로 시작한다. 디자인 정의는 이런 질문들에 지속적인 관심을 집중시키도록 요청하는 접근 방식이다.

어포던스의 지각 가능성과 가용성

첫째, 우리는 어포던스가 모든 사람에게 **동등하게 인지될 수 있는지**, 아니면 누군가에게는 좀 더 체계적으로 특권을 부여하는지를 물어볼 수 있다. 가버는 어포던스 지각 가능성^{affordance perceptibility}을 결정하는 데 있어, **관점**(그의 표현에 따르면 문화, 경험, 학습을 일컬음)이 하는 역할을 인정하지만 크게 경시하는 경향이 있다. 그는 문화와 경험이 특정 사용자에게 해당되는 어떤 어포던스를 '강조'하는 데 기여하지만, 이것이 어포던스의 '개념에 필수적'인 것은 아니라고 말한다.[23] 그러나 관점이 어포던스 지각 가능성을 형성하는 방식과 관련해 훨씬 더 강력한 주장이 존재한다. 예를 들어, 가버는 (관념적이고 보편화된) 사용자에게 스크롤바의 어포던스를 드러내도록 주의 깊게 디자인된 지각 단서 perceptual cue를 설명한다. 그러나 맹인, 시각 장애인 또는 난생 처음 컴퓨터와 상호 작용하는 사람은 이런 단서의 이점을 **거의 또는 전혀** 누리지 못한다. 또한 드롭다운 메뉴의 저장 옵션 옆에 있는 플로피 디스크 아이콘의 지각적 단서는 플로피 디스크를 사용한 적이 없는 사람들에겐 그 아이콘이 의미하는 바를 이해하기 전까진 어포던스를 이해하는 데 도움이 되지 않는다. 알파벳에 익숙하지 않은 사람들은 'SAVE'라는 텍스트가 제공하는 지각 정보의 이점을 누리지 못할 것이다. (낯선 알파벳은 고사하고!) 익숙하지 않은 언어로 설정된 메뉴가 있는 컴퓨터를 사용해 본 사람이라면 누구나 이해할 것이다. 또한 어포던스 지각 가능성은 색맹, 맹인, 시각 장애인, 청각 장애인, 난청인 등 상황에 따라 다르다. 따라서 관점은 어포던스가 주어진 사용자에게 **인지될 수 있는지**를 결정하고, 어포던스 지각 가능성은 항상 관점(지배 매트릭스 내의 위치)을 기반으로 달라진다. 모든 어포던스는 특정 유형의 사용자들에게 더 잘 인식된다.

둘째, 디자인 정의는 모든 사람이 어포던스를 **동등하게 사용할 수 있는지** 고려하게 만든다. 가버의 계단 예시를 살펴보자. 계단은 대부분의 사람들에게 계단을 통해 다른 층 사이를 오갈 수 있다는 어포던스를 제공하지만, 계단 이용이 어렵거나 불가능한 사람들에겐 이런 어포던스를 제공하지 않는다. 후자의 사용자들에게도 계단을 **사용할 수 없다는 지각 가능한** 어포던스를 제공할 수 있었을 것이다. 메신저의 인스턴트 메시지 instant message 도착을 알리는 소리 알림 audible alert 은 일부 사용자들에게 인스턴트 메시지 클라이언트의 어포던스에 대한 인식을 향상시킬 수도 있다(알림을 들을 수 있는 사람들, 앱이 백그라운드에서 동작하도록 최소화시킨 사람들, 다른 과업에 시각적 주의를 기울이느라 컴퓨터에서 멀리 떨어져 있는 사람들에 해당). 하지만 소리 알림은 다른 사용자들에겐 지각적 이점을 제공하지 않기도 한다(청각 장애인, 난청인, 컴퓨터 알림을 무음으로 설정해둔 사람들, 매우 시끄러운 업무 공간에 있는 사람들 등). 사물의 어포던스는 모든 사람에게 동일하게 **인지되지** 않으며, 모든 사람이 동일하게 **사용**할 수는 없다. 어떤 사람들에게는 어포던스가 항상 인지하기 쉬울 수 있다. 또는 유용하거나, 인지하기 쉬우면서 유용할 수도 있다. 디자인 정의는 이런 통찰을 전면에 내세우면서 이런 차이들이 지배의 매트릭스에 의해 형성되는 방식에 대해 디자이너의 지속적인 관심을 요구한다.

디스어포던스와 디스어포던스

디자인 어포던스design affordance는 객체object를 통해 수행할 수 있는 행동과 지각 단서를 일치시킨다. 반면 디자인 **디스어포던스**disaffordance: 어포던스의 반대 개념는 차단되거나 제한될 행동과 지각 단서를 일치시킨다. 기술 철학자 위트코워D. E. Wittkower는 차별적 디자인discriminatory design에 관한 논문에서 디스어포던스의 많은 예시를 제공한다. '울타리는 해당 구역에 진입하지 말아야 함을 암시한다', '잠겨 있는 문은 열쇠 없이는 들어갈 수 없다', '휴대폰의 지문 스캐너는 소유자가 휴대폰 콘텐츠에 액세스할 수 있게 하지만, 다른 사람들은 액세스하지 못하게 막는다' 등등.[24] 위트코워는 또한 **디스어포던스**dysaffordance: 어포던스의 결핍(일부 사용자들이 기능에 접근하는 과정에서 스스로 오인하게 되는 개체object를 일컫는 용어)를 디스어포던스disaffordance의 하위 범주로 구분해 설명한다. 예를 들어, 나는 이분법적 젠더 유형에 속하지 않는 사람으로서 비행기 티켓 발권 같은 시스템과 상호 작용할 때마다 디스어포던스dysaffordance를 경험한다. 이 시스템이 계속 진행하게 하려면 남성 또는 여성을 선택해야만 한다. 대학원생인 조이 부올람위니Joy Buolamwini는 흰색 마스크를 착용할 때까지 검은 피부를 감지하지 못하는 안면 감지 기술의 디스어포던스를 경험했다. 그녀는 이런 경험 때문에 얼굴 분석 기술의 편향성을 체계적으로 연구하고 알고리듬 정의 리그Algorithmic Justice League를 설립하게 됐다.[25] 디자인 정의는 다양한 종류의 사람들 사이에서 어포던스affordance, 디스어포던스disaffordance, 디스어포던스dysaffordance의 존재를 지속적으로 고려할 것을 요청한다.

이와 관련해 가버는 잡아서 돌리게끔 돼 있는 둥근 형태의 문손잡이를 사례로 들며 "인간의 움직임 체계와 핸들의 상호 작용이 그 어포던스를 결정한다. 수직 바 형태의 손잡이를 잡을 때 손과 팔은 손잡이를 당기기 쉬운 상태가 된다. 가로로 편편한 바에 손을 대면 미는 것이 더 쉽다"라고 말했다.[26] 장애 정의 운동disability justice movement의 비판적 사고에 기반을 둔 디자인 정의는 인간 운동 체계의 요건configuration이 단 하나의 보편적 가정에 근거한다는 점에 의문을 제기한다. 세상에는 많은 요건이 존재한다. 어떤 사람들은 문을 당기는 메커니즘으로 수직 바 형태의 손잡이에 의해 특권을 부여받을 것이다. 반면 어떤 사람들에겐 객체와 행동의 특정 조합이 행동 자체를 어렵게 하거나 불가능하게 만든다. 누군가에게 어포던스로 존재하던 것들이 다른 누군가에겐 디스어포던스가 되는 것이다. 예를 들어, 어린아이는 성인의 가슴 높이에 있는 수직 바를 당겨 문을 여는 게 무척 어렵다. (문을 열 수 있도록 만드는 것이 목표라면) 적절한 디자인 솔루션은 양방향으로 밀어 여닫을 수 있는 문이 될 것이다. 이 디자인은 사용자들이 문을 열 때 손과 팔을 사용하지 않을 것으로 예상되는 시나리오에서도 일반적으로 통용된다. 예를 들어, 식당 주방의 양방향으로 열리는 문은 웨이터들이 접시를 드느라 손을 사용할 수 없는 상황에서 유용하다. 여기서 디자인 정의 분석의 요점은 단 하나의 '최상의' 디자인 솔루션을 강요하는 것이 아니라, 어포던스, 디스어포던스disaffordance, 디스어포던스dysaffordance가 일부 사람들에게만 특권을 부여한다는 점을 인식하는 것이다.[27]

어포던스뿐 아니라 디스어포던스disaffordance, 디스어포던스dysaffordance에 대한 지각과 가용성의 일정 부분은 지배의 매트릭스에 의해 형성된다고 할 수 있다.

의도Intention와 영향Impact

오늘날 디자이너들 대부분은 소외된 사람을 조직적으로 배제하지는 않는다. 그러나 사회기술 체계sociotechnical system의 어포던스와 디스어포던스에서 예시된 권력 불평등은 의도적일 수도 있고 비의도적일 수도 있으며, 그 결과는 상대적으로 작을 수도 또는 상당할 수도 있다. 예를 들어, 테크니컬 라이터 사라 와처 보에처Sara Wachter-Boettcher는 게임 애플리케이션 〈엔드리스 러너endless runner〉의 기본 캐릭터가 어떻게 '남성'으로 나타나는지(80%) 설명한다. 캐릭터가 '여성'으로 나타나는 경우는 15%에 불과하며, 나머지 5%는 인간이 아닌 캐릭터다. 이 게임 장르의 기본 아바타는 여성 정체성의 사람들보다 남성 정체성의 사람들에게 특권을 부여하는 어포던스지만, 이런 차이는 의도하지 않은 것일 수 있고 사람들에게 미치는 영향력도 상대적으로 작다.[28] 인간이 인위적으로 구축한 환경에서의 차별적 디자인discriminatory design으로 잘 알려진 (논란의 여지가 있는) 사례는 과학, 기술, 사회 분야를 연구하는 학자 랭던 위너Langdon Winner의 이야기로, NYC 도시 계획가 로버트 모세Robert Moses가 높이 세운 길은 공공 버스가 록어웨이 해변Rockaway Beach에 가지 못하게 막았다고 한다.[29] 이 사례는 기획자들이 어떻게 인종 차별을 건축 환경에 구조화할 수 있는지를 보여준다. 어떤 사람들은 이렇게 디자인된 제약이 의도적으로 인종 차별적이게 만들어진 것인지 의문을 제기한다. 또 어떤 사람들은 버스 교통이 실제로 제한됐는지 아니면 제한되지 않았는지 의심했다.[30] 그러나 위너가 가진 더 넓은 관점의 요점은 그 주제와 관련된 많은 글과 여러 책을 저술하면서 발전된 것으로, 그는 기술이 사회적 관계(권력)를 발현시킨다고 주장한다. 우리는 디자인 정의라는 렌즈를 통해 신자유주의적 다문화 자본주의하에서 대부분의 경우 디자이너들이 의도치 않게 지배의 매트릭스(백인 우월주의적 이성애자 주도 가부장제, 자본주의, 정착민 식민주의)를 재생산한다고 분명하게 말할 수 있다.

디자이너들은 대개 스스로를 성차별주의자, 인종 차별주의자, 동성애 혐오자, 외국인 혐오자, 이슬람 혐오주의자, 장애인 차별주의자, 정착민 식민주의자로 여기지 않는다. 어떤 사람들은 스스로 자본주의자라고 생각할지 모르지만 지배 계층이라고 생각하는 사람은 거의 없다. 많은 사람이 자신은 자본주의와 갈등 관계에 있다고 느끼며, 심지어 스스로를 사회주의자라고 생각하는 사람도 적지 않다. 그러나 디자인 정의는 의도intentionality에 관한 것이 아니라, 과정process과 결과outcome에 관한 것이다. 디자인 정의는 디자이너들이 그 결과를 의도했는지에 대한 여부와는 별개로, 디자인된 객체 또는 시스템의 어포던스가 지배 계층 그룹의 삶의 기회는 향상시키면서 이미 억압된 계층의 기회는 불균형적으로 줄이고 있는 건 아닌지 묻는다.

물론 디자이너들은 가끔 의도적으로 억압적인 객체, 공간, 시스템을 디자인한다. 예를 들어, 감시 분야를 연구하는 시몬 브라운Simone Browne의 저서 『Dark Matters』(Duke University, 2015)에 따르면 대서양 횡단 노예 무역에 사용된 노예선을 설계한 사람들은 한 번 항해할 때마다 최대한 많은 노예 아프리카인을 수송할 수 있도록 의도적으로 설계했고 선박 건조 및 개조, 화물 적재 지침 매뉴얼 작업에도 참여했다.[31] 오늘날에는 교도소와 구치소 디자이너들도 노골적으로 이런 억압적 프로젝트에 참여하고 있다.

건축 회사인 HOK 정의 그룹HOK Justice Group은 10만 개 이상의 침대가 있는 교도소, 구금 시설을 디자인했다고 자랑한다.[32] 최근 미국 건축가 협회American Institute of Architects에선 건축가들이 이민자 구금 시설에 수용된 사람들의 상태를 개선하기 위해 해당 구금 시설의 재설계에 참여해야 하는지, 또는 건축가들이 그런 작업을 완전히 보이콧해야 할 윤리적 책임이 있는지에 대한 논쟁이 있었다.[33] 거의 200개에 가까운 디자인 기업과 엔지니어링 기업, 건설사가 트럼프 행정부의 외국인 혐오적인 국경 장벽 건설 계약에 입찰하기도 했다.[34] 이 책의 마지막 장에서 #TechWontBuildIt(기술은 하지 않아) 운동의 형식으로 이 주제를 다룬다.

차별적 디자인

역사가이자 인종 · 성별 · 과학 · 기술 연구학자인 루하 벤자민은 **차별적 디자인**Discriminatory Design을 사회 기술 체계의 기본 디자인 안에서 인종 계층 위계의 정상화로 정의한다.[35] 벤자민은 폐활량을 측정하는 장치인 **폐활량계**의 예시를 사용한다. 초기 폐병 학자들은 '인종'에 따라 폐활량이 다르다고 믿었다. 그래서 폐활량계에는 예상 기준에 따라 측정 방식을 조정하는 '인종 교정' 버튼이 있었다. 1999년경 15,000명의 석면 작업 근로자들이 고용주를 상대로 한 집단 소송에서 흑인 근로자들은 근로자 보상 자격을 갖추기가 어려웠다. 폐활량계의 기능 개발자인 존 허치슨John Hutchinson 박사는 보상 지불금을 최소화하기 위해 1800년대 중반에 보험회사에 고용됐는데, 폐화량계의 이런 기능으로 인해 흑인 근로자들은 백인 근로자들보다 폐 기능이 더 안 좋은 상태이고 임상 증상이 더 심하다는 점을 입증해야 했기 때문이었다.[36] 벤자민에게 하드웨어, 소프트웨어, 폐활량계 작동에서의 인종과 인종적 차이에 대한 아이디어의 구현은 현대 '경주racecraft'에서 과학과 기술이 어떻게 중심적 역할을 하는지 보여주는 사례다. 벤자민은 저서『기술 이후의 경쟁』에서 차별적 디자인에 대한 자신의 주장을 확장하고 여러 사례를 분석하며 기계 편견에 대한 현재의 대화를 조직적 인종 차별주의 분석과 연결한다. 벤자민은 기본 설정에서 억압을 숨기고 인종 차별적 논리를 소비자의 선택이나 욕망으로 가리는 새로운 기술의 배치를 통해 인종 차별이 숨겨지고 묻히고 '업그레이드'되는 방식을 보여준다.[37] 벤자민은 최근 편집된 저서 『Captivating Technology』(Duke University Press Books, 2019)에서 전자 발찌 모니터, 예측 치안 알고리듬 같은 인종 계층 위계 관리 및 사회 통제를 위한 감금 통치 목적으로 발전해온 사회기술 체계들이 이제 학교, 병원, 직장, 쇼핑몰 같은 삶의 영역에 어떻게 확장해 적용되고 있는지 탐구하는 사례들을 모아 소개한다.[38]

다른 예를 살펴보자. 소라야 케말리Soraya Chemaly가 작성한 퀴츠Quartz에 관한 글은 사용자가 남성일 것이라는 가정하에 남성을 위해 설계된 새로운 기술에 중점을 둔다.[39] 케말리는 이 글에서 어떤 연구를 소개한다. 가상 비서 시리Siri, 코타나Cortana, 구글 어시스턴트Google Assistant, S 보이스S Voice는 모두 심장마비가 발생한 상황 또는 자살 생각이 있는 경우 어떻게 해야 하는지에 관한 질문에 대답할 수 있다. 하지만 "나는 강간당했어요" 또는 "나는 성폭행을 당했습니다"라는 문구를 인식하는 가상 비서는 없었다.[40] 여성과 팜므가 경험하는 강간, 성폭행, 데이트 폭력 비율이 높음에도 불구하고 관련 내용에 대한 훈련은 돼 있지 않은 것이다.[41] 케말리는 다음과 같이 부연한다.

> 이런 오류들 뒤편에 있는 기본 디자인에서의 가정은 소녀와 여성이 그 자체로 '정상적인' 인간이 아니라고 보는 것이다. 오히려 결함이 있거나, 아프거나, 더 궁핍하거나 또는 '잘못된 크기'의 남성과 소년으로 인식된다. 건강 관리 차원에서 남성 중심성은 단지 짜증스러움으로만 그치지 않는다. 이는 매우 실질적인 니즈(필요성, 요구)가 무시되거나 지워지거나 '가외의 옵션extra' 또는 불필요한 것으로 분류되는 결과로 이어진다. 또 다른 확실한 사례를 들자면, 고급 인공 심장은 남성 흉강의 86%에 맞도록 설계됐지만 여성의 흉강과의 적합률은 20%에 불과했다. 이 인공 심장을 만든 프랑스 제조업체 까흐마Carmat는 더 여성 친화적인 모델을 개발할 계획이 없다고 설명했다. '수년에 걸쳐 상당한 투자와 지원이 수반될 것'이라는 이유에서였다.[42]

차별적 디자인은 종종 표준화를 통해 만들어진다. 자동차 좌석의 평균 크기, 높이에서 도구 손잡이의 '인체공학적' 손가락 크기, 기타의 프렛 크기에 이르기까지 모든 사물은 처음에 전 세계 남성 3분의 1에 해당하는 통계적 규범을 기반으로 개발됐다('3분의 1세계'라는 용어는 페미니스트 학자 찬드라 모한티^{Chandra Mohanty}의 구시대적 계층 용어인 '제1세계'를 재구성해 만든 것이다).[43] 차별적 기준은 교통, 건강, 주택, 의류 등 거의 모든 분야의 기술에 반영된다.[44]

인종과 성별에 따라 사람을 차별하는 디자인은 종종 문제가 된다고 여겨지지만, 자본주의 사회 규범은 의도적으로 계층 기반 차별을 재생산하는 시스템 디자인을 지지한다. 예를 들어, 신용 업계에서 주택 대출 적격성 여부를 판단하기 위해 사용하는 예측 알고리듬의 목적은 대출 담당자가 대출 상환을 할 가능성이 있는 사람들과 없는 사람들을 구별할 수 있는 능력을 제공하는 것이다. 그런 도구는 자체적 정의에 따라 계층 기반 차별을 조장하며 그렇게 함으로써 제 역할을 하는 것처럼 보인다. 하지만 법에서 명시적으로 보호하고 있는 단일 축으로서의 특성(인종, 성별, 장애 등)을 기준으로 차별할 시 편향적이라는 말을 듣게 된다.

일반적으로, 예측 알고리듬^{predictive algorithm}은 종종 인종 차별적 의사 결정을 지원한다. 오늘날의 알고리듬 개발자는 (과거 레드라인 정책^{redlining policy} 설계자들과 달리) 보통 대출 적격성 점수를 낮추기 위한 변수로 의도적으로 인종을 사용하지 않지만, 이런 일은 계속 발생한다. 알고리듬 개발자와 개발자들을 고용하는 은행은 머신러닝 기술을 사용해 실제 변수를 명확하게 식별하지는 않지만 실제로는 인종, 계층, 성별, 장애 등 억압의 축을 대변하는 위험 구성 요인을 생성한다. 역사를 지우려는 노력, 교차구조적 불평등을 고려하지 않는 상황은 반복되고 있지만, 지배의 매트릭스를 재생산하려 작동하는 의사 결정 지원 시스템은 '공정성'을 추구하는 것처럼 위장한다.

마이크로어그레션로서의 디스어포던스

차별적 디자인 또는 어포던스와 디스어포던스의 불평등한 분포는 소외된 그룹의 개인들에게는 마이크로어그레션^{Microaggression}, 즉 '미묘한 차별'로 경험될 수 있다. 미묘한 인종 차별은 '의도적이든 의도적이지 않든 상관없이 유색 인종에 대한 적대적, 경멸적, 부정적 인종 경시와 모욕을 전하는 간단하고도 일상적인 언어적, 행동적, 환경적 모

'욕'이다.[45] 최근 연구에서는 마이크로어그레션에 대한 연구를 채팅방, 소셜 미디어 플랫폼,[46] 실시간 온라인 멀티플레이어 게임[47] 같은 온라인 인터렉션으로 확장했다. 마이크로어그레션은 지배의 매트릭스를 재생산한다. 권력 불평등을 재확인시키며, 조직과 커뮤니티 안에 불편한 분위기를 조성한다. 또한, 표적이 된 개인들에게 신체적, 인지적, 정서적 변화를 일으키는 한편, 시간이 지남에 따라 소외 집단 사람들의 삶의 질, 기대 수명을 모두 감소시킨다.[48]

마이크로어그레션은 지배적 그룹의 개인들이 소외된 그룹의 개인들에게 행하는 (의도하지 않은 때도 있겠지만) 권력과 지위에서 묻어 나오는 표현이다. 소외된 그룹은 물리적 폭력, 공격, 강간, 살인 같은 훨씬 더 심각한 억압적 표현뿐 아니라 고용, 주택 등에서의 차별적 배제 같은 심각한 형태의 제도적 불평등도 종종 겪는다. 많은 상황에서 마이크로어그레션을 경험하는 개인은 그 차별이 더 심각하게 확대될지 가늠하기 어렵다. 예를 들어 트랜스* 팜므인 나는 작년 어느 저녁, 식사를 마치고 집으로 걸어가고 있었다. 그때 어떤 차가 나의 걸음과 비슷한 속도로 내 옆을 나란히 달렸고, 썬팅된 창문 안쪽에서 누군가 굵은 목소리로 고함을 쳤다. "이게 뭐야? 여자애야? 남자애야? 그거 할래?" 순간 나는 그 공격성이 언어 폭력 정도로 끝날지, 아니면 신체적 폭력으로 확대될지 알 길이 없었다.[49] 마이크로어그레션은 상대적으로 무해하면서도 대개 의도치 않은 인종·성별 편견의 표현으로 읽히곤 한다. 그러나 우리에게는 작지만 매일 만연하는 지속적 권력 표현으로 이해될 수도 있다. 그 차별들은 더 큰 억압 체계를 지속적으로 재생산하고 보충하며 강화하는 기본 구조이자, 가장 작은 수준의 구성 요소다. 은유적으로 표현하자면 직물이나 분자 또는 집을 지을 때 쓰이는 벽돌 같은 것이다. 또한 그 차별 요소들은 소외된 그룹의 사람들을 '그 자리에서' 계속 벗어나지 못하게 만든다.

마이크로어그레션의 렌즈를 통해 편향된 체계를 살펴보는 일은 소외된 그룹의 개인들이 매일 이런 시스템들을 접하고 경험하며 문제를 해결하려 할 때 그들에게 미칠 영향을 이해하려 노력함을 의미한다. 예를 들어, 어두운 피부 톤을 가진 흑인은 (의도한 것은 아니겠지만) 밝은 피부 톤의 손만 인식해 작동하는 비누 디스펜서로 인해 마이크로어그레션을 경험할 수 있다. 일상에서 일어나는 이런 사소한 방해는 디자인된 개체의 특정 어포던스에서 인종 편견이 실체화되는 사례다. 디스펜서는 핸즈프리 방식으로 비누를 제공하지만, 손이 하얀 피부 톤일 때만 작동한다. 사용자는 잠깐이지만 지배의 매트릭스 내에서 자신의 종속적 위치를 떠올릴 수밖에 없다.[50]

소외된 _그룹_에 속한 사람들에게 지배의 매트릭스가 모든 차원에서(도시 계획, 건축 환경에서 일상적인 소비자 기술, 인기 있는 소셜 미디어 플랫폼의 어포던스에 이르기까지) 디자인된 개체와 시스템에 의해 재생산되는 (그리고 생산시키는) 방식은 끊임없는 타자감feeling of alterity을 생성한다. '이 세상은 우리를 위해 만들어지지 않았다this world was not built for us'라는 정서는 소외된 집단의 지적, 예술적, 시적, 음악적 창작물에서 자주 표현된다. 예를 들어, 아프로퓨처리스트Afrofuturist(아프리카 미래주의 작가) 작품에서 흔히 볼 수 있는 후렴구를 살펴보자. 자밀라 우즈Jamila Woods의 노랫말을 떠올려 보라. "단지 내가 여기서 태어났기 때문에 내가 여기서 왔다는 의미는 아니다. 나는 달릴 준비가 됐고, 태양을 향해 로켓을 쏘고, 높이 올라간다!Just cuz I'm born here, don't mean I'm from here; I'm ready to run, I'm rocket to sun, I'm waaaaay up!"[51] 디자인 마이크로어그레션design microaggression의 경험은 개체 또는 시스템과의 특정 상호 작용을 기반으로 한다. 그러나 그 경험들은 지배의 매트릭스 안에서 훨씬 더 큰 체계, 역사, 억압 구조를 실체화하고 상기시키며 그 결과에 이르게 만든다. 잠시일지라도 사용자는 상호 작용을 통해 '그 상황에 놓이게' 된다.

(마이크로어그레션을 경험하지 않은 사람들에게는) 사소한 차별처럼 보일 수 있겠다. 하지만 이런 차별의 실제적이면서도 누적되는 지속적 영향에 관한 관심은 매우 중요하다. 이런 관심이 편향된 어포던스가 (공판 전의) 편향된 미결 구금, 선고, 주택 대출 알고리듬에서처럼 소외된 그룹의 사람들에게 상당히 중요하면서도 삶을 변화시키는 여러 방법에 대한 관심을 등지게 만들어선 안 된다. 우린 그보다는 디자인은 기술적 어포던스를 통해 모든 영역에서 크고 작은 방식으로 권력 불평등을 지속적으로 실체화한다고 말할 수 있다. 소외된 집단의 개인들은 사소한 마이크로어그레션 사례들을 경험해왔을 것이며, 이런 경험들은 평생에 걸쳐 축적되면서 상당한 영향을 미칠 수 있다. 디자인 정의 프레임워크는 기술 디자인technology design의 인종 편견 또는 젠더 편견이 가벼운

스캔들을 일으킬 때마다 '개별적인 사건', '별난 의도치 않은 실수'로 간주되지 않도록, 심지어는 '디자인 팀의 누군가는 인종 차별주의자나 성차별주의자가 틀림없다'라는 주장의 근거로 사용되지 않도록 대화를 전환하는 데 도움이 될 수 있다. 그 대신, 디자인 정의는 그런 순간들이 기존 기술 디자인 프로세스가 지배의 매트릭스를 체계적으로 재생산하는 (그리고 그로 인해 재생산되는) 일반화되고 만연된 프로세스의 가장 가시적인 실체화 사례로 봐야 한다고 주장한다.

관련 접근법: 밸류센서티브 디자인, 유니버설 디자인, 인클루시브 디자인

디자인 정의는 밸류센서티브 디자인VSD, Value-Sensitive Design(가치 우선주의 디자인), 유니버설 디자인UD, Universal Design(보편적 디자인), 인클루시브 디자인Inclusive Design(장애인, 노인 등 사회적 약자를 배려하는 포용적 디자인) 같은 관련 접근법들을 기반으로 하지만 중요한 면에서 다르다. 이번에는 이런 관련 프레임워크들을 공유의 개념, 이론과 실제의 차이점 측면에서 살펴본다.

밸류센서티브 디자인

과학과 기술 분야의 학자들은 도구가 결코 중립적이지 않으며 권력은 디자인된 개체, 프로세스, 시스템 안에서 재생산된다고 오랫동안 주장했다.[52] 정보 과학자이자 철학자인 바티아 프리드먼Batya Friedman과 헬렌 니센바움Helen Nissenbaum은 1990년대에 컴퓨팅 시스템에서 의도치 않게 편향된 디자인 문제를 해결하기 위해 **밸류센서티브 디자인** VSD, Value-Sensitive Design(가치 우선주의 디자인) 개념을 발전시켰다.[53] 프리드먼과 니센바움은 이 접근법에 대해 가장 널리 인용된 초반의 저서 『Human Values and Design of Computer Technology』(Cambridge University, 1997)에서 컴퓨터 시스템의 편향 사례들을 조사하고 VSD 실천을 위한 방법론들을 제안한다.[54] 그들은 다양한 분야에 속한 17개 컴퓨터 시스템들의 편향 사례를 분석하고 이를 선재적 편향preexisting bias, 기술적 편향technical bias, 창발적 편향emergent bias으로 분류한다. 첫째, 폭넓은 사회·문화·제도에 존재하는 **선재적 편향**은 시스템 개발자들에 의해 의도적이든 비의도적이든 컴퓨터 시스템에서 재생산된다. 예를 들어, 그래픽 사용자 인터페이스들은 일반적으로 디자이너가 의식적으로 시각 장애인들을 배제한 게 아니라 그들의 존재를 전혀 고려하지 않기 때문에 시각 장애인들에 대한 선재적 편향을 만들어낸다.[55] 둘째, **기술적 편향**에서 살펴보면 기술의 기저에 있는 일부 측면들이 편향을 재생산한다. 예를 들어, 광학 센서의 조악한 성능은 어두운 피부 톤을 가진 사람들에 대한 편향을 만들어낸다. 마지막으로, **창발적 편향**은 원래의 사용 맥락이나 원래의 사용자 기반을 감안하면 편향되지 않을 수 있는 시스템이 상황이 바뀌거나 새로운 사용자를 만나면서 나타내게 되는 편향이다. 예를 들어, 마이크로소프트 챗봇 테이Tay는 트위터 사용자들로 인해 성차별주의자, 인종 차별주의자로 훈련됐다.[56] VSD는 대부분의 디자이너들이 의도적으로 인종 차별적이거나 성차별적이거나 악의적으로 디자인한다고 생각하지는 않는다. 대신 이 접근법은 의도하지 않은 편향을 유발하는 많은 메커니즘이 작동하고 있음을 강조한다. '구체적으로 정의되지 않은' 최종 사용자unmarked end user, 편향된 가정biased assumption, 보편적 기준universalist benchmark, 편향 테스트의 부족, 제한적인 피드백 등이 편향의 원인이 될 수 있으며, 최근에는 머신러닝 기술을 사용해 알고리듬을 훈련하기 위해 체계적으로 편향된 데이터 세트의 사용도 편향을 유발하는 원인에 포함된다.[57]

디자이너들은 사용자들이 지배의 매트릭스에서 가장 특권적 위치에 있을 것으로 가정한다(2장에서 자세히 설명). 과학과 기술 분야를 연구하는 루하 벤자민은 규범적 가정normative assumption이 소위 '뉴 짐 코드New Jim Code'라고 불리는 개념으로 어떻게 이어지는지 설명한다. 그녀는 "뉴 짐 코드란 기존의 불평등을 반영하고 재생산하지만 이전 시대의 차별적 시스템보다 더 객관적이거나 진보적이라고 가정하는 새로운 기술과 소셜 디자인의 사용을 의미한다"라고 말했다.[58] 디자인 팀에 대한 여러 맥락에서의 개인적 경험을 돌이켜보면, 별도로 명시된 내용이 없는 한 디자이너들은 사용자를 백인의 남성, 영어를 구사하는 건강한 중산층 미국 시민으로 가정하곤 한다. 불행히도 이런 사실은 연구 결과로도 확인된다. 예를 들어, 허프Huff와 쿠퍼Cooper는 어린이용 교육 소프트웨어 디자이너들은 사용자를 여성이라고 명시하지 않는 한 남성으로 가정한다는 점을 발견했다.[59] 다른 연구 자료들에서도 소외된 집단의 디자이너들조차 사용자를 구체적으로 정의하지 않았다면 흔히 사용자에 규범적 가정을 한다는 점을 보여준다.[60] 미국에서 디자이너들은 사용자가 광대역 인터넷에 액세스할 수 있다고 명시돼 있지 않더라도 사용자가 광대역 인터넷에 액세스할 수 있다고 가정하곤 한다. 또한, 사용자가 LGBTQ라고 명시되지 않았다면 사용자를 이성애자로 가정한다. 사용자를 논바이너리, 트랜스*라고 명시하지 않았다면 사용자는 시스젠더이고, 사용자가 사용하는 언어를 달리 표시하지 않는다면 영어를 모국어로 사용한다고 가정한다. 장애인이라고 명시하지 않으면 사용자는 장애인이 아니라고 가정한다.

디자인에서 보여지는 편향은 대부분 의도하지 않은 것이겠지만 닛센바움^{Nissenbaum}과 프리드먼^{Friedman}은 "클라이언트가 편향적인 시스템을 구축하길 원할 때 디자이너의 책임은 무엇인가?"를 묻는다. 그들은 시스템들이 '편견으로부터의 자유$^{freedom\ from\ bias}$' 여부가 평가돼야 하고, 그런 평가 과정이 표준, 커리큘럼, 사회 전반의 테스트에 통합돼야 한다고 결론짓는다. "편향된 컴퓨터 시스템은 불의의 도구이기 때문에 … 우리는 편견으로부터의 자유가 사회에서 시스템의 품질을 판단하는 주요 선별 기준이 돼야 한다고 믿는다. … 신뢰성^{reliability}, 정확성^{accuracy}, 효율성^{efficiency} 같은 좋은 컴퓨터 시스템에 대한 다른 기준들과 마찬가지로, 편견으로부터의 자유 여부도 이상적인 기준으로 간주돼야 한다."[61]

VSD는 디자인 이론과 실천에 중요한 변화를 가져왔다. 그러나 디자인 정의는 '편견으로부터의 자유' 이상을 추구한다. 예를 들어, 과학과 기술을 연구하는 페미니즘 및 반인종주의적 기류는 가부장제, 백인 우월주의, 장애인 차별, 자본주의를 포함한 교차 형태의 억압이 개체, 플랫폼, 시스템 디자인에 끊임없이 고착화되는 방식을 해체하기 위한 편향의 프레임을 넘어섰다.[62] 주요 인종 및 디지털 연구$^{Critical\ Race\ and\ Digital\ Studies}$ 단체에 소속된 STS 학자들과 활동가들은[63] 소비자 전자 제품에서 농업 기술까지, 은행·주택·치안 알고리듬 설계에서 대중적인 소셜 미디어 플랫폼의 검색 엔진과 어포던스까지 많은 디자인 영역을 아우르는 역학 관계를 탐구해왔다. 최근의 한 가지 예를 들자면, 페이스북의 '실명' 정책을 둘러싼 조직적 움직임은 백인 우월주의와 정착민 식민주의가 사회기술적 체계에 어떻게 실체화되는지 보여준다. 페미니스트 블로거이자 만화가인 알리 커컴Alli Kirkham은 "아메리카 원주민, 아프리카계 미국인, 기타 유색인들은 불균형적으로 배제된다. 페이스북에서 '실제' 이름이란 때때로 '전통적으로 유럽인'을 의미하기 때문"이라고 말했다.[64] '가짜' 이름fake name을 걸러내는 알고리듬은 유럽식 이름들로 과도하게 채워진 '진짜 이름real name' 데이터세트로 머신러닝을 진행하거나 자연어 처리 기술을 훈련하기 때문에 이런 일은 어느 정도는 발생할 게 틀림없다. 따라서 아메리카 원주민 사용자는 페이스북의 유럽 중심의 가짜 이름 알고리듬에 의해 이름이 '가짜fake'로 표시되면 마이크로어그레션을 경험할 것이다. 이런 미묘한 차별은 그 사람이 하루에 겪을 법한 '오직' 작은 불편일 수 있지만, 상징적으로나 실질적으로 그들의 정체성, 혈통이 틀렸음을 입증하는 일이다. 이런 시스템은 정착민 식민주의 아래 원주민 말살(집단 학살)의 아주 작지만 창발적 사례를 만들어낸다. 다양한 커뮤니티에서는 페이스북의 정책에 크게 반발했고, 페이스북은 이런 편향을 수정하기 위해 알고리듬을 수정했다고 주장한다. 그러나 비유럽식 이름을 가진 사람들의 상황이 개선됐는지에 대한 체계적 연구는 아직 존재하지 않는다.

깊이 뿌리박힌 유럽 중심주의에 맞선 투쟁과 더불어, 페이스북의 젠더 규범성에 반대하는 상당한 노력이 있었다.[65] LGBTQ 커뮤니티LGBTQ community, 특히 드랙퀸drag queen은 페이스북이 실명 정책을 수정하도록 성공적으로 조직화했다. 많은 LGBTQ 지지자들은 소셜 미디어 플랫폼에서 우리의 실제 이름이 아닌 닉네임을 사용하는 걸 선택한다. 여기엔 다양한 이유가 있다. 누가 우리의 자기표현, 성적 성향 및 성 정체성SOGI, Sexual Orientation and Gender Identity에 접근할 수 있는지 통제하려는 욕구가 포함된다. 비이성애적nonhetero 또는 시스 규범적cis-normative SOGI의 원치 않는 '커밍아웃outing'은 동료들로부터의 괴롭힘, 따돌림, 정서적·신체적 폭력에서부터 가족 해체loss of family, 주거 불안정, 교육 기회 거부에 이르기까지 참혹한 현실을 초래할 수 있다. 페이스북은 수년간 실명을 사용하지 않는 것으로 의심되는 LGBTQ들, 특히 드랙퀸들의 계정을 조직적으로 신고하고 계정을 정지시켰다. 드랙퀸은 반발했다. 몇몇 저명한 드랙퀸은 헤게모니적 소셜 네트워크, 페이스북을 떠나 스타트업 경쟁자인 엘로Ello로 갈아탔다. 페이스북은 결국 실명 표시 정책과 분쟁 절차를 일부 수정하고 사용자가 성별 표시 대명사와 성 정체성을 표시하는 새 옵션을 도입했고, 누가 이런 변경 사항을 볼 수 있는지 세밀하게 제어할 수 있게 만들었다. 그러나 데이터, 정보, 윤리를 연구하는 안나 로렌 호프만Anna Lauren Hoffman이 지적하듯, 다양한 성별 옵션은 옵션 표시로만 적용된다. 페이스북은 여전히 백엔드에선 사용자를 남성 또는 여성으로 코딩한다.[66]

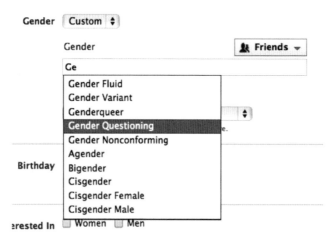

그림 1.2 페이스북의 성별 옵션 화면(출처: 오레무스(Oremus) 2014)

이는 지배적인 가치와 규범이 시스템 어포던스에 어떻게 인코딩되는지 보여주는 전형적인 사례다(페이스북 플랫폼의 다양한 측면으로 구축된 이름, 대명사, 성별에 대한 가정들을 보여준다). 또한 이 사례들은 플랫폼이 대체 가치 체계를 인코딩하도록 사용자 시위를 통해 어느 정도까지는 재설계할 방법을 보여준다. 우리는 시스템 디자인의 가치를 중시하는 요소들을 대상으로 하는 더 많은 사용자 행동주의 사례를 연구해야 한다.

VSD 옹호자들은 디자이너들이 실제로 접근 방식들을 통합하는 데 도움이 되는 도구들도 제안했다. 예를 들어, 닛센바움, 하우와 게임 디자이너 메리 플래너건Mary Flanagan은 디자이너들이 기능 요구 사항을 신속하게 개발하는 데 사용할 '가치 분석 라이브러리library of value analyses'를 제안한다.[67] 그들은 또한 특정 디자인이 의도한 값을 구현하는

지 여부가 어떤 경우에는 실증적 연구에 적합하다는 점에 주목한다. 예를 들어, 그들은 다단계 권한 시스템을 활용해 사용자 개인 정보를 보호하는 가상 의료 기록 시스템을 탐색한다. 사고 실험thought experiment에서 시스템은 사용자들이 일반적으로 기본 권한 변경을 소홀히 해 민감한 데이터가 광범위하게 노출되기 때문에(디자이너들이 의도한 가치와 반대되는 결과) 실제로는 개인 정보를 보호하지 못한다. VSD 지지자들은 기술적 인공물이 가치를 구현한다고 주장할 뿐 아니라 디자이너들이 의도적으로 인공물을 디자인해 그들이 선택한 가치들을 구현하는 것이 가능하다고 주장한다. 최근 VSD의 지난 30년 발전사에 관한 책을 출판한 바티아 프리드먼Batya Freidman과 데이비드 헨드리David Hendry는 저서에서 접근법의 핵심 요소들을 강조한다. 그들은 VSD가 기술과 인간 가치에 대해 상호 작용적 입장을 취한다는 점을 강조한다. 그들에 따르면 디자인에 관련된 다양한 이해관계자의 가치는 디자이너들이 고려해야 한다. 그리고 가치들은 서로 갈등 관계에 있을 수 있으며, 기술은 사회 구조와 함께 진화한다. 우리는 다중 수명주기multi-lifespan를 고려해 디자인해야 하며, VSD는 완벽함perfection이 아니라 진보progress를 강조한다.[68] VSD는 컴퓨팅 시스템 디자인에 중요하게 개입해왔다. 다음 절에서 디자인 정의와 VSD의 차이점을 자세히 알아보자.

장애Disability와 유니버설 디자인

지난 50여 년간 디자이너들은 VSD와 상호 교류하며 접근성accessibility을 위한 신중한 디자인으로의 길고도 더딘 전환에 참여해왔다. 역사가인 사라 엘리자베스 윌리엄슨Sarah Elizabeth Williamson은 장애 권리 운동이 수십 년 동안 어떻게 담론, 정책, 디자인, 실천을 변화시켰는지 설명하고 궁극적으로 건축, 공공 공간, 소프트웨어 인터페이스 디자인 등을 관장하는 연방 정책을 포함해 여러 관점에서 접근성에 대한 권리를 풀어냈다.[69] 예술·디자인 분야의 역사가인 베스 윌리엄슨Bess Williamson이 기록한 것처럼, 헌신적인 활동가들은 여러 디자인 분야에서 이런 많은 변화를 이끌어낼 수 있었다.[70] 컴퓨팅 분야는 시간이 지남에 따라 일련의 지식, 예제, 소프트웨어 라이브러리, 자동화된 테스트, 베스트 사례가 실천 커뮤니티와 함께 성장했다. 장애인들과 그들의 연합 사람들은 텍스트 음성 변환^{text to speech} 같은 대안적 인터페이스를 구현했고, 휠체어 접근이 가능하도록 엔지니어링, 건축학, 건축 표준을 위해 싸웠으며, 방송 매체에서 자막을 의무화하도록 연방 규제 기관을 설득했다.[71] 그리고 표준화를 통해 구현 비용을 꾸준히 낮췄다. 동시에 에이미 헴라이^{Aimi Hamraie}가 저서 『Building Access』(University of Minnesota, 2017)에서 저술한 것처럼, 여러 분야의 디자이너들에게 접근성 모범 사례를 구현하도록 요구하는 법적 제도가 마련됐다.[72]

이것은 디자인 실천이 장애인 권리의 접근성이나 통합에 관한 정규화된 관심을 완전히 반영한다는 의미는 아니다. 장애 정의 분석도 말할 것도 없다. 예를 들어, 커뮤니케이션 학자 메릴 알퍼트^{Meryl Alpert}는 최근 '목소리가 없는 자들에게 목소리를 냄'이라는 의미의 커뮤니케이션 기술이 교차 구조적 불평등을 계속해서 재생산하고 있음을 보여줬다.[73] 동시에, 장애 정의는 실질적 이익을 뒷받침한다. 앨리슨 케이퍼^{Alison Kafer}의 훌륭한 저서 『Feminist, Queer, Crip』(Indiana Univ, 2013)은 환경 정의, 재생산 정의, 장애 정의, 트랜스* 해방 등 여러 운동의 역사와 실천을 다루면서 크립 퓨처^{Crip future}의 급진적으로 포용적인 세계를 재구상했다.[74] 예를 들어, 트랜스*와 GNC, 장애인, (경멸적인 의미의 '절름발이^{cripple}'를 부심으로 표현한 그룹 용어 '크립^{Crip}'으로 주장하는 운동에서) 크립^{Crip}으로 식별되는 몇몇 사람들은 전국, 전 세계의 학교, 대학, 공공건물, 사설 시설에서 젠더 중립적이고 접근 가능한 화장실을 설치하기 위해 고군분투함으로써(많은 경우 쟁취해 냄), 일제히 장애 차별적 공간들과 젠더 이분법의 사회기술적 재생산에 도전한다. 우리의 미래엔 분명히 젠더 중립적이고 접근 가능한 화장실이 대부분의 건축 계획에서 표준화될 뿐 아니라, 적어도 모든 공공건물과 공간에서 법으로 의무화될 것이다. 같은 맥락에서, 히스 포그 데이비스^{Heath Fogg Davis} 같은 학자이자 활동가인 사람들은 젠더를 두 종류로만 간주해 남성 또는 여성의 드롭다운 메뉴로 자기 식별을 요구하는 공공과 사설의 정보 시스템들과 사용자 인터페이스 디자인에 대해 반발하고 있다.[75]

디자인과 장애 운동의 역사는 디자인 정의의 초석을 제공한다. 먼저, 역사는 우리에게 사회 운동이 실제로 디자인 정책, 프로세스, 실천, 결과에 영향을 미칠 수 있다는 점, 매우 광범위하고 강력하며 오래 지속되는 방식이 가능하다는 점을 가르쳐준다. 장애 권리와 장애 정의 운동가들은 연방 정책을 변화시키고 광범위한 디자인 프로세스에서 새로운 요구 사항을 채택하도록 만들었으며, 디자이너들이 그들의 공예 작업craft을 실행하는 방식을 변화시키고 (현재 장애를 경험하거나 장애인으로 분류되는 사람들뿐 아니라) 수십억 명의 삶의 질을 크게 변화시켰다. 디자인 정의는 장애 정의 운동과도 깊이 얽혀 있으며, 서로 분리될 수 없다(2장에서 장애 정의에 대해 더 논의하기로 한다).

장애인 활동가들의 노력 덕분에 **유니버설 디자인**UD, Universal(ist) Design(보편적 디자인)으로 알려진 접근법이 지난 30년 동안 많은 사람에게 영향을 미쳤다. UD는 우리가 디자인하는 개체, 장소, 시스템이 가능한 한 가장 폭넓은 잠재 사용자들의 범주를 포괄할 수 있어야 함을 강조한다. 1990년경 노스캐롤라이나 주립대학North Carolina State University의 유니버설 디자인 센터Center for Universal Design는 UD를 '적응adaptation이나 전문적 디자인specialized design 등의 니즈 없이, 최대한 많은 사람이 사용할 수 있는 제품과 환경의 디자인'으로 정의했다.[76] 예를 들어, 우리는 UD 원칙에 따라 횡단보도 신호에 청각 정보를 추가해 시각 장애인뿐 아니라 시각 정보를 보거나 처리하는 데 어려움이 있는 사람들에게도 유용하게 만들어야 한다. UD 원칙은 여러 디자인 분야에서 실질적이고 중요한 변화를 가져왔다. 그러나 에이미 헴라이Aimi Hamraie가 설명했듯, UD와 장애 정의 접근법 사이엔 팽팽한 갈등이 존재한다.[77] UD 담론은 우리가 모두를 위해 디자인하려 노력해야 하며 디자인 고려 사항에서 종종 제외되곤 하는 사람들까지도 고려 대상에 포함함으로써 궁극적으로 **모든** 사람을 위해 더 나은 기능을 하는 개체, 장소, 시스템을 만들 수 있다고 강조한다. 장애 정의는 목표를 공유하면서도, 또한 디자인으로 인해 어떤 사람들은 항상 유리하고 어떤 사람들은 불리하다는 점, 그리고 이런 분포가 인종, 계층, 성별, 장애의 교차 구조에 의해 영향을 받는다는 점을 모두 인정한다. 디자인 정의 실무자들은 이런 현실을 은폐하기보다는 명확히 드러내려 노력한다. 우리는 현재 지배 매트릭스 안에서 조직적으로 불리한 위치에 놓인 사람들에게도 혜택을 공유하려는 디자인 작업을 우선시하려 한다.

인클루시브 디자인

인클루시브 디자인 리서치 센터IDRC, Inclusive Design Research Centre는 보편화되지 않은 디자인 실천을 발전시키기 위해 꾸준히 노력해온 그룹 중 하나다. IDRC는 **인클루시브 디자인** inclusive design(포용적 디자인)을 '신체적 능력, 언어, 문화, 성별, 나이 등 인간의 서로 다름, 다양성의 전체 범주를 고려하는 디자인'으로 정의한다.[78] 디자인에 대한 IDRC의 접근 방식은 인간의 다양성을 인식하고 각 개인의 고유성을 존중하며 동일한 디자인 인터페이스 또는 객체라도 개인은 맥락에 따라 다른 상호 작용을 경험할 수 있음을 인정한다. 또한 이 집단은 장애를 개인에게 고정되는 이원적 속성(장애 여부)이 아니라 사회적으로 구성되는 관계적인 것으로 본다. 이들은 장애에 대해 이렇게 말한다. "장애는 개인의 요구와 제품, 시스템, 서비스의 디자인 사이의 불일치다. 디자인에서 배제된 어떤 사람도 이 프레임을 통해 장애를 경험할 수 있다. … 따라서 접근성은 개인의 요구에 맞는 디자인 또는 시스템의 능력이다. 여러분이 사용자, 맥락, 목표를 모르면 해당 대상에 접근할 수 있는지에 대한 여부를 결정할 수 없다."[79]

이런 방식으로 접근하는 디자이너와 연구원들은 '**널리 두루 적용되도록** 만든 만능 솔루션one size fits all'보다는 '**각 상황에 적합하도록** 만든 솔루션one size fits one'을 요구한다. 그들은 그와 동시에 모든 상황에 따라 '분리된 솔루션'이란 기술적으로나 경제적으로 지속 가능하지 않다는 점도 인정한다. 그들은 디지털 영역에서 핵심 객체, 도구, 플랫폼, 시스템의 개인화와 유연한 구성을 가능하게 하는 적응형 디자인이 개별 사용자들의 다양한 요구와 대규모 사용자 기반의 경제적 이점 간 갈등에서 벗어날 수 있는 대안을 제공한다고 주장한다.[80]

디자인 정의를 위한 재정비

지배의 매트릭스를 의도치 않게 강화하기보다는 적극적으로 해체하는 디자인으로의 패러다임 전환이 필요하며, 이는 우리에게 디자인 활동을 재정비할 것을 요구한다. 이는 또한 많은 다른 도구 중에서 교차적 사용자 스토리, 테스트 접근 방식, 훈련용 데이터, 벤치마크, 표준, 검증 프로세스, 영향 평가를 발전시킬 필요가 있음을 의미한다. 그러나 우리가 재정비해야 한다는 아이디어는 분명히 큰 저항에 부딪힐 것이다. 물리학자이자 과학철학자인 토마스 쿤Thomas Kuhn은 각 과학적 패러다임이 실험, 테스트, 관찰 과정에서 광범위하게 배치된 고도로 전문화된 기구와 함께 어떻게 발전하는지 설명했다. 이런 고정 비용은 현재의 패러다임이 관찰된 세계와의 불일치를 효과적으로 설명할 수 없는 위험을 키우지 않는 패러다임으로의 전환 가능성을 낮춘다. 쿤은 다음과 같이 말한다. "제조 생산 분야에서와 마찬가지로, 과학에서도 재정비retooling는 필요한 상황을 대비해 남겨두기에 낭비로 여겨질 수 있다."[81] 디자인 분야에서도 마찬가지다. 현재의 디자인 실천이 지배의 매트릭스를 조직적으로 재생산하는 방식에 관한 교차주의적 비판은 2장에서 탐구할 다양한 디자인 팀, 커뮤니티의 책무accountability, 통제를 요구할 뿐 아니라, 현재의 보편적 패러다임 아래 많은 디자인 영역을 형성하는 방법론들의 재정비도 요구한다. 그러나 그런 변화는 다수의 디자이너들(그리고 디자인 기관들)이 공정한 디자인 결과가 재정비를 보증할 만큼 충분히 중요한 목표라는 점을 확신하지 않는 한 일어나지 않을 것이다. 나는 이런 변화가 디자이너, 개발자, 사회운동 단체, 정책 입안자, 일반 시민들로 이뤄진 광범위한 연합체로부터 디자인 정의를 요구하기 위한 조직적이고도 체계적인 노력을 통해서만 일어날 수 있다고 생각한다. 이 절에서는 디자인 정의 분석이 디자이너가 매일 사용하는 특정 기술과 도구에 대해 재고하는 데 어떻게 도움이 될지 살펴본다.

나를 생각하게 하라: 차별적 인지 부하Differential Cognitive Load

HCI에서(특히 UI 디자인에서) 주요 목표 중 하나는 사용자의 인지 부하cognitive load를 최소화하는 것이다. 간단히 말해, 사람들이 원하는 과업을 수행하기 위해 컴퓨터를 사용할 때 너무 어렵게 생각하게 만들어선 안 된다. 이 명령은 '인터페이스 디자인의 바이블the Bible of interface design'로 알려진 디자이너 스티브 크룩Steve Krug의 저서 『사용자를 생각하게 하지 마』(인사이트, 2014)의 제목으로도 쓰였다.[82] 이 책은 웹 사용성의 모범 사례들을 알기 쉽게 요약했다. 다만 서술된 사용자가 '구체적으로 정의되지 않고' 일반화돼 있다는 점은 조금 아쉽다. 책에는 **인종**, **계층**, **성별** 같은 용어가 등장하지 않는다. **다국어**라는 용어도 없고 언어 선택이 필요한 UI에 대한 간단한 참조 하나만 있을 뿐이다. 크룩은 접근성이라는 주제를 다루긴 하지만, 대부분은 접근성 표준을 준수하는 것이 종종 법적 요구 사항으로 존재한다면서, 대부분의 디자인 현장에서 대단한 노력 없이 접근할수 있다고 이야기한다.[83]

디자인 정의의 이점과 부담의 분배에 주의하면서 디자인 정의 접근 방식을 취하면, '**모든 사용자의 인지 부하를 동시에 줄이는 것이 항상 가능한가?**'라고 질문할 수 있겠다. 대답은 아마도 '가능하지 않다'일 것이다. 디자이너들은 지속적으로 **어떤 사용자들에게 권한을 부여할지**, 어떤 사용자들이 더 많은 과업을 수행해야 할지에 대해 선택한다. UI 결정은 다양한 유형의 사람들에게 높거나 낮은 인지 부하를 준다. 여기서 요지는 일부 사용자들에게 다른 사용자들보다 권한을 부여하는 결정이 잘못됐다는 게 아니다. 이러한 결정의 기준이 명확해야 한다는 것이 요점이다.

기본 언어 설정은 간단한 예시를 제공한다. 미국의 웹 애플리케이션 디자인에서 인터페이스의 기본 언어가 미국 영어인 경우 스페인어만 사용하는 사용자들의 이탈률은 높을 것이다.[84] 사용자가 언어를 선택하는 첫 페이지를 제공하면 이 그룹의 이탈률은 줄어들 것이고, 시간이 지남에 따라 사이트에서 다국어 사용자 커뮤니티를 구축할 수 있을 것이다. 그러나 이런 조치는 언어 선택 화면이 번거롭게 느껴지는 영어 전용 사용자들의 이탈로 이어져 전체 트래픽이 감소하게 된다. 한편, 우리가 미국 영어를 기본값으로 선택하면(대부분의 미국 사이트들이 그렇듯) 스페인어를 선호하는 사이트 방문객들을 잃을 수 있다(미국 거주자의 약 4,100만 명 정도가 집에서 스페인어를 사용한다).[85] 게다가 디자인 의사 결정은 한 사용자 그룹에 다른 사용자 그룹 대비 특권을 부여한다. 이 때문에 사용자 기반을 (암시적 또는 명시적) 가정에 따라 형성한다. A/B 테스트 프로세스는 기존 사용자 기반에 의해 왜곡되면서 초기에 형성된 편향을 강화하는 결정을 계속 내리게 된다(A/B 테스트는 다음 절에서 자세히 설명한다). 예를 들어, 스페인어 메뉴와 영어 메뉴 사이의 테스트는 후자에게 더 유리한 결과를 가져올 가능성이 더 크다. 다시 말해, 누구를 포함하고 제외할지에 대한 첫 디자인 결정은 자기 재강화 나선self-reinforcing spiral

을 만들어낸다.

경험적 연구empirical study는 동일한 디자인이 모든 사용자에게 '최고'라는 견해에 강력한 비판을 한다. 예를 들어, 라이네케Reinecke와 번스타인Bernstein은 사용자들 대부분이 문화적 차이에 따라 커스터마이즈된 사용자 인터페이스를 선호한다는 사실을 발견했다. 그들은 모든 사용자에게 소구할 수 있는 단일 인터페이스를 디자인하는 긴 불가능하다는 점에 주목한다. 그들은 대신 '문화적 적응형 시스템culturally adaptive systems'으로서의 디자인을 해야 한다고 주장한다.[86] 실제로 웹 디자이너들은 문화적으로 적응할 수 있는 개인화된 시스템에 점점 더 많은 관심을 두며, 각 사용자에 대해 알고 있는 정보를 기반으로 개인화된 경험을 제공하는 방향으로 발전되길 바란다. 한편, 이 접근법은 기존 사회적 범주existing social category의 재생산을 피할 수 있는 잠재력을 지니고 있다. 경험을 형성하는 데 사용되는 변인variable으로서의 실질적 잠재력도 있다. 그리고 기존 사회적 범주를 와해시키고 이를 개인화된 행동 중심적behavior-driven 사용자 경험UX, User experience과 UI 커스터미제이션UI customization으로 대체할 수 있다. 그러나 실제로 이런 접근 방식은 알고리즘 감시algorithmic surveillance, 사이트 간 사용자 추적, 데이터 수집 및 판매, 필터 버블(사용자들이 편안해하는 콘텐츠만 표시하는 기술) 개발을 통해 기존 사회적 범주의 재생산, 실체화로 이어지기도 한다.

보편화universalization는 다름difference을 지우고 배제exclusion라는 자기 재강화 나선을 만들어내지만, 개인화되고 문화적으로 적응하는 시스템은 감시 자본주의를 강화하는 방식으로 너무나 자주 활용된다.[87] 디자인 정의는 이 역설에 대한 '해결책'을 제시하진 않는다. 대신, 우리가 어떤 사용자들을 중심에 둘 것인지 계속 의도적 결정을 하도록 촉구하고, 그 선택에 책임을 지도록 인지시킨다. 디자인 프로세스에 관한 커뮤니티의 책임Community accountability, 통제control, 소유권ownership은 2장에서 다룬다.

A/B 테스트와 '보편적 사용자' 비규범화

A/B 테스트는 디자인 결정을 내릴 때 널리 사용되는 방법의 하나다. A/B 테스트에서 사용자들은 웹 페이지 또는 애플리케이션 화면을 만나게 되는데, 이 화면들은 동일한

인터페이스의 두 가지(또는 그 이상의) 버전 중 하나로 무작위 할당된다. 이때 대부분 요소들은 일정하게 유지되지만 한 가지 요소(예를 들어, 특정 버튼의 크기 등)는 다르게 변경된다. 그런 다음 디자이너들은 과업 완료 시간 같은 주요 측정 기준에 중점을 두고 사용자와 페이지와의 상호 작용을 신중히 관찰하면서 측정한다. 그리고 이 기준에 따라 더 나은 성능을 보인 인터페이스 버전이 채택된다. 이 접근 방식을 통해 일반 웹 애플리케이션 UI, UX가 크게 개선돼왔다.

그러나 A/B 테스트는 대부분 보편적 디자인 패러다임universalist design paradigm 안에서 사용된다. 예를 들어, 구글, 페이스북처럼 수십억 명의 사용자를 대상으로 하는 플랫폼 기업들은 인터페이스 요소의 색상에서 새로운 주요 기능까지, 개별 콘텐츠 항목에서 추천 알고리듬에 이르기까지 모든 것을 A/B 테스트한다. 그들은 결과에 따라 사용자들에게 새 변경점을 적용한다. 근본적인 보편화 가정은 기존 사용자들에 대한 A/B 테스트가 항상 효율성, 인지 부하 감소, 사용자 만족, (가장 중요하게는) 수익성 관점에서 명백한 성공을 가져온다는 것이다. 무작위 A/B 테스트의 결과는 모든 사용자에게 적용할 수 있다고 가정한다. 변경점은 효율적으로 도입될 수 있고 세상은 더 나은 곳이 될 것이다. 그게 아니라면 적어도 회사는 수익성이 더 좋은 기업이 될 것이다. 실제로 A/B 테스트는 무엇을 위해 있는 걸까? A/B 테스트는 필연적으로 '더 나은 UX'와 '더 나은 UI'로 이어진다고 널리 알려져 있다. 그러나 누구에게 더 좋을지 질문해봐야 한다. 이런 질문이 없다면 A/B 테스트는 여러 메커니즘을 통해 구조적 불평등을 계속 재현할 것이다.

첫째, 우리는 A/B 테스트가 항상 UX 개선을 목표로 한다는 가정을 비판해야 한다. 실제로는 제품 디자이너의 의사 결정력을 제고하는 데 초점이 맞춰져 있기 때문이다. 제품 디자이너의 목표는 많은 사용자의 목표와 대체로 일치하지만 반드시 그런 것은 아니다. 예를 들어, 사용자에게 더 많은 개인 정보를 공유하도록 권하려는 제품 소유주는 이를 위한 다양한 방법을 테스트할 수 있다. 이는 규모를 어느 정도 갖춘 중견기업이나 대기업에서 제품 디자인 관련 의사 결정이 반드시 제품 디자이너를 통해 정해지는 게 아니라는 현실로 인해 더욱 복잡한 경향이 있다. 대신, 주요 의사 결정은 종종 관리자급의 상위 단계에서 이뤄진다. 이런 이유로 사용자들에게 득이 되는 결정을 선호하는 디자이너들의 결정은 이윤을 우선시하는 프로젝트 관리자 또는 경영진에 의해 번복되는 일이 잦다. 그러나 지금의 논증을 위해선 이런 구분이 중요하지 않다.

둘째, 우리는 대다수 사용자에게 좋은 것이 모든 사용자에게 가장 좋다는 기본 가정을 새고하도록 만들 수 있다. 간단한 예를 들어, 대학 입학 포털 사이트에서 개인 프로필을 생성하는 UI를 떠올려보자. 사이트 디자이너는 기관의 다양성 지표를 관리하기 위해 지원자들의 인종이나 민족을 기입하도록 요청해야 한다. 디자이너는 UX를 개선하기 위해 가능한 한 몇 번의 클릭만으로 인종/민족 선택 프로세스를 구현하는 방법을 결정한다. 페이지의 첫 번째 버전(A라고 부름)에는 인종/민족이 백인/비히스패닉으로 기본 설정돼 있다. 페이지의 두 번째 버전(B라고 부름)에는 기본 설정이 없다. 사용자는 목록에서 자신의 인종/민족을 찾아 선택해야 한다. 요즘의 대학 지원자 사이트는 우리들의 잘못된, 구조적으로 불평등한 K-12 교육 시스템을 반영하고 있다는 점, 그리고 대다수의 사이트 사용자들은 불균등하게 백인이라는 점을 명심하라. 간단한 A/B 테스트에서 대다수의 (백인) 사용자들은 A 버전의 사이트에서 더 적은 수의 클릭만으로 더 매끄러운 경험을 하게 될 것이다. 그러나 이런 이유로 A 버전의 사용자 경험을 '최상'의 버전이라고 말할 수 있을까? 이럴 때 현재 대다수의 사이트 방문자에게 가장 좋은 것(기본값을 백인으로 설정)이 불평등한 경험을 낳고 특정 기능을 수행하는 데 좀 더 많은 시간이 소요되는 경험(몇 번 더 클릭)이 함께 발생한다. 그 과정에서 누군가는 마이크로어세션을 경험할 수도 있다. '백인을 기본값으로 삼는' 가설에 근거한 인종/민족 드롭다운 메뉴는 계속되는 인종의 불평등을 직설적으로 상기시키는 민감성으로 인해 거의 구현될 일은 없지만, 같은 원칙이 사회기술 체계와 관련된 UX, UI, 각종 요소를 발전시키고 정제하는 데 지속적으로 사용되고 있다.

디자인 정의 렌즈를 통해 우리는 어떻게 A/B 테스트를 재고할 수 있을까? 어떤 경우엔 우리가 사용할 수 있는 기술이 아닐 수도 있다. 하지만 어떤 경우엔 교차적 사용자 하위 그룹의 응답을 비교할 수도 있다. 일반화해 설명하자면, 예를 들어 흑인 여성 그룹, 흑인 남성 그룹, 백인 여성 그룹, 백인 남성 그룹이 있다. 디자인 팀이 여기에 있는 모든 그룹으로부터 통계적으로 동등한 선호도를 확인하게 되면, 그들은 디자인 결정이 한 그룹에 다른 그룹 대비 특권을 부여하지 않는다는 결론을 내릴 수 있다. 반면, 그룹들의 선호도가 들쭉날쭉하다면, 디자인 팀은 논의를 거쳐 의도적으로 어떻게 할지 결정해야 한다. 예를 들어, 모든 여성 그룹은 한 디자인을 선호하고 모든 남성 그룹은 다른 디자인을 선호한다면, 디자인 팀은 누구의 선호도에 특권을 부여할지 결정을 내려야 할 것이다.

교차적 기준점

불행히도 대부분의 디자인 프로세스는 인종, 계층, 성별, 장애의 교차 영역 내에서 사용자의 위치에 따라 사용자 경험의 불평등한 분포가 어떻게 구조화될 수 있는지에 관해 아직 체계적으로 조사하지 않았다. 디자인 정의는 이런 유형의 질문들을 표준화하고 모든 유형의 디자인 작업에 핵심 기준으로 채택할 것을 제안한다. 편향의 문제는 ADA 준수 외엔 일반적으로 시스템이 사용자들의 인종, 성별 정보를 명백히 실패할 때만 표면화된다(예를 들어, 어두운 피부 톤에 오류율이 더 높은 비누 디스펜서, 몽고주름이 없으면 눈을 떴다고 인식하지 못하는 카메라 등).[88] 이런 유형의 사례들을 주변부로 이해하기보다는 현재 대부분의 디자인 프로세스에 '내재한' 검토되지 않은 검증 실패의 근본 문제들을 어떻게 할지 고려해볼 수 있다.

디자인 정의 접근법으로의 패러다임 전환은 테스트 유효성에 대한 보편적 가정을 일련의 교차 검증 테스트로 대체한다. 그러려면 기존 계측 및 제품 테스트 프로세스에 상당한 변화가 필요하다. 비누 디스펜서를 생각해보자. 상용 제품 출시에 앞서 제품 엔지니어들은 프로토타입을 다양하게 테스트해야 한다. 이런 테스트들은 보통 특정 임계치에 충족돼야 한다. 현대화된 제품 디자인 방법론에서 제품들은 제품 출시 전에 완료하고 검증해야 하는 **사용자 스토리** 관점에서 설명될 것이다. 예를 들어 "저는 사용자이고, 디스펜서 아래 0~10cm 범위 안에서 손을 흔들면, 흔드는 시간의 95% 이상 동안 비누가 제공된다." 현재의 (교차적 기준이 적용되지 않은) 패러다임 안에서 이 이야기의 사용자는 구체적으로 정의되지 않는다. 성별, 인종, 연령, 계층 등의 정보는 지정돼 있지 않다. 우리가 교차 프레임워크^{intersectional framework}로 전환하면, 알고리듬 정의 리그^{Algorithmic Justice League} 설립자 조이 부올람위니가 세운 **교차적 기준점**^{intersectional benchmark}을 중심으로 초기 프로토타입에서 대량 생산의 품질 관리에 이르기까지 모든 단계에서의 테스트를 재구성해야 한다.[89]

인종 차별에 맞선 개조

장기적으로 볼 때 우리는 이런 관심사가 점차 비중 있게 다뤄지는 과정의 비교적 초기 단계에 와 있다. 디자인 정의는 아직 디자인 프로세스를 대대적으로 재정비할 만큼 강력한 실천 커뮤니티가 아니다. 게다가 현재로선 각각의 불공평한 디자인 결과가 이상치 또는 별난 것으로 읽힌다. 예를 들어, 알고리듬 결정 시스템에서 보여지는 명백한 인종 차별 또는 성차별 사례는 기술 디자인의 불행한 부산물이라는 프레임으로 인식되고 있다. 이런 인식은 전반적으로 기릴 만한 데다가, 더 나아가 막을 수 없는 것처럼 보이기까지 한다. 편향된 도구와 사회기술 체계는 대개 소셜 미디어에 대한 대중의 분노, 그리고 몇 가지 뉴스 기사를 통해 주목받곤 한다. 그러면 관련 책무를 맡고 있는 디자인 팀, 기관, 기업은 편향된 부분이 아니라면 우수한 제품이었을 결함을 수정하기 위해 작은 규모의 리소스를 할당한다. 그러나 기존 개체, 시스템을 사후에 편향성을 제거한 경우(교차적 기준점을 충족하기 위해 수행됐을지라도)와 처음부터 디자인 정의 원칙을 포함해 진행하는 경우 사이엔 엄청난 차이가 있다. 전자의 경우가 가치 없다는 게 아니다. 우리의 세계는 수백 년 동안 디자인된 개체, 시스템, 인공적 환경의 방대한 부가물들로 구성된다. 그리고 대부분은 지배의 매트릭스 내 소외된 커뮤니티들의 참여 또는 동의하에 디자인된 것이 아니다(그 커뮤니티들의 책무나 그들에 의한 통제는 고사하고). 교차적 렌즈를 사용해 디자인되거나 테스트된 제품은 거의 없다. 이런 맥락에서 '인종 차별에 맞선 개조'란 인종, 계층, 성별, 장애, 매트릭스 안에서 서로 전혀 다른 위치에 있는 피험자들의 삶의 기회와 경험을 개선하고 균등화하는 핵심 요소다. 패러다임이 성공적으로 전환되면 지속적으로 불공평한 결과를 생산해내는 개체와 시스템 디자인에 대한 사후 해결의 필요성이 사라질 것이다.

알고리듬 공정성Algorithmic Fairness에서 알고리듬 정의Algorithmic Justice로:
색맹, 조화로운 대우, 평등의 개별화, 역사적 차별의 제거

디자인 정의 원칙을 당장 적용해야 하는 분야 중 하나는 알고리듬을 활용한 의사 결정 지원 시스템이다. 알고리듬 편향에 대한 인식은 대중적 담론상으로도, (한 영역으로서의) 컴퓨터 공학 분야에서도 점차 높아지고 있다.[90] 계속해서 커지는 저널리즘과 학술 단체들은 알고리듬이 의도하지 않게 인종과 젠더의 편견을 재생산함을 보여준다(재정적 위험률 산출은 헤게모니적일 정도로 극심하게 정규화돼 있기 때문에, 지금까진 알고리듬과 장애인 차별에 관심을 덜 기울였으며 계층 불평등의 알고리듬적 재생산에 대부분은 의문을 제기하지 않았다). 알고리듬은 은행, 주택, 건강, 교육, 고용, 대출, 소셜 미디어, 치안, 군대 등 다양한 분야에서 권력자들의 의사 결정 도구로 사용된다. 디자인 정의는 알고리듬 디자인이 (의도적이든 비의도적이든) 어떻게 자본주의, 백인 우월주의, 가부장제, 이성애 규범성, 장애인 차별, 정착민 식민주의를 재생산하는지에 관한 분석을 요구한다.

예를 들어, 사피야 노블Safiya Noble은 저서 『구글은 어떻게 여성을 차별하는가』에서 소외된 대상들에 대한 잘못된 표현, 특히 흑인 소녀들과 여성들의 과잉 성애화된 이미지들의 유통을 통해(패트리샤 힐 콜린스Patricia Hill Collins가 이미지 제어controlling images라고 지칭한 방식) 검색 알고리듬이 지배의 매트릭스를 재생산하는 방식을 집중적으로 소개한다.[91] 버지니아 유뱅크스Virginia Eubanks는 저서 『자동화된 불평등』에서 가난한 사람들의 조직적 운동으로 쟁취된 사회 복지 프로그램에 대한 접근을 제한하고 혜택을 철회하기 위해 가난한 사람들을 처벌하는 알고리듬적 의사 결정 지원 시스템이 어떻게 우익의 전략으로서 구현됐는지 설명한다.[92] 케이트 크로포드Kate Crawford와 NYU의 AI 나우 연구소AI Now Institute도 꾸준히 비판적 작업을 진행하고 있다. 예를 들어, 그들은 검색 알고리듬이 논쟁적 민주주의agonistic democracy의 논리에 따라 작동한다면 어떤 모습일지 생각해보라고 하면서,[93] 알고리듬이 '가정된 합의와 도전받지 않는 가치에 침묵으로 수긍하기보다는 서로 다름과 반대 의견을 인정할 방법'을 상상하도록 권한다.[94] 조이 부올람위니는 알고리듬 정의 리그Algorithmic Justice League와 함께 작업하면서 머신러닝 시스템을 위한 교차적 훈련용 데이터, 테스트, 기준점을 개발해야 한다고 주장한다.[95] 부올람위니는 얼굴 분석 소프트웨어가 피부색이 어두운 여성의 얼굴 인식에 최악의 성능을 보인다는 사실을 입증한 것으로도 잘 알려졌지만, 군대 또는 법률 집행 기관의 얼굴 분석 도구 사용에 대한 규제와 감독을 크게 강화하고 고용, 주택, 건강 관리 등 다양한 영역에서 소외된 사람들에 대한 얼굴 분석 프로그램 사용을 제한하기 위해 투쟁을 하는 것으로도 유명하다.[96]

최근 특히 알고리듬 편향에 도전하는 컴퓨터 공학자 커뮤니티가 증가하고 있다. FAT* 커뮤니티는 2014년부터 이런 작업의 핵심 허브로 부상했다.[97] FAT*는 순식간에 컴퓨터 공학자들이 알고리듬 편향에 관한 연구를 하는(편향의 의미, 편향의 측정, 편향 감소 방안 등) 가장 주목받는 공간이 됐다. 알고리듬 편향 관련 논문들은 이제 HCI 주류 저널과 콘퍼런스에 정기적으로 게재된다. 싱가포르에서 열린 2018 스트라타 데이터 콘퍼런스Strata Data Conference의 기조연설은 머신러닝 시스템이 삶의 무수한 영역에 도입된다면 머신러닝 시스템의 알고리듬 편향을 모니터링하고 대응하기 위해 머신러닝을 사용할 필요성이 있다는 점에 초점이 맞춰져 있다.[98] 단일축의 공정성을 조사하는 현재의 규범이 교차 분석의 새로운 규범으로 대체하는 일도 중요하겠지만, 편향을 바로 잡는 일 또한 중요한 작업일 것이다. 어떤 경우엔 새로우면서도 보다 포괄적인 훈련용 데이터와 기준이 될 데이터 세트의 개발이 필요하다. 동시에, 프레임워크로서의 디자인 정의는 STS 연구자 오스 키이스Os Keyes가 데이터 온톨로지data ontology와 알고리듬 시스템을 통한 젠더 이분법의 재생산에 대해 탁월하게 비평했듯, 우리에게 '포용inclusion'에 대한 기본 가정에 의문을 제기하라고 요구한다.[99] 디자인 정의에는 또한 이런 노력들에서 보여지는 '공정성'이라는 개념에 대한 비판도 포함된다. 안나 로렌 호프만Anna Lauren Hoffman은 최근 논문에서 반차별 담론의 한계를 상기시켰다.[100]

패트리샤 힐 콜린스Patricia Hill Collins는 **브라운 대 교육위원회 소송 사건**post-Brown v. Board of Education* 이후 미국 법률 시스템에서 '색맹color blindness'의 이데올로기를 특징짓는 역사적 차별의 삭제, 평등의 개별화, '조화로운 대우symmetrical treatment'의 개념에 다음과 같

---

* 1954년 미국 대법원으로부터 흑인 아동의 분리 교육은 불법이라는 판결을 이끌어낸 소송 – 옮긴이

이 기술했다. "색맹이라는 새로운 수사학 아래에서, 평등은 과거의 차별이나 심지어 다른 장소에서의 차별의 영향들로 인한 차이와 관계없이 모든 개인을 공평하게 대우하는 것을 의미한다."[101] 여기에 더해 색맹이라는 수사학은 '인종, 계층, 젠더의 오랜 위계를 유지하면서 평등하게 대우하는 것처럼 보이는 새로운 규칙'으로 기능한다.[102] 루하 벤자민은 『기술 이후의 경쟁』에서 과거의 데이터 세트를 기반으로 하는 알고리듬 의사 결정 시스템은 백인 우월주의와 차별을 강화하는 방식임을 강조하기 위해 '뉴 짐 코드'라는 용어를 사용했다. 디자이너들이 시스템을 '색맹colorblind'의 의미로 '공정한fair' 것으로 포지셔닝했겠지만, 벤자민은 강조의 의미로 다른 용어를 선택한 것이다. 인종적 위계는 존재하지 않는 척하는 것이 아니라, 적극적으로 반인종주의적 시스템 디자인을 통해서만 해체시킬 수 있다.[103]

알고리듬의 공정성, 책무, 투명성을 보장하기 위한 대부분의 노력은 불행히도 개별화된 평등, 조화로운 대우, 색맹*, 성맹gender blindness†의 논리로 작동된다. 그리고 그 논리와 관련된 가정은 공정한 알고리듬이 참 긍정true positive, 거짓 긍정false positive, 참 부정true negative, 거짓 부정false negative의 분포에서 그룹 편향을 나타내지 않는 알고리듬이라는 것이다. 예를 들어, 널리 읽히는 프로퍼블리카ProPublica‡의 기사 '기계 편향Machine Bias' 은 재범 위험 알고리듬이 흑인 재범 가능성을 과하게 예측하고 백인 재범률은 축소 예측했음을 보여준다.[104] 알고리듬은 흑인에게 더 많은 거짓 긍정을 할당하고 백인에게 더 많은 거짓 부정을 할당했다. 알고리듬이 실제로 편향됐는지와 그렇다면 어떻게 '수정'될 수 있는지에 대한 논쟁이 이어졌다.

디자인 정의는 이 접근 방식에 대한 몇 가지 통찰을 제공한다. 첫째, 편향된 위험 평가 알고리듬의 사용은 범산복합체PIC, Prison Industrial Complex§의 팽창 맥락을 참조하지 않

---

* 피부색에 구애받지 않음 – 옮긴이

† 성별에 구애받지 않음 – 옮긴이

‡ 미국 비영리 온라인 언론 – 옮긴이

§ 수감자들에게 일을 시키는 감옥 산업체. 1970년부터 미 정부의 교묘한 차별 정책으로 인해 흑인들의 대량 투옥 사태가 발생함 – 옮긴이

고 논의돼선 안 된다. 교도소 폐지론자들의 입장은 PIC를 확장하는 도구 개발에 추가 자원 투입을 지지하지 않으며, 심지어 '편향이 덜하게' 만드는 도구 개발조차도 지지하지 않는다. 그 대신, 판결 선고 전 미결 구금을 최대한 최소화하고 궁극적으로는 제거해야 한다.

둘째, 알고리듬 편향을 모니터링하고 공개하며 수정하려는 예산 지원은 합리적이다. 이런 시도와 노력은 단일축이 아니라 교차축을 고려해야 한다. 예를 들어, 편향 검사에서 백인 남성, 백인 여성, 흑인 남성, 흑인 여성에 대한 거짓 긍정 비율, 오탐지 비율을 알아야 한다.

셋째, 알고리듬 디자인의 궁극적 목표는 조화로운 대우^{symmetrical treatment}라는 근본 가정에 도전해야 한다. 다시 말해, 알고리듬 디자인을 색맹과 성맹으로 읽히는 '공정성'의 논리로 구성해야 하는지, 아니면 인종·젠더·장애 정의의 논리로 구성해야 하는지에 관한 질문을 던져야 한다. 전자는 우리의 목표가 과거의 차별 또는 현재의 차별과 관계없이 엄격한 공정성의 작동 프레임으로서 '모든 개인을 공평하게 대하는' 공정한 알고리듬을 의미한다. 반면, 후자의 경우 최종 목표는 모든 사람에게 접근성과 기회를 제공하고 개선된 삶으로의 가능성을 제시하는 것이며, 이를 위해선 수백 년에 걸쳐 공고화된 차별과 억압의 유산을 되돌리기 위한 재분배의 조치가 필요하다는 주장이다. 우리는 알고리듬 색맹^{algorithmic colorblindness}과 알고리듬 정의의 차이점에 대해 논의해야 한다.

예를 들어, 대학 입학에 활용할 알고리듬을 생각해보자. 알고리듬 공정성의 (개별화된) 접근 방식은 프로필은 같지만 성별은 다른 두 사람이 같은 추천 결과(합격/불합격/대기자 명단)를 받게 한다. 알고리듬의 공정성을 추정하기 위한 입학 알고리듬에 대한 검사는 짝 테스트^{paired-test audit}로 가능하다. 먼저 동일한 지원서 2개를 제출하되 한 지원서의 지원자 성별만 바꾸고, 시스템이 각 지원서를 보고 같은 추천을 하는지 관찰한다. 알고리듬이 동일한 지원서를 보고도 (통계적으로 유의한 수준에서) 여성보다 남성에게 더 입학을 허가하도록 권장하는 경우, 우리는 그 알고리듬이 여성에 대한 편향(차별)을 보인다고 이야기할 수 있다. 이런 편향이 제거되도록 알고리듬의 재훈련과 재검사가 필요하다. 이것이 오늘날 알고리듬 편향을 연구하는 연구자들과 실무자들이 제안한 방식이다.[105]

이 방식을 단일축이 아닌 교차축의 방식으로 수정하는 건 더 어려울 수 있지만, 근본적 전환이 필요하진 않다. 입학 알고리듬에 대한 교차 짝 테스트를 수행하려면 훨씬 더 많은 수의 짝 지원서를 제출해야 한다. 이때 지원서들은 동일하지만 지배 매트릭스에서 여러 관심 축(예를 들어 인종, 계층, 성 정체성, 성적 지향, 장애, 시민권 상태 등)이 수정된 샘플들이다. 이런 샘플들을 활용해 시스템이 흑인 장애인 남성, 시민권이 없는 퀴어 여성 등 교차축의 영향을 받는 사람들에 편향돼 있는지 분석할 수 있다. 이 방식은 각 정체성identify 변수들이 테스트의 복잡도를 늘리기 때문에(또 많은 상황으로 인해 시간과 비용이 발생하기 때문에) 얼마나 많은 변수를 검사에 포함할 것인지 고민이 필요하다. 그러나 알고리듬 편향 수정에 관심이 있는 연구원, 개발자, 엔지니어들은 알고리듬 편향 분석과 수정은 교차적 상황을 고려해 이뤄져야 하며, 최소한 성별, 인종, 출신 국가, 종교, 장애 등의 차별금지법에 따라 일반적으로 보호되는 범주들을 포함해야 한다고 믿는다.

동일한 입학 알고리듬을 검사하지만, 알고리듬 정의를 가정하면서 검사한다고 상상해보자. 이 방식은 개별화된 조화로운 대우individualized symmetrical treatment뿐 아니라 지배의 매트릭스 안에서 역사적으로 계속되는 억압과 불의가 개인과 그룹에게 미치는 영향, 궁극적으로 모든 그룹의 사람들에게 돌아갈 혜택, 기회, 피해의 공정한 분배와 관련이 있다. 이는 알고리듬 디자이너들이 결과의 정당한 분배라고 믿는 것에 대해 토론하고 논쟁하며 결정해야 함을 의미한다. 예를 들어, 입학자를 정당하게 할당하면 일반 인구의 성별 분포(약 51%가 여성)를 반영하는 신입 학급이 생성될 것이라고 결정할 수 있다. 그들은 더 나아가 인종, 계층, 성별, 장애 정체성의 교차축도 일반 인구의 비율을 반영해 신입생 반을 구성하기로 정할 수도 있다. 또는, 현재 학부 4년에 걸쳐 왜곡된 등록 학생 분포를 가능한 한 빨리 수정하는 것이 목표라고 결정할 수도 있다. 이 경우 현재 학생 인구가 인구 통계학적 비율과 비교해 라틴계 학생들의 실제 수량보다 많이 적은 경우, 입학 알고리듬은 부족한 입학생 비율을 '보완'하기 위해 첫해의 라틴계 학생을 더 높은 비율을 받아들이도록 보정된다. 알고리듬 개발자는 지난 몇 년 동안 실험을 훨씬 더 발전시키기 위해 그들의 목표를 전체 기관 수명주기 동안의 입학 인구 데이터의 편향을 수정하는 것이라고 결정할 것이다. 대학이 설립된 이래 첫 100년 동안 여성과 유색 인종을 조직적으로 배제한 문제를 바로잡기 위해, 알고리듬은 유색 인종의 여성 전체를 입학 승인하도록 보정될 수 있다. 여기서 우리는 "알고리듬의 보상은 어떤 모습이어야 할까?"라는 질문을 던져본다.

나는 이게 모든 알고리듬 의사 결정 시스템에서 추구돼야 하는 결과라고 주장하려는 것이 아니다. 요점은 심지어 '정당한 결과란 무엇인가?'라는 질문이 논의조차 되지 않는다는 점이다. 게다가 우리의 대화도 공정성을 편협하고 개별화된 개념으로 매우 제한해 다룬다. 현재 미국의 상황에서 알고리듬 정의에 관한 접근 방식이 발전될 가능성은 매우 낮다. 특히 이런 방식이 기존의 차별 금지법을 위반하는 경우가 많아서다. 그럼에도 알고리듬 편향에 관한 대화가 증가하고 알고리듬 편향을 감지하고 완화하며 대응하기 위한 일련의 도구를 개발해오고 있다. 이런 상황에서 우리는 알고리듬 정의를 충족할 대안적 접근 방식, 도구, 설정, 결과 기준을 제시해야 한다. 우리는 이렇게 질문해야 한다. 의사 결정 시스템 안에서 우리가 생각하는 혜택benefit의 분배는 정당하다고 생각하는가?

편견으로부터의 해방: 학문과 실천의 새로운 발전

1장은 커뮤니티 조직화와 관련된 사람들에게 인기 있는 소셜 미디어 플랫폼의 (부족한) 어포던스 이야기로 문을 열었다. 그런 다음 지배의 매트릭스에서 어포던스의 분포에 대한 비판적 토론을 시작했고, 디스어포던스disaffordance와 디스어포던스dysaffordance의 개념을 소개한 뒤 어포던스가 어떻게 마이크로어그레션microaggression, 즉 미묘한 차별로 경험될 수 있는지 설명했다. 디자인 정의는 어포던스 이론 이면의 보편화 가정을 재고하고, 불평등이 어포던스의 지각 가능성perceptibility과 가용성availability을 구조화하는 방법에 질문할 것을 요구하며, 의도적이든 비의도적이든 차별적 디자인^{discriminatory design}을 진지하게 받아들인다.

디자인 정의는 밸류센서티브 디자인^{VSD}, 유니버설 디자인, 인클루시브 디자인 같은 관련 접근 방식의 오랜 역사에 기반을 두고 있다. VSD는 여러 유용한 도구를 제공하지만 디자인 정의에 관한 핵심 질문들은 해결하지 못한 채 남아 있다. VSD는 규범적이기보다는 서술적이다. 이 방식은 디자이너들로 하여금 디자인된 시스템의 가치를 의도적으로 내재화하도록 촉구한다. 하지만 인종, 젠더, 장애, 경제, 환경, 탈식민적 정의에 대한 교차적 이해는 고사하고 특정 가치들을 전혀 제안하지 못한다. VSD는 전문 디자이너의 관점에 결코 의문을 제기하지 않고 디자인 프로세스에 커뮤니티를 포함할 것을 요구하지 않으며(커뮤니티의 책무나 통제는 말할 것도 없음) 디자인을 통해 생성되는 상징적이면서도 실질적 혜택의 분포에 대한 영향 분석을 요구하지 않는다. 가치들은 구현되지 않은 추상적 개념들로 처리돼 디자이너들이 프로젝트 요구 사항을 알리기 위해 가져올 수 있는 라이브러리에서 코드화된다. 다시 말해, VSD에서 가치를 디자인에 통합하는 일은 대체로 선의의 전문 디자이너들에 의해 달성될 수 있다고 상상하게 되는 것이다. 그에 반해, 디자인 정의에서 가치들은 구조적 억압과 저항의 시스템들이 교차하는 지점에 있는 공동체들과 개인들의 생생한 경험에서 비롯된다.

장애 정의 운동은 디자인 정의를 뒷받침하는 많은 핵심 개념을 만들어냈고 오랫동안 보편주의적 디자인 접근 방식에 대한 비판을 분명히 했다. 많은(아마도 대부분의) 디자인 작업은 그 자체가 보편적이라고 상상한다. 디자이너들은 누구나 사용할 수 있는 개체, 장소, 시스템을 만들고자 한다. 디자인 정의는 모든 사람을 위한 디자인이 가능하다는 근본적 가정에 도전한다. 하지만 우리는 그보다는 항상 어떤 종류의 사용자들이 가장 많은 혜택을 받을지 인식해야 한다. 이건 디자인 정의가 유니버설 디자인의 바로 그 가능성을 부정한다는 걸 의미할까? 디자인 정의는 모든 보편주의적이고 포괄적인 디자인 프로젝트^{one size fits one}에 적용될 수 있는 방식일 것이다. 디자인 정의는 보편주의적 디자인 프로세스가 결코 완전히 실현할 수 없는 목표에 더욱 가깝게 접근하고 포괄적인 디자인 프로세스에 유용한 통찰을 제공하는 데 도움이 될 수 있다. 디자인 정의를 위한 재정비는 A/B 테스트, 벤치마크, 사용자 테스트, 검증 같은 주요 디자인 방법론에 대한 새로운 접근법을 개발하는 걸 의미한다. 또한 이 방식은 알고리듬 의사 결정 지원 시스템 디자인에 대한 현재의 지배적 접근 방식에 질문을 제기한다.

앞으로 디자인 정의는 인공 지능 같은 새로운 사회기술 체계의 개발을 알리는 데도 도움이 돼야 한다. AI의 포용성과 공정성을 넘어 정의, 자율성autonomy, 자주권sovereignty을 고려해야 한다. 예를 들어, AI는 식민지 존재론colonial ontology과 인식론epistemology을 어떻게 재현할까? 토착적 지식과 실천을 지원하고 확장하며 증폭시키도록 디자인된 알고리듬 의사 결정은 어떤 모습일까? 이런 방향으로 AI 시스템을 포함한 탈식민화 기술에 관심을 두는 학자들이 늘고 있다. 예를 들어, 디자이너 루이스Lewis, 아리스타Arista, 페샤위스Pechawis, 카이트Kite는 관계성을 강조하고 '인간이 아닌 존재를 정중하게 수용하는 데 훨씬 더 나은' 토착 인식론indigenous epistemology이 AI 개발의 기초가 돼야 한다고 주장하기 위해 하와이, 크리, 라코타 지식을 활용한다.[106] 릴리 이라니 등은 탈식민지 컴퓨팅의 발전을 주장해 왔다.[107] 라메시 스리니바산Ramesh Srinivasan은 저서 『Whose Global Village?』에서 토착 데이터베이스 온톨로지를 고려하도록 요청했다.[108] 인류학자이자 개발 이론가인 아르투로 에스코바르Arturo Escobar는 최근 『Designs for the Pluriverse』(Duke Uni. 2018)이라는 제목의 포용적인 책을 발표했다.[109]

에스코바르는 자율적 디자인autonomous design을 주장하기 위해 라틴 아메리카와 카리브해의 원주민, 아프리카계 사람들이 이끄는 사회 운동, 수십 년간의 작업을 바탕으로 연구한다. 그는 오늘날 대부분의 디자인 프로세스가 '하나의 세계' 온톨로지의 재생산을 지향하는 방식을 추적한다. 이는 기술이 주로 자본주의적 가부장 근대성과 시장과 국가의 목표를 확장하고 존재, 앎, 행동의 토착 방식(존재론, 인식론, 실천, 생활)을 지우는 데 사용된다는 의미다. 에스코바르는 협업과 장소 기반 실천에 중점을 두고 모든 사람, 존재, 지구의 상호 의존성을 인정하는 탈식민화된 디자인 접근 방식을 주장한다. 그는 본인이 디자인의 존재론적 차원이라고 부르는 개념에 주의를 기울일 것을 요청한다. 그에 따르면, 모든 디자인은 존재하고 알며 행동하는 특정 방식들을 재생산한다. 그는 신자유주의적 세계화neoliberal globalization의 '하나의 세계one world' 프로젝트

보다 '많은 세계가 서로 어울리는 세상ᵃ world where many worlds fit'을 만든다는 사파티스타 Zapatista 개념[110]에 관심이 있다.

다행히도 정의, 공정성, 편견, 차별, 심지어 데이터의 탈식민화 문제, 알고리즘 의사 결정 지원 시스템, 컴퓨팅 시스템 문제에 초점을 맞춰 연구하는 연구 센터, 싱크 탱크, 이니셔티브들이 이제 전 세계에서 마치 버섯처럼 쑥쑥 생겨나고 있다. 이 책의 서문에서 언급했듯이, 여기엔 데이터와 사회Data & Society, AI 나우 연구소AI Now Institute, 뉴욕시의 디지털 공정 랩Digital Equity Lab, 카디프Cardiff에 있는 새로운 데이터 정의 연구소 Data Justice Lab, 공공 데이터 연구소Public Data Lab가 포함된다.[111] 해커이자 변호사, 페미니스트인 조아나 바론Joana Varon이 이끄는 '코딩 라이트Coding Rights'는 라틴 아메리카 전역에서 일반 대중이 데이터와 인권의 복잡한 문제에 좀 더 쉽게 접근할 수 있도록 돕고 있다. 또 정책 토론에 참여하고 디지털 환경에 대한 동의 문화를 조성하는 데도 기여한다. 그들은 **추파다도스**Chupadados(데이터 빨판) 등의 프로젝트를 통해 이런 활동을 이어가고 있다.[112] 다른 그룹엔 공정 알고리즘Fair Algorithm, 데이터 액티브 그룹Data Active group, MIT 시민 미디어 센터Center for Civic Media, 최근 토론토에서 나스마 아메드Nasma Ahmed가 시작한 디지털 정의 연구소Digital Justice Lab, 토론토에서 디자인 스튜디오 앤드 올쏘 투 And Also Too의 빌딩 콘센트풀 테크Building Consentful Tech, 우리의 데이터 본체 프로젝트Our Data Bodies Project, 팸테크넷FemTechNet 네트워크 등이 포함된다.[113] 또한 관련 주제의 콘퍼런스와 회합의 수가 증가 추세에 있다. FAT* 외에도 2018년에는 데이터포블랙라이브스Data4BlackLives 콘퍼런스, 카디프에서 열린 2018년 데이터 정의 콘퍼런스, 리우데자네이루에서 회합한 인터넷과 사회를 위한 버크만 클라인 센터Berkman-Klein Center for Internet & Society, ITS 리오ITS Rio, 센터 네트워크Network of Centers가 주최한 AI와 포용 콘퍼런스AI and Inclusion conference, 디트로이트 연합 미디어 콘퍼런스의 세 번째 디자인 정의 트랙 등이 있다.[114]

디자인 정의는 디자인 도메인과 관계없이 디자이너들로 하여금 사회 정의 가치를 채택하고 디자인의 혜택과 부담의 불평등한 분배에 반대하며, 백인 우월주의, 이성애 가부장제, 자본주의, 장애 차별, 정착민 식민주의, **지배의 매트릭스**를 이해하고 이에 맞서도록 촉구한다. 디자인 정의는 인터페이스, 데이터베이스, 알고리듬, '있는 그대로의' 사회기술적 관행을 포함해 개체, 시스템의 모든 관점에 교차적 페미니즘의 해방적 가치를 부여하는 방법에 관심이 있다. 게다가 이 방식은 디자인된 객체와 시스템뿐 아니라 디자인 문제의 프레임과 범주 정의(3장)에서 특정 어포던스의 디자인과 평가(이 장에서 살펴본 것처럼), 우리가 디자인 작업을 하는 현장(4장)에 이르기까지, 디자인의 모든 단계에 관심이 있다. 2장에서는 "누가 디자이너가 되는가?"라는 질문을 중심으로 디자인 정의가 초래하는 영향에 대해 살펴본다.

2장

디자인 실천:
"우리 없이 우리 이야기를 논하지 말라"

그림 2.1 데이비드 베르너(David Werner)의 일러스트, 〈우리 없이 우리 이야기를 논하지 말라(Nothing About Us Without Us)〉(1998)(http://www.dinf.ne.jp/doc/english/global/david/dwe001/dwe00101.html)

오늘날 기술 산업은 만들어지는 제품과 서비스의 유형에 상당한 영향을 미친다. … 커뮤니티의 생생한 경험은 잘 드러나지 않을 수 있지만, 제품 개발 주기에서 배제되면 기술의 유용성은 한 그룹에 편중되고 만다.

> — 2015년 카포르 캐피탈(Kapor Capital) 설립자의 약속

당신이 나를 도우러 여기에 왔다면 시간 낭비를 하고 있는 것이다. 당신의 해방이 나의 해방과 연관돼 있어 온 것이라면, 우리 함께 일해보자.

> — 릴라 왓슨(Lilla Watson), 호주 원주민 활동가이자 예술가

2017년 8월, 구글 소프트웨어 엔지니어는 '구글의 이념적 폐쇄성Google's Ideological Echo Chamber'이라는 메모로 논란의 불씨를 일으켰다. 메모는 소셜 미디어를 통해 전 세계로 퍼지기 전에 먼저 회사 내부에 퍼졌고, 나중에는 주류 언론 매체에서도 소개됐다. 글쓴이는 근본적으로 남성과 여성의 생물학적 차이가 소프트웨어 개발 환경에서, 그리고 기술 기업 내 고위직 위치에서 여성의 과소 대표성과 성별 급여의 차이를 설명할 수 있다고 주장했다. 그는 스스로의 관점이 성차별sexism이라고 여기지 않았다. 조직의 다양성을 높이고 여성을 지원하기 위해 고안된 구글 프로그램이 실제로는 남성을 차별한다고 말했다.

메모에 대한 반응은 무척 즉각적이었다. 며칠 뒤 구글의 CEO인 순다르 피차이Sundar Pichai는 메모를 규탄하는 공개 성명을 냈고 메모를 작성한 직원은 해고됐다.[1] 메모 작성자는 백인, 아시아인, 남성에 대한 차별을 이유로 회사를 고소했다. 이 메모와 관련

소송들은 소셜 미디어, 블로그, 과학자들 사이에서 뜨거운 감자였다. 수백 건은 아니더라도 수십 건의 관련 뉴스, 논평, 해설 기사가 쏟아졌다. 많은 사람이 메모의 주장에 대해 조목조목 반박했다.[2] 어떤 사람들은 메모의 체계적 주장 중 일부는 지지하지만 다양성 정책에 대한 글쓴이의 결론은 지지하지 않는다고 했고, 또 어떤 사람들은 메모의 주장에 관한 찬반 의견을 요약하려 했다.[3] 어떤 작성자들은 여성 혐오와 인종 차별이 만연하는 기술 기업의 문화를 비난하면서 실리콘밸리 기업들이 좀 더 다양하고 포용적인 근무 환경을 조성하기 위한 전략을 제안했다.[4] 또 어떤 사람들은 최초의 소프트웨어 개발자 에이다 러브레이스Ada Lovelace, 최초의 컴파일러 중 하나를 만든 그레이스 호퍼Grace Hopper, 우주 비행 궤적을 계산해 NASA의 첫 달 착륙에 이바지한 흑인 여성 캐서린 존슨(할리우드 영화 〈히든 피겨스〉로 각색된 이야기)에 이르기까지[5] 소프트웨어 개발 분야에 대한 여성의 많은 공헌에 주목했다.[6]

한동안 화제가 된 구글 메모는 기술 부문의 성차별, 인종 차별, 성희롱, 강간 문화와 관련해 점점 더 세간의 이목을 끄는 여러 논쟁거리 중 하나에 불과했다. 이 사건은 #MeToo 운동의 폭발에 적지 않은 영향을 미치게 된다. 그러나 기술 기업들은 메모에 담긴 생각을 공개적으로 부인했음에도 불구하고 지배 매트릭스를 체계적으로 재생산하기 위한 현장으로 계속 남아 있다. 기술 기업들은 그들의 고용, 유지, 승진 관행을 통해 여성 혐오, 인종 차별, 성희롱을 용인하는 내부 기업 문화를 통해, 그리고 그들이 디자인한 제품을 통해 교차 억압을 재생산한다. 예를 들어, 기술 기업의 홍보 팀들은 그 폐쇄적 메모에 담긴 여성 혐오를 공개적으로 부인했지만, IBM과 같은 기업들은 트럼프 행정부와 만나 '좋은 이민자/나쁜 이민자' 예측 시스템 구축을 위한 정부 계약 입찰에 대해 논의하고 있었다.[7] 전국의 법원들은 인종적 관점에서 편향된 것으로 보이는 재범 위험 예측 소프트웨어를 구현하기 위한 계약에 서명했다.[8] 수백만 명의 저소득층 여성에 관한 데이터가 블랙박스 알고리듬에 의해 수집, 분석돼 이 여성들이 공공 혜택을 받을지 또는 제외될지 결정했다.[9]

구글 메모에 관한 이야기와 메모에 대한 반발을 보면서 우리는 세 가지 요점을 확인할 수 있다. 첫째, 인종 차별과 성차별은(또는 억압을 개인화하기 어려운 구조적 용어로 표현하자면, 백인우월주의와 이성애 가부장제는) 세계에서 가장 강력한 기술 기업의 문화에 여전히 만연해 있다. 구글 메모는 구글 소프트웨어 엔지니어가 작성했다는 이유뿐 아니라 해당 메모가 회사 안에서 널리 유포되고 작성자의 많은 동료로부터 호의적인 반응을 얻었기 때문에 주목받은 측면도 있다.

둘째, 이런 발상은 널리 퍼져있고 삶의 많은 영역에서 관행으로 계속 이어지고 있지만, 더 이상 사회적으로 용인되지 않는다. 그러나 이런 사고를 의식적으로 하는 사람들은 이런 상황을 자신에게 유리하게 이용한다. 이 메모는 여성 혐오적 견해를 '정치적 정당성political correctness'을 근거로 삼아 부당하게 억압되고 소외되는 합리적 주장으로 만들려는 낡은 수작에 불과하다. 백인(시스) 남성의 주변화와 그들이 도리어 억압당하고 있다는 이야기는 페미니스트와 유색 인종들의 비이성적 공격에 대한 방어에서 비롯됐으며, 넓은 의미의 정치 풍토에 깊이 뿌리를 두고 있다. 백인 남성의 '주변화'는 오랫동안 미국 우익의 핵심 내러티브 전략이었다.[10] 실제로 트럼프의 캠페인은 백인 남성의 침식과 관련한 두려움의 원천을 자극했고 흑인과 라틴계 남성의 위협을 받는 백인 여성에 대한 뿌리 깊은 이야기를 함께 활용해 승리를 거뒀다. 2016년 총선에서 백인 남성의 득표율 62%, 백인 여성의 득표율 53%로, 세계에서 가장 강력한 거점을 확보했다.[11]

세 번째(여기서 가장 핵심인 요점), 구글 메모에 대한 저명한 비판은 실리콘밸리의 성차별과 인종 차별에 관한 대부분 사례와 마찬가지로, 전형적으로 백인과 아시아 남성이 지배적인 직업군에서 여성, 흑인, 원주민, 유색 인종(B/I/PoC)이 좋은 성과를 내기 위한 (아직 명확히 밝혀지지 않은) 능력 측면을 이야기한다. 많은 사람이 자본주의 수익성을 극대화하기 위한 '다양한 팀 구성'의 이점을 높이 평가한다. 하지만 기술 산업 내 성차별적이고 인종 차별적인 담론과 관행은 고용적 관행뿐 아니라 기술 설계의 모든 측면에서 기술이 백인 우월주의, 이성애 가부장제, 자본주의, 정착민 식민주의를 재생산하는 방식에 대한 좀 더 광범위하고 심층적인 비판과 대부분 연결돼 있다. 지배의 매트릭스가 고용, 사용자 필터링, 범위 지정, 어포던스, 자본에 대한 접근, 플랫폼 소유권, 거버넌스 등을 포함해(여기에만 국한되지는 않음) 다양한 기술 부문 활동을 형성할지라도, 과제(그리고 솔루션)에 관한 대화는 일반적으로 '고용의 다양성employment diversity' 프레임 안에 머물러 있다.

고용의 다양성은 물론 중요하다. 그러나 궁극적으로 디자인 정의는 전문 디자인 직무의 평등한 할당에 대한 요구를 넘어서도록 만든다. 고용의 다양성은 필요한 첫 번째 조치시만 집단 해방과 생태직 지속 가능성이 지향하는 방향은 아니다. 이 책의 목표는 지배 매트릭스의 재생산을 중심으로 조직된 기술 디자인 시스템을 어떻게 넘어설 것인지 상상력을 자극하는 것이다. 우리는 디자인의 모든 측면이 인간의 능력, 집단 해방, 생태적 지속 가능성을 중심으로 어떻게 재구성될 수 있을지 상상할 필요가 있다.

디자이너: 누가 (돈을 받고) 디자인을 하는가?

우선 프레임워크로서의 디자인 정의는 인간 활동으로서의 디자인 보편성을 인정한다. 이 책의 맨 앞부분에서 언급했듯, 디자인이란 표현이나 계획 수립, 또는 문제 해결을 의미한다. 그러므로 모든 인간은 디자인 활동에 참여한다고 말할 수 있다.[12] 하지만 모두가 디자인을 해서 돈을 받는 건 아니다. 교차적 불평등 구조는 돈을 받는 전문 디자인 작업 체계를 형성한다. 대부분 분야에서의 전문 디자인 작업은 지배 매트릭스 내에서 높은 특권을 가진 사람들에게 불균형적으로 할당된다. 그와 동시에 부유하거나 교육적 특권을 누린 백인 시스 남성이 아닌, 수많은 전문 디자이너, 기술자들은 종종 무시당했고, 노동 착취를 당했으며, 그들의 이야기는 기술의 역사에서 지워졌다.[13] 그리고 전문 디자이너들은 서로에게서, 그리고 일반인들의 이름 없는 디자인 작업에서 끊임없이 얻어낸다. 다음으로 이어지는 논의는 전문화된 모든 디자인 분야에 쉽게 적용될 수 있겠지만, 나는 소프트웨어와 기술 산업에 중점을 두고 이야기해보려 한다. 이 분야의 디자이너들은 경제적으로나 문화적으로나 높은 보상을 받고 있으며, 정보 자본주의 아래에서 혁신과 기업가 정신을 약속하는 상징적 인물의 지위를 얻었다.

최근 몇 년간 경제에서 가장 발전된 부문이 가장 불평등할 수 있다는 사실을 많은 사람이 화두에 올리고 있다. 2016년경 몇몇 기술 기업은 대중의 압력으로 고용 관행에 대한 다양성 데이터를 공개했다. 이 데이터는 (당연하게도) 기술 부문에서 성평등과 인종 평등을 향한 진전에 우호적인 양상을 보이진 않았다. 백인과 아시아계 시스 남성이 기술 직군을 지배한다. 예를 들어, 미국의 경우 전체 기술직군에서 여성은 26%, 컴퓨터 프로그래밍 직군에서 흑인 여성은 3%, 라틴계 여성은 2%를 차지한다.[14] 페미니스트 미디어 인류학자인 크리스티나 던바 헤스터Christina Dunbar-Hester가 언급한 것처럼, 소프트웨어 산업에서의 젠더 격차는 무료·자유 오픈소스 소프트웨어F/LOSS, Free/Libre and Open-Source Software의 '개방된' 영역에서 훨씬 더 심각하다. F/LOSS 개발자 가운데 여성은 고작 2%에 불과하다. 이는 상용 소프트웨어proprietary software를 개발하는 개발자의 여성이 30%인 것과 비교되는 수치다.[15] 인텔의 2016년 보고서에 따르면 기술 근로자의 2/3는 백인이다.[16] 산업 전반에 걸쳐 보여지는 고용 경향은 다양성을 확대하는 방향으로 나아가고 있지 않다. 여성과 B/I/PoC는 때로는 우위를 점하고 때로는 약세를 보인다.[17]

여성과 B/I/PoC가 기술 분야의 디자인, 개발, 제품 관리에 고용되더라도 극소수만이 극도로 계층화된 조직의 최상위에 진입한다. 최고 기술 기업 이사회의 젠더 다양성을 살펴보면 10%에서 25% 정도가 여성이며 그들 대부분이 백인이다. 예를 들어, 현재 애플의 이사회에는 남성 6명, 여성 2명으로 구성돼 있고 구글(알파벳)은 남성 9명과 여성 2명, 페이스북은 남성 7명과 여성 2명이다. 이사회가 남성 6명과 여성 3명으로 구성된 야후는 최고 의사 결정 레벨에서 성평등에 가장 근접한 일류 기술 기업이다.[18]

컴퓨팅 분야에서 극단적 성 격차 경향은 항상 나타나는 모습은 아니었다. **컴퓨터**는 본래 인간의 연산에서 시작됐고, 천문학, 탄도학, 경제 분석 등의 분야에서 여성이 광범위한 연산을 수행하는 모습을 종종 볼 수 있었다.[19] 세계 최초의 전문 컴퓨터 프로그래머는 6명의 여성으로(프랜 빌라스Fran Bilas, 베티 진 제닝스Betty Jean Jennings, 루스 리히터만Ruth Lichterman, 케이 맥널티Kay McNulty, 베티 스나이더Betty Snyder, 말린 웨스코프Marlyn Wescoff), 그들은 제2차 세계대전 중 탄도의 궤적을 계산하기 위해 애니악ENIAC을 프로그래밍하는 임무를 수행했다.[20] 현대 컴퓨터 공학의 초반에는 컴퓨터 공학자의 여성 비중이 훨씬 더 높았다. 구글의 한 연구에 따르면 1980년대엔 컴퓨터 공학 전공자의 37%가 여성이었다가 2012년엔 그 비율이 18%로 떨어졌다.[21] 던바 헤스터Dunbar-Hester는 이런 변화를 몇 가지 이유로 설명한다. 컴퓨터 프로그래밍의 기술과 직업으로서 위상은 처음엔 주변부적이었고 잘 알려지지 않았으며 (결정적으로) 보수가 특별히 높지 않았다. 프로그래밍 분야가 새로운 정보 경제 체제에서 주목의 대상이 되면서 남성들은 여성들을 밀어냈다.[22] 백인 시스 남성의 관점을 정상화하려는 이성애 가부장적 문화 구조, 유머 형식, 메커니즘으로 가득찬 백인 남성 긱geek 문화가 가장 강한 영향력을 행사한다.[23]

형평성 없는 공정성 통계는 경제의 거의 모든 부문에서 지속되는 광범위한 인종 차별적 패턴과 젠더 경향을 반영하고 있다. 디자인 작업을 하면서 급여를 받는 사람들의 인종적, 젠더적 불평등도 교육 접근의 불평등에 기인한다.[24] 나는 디자인 정의의 교육학적 관점에 대해 다루는 5장에서 기술 교육의 다양성과 그 교육의 목적에 대한 답을 찾아보려 한다. 현재로서는 많은 '기술의 다양성' 이니셔티브가 중요하다고 말하는 것으로 충분하다. 그리고 최근 기업의 성평등 노력 모범 사례 연구에서 보여지는 바와 같이, 이런 노력이 기술 산업 전반에 걸쳐 나타나는 고용, 멘토링, 유지 관행에서의 체계적 변화와 일치한다면[25] 더욱 평등한 고용을 향한 장기적 트렌드 변화가 일어날 수 있다고 믿는다. 그러나 완전한 평등은 시스템 전반의 평등화를 위한 거시적 정책 변화 없이는 불가능하다. 보편적 가족 정책, 직업 보호, 유급 육아 휴직, 보육 서비스 같이 젠더 다양성을 보장하는 고용, 유지, 승진의 정책적 지원이 필요하다.[26]

다양성은 자본주의 수익성을 높인다

직원의 다양성은 분명 칭찬할 만한 목표임에도 (신)자유주의적 다문화주의와 기업가적 시민의식이라는 담론 안에서는 당연하게 여겨진다.[27] 실제로 직원 다양성의 경쟁적 비즈니스 이점을 다루는 경영 문헌이 증가 추세다. 다양성을 갖춘 기업들과 제품 팀들은 더 나은 결정을 내리고, 더 경쟁력 있는 제품을 제시하며, 잠재 고객들을 더 잘 이해하는 것으로 나타났다. 인종과 성별의 다양성은 판매 수익 증가, 고객 증가, 상대적 이익 증가와 관련이 있다.[28] 어떤 연구에서는 이런 현상을 복잡하게 해석하기도 하지만,[29] 이제 주류 비즈니스 문헌에서는 상당히 잘 알려져 있다. 2017년 「틀 깨기Breaking the Mold」 보고서는 다음과 같이 설명한다. "매킨지 앤드 컴퍼니McKinsey & Company는 인종 다양성 측면에서 상위 4분위인 기업들이 업계 국가 중위수보다 재정적 수익이 35% 더 높다고 발표했다. 이 연구는 젠더 다양성이 기업 재무 성과를 향상시킨다는 여러 연구물을 뒷받침한다."[30] 인용된 맥킨지 보고서는 366개 기업의 고용 다양성에 대한 개인 데이터 세트를 분석했고, '미국에선 인종과 민족의 다양성과 재정적 성과 사이에 선형 관계가 있음'을 발견했다. "고위 경영진의 인종·민족 다양성이 10% 증가할 때마다 이자세 차감 전 이익EBIT, Earnings Before Interest and Taxes이 0.8%씩 증가했다."[31] 하지만 직원 다양성과 자본주의 수익성 간 최소한의 상관관계(인과 관계는 아님)를 보여주는 연구의 증가에도 불구하고, 또한 성별·인종·민족의 다양성 증대를 선호하는 주류 문화 규범의 변화에도 불구하고, 경제계 모든 부문에서 기업 리더십은 여전히 백인 시스 남성에 의해 지배되고 있다. 여성 경영진 비율은 미국 16%, 영국 12%, 브라질 6%에 불과하다. 인종 측면에서의 비율도 살펴보면 미국 기업의 97%가 주로 백인으로 구성된 고위 경영진을 꾸리고 있다.[32]

다시 말해, 인종 자본주의*의 정보화 단계에서 대부분의 관리 계층 사람들은 직원 다양성을 효율성, 혁신, 시장 지배력, 자본 축적을 증가시키는 요건으로 간주한다. 그러나 디자이너, 개발자, 제품 관리자 등 기술 업계 근로자의 다양한 구성에 관한 관심이 꾸준히 증가하고 있음에도 불구하고, 업계는 지속적으로 의미 있는 다각화에는 실패한다. 더욱이 구조적 불평등에 대한 도전은 고사하고, 구조적 불평등은 거의 언급되지 않는다. 프레임워크로서의 디자인 정의는 지배의 매트릭스를 해체하고 교차적이고 구조적인 불평등에 도전하라고 요구하기에 고용의 다양성이 자본주의 수익성을 증대시킨다는 인식, 그 이상의 것이 필요하다. 돈을 받고 일하는 디자인 분야에서의 고용도 중요하겠지만, 전체 그림을 볼 수 있어야 한다. 디자인 정의는 또한 의도된 디자인 수혜자, 즉 '사용자'를 비롯해 디자인 실천의 다른 측면들도 고려해야 한다.

---

* 인종적 요소를 활용해 이익을 얻는 것 – 옮긴이

상상 속 사용자^{Imagined User}: 누구의 기술인가?

사회는 누구를 위해 기술을 디자인하는가? 저널리스트이자 페미니스트 활동가인 로리 페니^{Laurie Penny}는 다음과 같이 말한다.

> 사람들이 원하는 것을 만드는 것은 아무런 문제가 없다. 문제는 인격과 욕망이 자본에 의해 제약을 받는다는 사실이다. 돈은 중요해 보이는 누군가의 원하는 바에 영향을 미친다. 스타트업 가정의 아이들은 피자 배달 드론을 원할 수 있지만, 저소득 가정은 의료 서비스를 원하고 하워드 지역의 노인은 자신의 대변이 치워진 안전한 잠자리를 원하는 등 원하는 대상과 방식은 다를 것이다. 사람들이 원하는 것을 만드는 데는 아무런 문제가 없다. 다만, 사람들에게 필요한 것에 너무 관심을 기울이지 않는다. 어느 정도의 인맥과 합리적 여유 자금을 지닌, 젊고 건강한 중산층의 욕구^{wants}와 필요^{needs}가 스타트업 시티의 우선순위에 과도하게 나타나고 있다. 여기서 주목할 부분은 그것들이 판매되는 솔루션의 '문제'라는 점이고, 또 다른 특징은 몇백만 달러와 준천재들로 구성된 팀만 있으면 이런 문제는 쉽게 해결할 수 있다는 것이다. 반면, 구조적 사회 불의와 조직적 인종 차별은 해결하기가 더 어렵다.[33]

자본주의 기반의 스타트업 사용자 우선순위 정의에 대한 페니의 비판적 시각을 확장해 살펴볼 수 있다. 기본적으로 추정되는 사용자^{default imagined user}는 기술 디자인 팀에서 내재화되고 재생산된 지배 매트릭스 세계관 안에서 인종·계층·젠더화된 것이다. 디자이너들은 구체적으로 정의되지 않은 사용자^{unmarked user}가 미국 시민권, 능숙한 영어 의사소통 능력, 광대역 인터넷 액세스 환경, 스마트폰 사용, 정상적으로 강건한 신체 등과 같은 각각의 매우 강력한 특권을 갖췄다고 가정하곤 한다.

사용자 중심 디자인, '구체적으로 정의되지 않은' 사용자, 그리고 배제의 소용돌이

사용자 중심 디자인UCD, User-Centered Design은 다음과 같이 설명할 수 있다. "사용자, 과업, 환경에 대한 명확한 이해를 기반으로 한 디자인 프로세스다. 이 프로세스는 사용자 중심 평가user-centered evaluation 방식을 주도로 개선되며, 전체 사용자 경험whole user experience을 다룬다. 프로세스는 디자인 및 개발 프로세스 전반에 걸쳐 사용자들을 고려해 운영되며, 이런 활동은 반복적으로 일어난다."[34] 시간이 흐른 뒤 UCD는 기업, 정부 기관 등 많은 기관에서 권장하는 디자인 접근법이 됐다. 그러나 UCD는 '실제 사용자real-world user'를 우선시한다는 역설에 직면해 있다. 구조적 불평등으로 인해 실제 사용자의 세계가 잠재적인 사용자의 전체 폭에 비해 제한된 범위에 속하는 상황에서 UCD는 실제 사용자들의 요구를 집중적으로 다룸으로써 **잠재적** 사용자를 배제하게 된다. 다시 말해, 디자인은 항상 일부 사용자의 욕구와 필요를 다른 사용자보다 중심에 두게 된다. UCD 프로세스의 중심에서 **어떤 사용자들**을 선택하는지의 결정은 정치적이며, 이는 다른 사람들보다 일부 사람들에게 더 나은(때로는 훨씬 더 낫고, 때로는 아주 약간만 나은 때도 있고) 결과(디자인된 인터페이스, 제품, 프로세스)를 만들어낸다. 이건 그 자체가 문제는 아니다. 문제는 이런 선택이 너무나도 자주 솔직하게 터놓고 이뤄지지 않는다는 점이다.

또한 디자이너들은 무의식적으로 자신과 경험이 유사한 상상 속 사용자들을 기본 사용자로 지정하는 경향이 있다.[35] 이는 사용자들이 자주 지배적 그룹, '구체적으로 정의되지 않은Unmarked'' 그룹의 구성원으로 가정됨을 의미한다. 미국에서는 (시스) 남성, 백인, 이성애자, '건강한 신체'를 가졌고 글을 읽을 수 있으며 대학 교육을 받았고 어린아이도, 노인도 아닌 사람, 광대역 인터넷 환경, 스마트폰 사용이 일상적인 사람임을 의미한다. 대부분 기술 제품 디자인은 상대적으로 적지만 잠재적으로 수익성이 높은 인류 집단에 초점을 맞춘다. 불행히도 이런 경향은 디자인 산업이 가장 사회적, 경제적으로 힘과 영향력이 있는 사용자들을 중심으로 배제의 소용돌이를 일으키게 만든다. 이 그룹에 들지 못한 다른 사용자들은 사용자 스토리, 선호하는 플랫폼, 미학, 언어 등 여러 면에서 고려되지 않음으로써 체계적으로 배제된다. 결국 그들은 디자인된 제품 또는 서비스들을 덜 사용하게 된다. 그들은 일정 사용자층으로 존재하지 않거나 미미하게 존재하기 때문에 그들의 필요, 욕구, 잠재적 기여는 계속 무시되거나 배제될 것이고, 또한 우선순위는 낮아질 것이다.

기술 부문의 고용 다양성 이니셔티브가 (오랜 시간에 걸쳐 성공해서) 이 문제를 해결할 수있길 바라는 건 참 솔깃한 생각이다. 위에서 언급한 것처럼, 기술 인적 리소스를 다양화하는 건 좋은 소치시만, 불행이도 이런 조치가 자동으로 더 다양한 기본 사용자를생성하는 문화로 이어지진 않는다. 연구에 따르면 젠더 정체성, 성적 취향, 인종·민족, 나이, 국적, 언어, 이민 신분 등 사용자 정체성 측면들이 명시적으로 지정되지 않는다면 다양하게 구성된 디자인 팀이라 할지라도 지배적 사회 그룹에 속하는 상상의사용자들을 기본 사용자로 삼는 경향을 보인다.[36]

이 문제에 대한 사회적 인식은 높아지고 있으며, 여러 이니셔티브에서는 주목을 잘 받지 않는 커뮤니티들과 함께 디자인하는 데 의도적으로 초점을 맞춰 문제를 해결하려한다. 예를 들어, 해커톤의 Trans*H4CK 시리즈는 트랜스*와 성별 비순응 커뮤니티gender-non-conforming community에 중점을 둔다. 이민자 권리 센터Center for Migrant Rights가 구축한 Contratados.org는[37] 이주 노동자를 위해 옐프Yelp처럼 운영되는 웹사이트다. 이를통해 이주 노동자들이 잠재적 고용주와 채용 대리인을 검토하게 하고 그들의 권리에대해 교육하며 다국적 채용 사기로부터 그들을 보호한다.[38] 디자인 업계에서 대부분간과하는 것, 즉 커뮤니티 사용자들과 함께 디자인하려는 노력이 중요하다. 그러나 그들은 소규모로 존재한다. 더욱이 각각의 인클루시브 디자인 프로젝트는 그 자체로 극도로 제한된 상상의 사용자를 계속 중심에 두는 디자인을 지향하는, 견고하게 굳어진시스템 요인들을 변화시키지 못한다.

디자인 정의와 리드 사용자 혁신

사용자, 디자인 프로세스, 지배 매트릭스 간 관계에 대해 생각해보는 또 다른 방법은MIT 경영학 교수 에릭 폰 히펠Eric Von Hippel의 **리드 사용자 혁신**lead user innovation(주도적 사용자 중심의 혁신), **제조업체와 사용자 간의 정보 비대칭**information asymmetry, **사용자 제품 요구의 변화** 등의 개념을 살펴보는 것이다. 디자인 정의는 인종, 계층, 성별, 장애가 정보 비대칭과 사용자 제품 요구의 변화를 만들어내는 방식에 초점을 맞춘다.

폰 히펠의 '민주화 혁신Democratizing Innovation'이라는 글은 대다수 기술 혁신(아마도 대다수)이 실제로 그가 **리드 사용자**lead user라고 부르는 사람들에 의해 이뤄짐을 보여준다. 폰 히펠은 사례 연구, 경제 이론, 산업 데이터의 강력한 조합을 통해 익스트림 스포츠에서 소프트웨어 개발에 이르기까지 다양한 분야에서 이 프로세스가 작동하는 방식을 보여준다. 그는 사용자들이 상용 제품들을 혁신하고 수정하는 이유, 사용자들이 종종 이런 혁신을 다른 사람들과 서로 자유롭게 공유하는 이유, 기업들이 사용자 요구를 충족하는 제품 개발에 자주 실패하는 이유를 설명하는 데 도움이 되는 몇 가지 기본 원칙을 밝혀낸다. 예를 들어, 폰 히펠은 제조업체와 사용자 간 정보 비대칭이 리드 사용자 혁신을 가져오는 근본적 요인 중 하나임을 보여준다. 아주 간단히 말해 제조업체에 특정 유형의 사용자 요구 사항을 전달하는 데 드는 비용(시간과 에너지)이 높은 상황에서는 제조업체를 설득하기보단 사용자가 직접 제품을 수정하는 편이 더 합리적이다.[39] 또한, 폰 히펠은 특정 사용자 그룹(특히 제조업체가 규모의 경제로부터 혜택을 받도록 보장하기엔 너무 규모가 작은 사용자 그룹)이 다른 사용자 그룹보다 충족되지 않은 요구 사항을 가지고 있을 가능성이 더 높다는 점을 보여준다. 특정 기술의 한계에 도전하는 사용자 그룹은 해당 기술이 지원하는 활동에 가장 숙련된 사용자(리드 사용자)와 거의 겹치는 경향이 있어, 제조업체가 바라는 규모의 경제와 가장 가능성이 큰 혁신은 서로 상충되는 면이 있다. 폰 히펠은 이 문제를 해소하기 위해 기업들로 하여금 리드 사용자 혁신에서 배우고 이러한 혁신을 제품 개발 주기에 더욱 효과적으로 통합시키는 전략을 제안한다.

그러나 폰 히펠의 리드 사용자 혁신에 관한 설득력 있는 이론은 인종, 성별, 계층 등 여러 구조적 불평등의 축과 관련이 없다. 예를 들어, 그는 제조 기업이 백인 남성에 의해 통제되는 상황에서의 기업과 사용자 간 정보 비대칭의 의미를 고려하지 않으며, 또한 사용자는 더 다양하다는 사실을 고려하지 않는다. 우리가 경험했듯이 기업들의 디자인, 엔지니어링, 의사 결정은 지배적 사회 집단에 주도권이 있으므로, 제품 사양은 해당 집단에 속한 사람들의 요구를 중심에 둘 가능성이 크다. 백인 남성 디자이너, 엔지니어, 의사 결정자들이 대부분의 제품 디자인 프로세스를 운영한다면, 백인 남성은 다른 그룹의 구성원들보다 자신의 필요에 부합하도록 만들 가능성이 더 클 것이다. 특정 사용자의 요구 사항을 커뮤니케이션하는 비용은 일반적으로 지배 매트릭스 내에서 불리한 위치에 있는 사용자에겐 더 높게 책정된다. 폰 히펠의 이론에 기초해 지배 매트릭스에서 비슷한 위치에 있는 디자이너와 사용자 사이의 정보 비대칭이 서로 매우 다른 위치에 있는 디자이너와 사용자 사이의 정보 비대칭보다 더 적다고 하겠다.

하지만 디자인 팀이 지배의 매트릭스 관점에서 사용자들을 완벽하게 반영하더라도, 그리고 특정 사용자의 요구 사항을 의사 결정자에게 커뮤니케이션하는 불평등의 비용이 해결되더라도, 기업들은 여전히 규모의 경제에서 가장 수익성이 높은 사용자 그룹의 사양에 최적화된 솔루션을 생산해야 하는 압박에 직면할 것이다. 폰 히펠이 설명하는 것처럼 규모의 경제 때문에 기업들은 일부 사용자들이 다른 사양을 요구하는 경우에도 기존 솔루션을 모든 사용자에게 슬그머니 내놓는 방법을 고려한다. 수치상 인원이 적거나 구매력이 상대적으로 낮은 사용자 그룹에 대한 사용자 제품 사양은 충족되지 못할 것이다. 백인 우월주의적 자본주의, 이성애 가부장제하에서의 구매력은 인종, 계층, 성별에 따라 불평등하게 구조화돼 있기에, 제품 디자인은 결국 상대적으로 부유한 백인 남성의 사용자 사양을 불균형적으로 우선시하게 된다.

마지막으로, 폰 히펠은 **사용자 제품 사양의 변화**라고 칭했던 개념이 인종, 계층, 젠더 정체성, 성적 지향, 장애에 따라 어떻게 구성될 수 있는지 구체적으로 탐구해보지 않았다. 예를 들어, 인기 있는 데이트 사이트인 '틴더Tinder'의 젠더 정체성과 성적 지향에 대한 옵션을 생각해보자. 2016년경 틴더 사이트는 남성, 여성이 아닌 성 정체성을 가진 사용자들의 압박으로, 트랜스*, 논바이너리 등 추가적인 젠더 정체성 선택 옵션을 표시하기 시작했다.[40] 하지만 이 새로운 옵션들은 젠더 필드에 보여지는 옵션명 레이블에만 영향을 준다. 사이트의 실제 검색 기능에선 유용하지 않다. 자신의 사용자 프로필을 볼 사람을 지정하는 설정에서 옵션은 여전히 남자와 여자로 제한된다. 마찬가지로, 그 사용자가 볼 자신의 프로필 하위 옵션을 선택하는 설정에서도 트랜스*, 논바이너리 등 다른 젠더 정체성 옵션을 선택한 사용자들의 프로필을 구체적으로 볼 수 있는 옵션이 없다. 즉, 옵션 변경은 주로 외관상으로만 그럴듯하다. 많은 트랜스*, GNC,

논바이너리 사용자들이 관심을 두는 사용자 제품 사양의 변화를 충족하지 않는다.[41]

디자인 프로세스에 실제로는 포함되지 않는 커뮤니티를 나타내는 '스탠드 인 전략'

선의를 가진 디자이너들, 기술 전문가들은 디자인 프로세스에 '다양한' 최종 사용자를 포함하는 것이 이상적이라는 데 동의한다. 그러나 이 방향이 대개는 실천하기가 때때로, 또는 거의 불가능하다고 여긴다. 디자인 문제에 관한 경험이 있는 사람이 디자인 팀에 실제로 참여하지 않아 발생할 수 있는 잠재적 문제를 해소하기 위해 연구원들과 디자이너들은 몇 가지 전략을 제안한다. 불행히도 이런 전략 대부분은 디자인 프로세스에 실제로 참여하지 않는 커뮤니티들에 관한 모델을 만드는 것과 관련된다. 이런 전략들엔 디자인 에스노그라피design ethnography(디자인 민속지학), 포커스 그룹focus group, 참여 디자인participatory design을 비롯한 많은 활동이 포함된다. 여기에서는 가장 널리 사용되는 '스탠드 인(대리인) 전략Stand-in Strategy'인 사용자 페르소나를 살펴본다.

사용자 페르소나

사용자 페르소나User Persona는 흔히 이름, 이미지, 간단한 설명과 함께 간략히 정리된 제품 사용자들의 허구적 특성이다. 이 모델은 UX·UI, 그래픽 디자인, 제품 개발, 건축, 서비스 디자인 등 다양한 분야의 디자인 프로세스를 안내하는 데 널리 사용된다.[42] 사용자 페르소나는 매우 광범위하게 적용돼 디자인 팀들이 페르소나를 생성하고 관리하며 공유할 수 있는 도구들을 제공하는 비즈니스 기업도 존재한다. 예를 들어, 유저포지Userforge 웹사이트(그림 2.2)는 사용자 페르소나의 빠른 무작위 생성을 통해 디자인 팀들이 함께 공감하고 빠르게 집중 개발할 수 있게 도와준다. "디자인 소프트웨어 또는 워드 프로세서 사용보다 훨씬 적은 클릭으로 사용자 그룹의 사실적 표현이 가능하다. 이로써 디자인 의사 결정의 우선순위를 설정하고 더 빨리 성공에 다다를 수 있다."[43]

사용자 페르소나는 팀과 기업 안에서, 그리고 펀드 제공자, 투자자, 언론, 잠재적 사용자를 비롯한 여러 행위자에게 프로젝트 목표를 전달하는 유용한 도구가 될 수 있다.

디자이너들이 의도한 유스 케이스^{use case}에 계속 초점을 맞춰 작업하는 데 도움이 된다는 일부 사례도 있다.[44] 이에 더해 어떤 사례 대조군 연구^{case-control study}에서는 더 나은 디자인 결과를 위해 사용자 페르소나의 유용성을 입증하려 했다.[45] 페르소나가 최종 사용자들의 커뮤니티의 생생한 경험에 기반을 둔 방식으로 개발된다면(신중한 연구를 통해 진행되거나 커뮤니티 구성원들이 직접 개발한 경우) 특히 가치가 있을 수 있다. 그러나 다양한 사용자 페르소나를 사용하는 것이 덜 차별적인 디자인 결과를 가져오는지 조사한 체계적 연구는 아직 보지 못했다.

공감력 구축과 집중력 향상

"디자인 소프트웨어나 워드 프로세서를 사용할 때보다 훨씬 적은 클릭으로
사용자 그룹의 사실적 표현이 가능하다. 이로써 디자인 의사 결정의 우선순위를
설정하고 더 빨리 성공에 다다를 수 있다."

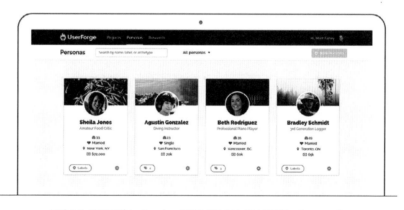

그림 2.2 유저포지(Userforge) – 사용자 페르소나 생성 화면(Userforge.com)

디자인 팀은 자신들의 아이디어를 알리기 위해 프로세스 초반에 흔히 '다양한' 사용자 페르소나를 만들어낸다. 이런 다양한 사용자 스토리 또는 페르소나는 때때로 사용자 승인 테스트 등 디자인 프로세스의 여러 단계에 통합돼 있다. 그러나 디자인 팀이 다양한 사용자를 상상하고 실제 사람들을 기반으로 사용자 페르소나를 생성하며 페르소나 결과물을 디자인 프로세스 전체에 녹여냈더라도 그들이 구축하려는 시스템 멘탈 모델은 필연적으로 사용자 모델과 상당 부분 다를 수 있다. UCD^{User Centered Design}에서

가장 중요한 인물 중 한 명인 돈 노먼Don Norman은 UCD에서 "디자이너는 사용자의 모델이 디자인 모델과 동일하길 기대한다. 그러나 디자이너는 사용자와 직접 대화하지 않는다. 모든 커뮤니케이션은 시스템 이미지를 통해 이뤄진다"라고 언급한다.[46]

설상가상으로 사용자 페르소나는 너무나도 흔히 디자인 팀원들 사이에서 난데없이 만들어진다(유저포지 같은 서비스에서 자동 생성되지 않은 경우임). 그들은 지배의 매트릭스에서 매우 다른 위치에 있는 사람들을 본인의 추정 또는 고정 관념에 바탕을 두고 페르소나를 만든다. 이런 상황이 발생하면 사용자 페르소나는 말 그대로 최종 사용자에 대한 객관화된 '가정'이 되고 만다. 최악의 경우 이렇게 대상화된 가정은 제품 개발을 정형화됐지만 검증되지 않은 사용자 요구에 맞도록 안내한다. 때로는 실제로 그 페르소나가 소외되거나 억압받는 커뮤니티들에 대한 디자이너들의 검증되지 않은 신념이라 할지라도, 페르소나는 디자이너들로 하여금 본인이 포용적 디자인 프로세스에 참여하고 있다고 **믿게** 만들 수도 있다. 이런 접근법을 디자인 팀에 다양한 사용자를 실제로 포함시키는 사례와 비교한 연구는 당연히 없었다.

장애 시뮬레이션은 신뢰할 수 없다. 생생한 경험은 대체 불가능하다

디자이너들이 다양한 유형의 사용자들을 상상하며 차별적 디자인을 미연에 방지하려는 노력이 종종 실패하는 데는 여러 이유가 있다. 궁극적으로 다른 유형의 사람인 척하는 방법은 차별적 디자인 결과를 최소화하려는 디자인 팀에게 좋은 솔루션이 아니다. 디자인 이론가 DE 비트코워D.E Wittkower는 다양한 사용자 경험을 상상하려는 일상적 시도에 맞서 **체계적인 현상학적 변화**를 추구하는 방법론을 시도해야 한다고 주장한다.[47] 다양한 사용자들을 상상하는 디자인 기법에는 팀원을 '사용자 다양성 옹호자'로 지정하기, 다양한 사용자 페르소나 생성하기, 실제 세계에서의 사용자 테스트하기, 공식 검증 절차 마련, 제품 출시 후 실제 사용자들과의 반복적 피드백 및 리디자인 사이클 검토하기 등이 포함된다. 하지만 이런 기술 중 어느 것도 프로세스 전반에 걸쳐 디자인 팀에 다양한 사용자를 포함하는 것만큼 좋진 않다. 예를 들어, 많은 사람이 이로울 것으로 생각하는 '장애 시뮬레이션disability simulation' 디자인 관행은 최근 메타 분석으로 신뢰를 잃었다.[48] 장애 시뮬레이션에서 "추측건대 비장애인은 장애인의 경험을 더 잘 이해하기 위해 휠체어를 타고 환경을 탐색하도록 요구받는다. 이 '시뮬레이션'은 여러 이유로 장애가 있는 삶의 경험에 대해 실제와는 다르게 이해하도록 만들었다. 비장애인은 '장애인'이 일상에서 활용하기 위해 고안한 대체 기술을 갖추고 있지 않은 상태에서 이런 경험을 하게 되므로, 장애가 나타내는 기능의 상실을 과대평가하고, 더나아가 '장애인' 삶의 경험에 더 잘 맞는 솔루션보다는 비장애 규범적 솔루션을 지향할 가능성이 크다."[49] 예를 들어, 비장애 디자이너들은 일반적으로 장애인들의 개별 신체를 기술적으로 변형하거나 증강시키는 장애인 차별적 접근 방식에 초점을 맞춘다. 장애인들은 본인들의 이동 요구에 잘 맞는 건축 및 기반 시설 변경에 더 관심을 가질 수도 있는데, 그런 장애인들의 바라는 점과 비교해볼 때 비장애 디자이너들의 접근은 비장애 규범 이동 스타일과 더 비슷하다. 비트코워가 말했듯 다른 사람들의 경험을 상상하는 일은 궁극적으로 "소외된 사용자들과 사용자 커뮤니티의 강력한 참여를 대신할 수 없다. … '체계적 변화 기법systematic variation techniques'은 추구할 만한 가치가 있지만 다른 사람들의 생생한 경험을 예측하고 이해하기 어려운 측면이 있고 이로 인한 제약이 크다."[50] 디자인 정의 접근법은 훨씬 더 나아가 '강력한 참여'를 넘어, 디자인 팀들이 주도해야 하고 다른 방식으로 소외된 사용자들을 공식적으로 책임져야 한다.

당신이 테이블에 앉지 않는다면, 메뉴 위에 있겠죠*

디자인 정의는 제품의 최종 사용자들로 여겨지는 커뮤니티 구성원들의 지식, 지혜, 생생한 경험을 관념화하는 시스템 개발에 집중하지 않는다. 디자인 정의 실무자는 커뮤니티 구성원들이 디자인 프로세스 전반에 의미 있는 방식으로 실제 포함되도록 만드는 데 주력한다. 이런 지향점은 "당신이 테이블에 앉지 않는다면, 메뉴 위에 있겠죠If you're not at the table, you're on the menu"라고도 표현된다.[51] 디자인 정의 실무자들은 디자인 프로세스에서 커뮤니티 참여를 어떻게 보장할 수 있을지에 대한 '문제'를 뒤집어 기존 커

---

* 문제 해결에 직접 참여해 목소리를 내는 것이 중요하며, 참여하지 않으면 권리는 사라진다는 의미로, 많은 유명인이 관용적으로 사용한 표현 – 옮긴이

뮤니티 기반 프로세스를 증폭, 지원, 확장하는 도구로 디자인을 가장 잘 사용할 수 있는 방법을 묻는다. 이는 커뮤니티 참여를 요청하거나 외부에서 정의한 프로젝트에 동의하기보다는 커뮤니티에서 정의한 프로젝트에 디자인 기술을 도입하려는 의지를 의미한다. 디자인 정의 실무자들은 커뮤니티 구성원들이 우리가 이미 결정하고 통제하는 디자인 프로세스에 참여하도록 유인하려 인센티브를 제공하는 방법에 초점을 맞추지 않는다. 그 대신 디자인 정의가 우리로 하여금 시작 시점에 커뮤니티 조직가들의 말을 듣고 그들이 무엇을 하고 있는지 학습하며 디자인 활동의 가장 유용한 논점이 무엇이어야 하는지 스스로 물어보라고 요청한다. 디자인 프로세스는 이런 방식으로 디자이너 또는 펀드 제공자가 주도하기보다는 커뮤니티가 주도할 수 있다. 이런 상황을 또 다른 말로 표현해본다. "새 테이블을 만들려 하지 말고, 여기 있는 테이블에 와서 함께해요. Don't start by building a new table; start by coming to the table."

디자인 프로세스: 참여에서 책임, 소유권에 이르기까지

2장은 기술 부문 고용에서의 인종, 계층, 젠더 특성에 대한 비판과 함께, 지배 구조의 매트릭스가 사용자들을 상상하는 방식, 그 매트릭스가 우리가 디자인하는 대상에 대한 디자이너의 상상에 치중하는 방식을 비판하는 것으로 시작했다. 전문 디자인 직무에서의 고용 다양성도 중요하지만, 디자인 정의는 이외에도 디자인 팀이 변화시키려는 요건에 대한 직접적이고도 생생한 경험이 있는 사람들을 디자인 프로세스에 완전히 포함해야 한다고 요구한다. 게다가 형평성 측면 외에(우리는 더 다양한 디자이너들과 더 다양한 상상의 사용자들이 필요하다) 책임Accountabilty(결과에 가장 큰 영향을 받는 사람들이 디자인 프로세스를 주도해야 함)과 소유권Ownership(커뮤니티들이 디자인 프로세스와 결과물을 실질적으로 소유해야 함)도 강조한다.

참여 디자인

최종 사용자들을 디자인 프로세스에 포함시키자는 제안은 오래전부터 있었다. 기술 디자인에서의 '참여적 방향으로의 전환participatory turn' 또는 최소한 디자인이 최종 사용자들과 분리돼 운영될 수 없다는 생각은 디자인 이론과 실천의 많은 분야에서 시간이 지남에 따라 점점 더 대중화돼 왔다. 참여 디자인PD, Participatory Design, 사용자 주도 혁신user-led innovation, 사용자 중심 디자인UCD, User-Centered Design, 인간 중심 디자인HCD, Human-Centered Design, 인클루시브 디자인, 협력적 디자인codesign이 여기에 포함된다.[52] 이런 접근 방식들은 다국적 기술 기업들이 채택해 활용하고 있다. 일류 기업들은 최근 디자인 문제를 해결하기 위한 툴킷과 방법론을 만들기도 한다. 예를 들어, 기술 저널리스트인 맥 밀러Meg Miller는 2017년 〈패스트 컴퍼니Fast Company〉에 게재한 글을 통해 에어비앤비Airbnb의 새로운 인클루시브 디자인 툴킷에 대해 이렇게 적었다.[53] "마이크로소프트Microsoft는 가장 연약한 사람들을 위한 디자인이 모두를 위한 더 나은 제품과 경험을 제공한다는 철학을 중심으로 인클루시브 디자인 키트와 일반적 디자인 전략을 마련했다. 구글Google은 같은 이유로 개발자들을 중심으로 접근성accessibility 실천에 중점을 둔다. 존 마에다John Maeda와 캣 홈즈Kat Holmes 같은 업계 리더들은 현장에서 다양성의 중요성과 인간 중심 디자인이 서로 다른 인종, 성별, 장애 여부가 반영된 잠재적 사용자들을 어떻게 포함해야 할지에 대해 강연을 해왔다."[54] 그러나 이런 접근법과 실무자 중 일부만 교차 구조적 불평등의 가장 큰 표적이 되는 커뮤니티들에 진정으로 대응하고 그들에 의해 주도되며 궁극적으로 그들에게 혜택을 주는 방식으로 디자인 작업을 수행하는 방법에 대해 질문을 던진다.

커뮤니티의 책임과 통제, 인클루시브 디자인 프로세스에 관한 질문은 최근 시민 기술에 대한 대중적 논의의 주제로 부상 중이다. 이 분야의 초기 핵심 활동가 중 한 명인 대니얼 오닐Daniel X. O'Neil은 시민 기술의 커뮤니티 책무성 부족, 기존 사회 운동과의 연결 부족에 대해 맹렬히 비판하는 글을 썼다.[55] 예술가이자 교육자, 커뮤니티 기술자인 로넬렌 맥캔Laurenellen McCann은 기술 전문가들에게 "그들을 위해 구축하지 말고, 그들과 함께 구축하라build with, not for"라고 요구한다.[56] 이들 모두 시민 기술에서 빈번하게 보이는 해결주의solutionism*, 현실 세계의 커뮤니티 요구로부터의 단절, 어려운 사회 문제 해결 방법에 관한 기술 중심적 사고, 계속 진행 중인 백인 남성 중심의 '테크 브로tech bro' 문화(여성, 트랜스*, B/I/PoC, 장애인 등 여러 소외된 커뮤니티에 소외감을 느끼게 함)에서 결점을 찾는다.[57] 이 논의는 디자인, 소프트웨어 개발, 과학 및 기술 연구, 국제 개발 등 여러 분야에서 수년에 걸쳐 이론, 실천, 교육학의 활발한 변화를 가져온 커뮤니티들 간 관계와 기술 개발에 대한 오랜 대화들이 최신에 다시 현현한 것이다.

예를 들어, 일찍이 1960년대에는 비동맹 운동Non-Aligned Movement(미국 또는 소련에 대한 의존에서 벗어나는 길을 모색했던, 남반구 전역에 걸쳐 있는 식민지 국가들)이 부상하던 시대다.[58] 이와 더불어 **적정 기술 운동**appropriate technology movement이 기술은 저렴하고 유지 보수가 간단해야 하며 소규모이고 인간의 창의성에 양립할 수 있음은 물론, 환경적으로 지속 가능해야 한다고 주장하던 시대였다.[59] 경제학자 에른스트 프리드리히 슈마허Ernst Friedrich Schumacher의 저서와[60] 스튜어트 브랜드Stewart Brand의 **지구 백과**Whole Earth Catalog†[61] 같은 인기 있는 설명서들은 적정 기술로 구동되는 소규모 지역 경제에 초점을 맞췄고 1960년대 전반에 걸쳐 나타난 반문화 운동으로 인해 현지에서 관리되고 환경적으로 지속 가능한 기술에 기여하는 수천 개의 조직이 생겨났다. 이 기술들은 두 냉전 강대국이 '국제 개발international development'의 핵심 비결로 옹호하는 만능 메가 프로젝트one-size-fits-all megaproject에 반대해 발전된 것으로 기술이 내재된 맥락에 맞게 적용될 수 있다."[62]

스칸디나비아에서 참여 디자인PD 분야는 크리스틴 나이가드Kristen Nygaard 같은 소프트웨어 개발자들과 함께 일하는 노동조합원들이 구축했다. 그들은 산업 프로세스, 소프트웨어 인터페이스, 현장에서의 의사 결정 구조를 재설계하길 희망했다.[63] 참여 디자인에서는 최종 사용자가 전체 과정에 포함된다. 과학·기술·미디어 철학자인 피터 아사로Peter Asaro는 참여 디자인을 "디자인 프로세스에 미래 사용자를 포함해 시스템을 개선하려는 엔지니어링 기술 시스템의 접근 방식"이라고 설명한다. 그는 "이 방법론은

---

* 모든 문제에는 반드시 이를 극복할 해결책이 있다는 확신 – 옮긴이
† 미국의 반문화 잡지이자 제품 카탈로그 – 옮긴이

주로 사용자에게 권한과 자율권을 부여하는 것에 관한 관심, 사용자 요구에 더 부합하는 시스템 구축에 대한 배려에서 비롯된다"라고 말한다.[64] 다른 학자들과 마찬가지로 아사로는 참여 디자인의 뿌리가 노르웨이 산업 민주주의 프로젝트[NIDP, Norwegian Industrial Democracy Project]에 기반한다고 여겼다. 1960년대에 스칸디나비아 디자이너들과 연구원들은 업무 현장의 신기술 도입이 일자리를 없애고 인력을 비정규직으로 전환하며 근로자들의 이익보다 소유주들과 관리자들의 이익이 우선되는 방식에 대해 우려하고 있었다. NIDP의 공동 자원 프로그램[collective resources program]은 공동 교섭 프로세스에 기술 선택 단계를 도입하는 데 집중했다. 아사로에 따르면 타비스톡 연구소[Tavistock Institute]의 영국계 연구원들은 **사회기술 체계 디자인**으로 알려진 기술 디자인을 통해 개별 근로자로의 권한 부여에 관한 유사 연구들에 중점을 뒀다. 아사로는 또한 유토피아[UTOPIA] 프로젝트를 참여 디자인의 공식적 첫 성공 사례로 소개한다. 유토피아 프로젝트는 새로운 레이아웃 애플리케이션을 개발하기 위해 신문 인쇄 기술자들과 협력한 북유럽 그래픽 노동조합[Nordic Graphic Workers Union], 연구원들, 기술 전문가들 간의 협업 프로젝트였다. 이 프로젝트는 기존 기술들의 창조적 한계로 인해 초기 참여 디자인 실험이 실패한 이후 발전된 측면이 있다.

참여 디자인을 적용하는 소프트웨어 개발자들은 수십 년 동안 격년으로 열리는 참여 디자인 콘퍼런스[Participatory Design Conference]에서 사례를 공유하고 있다.[65] 참여 디자인은 건축과 도시 계획,[66] 컴퓨터 소프트웨어,[67] 공공 서비스, 통신 인프라, 지리학적 정보 시스템[68] 같은 여러 분야에 널리 영향을 미쳤다. 북유럽의 참여 디자인 접근법은 또한 개선된 사용자 인터페이스 디자인의 미시적 관점의 실용적 이점뿐 아니라 커다란 기술 전환 상황에서 민주적 의사 결정의 규범적 가치를 강조하는 특징을 보인다. 그러나 미국의 맥락에서 살펴보면, 이런 광범위한 배려는 종종 변환 과정에서 손실된다. 여기서 참여 디자인은 때때로 (최악의 경우) 새로운 제품 아이디어 도출 프로세스 정도로 축소되곤 한다.[69]

1980년대부터 2000년대 초반까지 에릭 폰 히펠[Eric Von Hippel] 같은 학자들에 의해 유사 개념이 발전했다. 그들은 리드 사용자 혁신에 관한 연구를 통해 기술 분야에서의 대다수 혁신이 정부나 기업의 공식 연구, 개발 부서가 아니라 기술 최종 사용자들에 의한 것임을 입증했다.[70] 이런 통찰력은 광범위한 분야에서 제품 디자인 접근 방식의 변화로 이어졌다. 론 이글래쉬[Ron Eglash71], 바[Bar], 웨버[Weber], 피사니[Pisani72] 등의 기술 부문 연구원들은 해킹, 변형, 리믹스 등 자신의 목적을 위해 작동되는 여러 제작 기술의 사용자 실천이 다양한 맥락에서 매우 일반적으로 일어남을 보여준다. 리드 사용자 혁신은 사람들이 자신의 요구에 부응하기 위해 구현하는 해킹에 초점을 맞추고, 기술 전용 이론[technology appropriation theory]은 공식 제품 또는 서비스 디자인 프로세스의 외부 활동에 기반하는 반면, 인간 중심 디자인은 전문 기술 디자인 및 개발 과정에서 일상 사용자들의 요구와 경험을 더 잘 이해해야 함을 강조한다.[73] IDEO 같은 디자인 컨설팅 기업들은 1990년대까지 다국적 기업, 정부, 교육자, NGO 기관에 HCD와 디자인씽킹[design thinking] 방법론을 서비스 형태로 판매함으로써 이런 접근법을 옹호(활용)하는 활동을 했다.[74] 또한 실무자들과 학자들로 구성된 대규모의 커뮤니티는 참여 디자인[PD]과 인간 중심 디자인[HCD]에 대한 다양한 접근법을 포괄하는 개념으로 자주 사용되는 **코디자인**[codesign](협력적 디자인)이란 용어를 중심으로도 활동한다. 이 접근 방식은 **저널 코디자인**[Journal CoDesign]과 매년 열리는 코디자인 콘퍼런스에서도 살펴볼 수 있고, 여러 분야에 걸친 개념의 출현에서도 확인된다.[75]

기술 부문에선 **린 제품 개발 방법론**(프로세스 초반에 실제 사용자들과의 빈번한 제품 테스트를 강조하는 접근법)이 하향식 '폭포형[waterfall]' 디자인 접근법을 대체해 모범 사례로 자리 잡았다.[76] 이런 변화는 시민 기술 사회, 정부 기술 사회에서도 마찬가지다. 시민 기술에서의 린[Lean]과 HCD 접근법은 연방 정부의 총무청[GSA, General Services Administration] 부서인 18F, 시카고 사용자 테스트 그룹[CUT group, Chicago User Testing group] 등의 혁신으로 이어졌다. 18F는 정부를 위한 소프트웨어 개발 모범 사례 구축에 중점을 뒀고, 시카고 테스트 그룹은 스마트 시카고 콜라보러티브[Smart Chicago Collaborative]에서의 경험을 기반으로 제품 디자인에 최종 사용자들을 포함시키는 활동을 촉진하고자 했다.[77] 이런 접근 방식은 주요 디자인 의사 결정 과정에 최종 사용자의 인풋을 확실히 증가시키는 효과가 있지만, 그들 대부분은 커뮤니티의 책임, 소유권, 혜택 공유, 혁신에 대한 인정[credit]에 관해선 거의 언급하지 않는다.

권력 역학과 참여의 사다리

'권력power'은 참여 디자인을 포함한 모든 디자인 프로세스에서 '참여participation'를 형성하고, 참여의 정치는 언제나 교차적으로 분류되고 젠더화되며 인종적인 측면을 보인다. 아사로는 참여 디자인 프로젝트의 몇 가지 도전 과제를 설명한다. 첫째, 최종 사용자들이 단순히 디자인 미팅에 참여하게 하는 것만으론 충분치 않다. 업무 현장의 맥락에서(또는 어떤 맥락에서든) 일부 사용자들은 다른 사용자의 권한보다 더 큰 권한이 자신에게 있다고 느낀다. 예를 들어, 참여 디자인 미팅에서 관리자들과 함께 협상 테이블에 앉은 근로자들은 자신이 의도하는 바를 말하거나 전체 경험을 공유하기가 불편할 수 있다. 그리고 사회적으로 지배적인 그룹 구성원이 소외된 사람들과 같은 공간에 있지만 참여 디자인 프로세스에 숙련된 진행자가 없는 경우도 마찬가지다. 엔지니어와 전문 디자이너들은 '전문가' 지식을 기반으로 '참여 디자인' 프로세스를 비교적 쉽게 제어할 수 있다. 게다가 아사로에 따르면 젠더 불평등은 디자인 프로세스에서 참여를 요구한다. "다양한 업무 환경에서 전통적으로 여성의 지위는 종종 경영진과 협회에 의해 낮게 간주된다. 여성의 작업에 대한 이런 과소평가 경향은 특히 기술 디자인을 남성성의 추구로 여기는 사회적 편견과 결합되면서 디자인 활동 참여의 불평등으로 쉽게 이어지곤 한다. 디자인 프로세스에서 젠더 문제를 인식하고 다루지 않는다면 기술 자체에 젠더 불평등이 내재될 가능성이 크다."[78] 최악의 경우 참여 디자인 프로세스는 참여적 과정을 통해 실제로 문화 폭력을 고착화할 수 있다. 디자인 학자이자 실천가인 라메시 스리니바산은 다음과 같이 말했다. "푸코Foucault는 문화적 폭력이 외견상으로 인클루시브 시스템을 통해 영속된다고 지적한다. 이런 시스템들은 민주적으로 보이지만, 실제로는 자신들의 권력과 특권을 유지하기 위해 담론을 형성하고 미디어·기술 시스템들을 조작하는 사람들과 일치하지 않는 신념과 관행은 경시하곤 한다."[79]

참여 디자인, 커뮤니티 지식 착취Community Knowledge Extraction, 비추출 디자인Non-extractive Design

보다 포용적이고 참여적이며 민주적인 방식으로 여겨지는 많은 디자인 접근법이 실제로는 아이디어를 도출하는 기능을 한다. 때로는 다국적 기업들이 운영하는 디자인 워크숍에서처럼 이 방식은 의도적으로 활용되기도 한다. 잠재적 최종 사용자들과 함께 하는 워크숍의 목표는 워크숍에서 나온 아이디어를 제품으로 만들어 소비자들에게 다시 판매하는 것이다.[80] 디자이너의 의도는 좋다. 선의를 가진 디자이너들은 다양한 이유로 참여 디자인 기법들을 활용한다. 우선, 커뮤니티 구성원들과 함께 일하는 과정이 즐겁다. '디자이너가 아닌 사람들'로부터 디자인 아이디어와 가능성을 이끌어내는 일은 기분 좋은 일이자 관련된 모든 사람에게 매우 재미있고 매력적인 일이다. 그리고 이런 활동은 디자인 전문가들과 커뮤니티 구성원 모두에게 힘을 실어줄 수 있다. 하지만 불행히도 대부분의 디자인 프로세스에서 많은 이점은 결국 전문 디자이너들과 해당 기관들에게 돌아간다는 사실은 변하진 않는다. 제품, 특허, 프로세스, 신망credit, 가시성, 명성 등 알짜배기 결과들은 전문 디자인 기업들과 디자이너들에게 돌아간다. 디자인 프로세스에 참여하는 커뮤니티 구성원들은 결국 가치를 위해 가공될 만한 날것의 소재들을 더 많이 제공하게 된다. 디자인 정의 실무자들은 착취적extractive 디자인 프로세스를 재고해 커뮤니티의 소유권, 이점, 신망, 가시성을 보장하는 접근법으로 대체하기 위해 노력 중이다.

법률학자 바바라 베즈덱Barbara L. Bezdek은 **개발 정의**development justice라고 부르는 개념을 이론화하면서 다음과 같이 기술한다. "셰리 안스타인Sherry Arnstein은 1969년경 미국에서 인종적, 경제적 갈등이 절정에 달했을 때, 시민들이 계획 프로세스에 참여하는 방안에 대한 글을 썼다. 그녀는 글에서 시민 참여 유형을 낮은 수준에서 높은 수준까지 의사 결정 영향력이 증가하는 사다리로 설명한다. 이 유형을 '안스타인' 단계라고도 칭하는데, 이 단계는 피상적 정보 교환을 통해 '허위 참여window-dressing participation'하는 형태부터 의사 결정의 파트너십 최고 단계 또는 의사 결정 통제 단계까지 올라간다."[81] 베즈덱은 안스타인 단계를 재확인하고 도시 경제 재개발 프로젝트에 대한 대중의 참여를 관장하는 원칙에 대해 재고한다. 그녀는 시민 참여를 위해 수정된 원칙들과 개발 정의를 위한 일련의 행동 방안을 제안한다. 안스타인의 사다리는 모든 디자인 프로세스에서 커뮤니티 참여의 수준을 명확히 하는 데 유용하다.

그림 2.3에서 X축은 디자인 단계(업계에서 널리 사용되는 스탠포드 디스쿨Stanford D.School의 5단계 모델을 기반으로 함)를 나타내고 Y축은 디자인 프로젝트의 영향을 가장 많이 받는 커뮤니티 사람들의 참여 정도(안스타인의 사다리를 따름)를 나타낸다. 각각의 가로 물결선은 커뮤니티 참여가 개별 디자인 프로젝트의 수명 주기에 따라 어떻게 전개되는지에 대한 (가설을) 간단하게 시각화한 것이다. 디자인이 실제로 특정 단계에서 다른 단계로 선형적 경로로 진행되지 않는다는 사실, 그리고 세상엔 매우 다양한 디자인 프로세스 모델들이 존재한다는 사실은 잠시 제쳐두자.[82] 실제로, 단계 간 운용은 가변적일 수 있으며 프로젝트 수명 주기 동안 우리는 각 단계에 여러 번 재방문하기도 한다. 요점은 참여에 대해 보다 깊은 이해를 장려해야 한다는 것, 모든 단계에서 커뮤니티를 제어하는 디자인 프로세스는 극소수임을 강조하는 것이다. 이 다이어그램은 커뮤니티 참여, 책임, 통제에 관한 질문을 통해 사고하는 휴리스틱 관점을 제안한다. 디자인 프로젝트의 참여 형태를 나타내는 간단한 물결 이미지는 사례 연구들을 분석하기 위해 디자인 평가 분석에 사용될 수 있다. 또는 디자인 정의 실무자들로 하여금 우리가 작업하는 프로젝트에서 구체적인 커뮤니티 책임, 제어 메커니즘을 통해 사고하는 데 활용하게끔 할 수 있다.

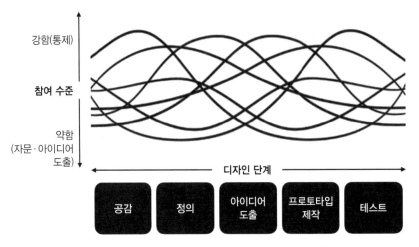

그림 2.3 디자인 프로세스 전반에 걸친 커뮤니티 참여도 분석

위쪽 세로축: 강함(통제) / 참여 수준 / 약함(자문·아이디어 도출)

가로축: 디자인 단계

공감 — 정의 — 아이디어 도출 — 프로토타입 제작 — 테스트

커뮤니티 조직화로서의 디자인 정의

디자인 정의 실무자들은 **커뮤니티** 정의에 관한 근본적 질문을 해야 한다. '사회라는 건 없다there is no such thing as society'는 마가렛 대처 지지자들의 입장을 용인하지 않고 커뮤니티와 대의에 관해 지극히 단순화된 관념을 비판하는 건 가능하다.[83] 커뮤니티가 무엇인지, 커뮤니티가 무엇을 원하는지, 커뮤니티가 원하는 걸 우리는 어떻게 알 수 있는지에 관한 질문은 민주주의 이론과 정치 철학의 영역이다. 그리고 도시 계획, 참여 행동 연구PAR, Participatory Action Research, 개발 연구, 참여 디자인을 포함한 여러 분야에서의 핵심 질문이기도 하다.[84]

디자인 정의 실무자들은 커뮤니티 기반 조직들과 연대해 조직의 힘을 강화한다. 이 방식은 참여 디자인 관련 다른 많은 접근 방식과는 달리, 디자이너들이 커뮤니티들과 파트너 관계를 맺고 협력하지만 프로세스상에서 권한을 유지하려는 경향이 보인다. 미팅을 소집하고 조직하며, 누가 참여할지 선택하고, 각 지점에서 주요 결정을 내리는 권한을 유지하려는 것이다. 누가 테이블에 앉아 프로젝트에 대한 권한을 행사하며, 어떤 의사 결정 프로세스로 진행될지 등 디자인 프로세스에서의 정치적 권력에 대한 분석은 이

론과 실천 관점에서 디자인 정의의 성공적 미래 체현에 바탕이 될 것이다.

디자인 정의 프로세스는 궁극적으로 커뮤니티 조직화의 한 형태다. 디자인 정의 실무자들은 커뮤니티 조직가들과 마찬가지로 커뮤니티 자산 관점에서 누가 커뮤니티를 대변할 수 있을지에 대한 문제를 고민한다.[85] 이런 고민은 사람들이 도전에 직면할 때마다 누군가는 이미 항상 _그_런 도전 과제에 대처하기 위해 노력하고 있다는 생각에 기초한다. 커뮤니티 공동체가 억압받는 곳이라면 어디서든 사람들은 억압에 저항하기 위한 전략을 마련한다. 이 원칙은 흑인 페미니스트 작가 아드리엔 마리 브라운Adrienne Maree Brown이 **창발적 전략**emergent strategy이라고 부르는 개념을 뒷받침한다.[86] 창발적 전략은 커뮤니티 기반 조직들과 협력하려는 디자인 정의 실무자들의 약속을 기반으로 한다. 소외된 커뮤니티 사람들이 주도하고 그들에 대한 강력한 책임 메커니즘을 가진 조직의 활동을 지원하는 것을 의미한다. 이는 대부분의 다른 디자인 접근법들과는 대조된다. 사용자들, 시민들, 커뮤니티 구성원들을 참여시키려는 사람조차도 보통은 결국 전문 디자이너들이 이끄는 컨설팅 프로세스에서 그렇게 한다. 밸류센터티브 디자인뿐 아니라 특히 도시 계획에서도 '다중 이해관계자'의 참여를 추구하는 디자인 접근법들이 다수 존재한다. 예를 들어, 젠트리피케이션gentrification, 실향displacement에 초점을 맞춘 도시 디자인 프로젝트는 실향에 직면한 장기 거주자, 주택을 찾는 부유한 신규 거주자, 임대 기업, 개발자, 기획자, 시 공무원 등 가능한 한 다양한 이해관계를 대표하는 사람들을 소집할 것이다. 그에 반해, 디자인 정의 프로젝트의 경우 (리서치 단계에선 이런 모든 유형의 행위자들과 관련될 수 있겠지만) 리서치 후엔 젠트리피케이션과 실향에 의해 가장 직접적 피해를 입은 사람들을 대표하는 조직들과 긴밀히 협력하고 그들의 주도하에 일한다.

장애 정의Disability Justice와 퀴어 크립 디자인Queer Crip Design

지금까지 커뮤니티의 책임과 통제를 향한 하나의 방식으로서 참여 디자인을 탐색했다. 이제는 장애 정의 운동disability justice movement이 주는 교훈을 알아보겠다. 앞서 소개한 것처럼 1980년대, 1990년대에는 장애인 권리 및 장애인 정의 운동이 '우리 없이 우리 이야기를 논하지 말라'라는 슬로건을 대중화시켰다.[87] 이런 연대 운동은 건축 환경에서 인간 컴퓨터 인터페이스에 이르기까지, 국제 건축 표준에서 방송 매체와 인터넷의 기술 요구 사항에 이르기까지 모든 것의 디자인에 광범위한 영향을 미쳤다. 예를 들어 제라드 고긴Gerard Goggin과 크리스토퍼 뉴웰Christopher Newell은 새로운 미디어 공간에서 장애가 구성되는 방식과 시간이 흐름에 따라 장애인들이 이런 공간을 형성하기 위해 조직해온 방식을 탐구한다.[88] 엘리자베스 엘세서Elizabeth Ellcessor의 최근 연구는 자막 방송에서 웹 콘텐츠 접근성 지침에 이르기까지, 그리고 접근 가능한 콘텐츠 변형에 대한 저작권에서 연합 정치를 통해 디자인된 협력적 미래의 가능성에 이르기까지 미디어 기술의 발전과 관련된 움직임의 중요성을 고민한다.[89]

시간이 흐름에 따라, 장애 권리와 정의를 연구하는 학자들과 활동가들은 장애를 개인의 '제대로 기능하지 않는dysfunctional' 신체 장애의 의학적 모델에서 사회관계 모델, 즉 문화, 제도, 건축 환경이 장애를 구성하는 방식에 대한 분석으로 전환시켰다. 이 모든 요소는 어떤 사람들의 신체와 정신이 다른 사람들 대비 우선되는 방식으로 조직돼 있다. 예를 들어, 의료 모델은 휠체어 사용자들이 휠체어 사용을 중단하는 데 도움이 되는 '해결책'을 찾을 수 있는 반면, 사회관계 모델은 건물, 도로, 욕실 등의 공간이 휠체어 사용자와 비사용자 모두 이동 가능한 건설을 보장하려 한다.[90] 퀴어와 트랜스* 유색인들QTPOC, Queer and Trans* People Of Color이 개발한 장애 정의 작업에선 신체 우월주의, 인종 자본주의, 정착민 식민주의 등 여러 억압 시스템의 맞물리는 속성들도 분석했다. QTPOC 퍼포먼스 단체인 씬스 인벨리드Sins Invalid(근거 없는 죄)의 공동 창립자이자 전무 이사인 패티 베른Patty Berne에 따르면 장애 정의disability justice는 교차성, 가장 영향을 받는 사람들의 리더십, 반자본주의적 정치, 교차 운동 연대, 전체성 인식, 지속 가능성, 교차 장애 연대의 헌신, 상호 의존, 집단 접근력, 집단 해방 등의 원칙을 기반으로 한다. 장애 정의 분석은 '장애 경험 자체에 대한 이해가 인종, 젠더, 계층, 성별 표현, 역사적 순간, 식민지화의 관계 등에 의해 형성됨을 인식하는 것이다. … 우리는 인간의 가치가 한 개인이 무엇을 얼마만큼 생산할 수 있는지에 달려 있다고 생각하지 않는다.

우리는 신체 우월주의, 백인 우월주의, 젠더 규범으로 정의되는 '노동'의 개념을 비판한다. … 우리는 우리를 있는 그대로 소중히 여긴다."[91] 환경 정의가 주류 환경주의에 영향을 미치는 것처럼 장애 정의도 장애 권리 운동에 영향을 미칠 것이다. 페티 베른, 씬스 인벨리드 단체, 앨리슨 케이퍼, 레아 락슈미 피에프츠나 사마라시냐Leah Lakshmi Piepzna-Samarasinha, 에이미 햄라이 등의 학자, 활동가, 문화 운동가들은 이런 역사를 광범위하게 문서화하고 있으며 교차적 페미니스트, 퀴어, 크립 분석과 실천을 위한 도구를 개발했다.[92]

장애 행동주의disability activism에서 얻을 수 있는 두 번째 교훈은 디자인 프로세스의 영향을 가장 직접적으로 받는 커뮤니티 구성원들을 참여시키는 일이 매우 중요하다는 점이다. 정의가 이런 활동을 요구하기 때문이기도 하고, 커뮤니티 구성원들의 암묵적이면서도 경험적인 지식이야말로 커뮤니티 구성원이 아니라면 생각해내지 못할 아이디어, 접근 방식, 혁신을 이끌어낼 것이기 때문이다.

세 번째 교훈은 디자인 프로세스를 통해 공식적 커뮤니티 책무와 제어 메커니즘을 만들어내는 일이 전적으로 가능하며, 이런 프로세스는 부분적으로 제도화될 수 있다는 점이다. 장애인 인권 활동가들의 개가를 제도화하는 일은 풀뿌리 행동grassroots action, 소송[93], 정책 수립(미국 장애인법Americans with Disabilities Act), 접근성 표준accessibility standards 제정 및 시행 기준 설정 기관에 대한 로비 등 여러 활동을 통해 진행됐다. 이 활동가들에게는 국회의원, 정부 기관, 대학, 민간 기업들을 포함한 여러 관계자가 리서치 및 디자인 관행을 변화시키고 새로운 접근 방식을 채택하며 새로운 돌봄 표준을 시행하도록 압박하는 게 중요했다.[94] 비록 이러한 성과가 부분적일 뿐이고 얻어낸 성과를 심화시키기 위해 해야 할 일이 더 많이 남았더라도, 장애 정의는 디자인 정의 이론과 실천의 핵심 구성 요소로 존재해야 한다.

#MoreThanCode:
사회 정의를 위한 기술 프로젝트로부터의 발견

2장의 마지막 절에서는 #MoreThanCode(코드 그 이상)의 커뮤니티 주도 기술 디자인 사례들을 살펴본다. #MoreThanCode는 미국의 다양한 기술 실무자들의 목소리를 담은 PAR 보고서다. 실무자들은 보고서에서 자신의 경력, 기술이 사회 정의를 지원하는 방법과 관련한 그들의 비전, 그 과정에서 대면하는 장애물들과 지원 경험에 관해 이야기한다. 이 프로젝트는 리서치 액션 디자인^{RAD.cat, Research Action Design}과 뉴 아메리카^{New America}(미국의 싱크탱크)의 열린 기술 연구소^{Open Technology Institute}(newamerica.org/oti)에서 조직했다. 연구 파트너로는 업턴^{Upturn}, 미디어 모빌라이징 프로젝트^{Media Mobilizing Project}, 코워커닷오알지^{Coworker.org}, 핵 더 후드^{Hack the Hood}, 메이 퍼스트·피플 링크^{May First/People Link}, 팔란테 기술 협동조합^{Palante Technology Cooperative}, 볼파인 블루^{Vulpine Blue}, 엔진 룸^{Engine Room}과 함께했다.[95] 나는 2016년부터 2018년까지 이 프로젝트를 조직하고 운영하는 팀의 일원이었고 마야 웨고너^{Maya Wagoner}, 베르한 타예^{Berhan Taye}, 캐롤라인 리바스^{Caroline Rivas}, 크리스 슈바이들러^{Chris Schweidler}, 조지아 불렌^{Georgia Bullen}, 사회 정의를 위한 기술 프로젝트^{T4SJ, Tech for Social Justice Project}와 함께 보고서를 공동 저술했다. PAR 프로젝트의 모든 리서치 파트너 조직들은 리서치 주제를 고민하고 연구 디자인 계획을 세우며 데이터 수집, 분석, 결론 도출, 제안 방향 정리 등 모든 과정에서 협력했다. 우리는 2년 동안 109명의 실무자를 인터뷰하고 11건의 포커스그룹(79명 참가)을 수행했다. 인터뷰 대상자들과 포커스그룹 참가자들은 성적 지향, 젠더 정체성, 인종·민족, 교육 수준, 지리적 특징 등 여러 면에서 상당한 다양성을 보였다.[96] 우리의 보고서는 5가지 주요 권장 사항을 제안했는데, 그중 첫 번째는 '우리 없이 우리 이야기를 논하지 말라'는 것이었고, 코디자인 방법론 채택^{Adopt Co-Design Methods}과 구체적인 커뮤니티 책임 메커니즘 구축^{Concrete Community Accountability Mechanisms}이 골자였다.[97]

사회 정의^{social justice}와 공익^{public interest} 부문의 기술 전문가 생태계 전반에 걸쳐 우리는 실무자들이 디자인 프로세스의 모든 단계에서 커뮤니티 기반 조직들의 참여가 중요함을 알고 있다는 사실을 발견했다. 예를 들어, 기술 비영리단체의 전무이사인 찰리 Charley(가명)는 이렇게 말했다. "사람들은 너무 빨리 '아, 내겐 그걸 해결하기 위한 도구가 있어요'라고 말하는 것 같다. 우리가 하는 일은 그게 아니다. 우리는 커뮤니티의 요구에 귀를 기울여야 한다. 우리의 비전으로서 다른 어떤 것보다 커뮤니티가 필요로 하는 요구를 중심에 둬야 한다. 그게 기본이다."[98] 정부, 영리, 비영리, 사회 운동 등 모든 부문의 연구 참가자들은 사람들이 자신에게 도움이 되는 기술 디자인 활동에 참여해야 한다고 말했다. 커뮤니티 주도 디자인은 커뮤니티들이 프로세스 전반에 걸쳐 중요한 의사 결정을 할 수 있음을 의미한다. 그 과정에서 이 접근 방식은 커뮤니티 구성원들이 기술 지식과 기량을 키우는 데 도움이 된다. 예를 들어, 하이너Heiner(법률 서비스 조직의 전무이사)는 사람들을 위한 시민 기술 애플리케이션을 만들 때 가난한 사람, 서류 미비자, 주택을 구하는 사람들과 더불어, 범죄 정의 시스템을 다룬 적 있는 사람들을 테이블에 참석시키는 게 중요함을 강조했다. 디지털 보안 트레이너인 히비키Hibiki는 다음과 같이 말했다. "커뮤니티 주도 디자인은 서비스를 제공할 사람들과 함께 도구와 기술을 개발하는 일이다. 일반적으로 처음부터 모든 유형의 참여 방식을 채택하는 일은 매우 도움이 되는 선택이며, 사람들이 실제로 이 기술의 사용을 원하게 만들 수 있다고 생각한다."[99] 실무자들이 제안하는 구체적 책무 메커니즘의 한 형태는 커뮤니티 자문 위원회 또는 관리 위원회가 디자인 프로세스를 가이드하고 소유할 수 있는 방식이다.

한편, 커뮤니티 리더십이 결여된 시민 기술 프로젝트들은 실패하는 경향이 있다. 몇몇 인터뷰 대상자들은 시민 게이미피케이션 플랫폼civic gamification platform을 예로 들었다. 기술 역량 구축 및 위기 대응 전문가인 하디Hardy는 다음과 같이 말했다. "이런 플랫폼들은 사람들이 말하는 바를 구현할 수 있어야 한다는 사실을 이해하지 못한 채, 사람들로 하여금 시민 계획에 참여하도록 독려했다. 당신은 사람들에게 그들의 의견을 묻기만 해선 안 되며, 그들의 의견에 따라 행동해야 한다."[100] 새로운 기술 솔루션에 대한 분명한 요구가 존재하더라도, 커뮤니티별 사용자 조사가 디자인과 개발에 앞서 실행돼야 한다. 국가 재단의 펀드 제공자인 룰루Lulu는 이렇게 설명한다. "우리는 근로 소득세 공제 도구를 개발하는 데 자금을 지원했다. (왜냐하면) … 불행하게도 빈곤층은 본인들이 공제 대상인지도 모르기 때문에 매년 수십억 달러가 청구조차 되지 않기 때문이다. 그래서 우리는 그 시스템을 구축했고 영어로 된 그 시스템은 많이 사용됐다. 하지만 우리가 시스템을 스페인어와 베트남어로 구축했을 때는 사용자가 거의 없었다. … 우리가 이런 특정 언어 그룹에 기술을 적용하는 방법을 이해하지 못했거나 적절한 지원이 없었거나 이 방식이 문화적으로 적절하지 않았을 수 있다. 나는 잘 모르겠다."[101]

선의로 시작한 프로젝트도 실패에서 자유롭지 않으며 의도치 않은 피해를 입힐 수도 있다. 정부의 프로그램 관리자인 알다Alda는 SMS 유권자 등록 시스템 구축을 도왔다. 당시 프로젝트 팀은 도구에 투표할 수 있는 컴포넌트를 만들어 넣었는데, 이런 조치는 커뮤니티 구성원들의 투표 이력을 노출할 위험을 잠재하고 있었다. "만들 수 있었기 때문에 그냥 만들었다. … 만약 사람들이 그 시스템을 사용하기 시작하고 다른 누군가가 통신을 장악하고 통신사에 그 데이터를 넘기라고 압박하면 어떤 일이 일어날지에 대한 정치적 맥락 분석은 없었다. SMS는 텍스트다. 당신의 휴대폰 번호에 따라 당신이 누구에게 투표했는지 보는 건 매우 쉽다. 잘못돼도 크게 잘못됐다. 좋은 의도로 만들어졌겠지만, 그들은 본인들이 해야 할 위험 모델링을 전혀 하지 않았다."[102] 커뮤니티의 상황과 배경을 충분히 이해하지 않고 마치 도구가 마법처럼 모든 것을 해결해줄 것으로 기대하는 건 실패의 지금길이다. #MoreThanCode 연구 참가자들은 실패한 프로젝트들에 관한 많은 이야기를 공유했다. 실패한 프로젝트들은 성급히 '솔루션' 단계로 넘어가는 경향이 있었고 도구 중심적이었다. 이 방식은 부족한 자원과 시간을 낭비하기도 한다. 티볼리Tivoli는 사용자 연구원으로서 그녀 눈에 유독 띄는 한 실패 프로젝트, 노령층을 위한 아이패드iPad 기반 자기 평가 도구self-assessment tool에 대해 다음과 같이 설명한다. "이 프로젝트는 기술 솔루션이었기 때문에 완전히 실패했다. 나는 같은 그룹이 그 결과물을 변형한 건지, 아니면 그게 병렬적 프로젝트였는지 기억이 잘 나진 않지만, 누군가는 브로셔 책자로 만들었고 결과는 훨씬 더 성공적이었다. … 항상 애플리케이션을 만들 필요는 없다."[103]

새로운 도구를 사람들에게 배포하기 전에 조직의 요구 사항을 충분히 충족하는지 확인하는 게 중요하다. 조직이 새로운 기술을 채택하길 열망할 수 있지만, 잘못된 도구를 사용하면 사용자들의 반발, 불신, (장기적으로는) 심각한 비효율을 초래할 수도 있다. 예를 들어, 한 실무자는 어떤 컨설턴트가 불필요하게 복잡한 새 데이터베이스를 조직에 떠안겨서, 결국 직원들이 너무 좌절해 데이터베이스를 완전히 포기하고 시간이 많이 소요되는 서류 프로세스로 되돌아간 사례를 소개했다. 궁극적으로 중요한 것은 도구 채택이 아니라, 사람들의 고군분투하는 맥락과 삶의 경험이다. 디지털 보안 연구원인 거트루다^{Gertruda}는 다음과 같이 말했다. "암호화 도구에의 액세스가 중요한 게 아니다. ICE 급습 등으로부터 보호하기 위해 일용직 커뮤니티들을 조직하는 것이다. 우리는 수단과 목적을 혼동하고 있다."[104]

우리는 또한 펀드 제공자들이 커뮤니티 안에서 역량을 키우기 위해 투자하기보다는 빠른 해결을 위해 기술 전문가를 '낙하산 인사'로 투입하는 경향이 있다는 사실을 많은 실무자에게 들었다. 이런 빠른 해결은 찰리가 이야기하는 것처럼 지속 가능하지 않다. "우리는 유색 인종 커뮤니티에 다가와 많은 돈을 가진 대규모 조직들에 자금을 지원하고 기본적으로 이게 일을 진행하는 방법이라고 말하는 펀드 제공자를 알고 있다. 하지만 우리는 동의하지 않는다. 특히 그 방법론과 전략에 나는 동의하지 않는다. 첫째, 커뮤니티 안에는 자신이 갖춘 지식의 크기와 비교했을 때 저평가되는, 즉 제대로 평가받지 못한 사람들이 존재한다. 둘째, 우리는 우리가 힘을 키우려면 커뮤니티들의 권한을 함양해야 한다고 믿는다. 우리의 자존심은 내려놓고 커뮤니티에서의 권한을 키우고 멘토링해야 한다. 기술을 쌓아야 한다."[105] 몇몇 실무자는 펀드 제공자들이 기술 전문가뿐 아니라 커뮤니티 조직가의 말도 귀담아들어야 한다고 말했다. 그러나 펀드 제공자가 누구에게 자원을 제공할지 결정해야 할 때, 지배 매트릭스에서 특권적 위치에 있는 디자이너들과 기술 전문가들이 그 펀드 제공자에게 영향을 미치는 경우는 너무나 빈번하게 일어난다. 그들은 또한 커뮤니티 맥락이나 그들이 선호하는 접근 방식의 광범위한 의미를 깊이 고려하지 않고, 그럴싸한 답으로 쉽게 결정하곤 한다.[106]

T4SJ 프로젝트는 디자이너, 개발자, 리서치 연구원, 커뮤니티 조직가, 펀드 제공자 등 전국의 여러 실무자와 논의한 후 커뮤니티 책무와 관련한 수백 가지 구체적 제안을 다음과 같은 권고 사항으로 종합 정리했다.

코디자인 방법론codesign method**을 채택하라.** 이 방법론을 채택한다는 것은 커뮤니티 파트너와 함께 그들의 공간에서 필요 사항에 대해 학습하고 모든 디자인 단계에 걸쳐 함께 일하는 것을 의미한다. 가장 시급한 문제를 해결하기 위해 새로운 기술 개발이 전제돼야 하는 것은 아니다. 코디자인 방법론은 점차 실무자 기반이 확대되는 중이며, 더 잘 문서화될 수 있다.

커뮤니티 책무와 관련된 구체적이면서도 탄탄한 메커니즘을 개발하라. 대부분의 인터뷰 대상자들은 문제의 영향을 가장 많이 받는 사람들이 해당 문제를 해결하기 위한 기술 프로젝트의 모든 단계에 참여해야 한다고 말했다. 이 분야의 모든 행위자는 이런 목표를 명시하고 구체적이면서도 실질적인 책무 메커니즘을 구현해야 한다. 예를 들어, 펀드 제공자들은 수혜자들에게 실체가 있는 커뮤니티 책무 메커니즘을 요구해야 하고 교육자는 교육 프로그램에서 커뮤니티 책무를 중심에 두고 활동해야 한다.

도구보다는 커뮤니티에 필요한 것에 집중하라. 커뮤니티의 필요 사항과 우선순위가 기술 디자인과 개발을 주도해야 하며, 기술은 우선순위가 기술 전문가가 아니라 사람들에 의해 설정될 때 가장 유용하다. 겸손한 자세를 취하고, 커뮤니티가 지닌 지식을 존중하자. 프로세스와 솔루션은 커뮤니티에서 주도해야 한다. 커뮤니티 구성원을 형식적인 참여자로 만들지 말라.

더 많은 실무자에게 코디자인 방법론을 가르치는 교육(공식·비공식 교육 모두)에 투자하라. 이 공간에서 기존에 해왔던 노력을 지원하고, 새로운 것을 시도하며, 기존 교육 프로그램과 기관이 코디자인 관점과 실천을 채택하게 하자.

법률 상담소를 모델로 한 기술 상담소를 만들어보자. 공익법 분야와 법률 서비스 업무는 고객 지향적이며, 이 업무를 수행하는 변호사들은 커다란 불평등 체계를 탐색해야 하는 사람들과 지속적으로 상호 작용한다. 이런 활동은 그들의 법률 교육의 일환으로 간주된다. 기술은 이 모델에서 학습할 수 있다.

기술 전문가들을 커뮤니티에 '낙하산 인사'로 보내지 말자. 일반적으로 낙하산 인사는 실패한 모델이다. 커뮤니티에 정말 필요한 게 역량을 쌓는 거라면, 기술 전문가들을 조직에 낙하산식으로 보내거나 맥락 없이 고립된 사회적 이익 기술 프로젝트에 열중하게 하지 마라. '커뮤니티 외부에서 누군가를 데려오면 안 된다'라는 말이 아니다. … 우리는 현지의 지식을 국가 그룹과 공유하고 국가 그룹이 모두가 혜택을 받을 수 있는 방식으로 현지의 그룹들과 관점을 공유하는 더 나은 모델을 개발하는 게 더욱 가치 있는 일이라고 생각한다.

쓸데없이 시간을 낭비하지 말자! 선의의 기술 전문가들도 때로는 기존 솔루션들을 제대로 살펴보지 않고 시간을 허비한다. 디자이너, 개발자, 프로젝트 리더들은 자신이 어떤 분야에 있든 기존 프로젝트와 기존 조직 활동을 조사해 프로젝트를 시작해야 한다. 이런 활동은 협력적 사고보다는 경쟁적 사고방식에서 비롯된다("우리의 결과물이 더 나을 것이다. 그래서 우리는 경쟁할 것이다"). 부족한 기술 자원을 놓고 경쟁하기보다는 공유 도구와 플랫폼을 개발하기 위해 함께 일하는 것이 중요하다.

단순히 '혁신'보다는 유지 관리에 힘을 싣자. 기존의 운동 기술을 유지하고 개선하려면 상당한 리소스가 필요하지만 대부분의 초점을 새로운 프로젝트 생성에 두곤 한다. 우리는 이미 검증된 도구를 업데이트하고 개선하며 유지 관리하기 위해 더 많은 리소스가 필요하다.[107]

결론

결국 모든 사람이 디자인을 하지만, 오직 일부만 디자인 전문가로 고용된다. 불행히도 돈을 받는 디자인 직무에 대한 장벽은 매우 불공평하며 지배의 매트릭스에 의해 만들어진다. 이 문제는 다분히 구조적 접근이 필요하다. 하지만 개별 디자인 회사들도 포용적인 고용·유지 계획을 세우고 직원, 리더십, 이사회 다양성을 위한 목표와 시행 날짜를 공식화하며 커뮤니티 파트너십 모범 사례를 채택하고 커뮤니티 파트너들과 이익과 인정을 공유한다면 문제 해결에 도움이 될 수도 있다.

디자인 정의는 고용 형평성을 넘어 디자인 팀이 변화시키려 하는 대상, 직접적 경험을 가진 사람들을 완전히 포용하고 책임을 지우며, 그들로 하여금 궁극적으로 통제하게 만들 것을 요구한다. 커뮤니티 리더십은 윤리적일 뿐 아니라, 커뮤니티 구성원들의 암묵적이고도 경험적 지식은 다른 누구도 만들 수 없는 아이디어, 접근 방식, 혁신을 만들어 낼 것이다. 인종, 계층, 젠더 정체성, 성적 취향, 장애, 이민 신분, 언어, 연령 등 다양한 유형의 사람들의 생생한 실제 경험들은 사용자 제품 요구의 다양성을 조직화하고 요구를 해소하는 데 필요한 리소스에 대한 아이디어를 도출하게 해준다. 이런 역학 관계를 인식하고 문제를 해결하려 시도하는 디자인 실천 방법으로 인간 중심 디자인, 참여 디자인, 협력적 디자인 등이 있다.

인간 중심 디자인HCD, Human-Centered Design은 다양한 전략을 통해 디자인 프로세스에 최종 사용자를 포함시킨다. 이 방법론은 사용자 행동에 부합하는 어포던스와 사용자 경험 개선에 중점을 둔다. 이런 시도는 바람직하지만, 가치나 커뮤니티 책무, 커뮤니티 통제, 이익 또는 관심과 같은 혜택의 궁극적 분배와는 관련이 없다. 그럼에도 모든 기관 관계자들이 이 방법론을 사용할 수 있다. 소외된 커뮤니티에서 아이디어를 수집하고 제품을 만들며 해당 커뮤니티에(또는 다른 곳에도) 제품을 다시 판매하는 추출적 디자인 프로세스extractive design process에 사용할 수 있다. 반면, 참여 디자인PD과 코디자인codesign은 디자인 프로세스 전반에 걸쳐 최종 사용자를 포용하려 시도한다. 대부분의 PD 프로세스는 또한 모든 참가자로 하여금 결과물에 함께 노력을 쏟고 결과물을 소유한다는 느낌을 주는 걸 목표로 하며, 많은 PD 실무자가 커뮤니티 책무에 깊은 관심을 갖고 있다. 그러나 PD에 대한 담론은 경우에 따라, 대학 연구자들이 끌어내기도 하고, 다른 한편으로는 다국적 기업, 정부 등 영향력이 있는 기관들에서 만들어내기도 했다. 그리고 PD는 HCD와 마찬가지로, 커뮤니티 의견을 수집하지만 주로 전문 디자인 연구원들과 실무자들의 경력에 도움이 되는 추출적 프로세스에 사용된다. PD 프로세스는 때때로(항상 그런 것은 아니지만) 공식적 커뮤니티 책무 메커니즘을 가지고 있다. 하지만 항상 커뮤니티의 권한과 통제를 비중 있게 다루진 않는다.

디자인 정의는 PD의 역사와 연계돼 있으며 PD, 코디자인, HCD의 특정 기법들을 채용하기도 한다. 그러나 디자인 정의는 커뮤니티 통제를 위한 구체적 메커니즘에 초점을 맞추고, 장애 정의 분석과 연결되며, 지배의 매트릭스에 따른 디자인의 혜택과 부담의 분배에 관심을 기울인다. 디자인 정의는 좀 더 포괄적인 전문 디자인 인력뿐 아니라 커뮤니티 주도, 원주민, 디아스포라diaspora 디자인 관행에 대한 인정과 자원을 포함해 여러 면에서 디자인 관행이 보이는 무책임하고 매우 불공정한 상황의 전환을 제안한다. 이를 위해선 미시적 수준에서 거시적 수준까지, 개별 디자인 프로젝트에서 초국가적 표준 기구에 이르기까지 다양한 수준의 노력이 필요하다.

미시적 수준에서 보면 다양한 디자인 분야의 전문 디자이너들은 (우리가 시작하고 통제하는 프로세스에 참여할 커뮤니티 구성원들을 찾는 게 아니라) 우리의 기술과 자원을 주체적으로 활용해 커뮤니티 주도 프로세스에 참여하는 방법을 학습할 수 있다. 디자인 팀들은 커뮤니티의 책무와 통제를 위한 전략을 채택할 수 있다. 이를테면 디자인 문제를 직접 경험한 커뮤니티 구성원을 포용할 수도 있고, 교차적 사용자 스토리를 검증 및 테스트할 수 있으며, 프로젝트에 대한 명확한 기대치를 설정하는 공식 양해각서MOU 또는 작업 계약(프로젝트 역할, 의사 결정, 디자인 제품의 소유권 등을 명기)을 명확하게 해둘 수 있다. 공식적인 합의는 특히 역사적으로 소외된 커뮤니티들과 협력할 때 더욱 중요하겠지만, 어느 디자인 프로세스에나 적용된다. 디자인 정의 프레임워크는 또한 의미 있는 커뮤니티 참여와 소유권 공유를 가능하게 하는 자원의 수집도 요구한다.

디자인 정의는 전문 협회, 대학, 표준화 기구 같은 기관들이 지배의 매트릭스에서 소외된 커뮤니티들에게 더 많은 책임을 지도록 변화시키기 위한 기나긴 싸움으로 우리를 안내할 것이다. 디자인 정의 접근법은 대학에서 디자인을 가르치는 방식을 바꿀 수 있고(5장) 커뮤니티 리더십, 책무, 통제를 실천하는 디자이너 세대를 양성하는 데 도움이 될 수 있다. 표준화 기구는 벤치마크, 테스트, 검증에 대한 교차적 접근뿐 아니라 커뮤니티 책무를 포함하는 표준을 채택하고 촉진할 수 있다. (민족 국가가 존재한다면) 민족 국가는 역사적으로 소외된 커뮤니티들의 요구를 중심으로 리서치와 디자인 우선순위를 바꾸는 정책 변화가 필요하다. 공식적으로 커뮤니티 책무 및 통제 메커니즘을 장려하며, 디자인 작업에 대한 추출적 접근을 억제하고, 커뮤니티 기반 디자인 실무자들의 이미 존재하는 네트워크에 훨씬 더 많은 자원을 제공해야 한다.

3장

디자인 내러티브: TXT몹에서 트위터로

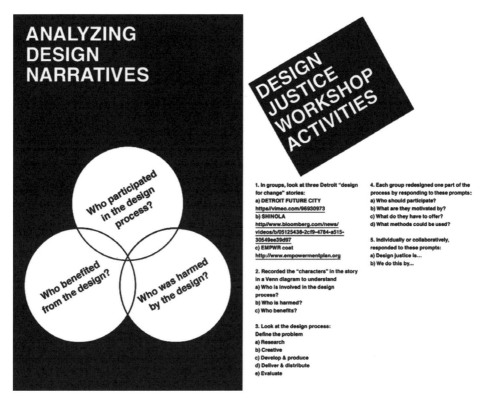

그림 3.1 '디자인 내러티브 분석(Analyzing Design Narratives)' (출처: 「디자인 정의 매거진(Design Justice Zine)」 no.1 디자인 정의 원칙(Principles for Design Justice), http://designjusticenetwork.org/zine)
– **편집:** 유나 리(Una Lee), 논치켈로 무티티(Nontsikelelo Mutiti), 카를로스 가르시아(Carlos Garcia), 웨스 테일러(Wes Taylor)
– **디자인:** 논치켈로 무티티(Nontsikelelo Mutiti), 알렉산더 차모로(Alexander Chamorro)

디자인은 혼자 하는 활동이 아니다. 이 활동은 더 큰 범주의 사회적 커뮤니티 담론의 일부분이다.

– 드류 마골린(Drew Margolin)

사람들은 예전과 같은 방식으로 지속할 수 없음을 알고 있지만 대안을 상상하지 못해 아무런 조치를 하지 않는다. 우리는 지구의 생존과 인류의 회복을 위해 생태적, 경제적, 정치적, 영적 가치의 커다란 변화가 필요한, 인류 역사의 위대한 전환점에 서 있음을 인식하는 비전이 필요하다.

– 그레이스 리 보그스(Grace Lee Boggs)

2004년 8월 29일 일요일, 공화당 전당 대회Republican National Convention 부근에서 시위가 진행되는 동안 나는 50만 명이 넘는 군중과 맨해튼 미드타운에서 행진을 하고 있었다. 평화와 정의를 위한 반전 연합antiwar coalition United for Peace and Justice이 조직한 집회에 미국의 이라크 전쟁에 반대하는 목소리를 내기 위해 많은 사람이 참석했다. 2003년 미국이 이라크와 아프가니스탄을 침공한 이유였던 화학 무기 정보는 결국 거짓으로 밝혀졌다.[1] 조지 워커 부시George W. Bush가 시작한 이른바 테러와의 전쟁은 미국 역사상 가장 긴 무력 충돌로 이어졌다. 전쟁은 최소 5조 6천억 달러의 비용이 들었고,[2] 10만에서 100만 명에 이르는 사상자를 냈으며 이들 중 대다수는 민간인이었다.[3]

오늘날 사람과 자원을 한데 모으는 일은 투쟁을 키워가는 과정의 일부다.[4] 2003년 2월 15일, 세계 시민 사회와 사회 운동 네트워크는 인류 역사상 가장 큰 동시다발 시위를 조직했다.[5] 우리는 네트워크로 연결된 정보 통신 기술ICT, Information and Communication Technology(당시에는 대부분 이메일 목록, 인터넷 릴레이 채팅, 인디미디어Indymedia 공개 게시 사이트 등을 활용)을 개인 및 조직 사회 운동 네트워크(우리가 글로벌 정의 운동에서 20년 이상 발전시 켜온 네트워크)와 함께 사용해 이 시위를 조직화할 수 있었다. 2월 15일은 지난 1월 브라 질 포르투 알레그레에서 열린 세계 사회 포럼World Social Forum 기간에 전 세계 수천 개 조 직이 공동 서명한 날짜였다. 우리는 전쟁 시작 전에 막진 못했지만, 우리 중 대다수는 2004년 초엔 미국 대통령 선거가 전쟁을 빨리 종식할 기회가 될 수 있다고 여겼다.

대규모로 진행된 행진은 전반적으로 평화로웠지만 여러 교차로에서 수백 명의 경찰이 우리의 경로를 통제했기 때문에 긴장된 분위기였다. 나는 여동생, 부모님과 함께 행 진하다가 군중이 멈춰선 지점에 다다랐을 때 그들과 같이 발길을 세웠다. 지휘봉을 든 경찰이 우리 앞을 가로막고 있었다. 갑자기 말을 탄 경찰관들이 일렬종대로 군중 사 이를 헤집으며 질주했고, 이를 피하려는 인파의 움직임은 우리를 뒤로 밀어냈다. 모 두가 우왕좌왕하는 가운데 몇 피트 떨어진 곳에 있던 기마경찰의 말이 뒷다리를 들어 올렸다. 발굽은 허공을 차고, 말은 소리를 지르며 피할 곳을 찾아 몸을 숙이는 노부인 에게 위험할 정도로 가까이 있다. 내 여동생 라리사Larissa가 내 팔을 잡으며 "이게 뭐 야?!"라고 소리친다. 우리는 재빨리 뒷걸음질쳐 덜 혼란스러운 장소로 이동하려 했다.

경찰은 이틀 동안 수백 명의 시위대를 체포했다. 목요일엔 부시의 퇴행적 글로벌 에 이즈AIDS 정책에 맞서 알몸 시위를 한 12명의 액트업ACT UP! 활동가들이 체포됐고, 금요 일엔 5,000~6,000명의 자전거 라이더들이 크리티컬 매스 자전거 타기 행사Critical Mass bicycle ride에 참여하는 동안 264명이 체포됐다.[6] 전당 대회와 시위가 진행되는 동안 시 위자, 행인, 합법적인 목격자, 언론인을 비롯해 전부 1,800명 이상이 체포되고 지문이 찍힌 뒤 버스 차고, 임시 펜스에 갇혔다. (90% 이상의) 대다수는 기소가 취소되거나 재 판에서 기각될 것이며, 결국 (10년 후인 2014년경) 뉴욕시는 ACLU의 집단 소송을 거의 1,800만 달러(미국 역사상 최대 규모의 시위 합의금)에 합의할 것이다.[7]

한 시간 정도 더 지난 후 나는 가족들에게 인사를 하고 시위를 취재하기 위해 세워진 임시 독립 미디어 센터IMC, Independent Media Center, Indymedia로 향한다. IMC는 열광적 활동 가들이 모이는 구심축이자 허브였다. 한 구석에서 젊은 여성이 최소 세 개의 휴대용 비디오 카메라에서(미니 DV 테이프, 하드디스크 드라이브, VHS-C) 경찰 폭력 장면을 편집 소프트웨어 파이널컷프로Final Cut Pro로 가져온다. 영상 중 일부는 인디미디어에 빠르게 업로드된다(당시 유튜브YouTube는 아직 존재하지 않았음). 그리고 일부는 나중에 법률 지원팀 에서 사용해 대부분의 혐의가 기각될 수 있도록 돕는다(나중에 집단 소송에서 증거로 사용 됨). 또한 일부는 위아매니We Are Many 같은 이벤트에서 공유할 다큐멘터리 영화를 제작 하는 데 사용된다.[8] 옆방에서는 소규모 팀이 팟캐스트용 오디오를 제작하고 비영리 청 취자 지원 라디오 방송국인 패시피커Pacifica 라디오 네트워크와 제휴한 여러 라디오 방 송국에 클립을 보낸다. 여기서 내 역할은 전화, 이메일, 문자 메시지, 인디미디어 오픈 퍼블리싱 뉴스 서비스 업로드를 통해 도시 전역에서 들어오는 여러 활동, 체포 상황, 경찰 폭력 사건에 대한 보도 내용을 수집하고 확인하는 것이다.

나는 이 작업을 수행하면서, 도시 전역에서 그리고 전 세계에서 다른 미디어 활동가들 과 긴밀한 협력 관계를 유지하기 위해 인디미디어 IRCInternet Relay Chat(인터넷 릴레이 채팅) 서버에 로그인하고 여러 관련 채널 활동에 참여한다. IRC 채널은 #(파운드 기호 또는 해 시)로 표시해 특정 채널 전용으로 만들어진 지속적 채팅 기반 대화 형식이다. 예를 들 어, 공화당 전당 대회에서 발생한 체포 상황에 관한 대화라면 #RNCarrests(공화당 전당 대회 체포)라고 적는다. 활동가 채팅 서버에서 대화를 위한 # 표시는 나중에 **해시태그**로 알려진 현재의 유비쿼터스 소셜 미디어 기능에서 훨씬 더 광범위하게 사용하게 된다.[9] 파운드 기호를 사용해 즉흥적 그룹ad hoc group 또는 진행 중인 대화ongoing conversation 공간 을 생성하는 기능은 해커들과 활동가들에 의해 개척됐지만, 오늘날 널리 알려지지 않 았다. 나는 IRC에서 @schock을 사용해 내게 무언가를 알리려는 친구로부터 메시지 를 받았다. @(앳at) 기호를 사용해 채널에서 특정 사용자에게 메시지를 보내는 기능은 오늘날 IRC에서 많은 소셜 미디어 플랫폼으로 확산된 또 다른 기능이다. 친구는 내가 TXT몹 가입에 성공했는지 궁금해하는 @ 메시지를 보냈다.

TXT몹^{TXTMob}은 디자인 교수 태드 허쉬^{Tad Hirsch}가 MIT 미디어 랩 대학원생 시절에 개발한 그룹 SMS^{Short Message Service} 애플리케이션이다.[10] 뉴욕 공화당 전당 대회^{RNC}에서 수백 명의 사람들은(대부분 노련한 활동가들) TXT몹을 사용해 시위를 조직하고, 거리에서의 활동과 관련해 확인된 정보를 공유하며, 경찰의 정황을 지속적으로 파악했다. 이 애플리케이션은 SMS를 통해 작동하도록 디자인돼 거의 모든 휴대폰에서 사용할 수 있었지만(2004년에는 스마트폰을 가진 사람이 얼마 없었다) 활동가 그룹을 넘어 널리 사용되진 않았다. TXT몹은 허술하게 코딩된 학생 프로젝트였고, SMS를 무료로 보내기 위해 조악한 해킹 기술을 사용했다. 그리고 당시 이동통신 사업자들 대부분이 제공했던 이메일과 SMS를 연결하는 게이트웨이를 활용했다. 만약 수십만 명의 시위대가 모두 TXT몹에 가입했다면 이동통신 사업자들은 돈을 지불하지 않고 전송되는 다량의 메시지를 알아챌 것이고 이 도구를 빠르게 차단했을 것이다. 어쨌든 TXT몹은 대체로 효과가 있었다. 이 애플리케이션은 긴밀하게 연결된 소규모의 활동가 사용자들에게 유용한 정보 공유 기능을 제공했다. TXT몹은 확인된 정보의 순환 속도를 높이는 데 도움이 됐고, 직접 행동 관련 그룹들이 어떤 거리 모퉁이를 봉쇄할지 전술적 결정을 내리는 데 유용했다. 대규모 시위 중에 주요 진행 사항을 확인하고 들불처럼 확산하곤 하는 거짓 소문들을 불식시키는 데도 도움이 됐다.[11]

RNC가 끝난 후 태드 허쉬는 오클랜드에서 열린 루커스 사회 SMS 서밋^{Ruckus Society SMS Summit}에서 가바 로드리게스^{Gaba Rodriguez}, 래블^{Rabble}, 블레인 쿡^{Blaine Cook} 등 여러 활동가, 개발자들을 만나 행동주의를 위한 SMS 도구에 관해 이야기를 나눴다. 어떤 부분이 RNC에서 잘 작동했고 어떤 부분에 개선이 필요한지 의견을 주고받았다.[12] 당시 가바, 래블, 블레인은 자금이 급격히 고갈되고 있는 팟캐스트 스타트업 오데오^{Odeo}에서 일하고 있었다. 회사는 나름 괜찮은 제품을 보유하고 있었지만, 당시엔 지속 가능한 비즈니스 모델로 팟캐스트를 만들거나 듣는 사람이 충분치 않았다. 게다가 애플 아이튠즈가 곧 팟캐스트 제품을 출시할 것이라고 발표하면서 치명적 타격을 입고 있었다. 오데오엔 고작 몇 개월 정도의 급여만 지급할 수 있는 자금이 남아있었고, 오데오 직원들은 주요 제품에 대한 작업을 포기하고 새로운 투자자를 유치하거나 자신의 분야로 분사할 수 있는 잠재적으로 흥미로운 다른 프로젝트로 전환하기로 했다. 오데오는 새로운 시작을 위해 여러 팀이 모여 프로젝트 아이디어를 발표하고 남은 시간에 무엇을 할지 정하는 데모데이를 개최했다.

데모데이에서 RNC 시위에 참여했던 해커 활동가들이 이끄는 한 팀이 TXT몹에 대해 발표했다. 그들은 시위의 맥락에서 도구에 관해 이야기했다. 어떤 점이 잘 작동했고, 어떤 점이 실패했는지, 도구의 어떤 기능이 더 넓은 범주의 사용자들에게 매력적일지 이야기했다. 예를 들어, TXT몹은 계정 생성과 그룹 가입이 매우 까다로워 개선해야 했다. 이동통신 기업(텔코Telco)의 게이트웨이를 통해 SMS를 보내는 방식은 몇백 명에서 몇천 명을 넘어 규모를 키우지 않을 것이므로 그 또한 변경돼야 할 부분으로 봤다. 이런 단점이 있음에도 불구하고, 팀은 실시간 업데이트 제공에 중점을 둔 그룹 SMS 애플리케이션에 많은 잠재력이 있다고 주장했다. 오데오의 다른 사람들도 그 의견에 동의했고, 그로부터 몇 주 후 TWTTR(트위터Twitter의 원래 이름)이 탄생했다. 그리고 다음 이야기는 다들 알고 있는 그대로 역사가 만들어졌다.[13] 그러나 디자인 정의의 맥락에서 우리는 질문해야 한다. 누구의 목소리를 담은, 어떤 버전의 역사인가?

방금 얘기한 트위터의 기원에 관한 스토리는 널리 알려져 있지 않다. 대신, 허쉬는 다음과 같이 썼다. "10월 13일 닉 빌튼Nick Bilton이 「뉴욕 타임즈New York Times」에 쓴 기사 '사랑과 트위터 안에서는 모든 게 공정하다All's Fair in Love and Twitter'는 트위터의 초창기 분위기를 보여준다. 이 기사는 트위터 공동 창립자인 잭 도시Jack Dorsey가 2006년 언젠가 '링키 딩크rinky dink' 실리콘밸리 놀이터에 앉아 마이크로블로깅 플랫폼에 대한 자신의 비전을 소수의 실리콘밸리 기술 전문가, 기업가들에게(세계에서 가장 인기 있는 웹 서비스 중 하나를 만들게 될 사람들에게) 설명하면서 시작된다. … 주목하지 않을 수 없는 매우 설득력 있는 이야기다. 하지만 불행히도 이 이야기는 사실이 아니다."[14] 현재 노스이스턴 대학교Northeastern University의 아트 앤 디자인Art and Design 학장인 허쉬는 자신이 트위터를 '사실상' 발명한 사람이라고 주장하는 데 관심이 없다. 대신, 그는 차근차근 인용할 가치가 있는 명확하면서도 설득력 있는 글로 기록을 바로 잡는 일에 관심이 있다.

분명히 말해 TXT몹은 트위터가 아니었다. 트위터 팀은 프로젝트의 규모를 확장하고 투자자를 유치할 수 있는 여러 주요 혁신을 만들어냈다. 거슬러 올라가 보면 TXT몹이 트위터의 탄생에 소정의 역할을 했다고 언급한 것은 에반Evan, 블레인, 잭 도시가 제 아이디어를 훔쳤다는 의미에서 한 이야기가 아니다. TXT몹은 내가 자유롭게 공유한 오픈소스 프로젝트였다. 오데오 사람들은 이 프로젝트를 받아 내가 솔직히 예상치 못한 방식으로 많은 사람이 사용할 수 있도록 발전시켰다. 트위터 백만장자 중 한 명이 "감사합니다"라는 메시지를 공유하기로 했다면 반대하진 않겠지만, 그들이 도의적으로 그래야 한다고 생각하지 않는다. 스토리를 바로 세우는 게 핵심이라고 생각한다. 빌튼Bilton이 말했듯이 창조 신화는 중요하다. 그들은 그야말로 어떻게 상황이 일어났는지 말하지 않고, 우리가 누구라고 이야기한다. 잭 도시는 분명 자신이 영리하고 운이 좋은 사람일 뿐 아니라 보기 드문 천재라는 점을 믿어야 할 것이다. 그리고 트위터의 직원들과 투자자들도 이 사실을 믿는 게 중요할 것이다. 하지만 잭 도시의 이야기가 우리 모두에게 시사하는 문제는 시장이 기술과 사회 혁신의 유일한 장소이고 우리를 암흑기에서 이끌기 위해 소수의 비범한 재능 있는 기업가들에게 우리가 전적으로 의존하는 세상을 묘사하고 있다는 점이다. 이건 신화다. 진실은 트위터(또는 이와 유사한 서비스)가 잭 도시가 없었더라도 거의 확실하게 누군가에 의해 만들어졌을 거라는 사실이다. 그러나 시장의 경계 밖에서 담금질해온 초기 메이커들과 몽상가들의 오랜 고민 없이는 이런 창조는 일어나지 않을 수도 있다. 그들이 쏟아온 공동의 노력은 우리가 지금 누리고 있는 많은 기술적 경이로움의 길을 닦았고, 우리는 그것이 우리가 살고 있는 특별한 시대의 역사에서 잘못 기록되지 않도록 주의해야 한다.[15]

3장은 디자인 내러티브가 디자인 정의의 이론과 실천에 대한 중요한 논쟁의 장을 어떻게 여기는지 보여준다. 디자인 정의는 1장에서 소개한 것처럼 우리가 디자인하는 객체와 시스템에 새기는 가치에 대해 고려하는 것이자, 2장에서 설명한 것처럼 디자인 프로세스에 참여하고 제어할 사람을 고려하는 것이다. 이는 또한 우리가 디자인 내러티브에 대해 숙고하고 있음을 의미한다. 누가 디자인 작업에 대한 관심과 인정을 받는지, 우리는 어떻게 디자인 문제와 과제를 구성하는지, 우리는 디자인 솔루션의 범위를 어떻게 지정하는지, 디자인 프로세스가 작동하는 방식에 대해 우리는 어떤 이야기를 하는지 고민한다.

스마트한 남자와 스타트업: 혁신, 귀속, 이익 전유

여기저기 사용되는 단어 '혁신'이란 무엇인가? 『이노베이터 DNA』(세종서적, 2012)[16], 『혁신의 뿌리』(브론스테인, 2021)[17] 등 혁신의 '비밀'을 밝히겠다고 약속하는 기업 문헌들을 소개한다. 학계에서도 이 주제에 상당한 관심을 기울이고 있다. 경제학, 경영학, 디자인학, 도시학, 계획학, 인류학, 사회학, 과학기술학 등 여러 학위 분야에서 혁신과 혁신가의 다양한 측면을 더 잘 이해해보려 한다. 과학과 기술의 역사는 특정 기술의 혁신이 시간이 지남에 따라 어떻게 전개됐는지 보여준다.[18]

혁신에 관한 대중적 이야기엔 천재적 인물이 틀림없이 등장한다. 대중문화에서 우리는 모든 기술이 대학 연구실, 기업 R&D 부서 또는 실리콘밸리 스타트업에서 일하는 뛰어난 능력을 지닌, 그리고 교육을 잘 받은 백인 남성이 만들어냈다고 믿곤 한다. 이는 능력주의 신화와 밀접하게 연관돼 있다. 사람들은 마땅히 받아야 할 것을 얻고, 열심히 노력하면 꿈을 이룰 것이다.[19] 그러나 공중보건 학자 나 오요 콰테Naa Oyo A. Kwate와 일란 마이어Ilan H. Meyer는 2010년 이렇게 말했다. "성공에 대한 열망을 조장하는 미국의 능력주의 가치와 성공을 가능케 하는 사회·경제·정치적 기회 구조 사이엔 흔히 괴리가 있다. 문제는 기회가 공평하게 분배되지 않고 능력 기준에 근거해서만 할당되지 않는다는 점이다. 예를 들어, 인종 차별은 아프리카계 미국인의 성취에 커다란 장애 요소다. 의도치 않았지만, 능력주의 이데올로기meritocratic ideology에 내재된 평등의 약속은 인종 차별을 없애는 역할을 한다."[20] 한편 페미니스트 법학자 데보라 로드Deborah L. Rhode가 설명했듯, 기회 구조는 인종적일 뿐 아니라 젠더화되기도 한다.[21] 정보 경제에서 주요 직업에 대한 접근이 백인 우월주의, 이성애 가부장제, 계층 불평등, 장애인 차별 등 지배 매트릭스의 여러 측면에 의해 구조화되더라도(2장에서 논의됨) 이런 현실은 능력주의 신화에 의해 모호해진다. 다시 말해, 백인 남성 기술 전문가들은 '혁신가'로서의 자신의 위치와 그에 따른 혜택(급여, 직위, 신뢰, 명성)이 주로 자신의 타고난 재능과 개인의 탁월함에 근거한다고 믿는다. 그러나 이런 위치에 대한 진입 장벽은 구조적 불평등에 의해 만들어진다. 사회기술적 혁신이 소외된 커뮤니티에서 자주 등장하곤 하지만 강력한 행위자가 결과를 전유할 때도 마찬가지다. 사실상 사용자 혁신은 규칙의 예외가 아니라 표준이다.

그럼에도 불구하고, **혁신의 확산**은 혁신이 어떻게 작동하는지에 관해 가장 널리 전파된 이론으로 남아 있다.[22] 이 모델에서 혁신가(과학자, 연구원, 발명가, 기술 전문가)는 '새로운 기술'을 만든다. 이 새로운 기술이 유용한 발명이라면 시간이 지나면서 '확산'되거나 발명된 장소, 진원지에서 더 널리 퍼져나간다. '얼리어답터early adopter'들이 먼저 채택한 다음, 더 넓게 전파되고 마지막으로 거의 모든 사람이 채택한다(소수의 저항자들, 혁신 지체자들은 예외). 이 모델(그림 3.2)은 여전히 영향력 있는 모델이지만, 과학과 기술 분야의 학자들은 여러 근거를 들어 이의를 제기한다. 첫째, 이 모델에는 '기술 채택technology adoption'이 항상 좋은 거라는, 다소 이면이 가려진 규범적 가정이 내포돼 있다. 예를 들어, 군용 돌격 자동 소총의 개인 소유, 또는 크랙 코카인과 크랙 파이프 사용 같이 해로운 것으로 인식되는 기술에 이 모델을 적용했다고 가정해보라. 둘째, 원하는 기술의 채택에 영향을 미칠 수 있는 요인들은 말할 것도 없다. 가장 분명한 것은 많은 변수 중 부의 불평등뿐 아니라 젠더적, 인종적 문화 규범도 마찬가지다. 셋째, 기술의 대상과 사용 방식(사회기술적 관행)은 끊임없이 변화하지만 확산 이론diffusion theory은 기술을 정적인 개념으로 상정한다. 새로운 기술의 초기 버전은 나중에 자리 잡은 대중 시장 버전과는 꽤 다르다. 혁신은 반복적으로 일어난다. 그리고 특정 기술에 일어나는 작은 변화들은(반복적으로 일어나는 혁신 사례들은) 전문 과학자, 연구원, 제품 디자이너보다는 일반 사람들(사용자들)에 의해 만들어질 때가 많다.

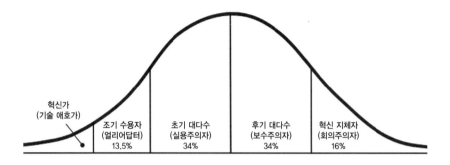

혁신가
(기술 애호가)

조기 수용자
(얼리어답터)
13.5%

초기 대다수
(실용주의자)
34%

후기 대다수
(보수주의자)
34%

혁신 지체자
(회의주의자)
16%

그림 3.2 혁신의 확산(출처: 로저스, 1962)

사용자 수정 모델의 보급은 기술 전유technology appropriation 이론의 통찰로 이뤄졌다. 기술 분야를 연구하는 프랑수아 바François Bar, 메튜 웨버Matthew S. Weber, 프란시스 피사니 Francis Pisani는 "전유appropriation는 기술 사용자들이 단순히 기술의 채택을 넘어 기술을 자신의 것으로 만들고 사회적, 경제적, 정치적 관행에 포함시키는 과정"이라고 말했다.[23] 예를 들어, 그들은 사용자 혁신으로 시작된 모바일 머니의 역사를 추적해 **기술 전유의 사이클**이라고 부르게 된 연유를 설명한다. 처음에 케냐 모바일 사용자들은 선불 충전 카드를 차용해 결제 수단으로 용도를 변경해 사용했다. 카드를 구입한 다음 SMS를 통해 다른 사용자에게 카드 번호를 보내서 사용하는 것이다. 나중에 이동통신 기업들은 이런 사용자 혁신을 알아차리고 사용자들의 전화와 함께 번들로 제공되는 모바일 결제 서비스M-Pesa를 출시했다. 저자들은 사용자 전유user appropriation가 혁신 프로세스 핵심이지만, 종종 간과되는 부분이라고 주장한다.[24]

기술 전유 이론은 2장에서 논의한 리드 사용자 혁신 이론lead user innovation theory과 유사하다. MIT 경영학과 교수 에릭 폰 히펠Eric Von Hippel은 '**혁신 민주화**Democratizing Innovation'라는 제목의 글을 통해 혁신의 상당 부분이 실제로 제조기업이 아니라 사용자에 의해 만들어진다는 점을 이론적으로나 경험적으로 보여줬다.[25] 그는 또 특정 유형의 사용자들(리드 사용자들)이 혁신을 이끌어낼 가능성이 가장 크고, 그들의 혁신 사례는 보다 넓은 사용자군에 매력적일 수 있다는 점을 발견했다. 디자인 정의 측면에서 볼 때 오랫동안 지배의 매트릭스 안에서 요구 사항을 충족하지 못한 사람들은 이런 요구를 명확히 하고 가능한 솔루션을 발전시키는 과정에서 강력한 정보 우위를 차지한다. 따라서 정보 비용 측면에서 소외된 커뮤니티에 기반을 둔 사용자, 사용자 커뮤니티 또는 소규모 조직이 혁신에 가장 적합한 위치에 있는 경우가 많다. 그들에겐 많은 양의 전문화된 도메인 지식이 있고, 일상의 실제 '실험실'에서 가능한 솔루션들을 테스트하는 비용도 낮기 때문이다.[26] 이는 지식 '추출extraction'이 부당할 뿐 아니라 비용이 많이 들고 비효율적임을 의미한다. 폰 히펠은 제조기업들과 사용자들이 이미 보유하고 있는 정보를 기반으로 혁신하는 경향이 있는 이유와 리드 사용자들이 디자인 프로세스에 포함돼야하는 이유에 대해 설득력 있으면서도 일반화된 사례를 제시한다. 디자인 정의는 지배의 매트릭스(인종, 계층, 젠더 정체성, 성적 취향, 장애, 연령, 언어 등)가 제품 디자인, 개발, 생산에 참여하고 배제하는 방식을 고려하도록 이런 관찰 활동을 확대한다. 폰 히펠에 따르면 사용 맥락use context과 솔루션 정보solution information 공유의 어려움은 소외된 사용자들의 특정 요구를 중심으로 하는 제품 혁신의 가능성을 낮춘다. 정보 고착도information stickiness는 디자인 도전 과제와 관련해 생생한 경험을 가진 사용자들이 모든 디자인 팀에 포함돼야 함을 시사한다.

귀속성: 크레딧이 예정된 경우 크레딧을 제공

폰 히펠은 기술 디자인에 관한 내러티브를 전환시키고자 하는 주장을 설득력 있게 설파한다. 하지만 실제로 그의 작업은 주로 기업들이 수익성을 높이기 위해 사용자 혁신을 주도하고 전용하도록 장려하는 전략을 개발하는 데 사용됐다. 반면, 디자인 정의의 핵심 원칙 중 하나는 완전한 귀속attribution이다. 백인 우월주의, 자본주의, 이성애 가부장제, 정착민 식민주의 아래서 여성, 흑인, 유색 인종, 토착민의 작업, 아이디어, 발명 자산, 소유물, 토지, 신체는 그 자체를 부유한 백인(시스) 남성들에게 수 세기 동안 전유당했다(도난당했다). 이 과정은 아마도 식민지, 제국 건설, 대서양 횡단 노예 무역 시대에 역사적으로 일어난 일로, 오늘날 가장 극단적이고 가장 가시적이며 가장 쉽게 용인될 사례로 이야기될 것이다.

사실 구조적 권력 위치로 인한 타인의 노동, 시간, 에너지, 문화, 혁신, 생각의 도용, 토지와 신체의 도용은 오늘날에도 계속되고 있다. 디자인 관행, 규범, 제도 역시 결코 이런 역학 관계에서 자유롭지 않다. 대신, 디자인이 경제, 문화, 사회생활에서 점차 중심이 되면서 전유와 관련한 디자인 전략에 대한 압박이 커졌다. 디자인이 힘을 얻으면 이해관계도 더욱 깊어진다. 디자인 작업은 수익성이 점점 더 좋아지고, 계약, 투자자, '지적 재산권',[27] 가시성을 위한 경쟁은 치열해진다.

전형적인 자본주의 기업은 자원의 흐름(시간, 에너지, 신용, 돈)이 아래에서 위로 흐르도록 피라미드 구조로 배열한다. 이런 경향은 대부분의 디자인 기업에서도 마찬가지다. 극단적으로 말하면 대규모 다국적 디자인 기업에서 작업물(콘셉트, 스케치, 프로토타입)을 생산하기 위해 애쓰는 건 저임금 말단 직원들로 구성된 집단이다. 이익(돈, 귀속, 저작권, 특허)은 소수 고위 전문 디자이너들 차지다. 여기엔 모든 산업과 마찬가지로 멱법칙power law이 존재한다. 눈에 잘 띄는 소수의 디자인 기업들과 개인 디자이너들은 막대한 보상을 받는 반면, 다수의 무명 기업들과 디자이너들은 생계를 유지하려 고군분투한다. 물론, 다른 산업처럼 디자인계에서도 멱법칙 게임의 '승자'는 무작위가 아니며 진정한 능력주의도 아니다. 대신, 디자인 분야는 성별, 인종, 계층 등 여러 구조적 불평등의 폭넓은 조건으로 형성된다. 미국 드라마 〈매드맨Mad Men〉에서 과장되게 각색된 시나리오를 살펴보자. 광고 회사에 다니는 여성 직원은 걸핏하면 사무실로 호출돼 아이디어를 '채굴'당한다. 심지어 디자이너로 승진하더라도 아이디어는 남성 직원에게 전달되거나 빼앗긴다는 내용이 끝없이 반복된다.[28] 또한 인터넷은 디자인에서 새로운 규모의 추출 메커니즘을 가능하게 만들었다. 예를 들어, 디자인 업계에선 '디자인 챌린지' 이벤트가 종종 진행된다. 수십 명, 때로는 수백 명이 무보수로 작업하고 자신이 선택되길 바라면서 관심, 인정, 심지어 보상을 바라는 마음으로 아이디어를 제출하곤 한다. 최근 이 프로세스는 오픈IDEOOpenIDEO, 디스커버디자인DiscoverDesign, 아이디어스케일IdeaScale에서 플랫폼화됐다.

귀속의 원칙은 기본적으로 디자인 정의에 크레딧이 예정된 경우 크레딧을 제공하는 게 포함된다는 것이다. 이 원칙은 모든 제품의 디자인 프로젝트 수명 주기 전반에 걸처 적용되며 다양한 청중에게 전달되는 프로젝트의 스토리를 형성해야 한다. 디자인 정의에서는 실제 본인의 경험을 기반으로 프로세스를 안내하는 사람들을 코디자이너 codesigner로 인정한다. 그들은 디자인된 제품, 플랫폼, 시스템 등 결과물의 공동 소유자가 되며 프로젝트에 대한 이야기의 공동 저자가 된다.

디자인 정의는 "누가 기여했는가?"를 고려한다. 이 질문은 주어진 디자인 프로젝트의 평가를 위한 중요한 질문이다. 기여자에게 크레딧을 제공하기 위해 누군가의 기여도를 판단할 메커니즘을 발명할 필요까진 없을 수도 있다. 하지만 최근 기여도를 고려하려는 몇 가지 실험이 있었다. 예를 들어, 조르즈 나단 마티아스J. Nathan Matias의 프로젝트 쌩크에프엠thanks.fm은 다른 사람들과 웹에서 크레딧을 더 쉽게 공유하게 하려는 시도였다.[29] 비록 그 프로젝트가 주로 추측에 근거한 사변적 디자인 프로젝트로 작용했고 더 이상 활성화되지 못했지만, (교차적 페미니스트) 디자인 원칙으로서 완전한 귀속에 대한 주의를 환기하는 데는 도움이 됐다. 그러나 궁극적으로 귀속은 기술적 문제가 아니라 사회적·문화적 문제로 접근해야 한다. 비슷한 맥락에서 아닐 굽타Anil K. Gupta의 허니 비 네트워크Honey Bee Network는 지역 발명가들의 이름을 적어 그들을 인정했다.[30] 굽타는 많은 개발 프로젝트의 지식 추출 과정에서 좌절감을 느꼈고, 이것이 어느 정도 계기가 돼 네트워크를 설립했다고 한다. 흑인 페미니스트 사이버 학자 키쇼나 그레이Kishonna Gray는 학술 저널리즘적 작문 커뮤니티들에서(기술과 사회기술적 관행을 분석하는 커뮤니티도 포함) B/I/PoC 여성들의 작업물 도난과 삭제 문제를 해결하기 위해 #CiteHerWork(그녀의 작업임을 언급하라) 해시태그를 만들었다.[31] 과학과 기술 분야를 연구하는 학자 안드레 브록André Brock은 비판적 인종, 페미니스트, 퀴어 이론을 사용해 소외된 사용자들이 디지털 도구와 플랫폼의 핵심 사용 사례가 되는 기술적 관행이 어떻게 나타나게 됐는지 풀어내려 했다. 그는 블랙 트위터Black Twitter를 주요 사례 연구로 삼아 **비판적 기술 문화 담론 분석**을 발전시켰다.[32] 디자인에서 이런 접근 방식을 주류화하려면 아직도 해야 할 일이 산더미같이 쌓여 있다.

디자인 프로세스에서의 공평한 관심 분산

디자인 정의는 모든 디자인 프로젝트에서 발생하는 편익benefit과 해악harm의 공평한 할당과 관련이 있으며, 새로운 기술의 디자인은 종종 담론적 편익과 해악을 낳는다. 다시 말해, 우리가 디자인에 관해 말로 전하는 이야기가 중요하다. 미디어 학자 사라 잭슨, 모야 베일리, 브룩 푸칼트 웰스는 "담론은 문화적 이데올로기를 지지하거나 도전하는 특정 방식으로 아이디어와 이벤트를 의미 있게 만들어 현실을 구성한다"라고 말했다.[33] 토마스 데이븐포트Thomas Davenport와 존 벡John Beck 같은 학자들은 우리가 현재 **주목 경제**attention economy 시대에 살고 있다고 주장한다.[34] 이 경제 환경에서는 매개된 가시성이 자본의 중요한 형태가 됐다. 주목(시간)은 후기 정보 자본주의에서 희소 자원이며, 이 자원의 할당은 상당한 상징적, 물질적 영향을 미친다. 디자인 프로젝트들은 눈길을 사로잡는 역할을 한다. 소셜 미디어social media와 대중 매체mass media 모두 최신의 디자인 객체와 이를 디자인하는 사람들, 기업들에 대한 스토리로 가득 차 있다. 특정 개인, 조직, 커뮤니티는 디자이너, 혁신가, 기술 크리에이터, 또는 (특히 기술과 소외된 커뮤니티에 대한 스토리에서) '구원자savior'로 주목을 받는다. 그러나 소외된 개개인과 커뮤니티, 관련 운동들은 여러 이유로 이런 관심을 거의 받지 못한다.

이런 일이 왜 발생할까? 2장에서 논의했듯이 엘리트 직군으로서의 유급 전문 디자인 직무는 인종, 계층, 성별에 따라 무척 불평등하다. 전반적으로 LGBTQI+, B/I/PoC 디자이너들의 수가 더 적고, 디자인 산업에서 그들이 강력한 위치를 차지하는 비중도 적다. 그러므로 소외된 사람들의 디자인 업적에 관한 스토리가 더 적을 수밖에 없다. 게다가 디자인 담론을 더욱 왜곡하는 부가적 역학 관계(예를 들어, 기술 리포터들과 기술 업계 내부자로 이뤄진 엘리트 네트워크, 저널리즘 직군에서의(특히 기술 저널리즘) 계층, 인종, 성별의 역학 관계 등)도 작용 중이다. 반면에 소외된 사람들이 만들어낸 '놀라운' 기술 디자인과 혁신 사례에 초점을 맞춘, 일종의 가내 수공업 또는 가벼운 내러티브가 존재한다.[35] 이 장르를 완전히 무시하지 않으면서 전형적으로 표식화하는 것이다. 이런 스토리들은 종종 여성의 역할에 대한 규범적 젠더 내러티브를 강화한다. 앞에 언급한 스토리들은 여성·흑인·원주민·퀴어·트랜스* 팀이 이끄는 스타트업을 만나는 일이 **왜** 어려운지와 같은 깊이 있는 대화와 관심을 이끌어내지 못한다.

간단히 말해 디자인 프로젝트들은 관심을 불러일으키고, 그 관심은 가치가 크다. 그리고 디자인 정의는 프레임워크로서 이런 관심이 공평하게 분배되는지를 탐구하도록 요청한다. 디자인 팀들은 관심의 공평한 분배를 어떻게 보장할 수 있을까? 가능한 전략은 많다. 디자인 팀들은 MOU에 귀속 조항을 넣을 수 있다. 보도 자료, 보고서 등 프로젝트를 설명하는 모든 자료에 커뮤니티 파트너의 이름을 명시하라. 특허, 라이선스, 소프트웨어 릴리스 노트에도 커뮤니티 파트너에게 귀속됨을 명시하라. 그리고 저널리스트와 정책 입안자, 학계, 펀드 제공자 같은 관심 있는 청중들에게 프로젝트에 대해 말할 기회를 할당하는 방법을 고려하라. 새로운 종류의 주목 분석attention analytic을 사용해 디자인 정의 프레임워크 안에서 디자인 프로젝트를 평가할 수도 있다. 디자인 정의 실무자들은 뉴스 기사, 유명 매체의 인용, 또는 공유, 좋아요, 댓글 같은 소셜 미디어 지표의 수치에 초점을 맞추기보다는 프로젝트에 대한 스토리들을 분석해 관심이 어떻게 할당됐는지, 누구의 목소리가 자주 들리는지, 현재 할당된 관심도가 디자인 팀의 목표와 원칙에 부합하는지 등을 더 잘 이해할 수 있어야 할 것이다.

저항은 결실을 낳는다: 사회 운동, 미디어 혁신, 기업 전유

대부분의 디자인이 특정 실천 커뮤니티 안에서 사용자 혁신을 주도해왔음에도 불구하고 개개인의 천재 발명가들에 대한 문화적 내러티브가 우세한 이유는 무엇일까? 디자인과 혁신에 대한, 가장 뚜렷한 내러티브가 자원이 풍부한 기업 신화이기 때문일 것이다. 기술 관련 '보도reporting' 산업은 주로 이미 자리를 잡은 저명한 기업, 스타트업 기업, 벤처 캐피탈 지원 인큐베이터 기관의 보도 자료를 기반으로 구축됐다. 그러나 기술 디자인의 역사를 서술하는 방법은 다양하다. 한 가지 접근 방식은 사회 운동의 기여에 초점을 맞추는 것이다.

사회 운동은 부분적으로는 미디어 산업과의 관계 때문에 미디어 도구 및 실천 관점에서 오랫동안 혁신의 온상이었다. '저항은 결실을 낳는다!Resistance is fertile!'라는 슬로건이 설명하듯 특히 소외된 커뮤니티들이 주도하는 운동은 대중 매체에서 조직적으로 무시되고 실상과는 매우 다르게 와전되는 특징이 있다. 운동 조직이 종종 강력한 미디어 실천, 적극적 반대 성향 표현, 필요에 따른 미디어 기술 혁신을 만들어내는 이유다.[36] 많은 사회 운동 매체의 혁신은 나중에 저널리즘 직군과 문화 산업에 채택된다. 실제로 이런 사례는 정치 과학자 윌리엄 감슨William Gamson과 가디 볼프스펠드Gadi Wolfsfeld가 사회 운동과 미디어를 상호 작용하는 시스템으로 이론화할 정도로 자주 발생한다.[37]

3장은 TXT몹과 트위터의 이야기로 시작했지만, 이외에도 유사한 이야기가 많이 거론될 수 있다. 사회 운동 디자인 혁신에는 미디어 기술뿐 아니라 의사 결정 프로세스, 엘리트를 압박하는 전술, 정책 제안, 문화적·예술적·미적 방식도 포함된다. 예를 들어, 1960년대와 1970년대에 미국에서는 흑인과 멕시코계의 정치운동Black and brown power, 페미니스트, 반전운동, 장애운동 등 다양하면서도 상호 연결된 사회 운동들이 음악, 회화, 영화, 댄스 등의 분야에 폭넓은 영향을 미치고 문화적 혁신을 일으켰다. 미디어 역사가 프레드 터너Fred Turner는 1960년대의 반문화 운동movement counterculture이 광범위한 사회적 변화와 인터넷의 발전을 가져왔다고 주장했다.[38] 이 시기에 일어난 많은 운동 주도의 혁신은 주류 문화 산업의 활성화를 위한 밑거름이 됐다. 1990년대 후반과 2000년대 초반 글로벌 정의 운동으로 촉발된 미디어 혁신은 나중에 '문화 산업 2.0culture industries 2.0'의 핵심이 될, 참여적 미디어 제작participatory media making을 위한 아이디어, 데모 디자인, 콘셉트의 씨앗을 뿌리는 역할을 했다. 미디어 학자 티지아나 테라노바Tiziana Terranova는 이를 두고 거의 모든 사람이 '디지털 경제를 위한 무료 노동'을 수행하게 될 것이라고까지 말했다.[39]

대중 매체는 사회 운동을 와전시킨다

사회 운동은 어떤 면에서는 미디어 혁신을 위한 중요한 공간이다. 하지만 활동가들은 대중 매체 시스템에 의해 와전되곤 한다. 사회 운동에 대한 대중 매체 보도 실증 연구는 활동가들의 경험을 생생하게 뒷받침한다. 인쇄 매체와 TV 뉴스는 사회 운동에 대한 보도를 지속적으로 하지 않으며, 보도할 때도 운동 관점의 프레임을 거의 채택하지 않는다.[40] 특히 대중 매체는 폭력적인 갈등의 프레임으로 시위를 취재하는 경향이 있다.[41] 그들은 시위대와 경찰 간 폭력적 갈등에 대한 극적 이미지와 언어를 구사하며 시위대의 주장과 정당한 불만을 경시한다. 시위를 진압하는 경찰관들이 더욱 단단히 무장하는 순간에도[42] 대중 매체는 취재를 위해 기자들을 경찰에 파견시키기 시작했다. 이런 조치는 법 집행 관점으로 조직적으로 편향된 보도 결과를 초래한다. 베트남 전쟁에서의 미군 정보 정책 실패 이후, 미국 정부는 미래 '미디어 전쟁'에서 지지 않기 위해 정보 형성 및 통제에 대한 정교한 실천 방안을 개발했다. 이런 전술 중 많은 부분은 걸프 전쟁Gulf War 중에 배치되고 연마됐으며, 철학자이자 미디어 이론가인 장 보드리야르Jean Baudrillard가 전쟁을 **시뮬레이션**으로 묘사할 정도로 전쟁에서 정보 통제information control는 중요한 역할을 하기 시작했다.[43] 2003년경 이라크 침공에서 폭넓게 논의된, 이라크와 아프가니스탄 주둔 미군 부대에 종군 기자들을 '파견'하는 관행은[44] 이후 미국에서 자국 내 시위 진압에서도 이어졌다.[45] 예를 들어, 2003년 이후 주류 언론 매체들은 2003년 미주 자유 무역 지역FTAA, Free Trade Area of the Americas에 맞선 마이애미 시위 등 대부분의 대규모 시위가 진행될 때 경찰과 함께 기자들을 배치했다. 2008년 미니애폴리스 세인트폴에서 열린 공화당 전당 대회에서의 시위, 덴버에서의 민주당 전당 대회, 2014년 미주리주 퍼거슨에서 일어난 시위 등[46] 그 이후로도 많은 대규모 시위에 기자들이 파견된 것이다.

혁명이 생중계된다

사회 운동은 영향력 있는 언론 기관들이 잘 보도하지 않기도 하고 그나마도 틀에 박힌 보도가 주를 이루는 상황에서 항상 스스로를 대변해왔다. 사실, 초기 출판·신문 매체의 역사는 대부분 사회 운동, 정당, 민족 집단이 각자 자신의 신문을 발간하면서 시작됐다.[47] 그리고 좀 더 최근의 예를 살펴보면, 지난 10년 동안은 라이브스트리밍 livestreaming 방식이 널리 채택되고 있다. 초반의 라이브스트리밍 도구는 흔히 새로운 기술 사용 방식을 혁신한 사회 운동가들에 의해 사용됐다. 활동가들은 사회 운동 네트워크를 통해 이런 혁신적 도구들을 자유롭게 공유했으며 일부 혁신 사례들은 라이브스트리밍 플랫폼, 제품, 도구의 새로운 버전에 통합됐다. 사회 운동을 생중계한 라이브스트리밍 예시로는 딥디시TV^{Deep Dish TV}에서 생중계한 반핵 운동(1980년대 위성 방송),⁴⁸ 인디미디어^{Indymedia}에서 생중계한 글로벌 정의 운동(2000년대 초 DIY 서버), 유스트림^{Ustream}과 리브스트림닷컴^{livestream.com}을 사용해 의회 사무실 5곳에서 펼쳐진 연좌 농성을 전송한 이민자 권리 운동(2010년 7월 처음으로 수행됨),⁴⁹ 글로벌 레브^{Global Rev} 등으로 중계한 월가를 점령하라^{Occupy Wall Street, OWS} 시위,⁵⁰ 미디어 닌자^{Midia Ninja}가 중계한 브라질 긴축 반대 운동,⁵¹ 수많은 #BlackLivesMatter(BLM, 흑인의 생명도 소중하다) 생중계 등이 있다.⁵² 초반의 활동가들은 휴대용 카메라, 리눅스 노트북, 무료·자유 소프트웨어(보통 ICEcast, VideoLAN)를 사용해 자체 라이브스트리밍 인프라를 만들고 자체 스트리밍 서버를 사용·관리했다. 나중엔 대부분이 뱀부저^{Bambuser}, 미어캣^{Meerkat}, 페리스코프^{Periscope} 같은 상용 라이브스트리밍 비디오 서비스를 사용하다가 트위터, 페이스북 라이브^{Facebook Live}를 사용하고 그다음엔 인스타 라이브^{Instagram Live}, 트위치^{Twitch} 같은 서비스로 전환했다.⁵³

급진적 기술 집단들: 아우티스티치·인벤타티, 라이즈업, 메이퍼스트·피플링크, 그리고 그 너머

사회 운동 관련 많은 ICT 혁신이 중심에서 가장 먼 주변부에서 '유기적으로' 일어난다. 그리고 활동가들은 본인들에게 필요한 건 무엇이든 알아서 꿰어 맞춰 사용하기 때문에, 운동 조직들을 보다 체계적으로 지원하기 위한 목적으로 급진적 기술 집단^{RTC, Radical Tech Collective}을 조직한 헌신적인 기술 활동가들의 오랜 역사도 존재한다. 최근 이탈리아 RTC인 아우티스티치·인벤타티^{A/I, Autistici/Inventati}는 그들의 역사를 구성원들과의 인터뷰와 관련 메모로 구성된 영문판 서적을 출판했다. 이 책은 이탈리아 해커와 미디어 활동가 집단, 프로젝트에 대한 상세하고도 매혹적인 역사를 담고 있으며, 사회 운동 조직들과의 연결 방식, BBS 시스템에서 웹 시스템에 이르기까지 네트워크 통신 기술의 변화(끊임없는 진화, 세분화, 재조합, 순응), GNU·리눅스와 자유 소프트웨어의 통합, 사회 운동 그룹을 둘러싼 암호화 기술을 개발하고 촉진하는 데 있어 그들이 수행한 역할 등 다채로운 이야기를 소개한다.

책의 서문에서 미디어 활동가이자 이론가인 맥시가스Maxigas는 정치화된 해커 문화의 역학 관계를 설명한다. 그는 유럽에서 정치적 해커들이 활동하고 있는, 중첩되면서도 별개로 뚜렷이 구분되는 세 집단의 활동 경향을 소개한다. 북유럽과 서유럽 해커 집단은 기술 혁신에 좀 더 중점을 둔다. 동유럽과 발트해 연안 국가의 해커 집단은 데모씬을 중심으로 개발 활동을 하는 경향이 있다(시청각 도구로서 컴퓨터의 한계를 뛰어넘는 프로토타입 제작 및 실증 사례를 공유하는 사람들로 구성돼 있다). 세 번째 집단은 남유럽과 이베리아 반도의 해커 집단으로, 무단 점유한 건물의 해커스페이스와 사회 센터를 중심으로 조직됐으며 활발한 좌파 사회 운동과 밀접하게 연결돼 있다. 이 RTC 기관들은 모두 활동가들을 위한 인프라 제공(주로 이메일, 웹 호스팅, 채팅 서버)에 중점을 둔다. 그들은 일반적으로 지역 활동을 지향하며, 특정 도시 또는 국가에서 활동하는 개인 활동가, 그룹, 네트워크를 지원한다. 그는 다음과 같이 설명한다. "급진적 기술 집단들은 이메일 같은 인프라를 제공하고 적절한 암호화 알고리듬을 적용하는 일 외에도 정치적 연대를 구축하고 활동가 그룹 내에서, 그리고 활동가 그룹 간의 보안 행동 양식을 육성하고자 노력한다."[54]

맥시가스는 또한 RTC의 가장 중요한 기능 중 하나가 운동 인프라의 유지·관리·보수라고 말한다. "핵티비즘hacktivism(해킹을 통해 정치·사회적 목적을 이루려는 정치 행동주의 활동)의 실제 일상에서의 활동은 대부분 유지·관리에 관한 것들이지만, 인프라를 운영하는 그룹들은 지금까지 거의 관심을 받지 못했다. 현대의 핵티비즘 상황을 볼 때 사회 운동은 급진적 서버 집단의 서비스에 의존하지 않고는 작동할 수 없기 때문에 이런 현상은 특히 아이러니하다. 하지만 이 수고로움은 역사에 길이 남을 만하며, 인프라 유지·보수의 일상적 노동은 역사를 필적할 만한 수준으로 만든다. 따라서 혁신 중심의 내러티브가 균형을 잡기 위해선 기술 저항의 역사를 사용 중심 관점에서 재고할 필요가 있다."[55] ICT 유지·보수 활동은 활동가의 목표만큼이나 중요함에도 혁신의 신화와 '새로움'에 대한 거듭되는 편견으로 인해 활동가 기술 분야에서 논의되는 일이 드물다.[56]

A/I는 궁극적으로 이탈리아 행동주의를 온라인으로 확산하는 데 핵심 역할을 했다. 이 집단은 다양한 정치적 배경을 가진 수천 명의 활동가를 이메일 계정, 메일링 리스트,

웹사이트와 연결했다. 이 책에서 A/I 멤버들은 시위, 축제, 불법 점유 건물, 회의 등 모든 곳에서 본인들을 어떻게 드러내 보이는지 설명하면서, 당시 컴퓨터는 직장이나 국가에서만 사용되는 것으로 봤던 활동가들을 설득해 조직화와 의사소통을 위해 이런 새로운 도구들을 채택하는 것이 가치가 있는 일임을 납득시켰다. A/I는 또한 10년 이상 운동 ICT 인프라를 유지·지원·보수하면서도, 전 세대의 기술 활동가들을 위한 비공식 교육 네트워크 역할을 해왔다.[57]

RTC는 지난 20년간 전 세계 대부분 지역에서 이런 핵심 역할을 수행해왔다. 예를 들어, 북미에서 라이즈업RiseUp과 메이퍼스트·피플링크May First/People Link는 수천 개의 운동 조직들을 대상으로 A/I와 같은 활동을 수행한다.[58] 라이즈업 해커가 이끄는 오픈 위스퍼 시스템Open Whisper Systems은 이런 사회 운동 맥락에서 시그널Signal 보안 메신저를 개발했다. 이는 RTC가 주도하는 기술 디자인의 또 다른 사례이며 사회 운동에 깊이 내재화돼 업계 표준이 된다. 오픈 위스퍼 시스템의 종단 간 암호화 메시징 프로토콜은 2016년 15억 명이 넘는 사용자들이 사용하는, 세계에서 가장 큰 메시징 애플리케이션인 왓츠앱WhatsApp에 채택됐다.[59]

디자인 범위 및 프레임 정의

내러티브가 디자인 프로세스와 결과를 구조화하는, 가장 강력하면서도 잘 논의되지 않는 방법의 하나는 디자인 범위를 지정하는 것scoping이다. 우리는 '문제problem'에 대한 프레임을 어떻게 정의하는가? 실제로 문제 정의는 모든 디자인 프로세스의 핵심 과정이다. 사회학자이자 경제학자, 『인공 과학』(삼영사, 1994)의 저자 허버트 사이먼Herbert Simon은 디자인은 항상 가정assumption의 인식과 디자인 문제 재정의의 과정을 포함한다고 주장한다.[60] 그러나 영향력 있는 기관들은 디자이너들로 하여금 구조적 불평등, 역사, 혁신·탄력성·조직화된 저항의 커뮤니티 전략을 조직적으로 보이지 않는 방식으로 문제를 해결하도록 프레임을 잡는다. 이 절에서는 디자인 범위 지정 프로세스를 비판적으로 해석하고 대안적 접근법을 제시한다. 나는 디자인 범위 지정 시 손실deficit 기준 방식에서 자산asset 기준 접근 방식으로 전환할 것을 주장한다. 더불어 디자인 프로세스에 '아이디어 수집' 또는 '솔루션 테스트' 단계뿐 아니라 디자인 범위를 지정하거나 '우리의 도전 과제를 정의하는' 단계에서도 커뮤니티 구성원들을 공식적으로 포함할 것을 주장한다.

디자인의 범위를 지정하는 일은 지속적이고도 반복적인 디자인 작업의 기본이다. 때로는 디자인의 '실제 작업'이 시작되기 전에 완료돼야 하는 과업 단계로 생각될 것이다. 그러나 디자인은 '해결책을 찾기 위해 문제를 바꿔보는' 반복적 프로세스로 볼 수도 있겠다. 철학자이자 도시 계획 교수 도널드 쇤은 반성적 실천reflective practice에 관한 그의 고전 텍스트에서 **문제 프레임워크 정의**가 디자인의 기본 요소 중 하나라고 언급한다.[61] 쇤은 이 아이디어의 근거를 철학자이자 심리학자, 교육 이론가인 존 듀이John Dewey의 이론에 둔다. 듀이는 공동 탐구 이론에서 지식이 **보편적**이거나 **필요**해서라기보다는 **특수**하고 **불확실**하기 때문에 "사람들은 공동으로 문제를 탐색하고 토론하며 정의하고, 가능한 솔루션을 공동으로 탐색하고 개발하며 평가한다"라고 주장한다.[62] 문제를 구상하고 프레임을 정의하는 방식은 가능한 솔루션의 탐색 범위에 실질적 영향을 미친다. 따라서 듀이에게 프로젝트 범위를 결정하는 일은 항상 중요한 윤리적 결정이다.

디자이너이자 엔지니어인 로버트 호프만, 악셀 로슬러, 브라이언 문은 많은 사람이 디자이너가 목표, 요구 사항, 제약조건에서 시작해 솔루션으로 이동하는 하향식 접근 방식의 체계적인 작업을 할 거라 믿는다고 말한다. 그러나 그들은 전문 디자이너들이 실제로 어떻게 작업하는지 연구 결과를 봤더니 어느 정도 규칙적 편차가 있는 선형 프로세스가 표준임을 보여주고 있다고 주장한다.[63] 디자인은 가정에 대한 인식과 이완을 번갈아 수행하며 '만족스런' 솔루션을 향한 반복적 검토 과정을 거친다. "디자이너는 가장 중요한 질문에 응답하기 위해 완화시킬 제약 조건을 결정한다. 2차 속성을 희생하는 과정에서 도출되는 디자인 콘셉트는 엔지니어링 최적화 관점에서 접근하는 최적의 결과라기보다는 만족스러운 디자인 솔루션일 것이다. 최적화 관점의 접근 방식이 가능하지 않을 정도로 매개변수가 많아서 복잡한 디자인 문제를 해결하려 할 때, 이 만족스러운 솔루션이 필요하다."⁶⁴ 가능한 솔루션들에 대한 고려와 동시에, 진행 중인 문제를 반복적으로 검토하는 디자인 프로세스에 대한 견해는 인지 심리학자 린다 윌리스Linda Willis와 자넷 콜로드너Janet Kolodner에 의해 공유됐다. 그들은 **디자인 문제의 진화**design problem evolution를 디자이너가 '모순, 모호성, 스펙 장애물과 씨름하고, 당면한 문제를 반복적으로 재구성하는' 방식이라고 설명한다.⁶⁵ 즉, 범위를 지정하는 일은 모든 디자인 프로세스에서의 지속적이면서도 핵심적인 측면인 것이다. 하지만 불행히도 백인 우월주의적 자본주의, 이성애 가부장제와 정착민 식민주의 아래서의 디자인 범위 지정은 종종 구조적, 역사적, 제도적, 시스템적 불평등에 관한 질문을 무시하거나 제쳐 두기 위한 핑계로 치부되곤 한다.

HCI 학자 폴 두리쉬Paul Dourish가 언급한 바와 같이, 디자인은 종종 **반정치적 기구**antipolitics machine(인류학자 제임스 퍼거슨James Ferguson이 국제 개발 담론의 탈정치화 효과를 지칭하기 위해 사용한 용어)로 기능한다.

> 개발development은 소득 격차의 이유, 내부 투자의 조건, 민주적 과정의 본성, 식민 관계의 역사, 세계화 영향 등 개발 참여가 발생하는 정치적 맥락에 대한 조사를 조직적으로 배제한다. 퍼거슨은 개발 담론이 개발이 일어나는 조건을 조사하길 허용치 않는다는 사실로 인해 개발 프로젝트의 효율성이 근본적으로 제약된다고 주장한다. 디자인 담론에 대해서도 기술 결정론technological determinism*과 기술사회적 진보에 대한 약속이 정치적, 역사적 여지를 남기지 않는다는 측면에서 비슷한 주장이 있을 수 있다.⁶⁶

3장의 후반부에서는 디자인 담론이 어떻게 반정치적 기구로 기능하는지 몇 가지 사례를 살펴본다.

---

* 기술이 자율적이며 사회에 결정적인 영향을 미친다고 주장하는 이론 — 옮긴이

99가지 문제, 그러나 우리는 단 하나의 프레임으로 본다

2016년 『Grassroots Innovation Movements』(Routledge, 2016)이란 책에서 STS 학자 아드리안 스미스Adrian Smith, 마리아노 프레솔리Mariano Fressoli, 디네쉬 아브롤Dinesh Abrol, 엘리사 아론드Elisa Arond, 아드리안 엘리Adrian Ely는 프레이밍framing의 개념이 사회 운동 연구 분야와 기술 사회학 분야에서 다르게 사용된다는 점에 주목했다.[67] 사회 운동 학자 로버트 벤포드Robert Benford와 데이비드 스노우David Snow에게 집단 행동 프레임collective action frame은 '사회 운동 조직의 활동과 캠페인에 영감을 주고 정당화하는 신념과 의미의 집합체'다.[68] 프레임은 행동을 가능케 하며, 사회 운동 정체성을 출현·형성시키기 때문에 새로운 프레임의 생성과 유통은 중요한 사회 활동이다. 그러나 과학과 기술 연구에서 "기술 프레임은 그룹들의 사회적 상호 작용을 통해 공유 문제, 전략, 요구 사항, 이론, 지식, 설계 기준, 본보기 기준, 테스트 절차, 사용자 관행으로 구성된다. 그것들은 우리들이 사회적 행위자들이 기술을 선택하고 발전시킬 때 합리적이라고 생각하는 조건들을 이해하는 데 도움이 된다."[69] 그렇다면 문제 프레임은 어떻게 디자인 프로세스를 비정치화하는가?

첫째, '디자인 문제'를 구조로부터, 역사로부터, 그리고 지배의 매트릭스 아래서 조직적이고 지속적인 형태의 억압으로부터 분리함으로써 비정치화가 가능하다. 예를 들어, 백인 우월주의적 자본주의, 이성애 가부장제와 정착민 식민주의를 재현하기 위해 여러 행위자와 기관에서 알고리듬을 사용하는 방식은 '알고리듬 편향'에 대한 비판으로 압축된다. 미디어 시스템은 신자유주의적 이성애hetero, 시스cis 규범적 주관성을 생산하면서 대부분 커뮤니티와 인간 경험 유형을 상징적으로 말살시킨다. 또한, 흑인에 대한 반감을 부추긴다. 그리고 교도소 산업 단지, 정착민 식민주의, 제국의 논리는 제한된 범주 그룹에 따른 대표 형평성 관련 질문으로 좁혀진다.

디자이너들, 상상 속 사용자들, 가치, 어포던스, 소유권, 거버넌스 등 여러 디자인 측면이 모두 결합된 인간의 시도(새로운 기술의 디자인)는 과정과 결과 관점에서 모두 지배 매트릭스의 논리에 따라 백인 우월주의적 자본주의, 이성애 가부장제를 체계적으로 재생산하게 된다. 이는 젠더 편견 또는 인종적 편견의 '기이한' 몇 가지 사례를 비판하는 수준으로 축소된다. "디지털 카메라 알고리듬은 아시아 사람들이 사진을 찍을 때 눈을 감고 있다고 생각하고 만들었나요? 너무 엉성하게 만든 거 아닌가요? 누가 만들었든 그 프로그램 만든 사람은 정말 인종 차별주의자예요!" 이렇듯 디지털 도구, 플랫폼, 시스템 디자인을 비롯해 삶의 모든 분야에서 구조적 불평등은 지속적으로 만연하게 재생산되고 있고, 이런 불평등은 개별 인종 차별적 행위 또는 (더 전형적으로는) 무의식 중의 편견으로 축소된다.

이런 프레임은 특정한 일련의 대화 습관과 행동을 만들어내고, 이로써 기술 중심주의technocentricity와 해결주의solutionism가 힘을 얻는다. 우리가 직면한 문제가 잘못된 결정을 내린 특정 소프트웨어 개발 팀이 원인이라면, 우리가 해야 할 일은 소프트웨어를 재설계하고 실수로 코딩된 편향을 완화하는 일뿐일 것이다. 물론, 코드와 UI 편향 점검, 알고리듬 편향 평가, 반인종주의 워크숍, 고용·유지·급여에서의 성평등 목표, 마이크로어그레션에 대한 인식 증대는 모두 중요하고 가치 있는 추구 대상이다. 우리를 둘러싼 전체 숲이 거대한 불길에 휩싸였을 때 계속해서 발 앞에 작은 덤불에 난 불을 꺼야 한다. 하지만 동시에, 우리가 작은 것에 연연해 큰 그림을 보지 못한다면, 불평등 재생산에 끊임없이 영향을 미치는 더 큰 구조를 알아채지 못할 것이다. 우리는 미시간의 플린트Flint에서 국가가 전체 시스템 차원에서 오염된 수원과 파이프를 교체하도록 조직화했어야 했는데, 그러지 못하고 아동을 위한 식수 기부에 힘을 모으는 데 머무르고 말았다.[70] 이런 이유로 디자인 정의에서 프레임워크로서 범위를 지정하는 프로세스를 재고하도록 촉구하는 것이다.

문제의 범위를 지정하는 과정에서의 문제: 린 제품 디자인을 위한 18F 가이드

예를 들어, '린 제품 디자인을 위한 18F 가이드The 18F Guide to Lean Product Design(18F는 기술 제품과 서비스를 구축하고 개선하기 위해 다른 정부 기관을 지원하는 임무를 맡은 연방 정부 기관을 일컫는 단어임)'를 살펴보자. 18F는 디자인 프로세스를 설명하면서 다음과 같이 말한다. "모든 프로젝트의 첫 단계는 해결해야 할 문제들을 찾기 위해 리서치를 수행하는 것이다. 당신의 목표는 세 가지다. 첫째, 조직과 이해관계자들이 직면한 문제를 식별하고 더 깊이 이해한다. 둘째, 당신의 솔루션이 가장 도움을 줄 거라고 생각하는 사람들을 찾는다. 그리고 사람들(당신의 의도된 사용자)의 문제, 맥락, 행동, 동기를 탐색한다."[71] 가이드는 그런 다음, 아래의 예를 제공한다.

- **도전 과제**: 미국은 실업률이 높고 일자리는 주로 고도로 숙련된 근로자를 대상으로 증가되는 경향이 있다. 우리는 그 수요를 충족시킬 많은 시민이 필요하다. 우리에겐 대학 교육을 받은 근로자가 더 많이 고용된다는 증거, 좀 더 고용 가능성이 있다는 증거가 있다.
- **대상**: 고등학교 졸업자, 학위가 없는 성인
- **문제**: 예비 대학생은 대학 학위의 잠재적 경제 결과에 대한 정보가 부족하고, 자신에게 적절한 대학을 선택할 수 있는 정보도 부족하다.[72]

디자인 정의는 이런 문제 설정을 비판적으로 분석할 도구를 제공한다. 디자인 정의는 디자인이 지배 매트릭스 안에서 다른 위치에 있는 사람들 간 편익과 해악의 불평등한 분배에 어떻게 영향을 미치는지 분석하려 한다는 점을 기억하자.

18F의 문제 설정은 구조적 불평등에 대한 논의를 건너뛴다. 예를 들어, 미국의 실업률은 여러 계층 그룹에서 어떤 양상을 보이는가? 대학 교육률은 어떻게 분포돼 있는가? 어떤 그룹의 사람들이 마련된 일자리에 접근하고 있으며, 어떤 그룹이 배제되고 있는가? 디자인 정의 접근법에서 이런 유형의 질문 답변은 '사람'과 '문제' 설정 시 필요한 정보를 제공한다. 이런 질문들을 탐색하다 보면 문제 설정을 뒷받침하는 가정도 수정된다. 미국의 실업률과 대학 진학률이 인종, 계층, 성별, 장애, 이민자 여부에 따라 (즉, 지배의 매트릭스 내의 위치에 따라) 크게 구조화돼 있지만, 위 질문의 작성자는 불특정 '시민'의 실업과 대학 교육 접근성을 일반화한다. 문제는 교차 구조적 불평등을 인식하는 대안적 관점이 아닐뿐더러, 대학 학위의 효용에 대한 **정보 부족**으로 프레임이 짜여 있다는 것이다.

또한 대학에의 접근성이 인종적으로 서로 전혀 다르다는 점을 인정하면 다른 문제 프레임이 설정된다. 예를 들어, 주로 유색 인종 학생들이 다니는 고등학교는 대학 진학을 성공적으로 준비하는 데 필요한 자원을 지원받지 못하는 경우가 많다. 게다가 학교 내부의 과중한 치안과 징계 규칙의 인종 차별적 적용으로 저소득 유색 인종 학생을 대상으로 하는 학교와 교도소 간 파이프라인school-to-prison pipeline*도 생겼다. 더욱이 높이 치솟는 대학 비용으로 빈곤층과 노동 계층 가정의 학생들은 고등 교육을 받기가 점점 더 어려워졌다. 디자인 정의 렌즈를 통해 다시 설정된 도전 과제, 사람, 문제는 매우 다른 종류의 디자인 프로젝트로 나타나게 되며, 자원, 시간, 에너지의 다른 할당 양상을 보인다.

디자인 챌린지: 쓰레기로 가득 차 있는가? 게이츠 재단의 화장실 재창조 챌린지에 관한 기록

디자인 챌린지design challenge는 빈번하게 진행되는, 매우 가시적이면서도 내러티브 중심적인 디자인 접근 방식이다.[73] 2011년 게이츠 재단Gates Foundation은 새로운 유형의 변기를 개발하기 위한 디자인 챌린지를 시작했다. "물, 위생 프로그램은 안전하고 합리적인 위생 시설에 접근할 수 없는 전 세계 25억 명의 사람들에게 지속 가능한 위생 솔루션을 제공하기 위한 화장실 재창조 챌린지Reinvent the Toilet Challenge를 시작했다. 인간 폐기물의 안전하고도 지속 가능한 관리를 위해 (기본적 엔지니어링 프로세스를 기반으로 하는) 혁신적인 접근 방식을 제시하는 전 세계 16명의 연구자에게 연구 보조금이 수여됐다."[74]

그림 3.3 "러프버러 대학(Loughborough University)은 배설물의 열수 탄화 작용 (hydrothermal carbonization)을 통해 배설물을 바이오 숯으로 변환하는 사용자 친화적이며 완전한 작동이 가능한 가정용 양변기 시스템을 개발했다." (출처: 게이츠 재단, n.d.)

---

* 학교에서 잘못을 저지른 학생들을 교육적 개입 없이 즉각 교도소로 보내는 관행 – 옮긴이

챌린지의 목표는 "인간의 배설물에서 세균을 제거하고 에너지, 깨끗한 물, 영양소 등 귀중한 자원을 회수하는 화장실을 만드는 것이다. 상수도, 하수도, 전기 라인에 연결하지 않고 '오프 그리드off the grid'로 작동한다. 하루에 한 사용자당 미화 5센트 미만의 비용이 들 것이고, 열악한 도시 환경에서 운영되는 지속 가능하고 재정적으로 수익성 있는 위생 서비스 사업을 촉진할 것이다. (그리고) 개발도상국은 물론 선진국에서도 모두가 사용하고 싶어 할, 진정으로 미래의 염원을 담은 차세대 제품이다."[75] 2011년에서 2018년 사이에 게이츠 재단은 화장실 재창조 챌린지와 관련 화장실 연구 개발에 2억 달러 이상을 투자했다.[76] 각 프로젝트는 최대 10만 달러를 받았다. 프로토타입들은 고열을 가해 대변을 바이오 숯으로 만들고, 검은 물을 끓여 순수한 물을 추출했으며, 화학 물질을 첨가해 폐기물을 분해했다. 재단은 2013년 중국 연구원을 위한 500만 달러를 지원하겠다고 했으며, 2014년에는 인도 연구원을 위해 200만 달러 지원을 추가로 발표했다. 그리고 2018년에는 베이징에서 화장실 재창조 엑스포Reinvented Toilet Expo를 개최해 최대 2억 달러의 자금을 추가로 투입하겠다고 발표했으며, 세계 은행, 아시아 개발 은행, 아프리카 개발 은행으로부터 25억 달러의 자금을 조달하겠다는 약속도 했다. 도전 과제는 개발도상국 도시들은 하수도 기반 시설을 갖추지 못하고 있다는 점과 여성들이 공중화장실 시설을 사용할 때 남성의 공격을 받을 수 있는 상황으로 인한 두려움 등 부가적 문제들도 함께 고려해야 한다.

그러나 개발도상국에서 일하는 위생 전문가들은 "위생 기능이 절실히 필요한 지역 사회는 이니셔티브가 추진하는 첨단 기술을 감당할 수 없을 것"이라고 주장했다.[77] 예를 들어, 게이츠 재단이 이끄는 챌린지와 무관한, 개발도상국에 적합한 화장실 개발에 중점을 둔 영리 기업인들은 이미 200달러 미만의 비용으로 첨단 기술을 사용하지 않고 로우 테크로 물이 없는 퇴비화 변기를 디자인했다. 스웨덴 기업 피푸플Peepoople은 병원균을 죽이는 생분해성 백을 디자인했다.[78] 아이티 위생을 위한 NGO 단체 공동 설립자인 사샤 크레이머Sasha Kramer는 이렇게 말했다. "화장실을 짓는 건 쉽다. 어려운 점은 현지에서 적절히 작동하게 만드는 일이다. 진정한 도전은 기술이 아니라 접근성, 사회적 동원, 지속적인 화장실 유지·관리의 문제다."[79]

한편, 하수 인프라 및 대규모 중앙집중식 처리 시설 관련해 매우 낮은 비용으로 운영 가능한 대안이 이미 존재하며, 수십 년 동안(어떤 경우엔 수천 년 동안) 다양한 측면에서 일상에 실질적으로 녹여졌다. 어프로피디아 사이트(appropedia.org)에서 DIY 폐수·중수 처리 기술에 대해 빠르게 훑어보면, 지구상의 거의 모든 사람이 누구든(개인, 가족, 커뮤니티) 저렴한 비용으로 현지에서 구할 수 있는 재료로 쉽게 만들 수 있는 12가지 이상의 방식을 자세하게 설명한다.[80] 예를 들어, 가장 일반적이고 저렴한 솔루션 중 하나는 양동이 변기 퇴비 시스템이다. 이 시스템의 본질은 인간의 배설물을 양동이에 넣은 다음 몇 스푼의 재, 톱밥, 나무 조각으로 덮어 퇴비화하는 것이다. 양동이가 어느 정도 차면 퇴비 통으로 비운다. 퇴비 통은 주기적으로 회전시켜야 한다. 폐기물은 1년 안에 농업용으로 사용하기에 안전한 토양으로 전환된다. 이 시스템이 대규모로 널리 활용된다. 중국 시골 마을의 전형적인 쓰레기 관리 시스템은 인간 폐기물을 퇴비화해 나중에 농업에 재사용하는 대형 시멘트 탱크를 활용한다.

여기서 전하고자 하는 요점은 새롭고 혁신적인 변기 기술이 바람직하지 않다거나 불가능하다고 이야기하는 것이 아니다. 게이츠 재단이 변기 혁신 팀들에 부여한 보조금이 낭비였다고 주장하는 것도 아니다. 대신에 화장실 재창조 챌린지를 디자인 정의 렌즈를 통해 분석해봤으면 한다. 어떤 이야기가 나오는가? 문제는 어떻게 정의돼 있는가? 범위는 누가 결정하는가? 디자인된 개체와 프로세스에 어떤 가치가 내재화돼 있는가? 누가 혜택을 받는가? 누가 손해를 입는가?

챌린지를 시작할 때 '문제problem'를 해결하기 위한 기존의 저비용 기술 솔루션을 무시했다. 그 솔루션들은 과거에 시도됐고 목표에 잘 부합했으며 틀림없이 가장 효과적일 수 있었지만, 챌린지 언어로 거론되지 않았고 챌린지 보조금도 지원되지 않았으며 화장실 재창조 챌린지 관련 차원에서 솔루션 활용 및 보급에도 전혀 진전이 없었다. 제이슨 카스Jason Kass는 논증이 잘 된 것으로 잘 알려진 〈뉴욕타임즈〉 기고에서 다음과 같이 말했다. "문제trouble는 게이츠 재단이 적합한 솔루션을 찾기 위한 탐구 과제를 마이크로소프트의 최첨단 프로젝트처럼 취급했다는 것이다. 요란한 부가 기능들과 하늘을 찌를 듯한 높은 예산, 고객들로부터 수천 마일 떨어진 곳에서 최신 기술을 실험하는 엘리트 기관 엔지니어들 등등."[81] 기존 시스템이 완벽하다거나 문제가 없다거나 보편적으로 적용할 수 있다고 말하려는 것이 아니다. 톱밥은 나무를 베어야 구할 수 있고, 재는 물건을 태우고 유해물을 배출해야 하는 문제가 있으며, 퇴비는 퇴비화 장치를 위한 물리적 공간이 필요하다. 그러나 이미 존재하는 솔루션을 개선하는 방안을 충분히 고려하지 않았다는 점은 당연한 실패로 설명될 것이다. 이런 실패는 기술 솔루션주의techno-solutionist로의 지향(새로운 기술이 우리를 구할 것이라는 믿음!), 기술의 정의 및 기원에 대한 배타적이고 엘리트주의적 이해(대학과 기업 연구소의 똑똑한 과학자 중심적 사고), 기존 기술과 커뮤니티 기반의 디자인 실천 활동에 관한 관심 부족으로 발생한다.

우르바시 프라사드Urvashi Prasad는 2012년 게이츠 경쟁에 관해 이렇게 말했다. "우리는 기술 디자인 경쟁의 상대적 매력에 정신을 빼앗겨선 안 된다. 슬프게도 가난한 사람들을 위해 마련한 완벽한 화장실 아이디어는 우리에게 필요한 솔루션으로 우리를 안내하지 않는다. 우리는 비기술적 전략 무기도 필요한 것이다."[82] 프라사드는 기존 인프라와 화장실 블록의 커뮤니티 소유권, 개인 화장실 운영자와의 집행 가능한 계약, 도시 빈민가 거주자를 위한 유연한 지불 옵션(월정액 포함) 등 이미 효과가 입증된 솔루션들의 최적화를 주장한다. 그들은 또한 화장실을 주기적으로 사용하지 않는 곳에선 화장실 이용권을 구매하거나 구매하지 않을 다양한 이유가 있다는 점에 주목한다. 예를 들어, 어떤 사람들은 사회적 지위의 표식으로, 가족 내 여성 구성원이 공동 화장실에 밤늦게 다니지 않게 보호하려는 용도 등으로 화장실 사용 방식을 정할 수 있다. 프라사드는 또한 맥락에 부합하는 디자인의 중요성을 강조한다. "최고로 잘 디자인된 화장실 기술이라 할지라도 모든 상황에 적합하지 않을 것이다. 예를 들어, 상하수도관이 잘 연결된 지역의 안정된 빈민가라도 개별 주택의 공간은 극도로 제약받을 수 있다. 대략 12m²(129ft²)가량의 집인데, 위치상 다른 세 집 사이에 끼인 집이라면 새 변기를 어디에 설치해야 할까?"[83] 프라사드는 궁극적으로 기존 솔루션을 잘 활용하고 유지·관리하는 것과 더불어, 실존하는 장애물과 동기를 이해하는 것이 진정한 성공의 열쇠라고 주장한다. 예를 들어, 인도 아마다바드Ahmedabad의 빈민가 네트워크 프로젝트Slum Networking Project에서는 화장실이 그들의 지역 사회에 중요하다고 한 빈민가 거주자들이 정부에서 위생 인프라를 유지 및 업그레이드하려 기여한 것보다 몇 배나 더 기꺼이 시간과 노력을 쏟을 의향이 있음을 발견했다. 프라사드는 "깨끗한 물과 위생 시설에의 보편적 접근을 위해 노력하는 사람들은 대회와 상금뿐 아니라 솔루션의 채택, 사용, 유지·관리를 장려하는 덜 매력적인 작업에도 주목해야 한다"라고 강조한다.[84] 그들은 또한 기존의 공공 화장실과 개인 화장실이 인도 도시 빈민가의 위생 인프라의 약 50% 정도를 차지하지만, 그중 많은 곳이 제대로 관리되지 않는다고 주장한다. 따라서 지속적인 유지 관리를 촉진하는 방안을 찾는 게 새로운 화장실 디자인보다 핵심 과제인 것이다. 이런 관점은 3장의 앞부분에서 소개한 맥시가스[Maxigas]의 급진적 기술 집약체의 주요 기반 시설 구축 및 유지 관리 작업 관련 주장과 매우 유사하다.

다시 말하지만, 여기서 요점은 새로운 기술이 무용하다거나 디자인 챌린지가 시간 낭비라고 말하는 게 아니며, 기존 솔루션만으로 언제나 충분하다는 게 아니다. 그보다는 문제가 있는 곳에서 그 문제의 영향을 받는 사람들이 이미 솔루션을 개발했다는 사실을 인식해야 한다. 그리고 가장 영향을 받는 사람들이 만들어낸 기존 솔루션은 현지의 재료, 기술, 기반 시설을 바탕으로 하는 이점이 있다는 사실, 그리고 가장 영향을 받는 커뮤니티에 소속된, 직접 관련 작업을 하는 사람들이 디자인 프로세스에 포함되고 프로세스를 제어할 수 있어야 한다는 사실에 주목한다. 그리고 때로는 (항상 그런 건 아니지만) 외부 리소스로 기존의 현지에서 만들어진 솔루션을 지원·개선·확대 적용·비용 절감하는 데 잘 사용할 수도 있으며, 장애물은 특정 도구나 대상으로 인한 것이 아니라 본질적으로 사회·문화·경제적인 특성에 기반한다는 사실을 간과해선 안 된다.

게이츠 챌린지는 공적 담론과 보조금 지급 차원에서 이런 주장들과는 대부분 반대되는 입장을 취한다고 추정된다. 기존 솔루션을 무시하는 경향이 있으며, 해결책은 위생 시설을 이용할 수 없는 사람들의 사회적 현실과는 거리가 먼 대학 연구실에서 나올 거라고 여긴다. 현지의 전문 지식과 암묵적, 경험적 지식을 포함하는 협력적 디자인 접근법에 관한 어떠한 규정도 없으며 관련 제안조차 하지 않는다. 그리고 솔루션의 채택, 사용, 유지·관리에 대해선 언급이 없다.

게이츠 보조금을 받은 러프버러 대학Loughborough University 수혜자들은 그들의 디자인 프로세스에 관한 매우 흥미로운 글을 공개했다. 그들에 따르면 디자인은 요구 사항을 수집하기 위해 '다학제적 전문가 팀'이 참여하는 사용자 리서치와 '1순위 사용자와 2순위 사용자'로 구성된 포커스 그룹focus group으로 시작해 단계별로 전개됐지만, 그들은 포커스 그룹이 실제로 화장실 접근이 어려운 인도 빈민가 거주자들을 대상으로 수행됐는지는 분명하게 밝히지 않았다.[85] 프로젝트 팀은 기능적 요구 사항을 발전시켰으며 변기 디자인을 위해 산업 디자인 학부생을 고용했다. 다음으로, 연구원들과 학부생들은 인도로 가 현지 화장실 제공자, 구호 기관, 전문가들을 만났다. 현지 조사를 마치고 돌아와선 블루폼blue foam으로 프로토타입을 제작하고 디자인 스쿨의 학생들, 교수진과 함께 테스트했다. 리서치 단계의 주요 발견 중 하나는 '제품은 지속 가능성, 비용에서부터 소유권, 유지·관리·수리에 이르기까지 여러 측면에서 이점이 있을 수 있으므로, 현지 제조를 염두에 두고 설계해야 한다'라는 것이었다.[86] 나는 이 결과를 대부분의 디자인 프로세스에 일반화할 수 있으며, 실상 결론이 아니라 출발점이 돼야 한다고 주장한다.

팀은 또한 다음과 같은 흥미로운 발견점을 공유한다. "서구의 일부 대중적 믿음과는 달리, 아마다바드에서 주목할 만한 사용자들은 (확실히 현지 맥락에서는) 쪼그리고 앉는 화변기의 건강상 이점에도 불구하고 양변기를 갖길 열망한다."[87] 이런 현상은 디자인 정의 접근 방식의 어려움을 보여준다. 대중 매체와 현지 엘리트 가정에서의 헤게모니적 존재감이 경제적 성공의 지표가 되기 때문에 모든 사람이 화변기의 이점에도 불구하고 양변기를 원한다면 적절한 방향은 무엇일까? 한편, 자원은 제품 디자인에서 (양변기 대비 화변기의 이점을 알리는) 대중 교육과 미디어 캠페인으로 재할당될 수 있다. 그리고 다른 한편으로 디자인 정의는 우리로 하여금 커뮤니티가 스스로 결정을 내리도록 존중하고 지원하도록 촉구할 수도 있다. 이건 풀기 어려운 숙제다.

아무튼 러프버러 대학 팀에서 제안한 바이오숯 시스템 통합 아이디어는 전적으로 사용자 대면 디자인 프로세스 밖에서 만들어진 것으로 보인다. 실제 사용자들이 참여한 프로토타입 제작 프로세스는 없었으며(산업 디자인 학생들이 짧은 현지 견학 후 폼 프로토타입을 만들어 테스트함), 완제품은 실제 환경에서 실제 사용자들을 대상으로 테스트하지 않은 상태로 전시회에서 발표됐다. 이 글은 다음과 같이 끝난다. "현장에서 충분히 사용자 테스트를 수행하면 의심할 여지 없이 초기 디자인의 잠재 결함을 찾아낼 뿐 아니라 해결해야 할 문제도 부각시키게 된다."[88] 당연히 의심의 여지가 없는 의견이다.

로이드 알터Lloyd Alter는 도전 과제에 관한 매우 통찰력 있는 기사를 작성했다. 그는 우승한 프로젝트들이 모두 비용이 많이 들고 복잡하며 유지·관리하기가 어렵다고 기술했다.[89] 또한 그 수상작들은 대부분 사용자가 소유한 가정집의 크기보다 더 많은 공간이 필요했다. 어떤 프로젝트는 치명적인 문제도 내포하고 있었다. 예를 들어, 캘리포니아 공과대학Caltech, California Institute of Technology에서 수상한 아이디어와 같이, 과열된 대변 배설물은 매우 치명적인 염소 가스를 생성한다. 알터는 모든 수세식 화장실 시스템과 연관이 있는 물과 에너지의 낭비에 관해서도 썼다. 그의 논의에서 가장 흥미로운 건 분뇨 역사에 관한 부분이다. "사실은 똥과 오줌을 처리하기 위한 첨단 기술이 필요한 게 아니라, 인공 비료가 개발되기 전 중국과 일본에서 그랬던 것처럼 사회 조직이 필요하다는 것이다. 상하이Shanghai의 배와 운하 같은 전체 경제 기반 시설이 있어, 배설물을 치우고 처리하며 저장해 미생물을 죽여 비료로 사용했다. 당시엔 귀한 시스템이었다." 그는 계속해서 크리스 드 데커Kris De Decker의 글을 인용해 세기의 전환기에 있었던 인간 거름의 거래에 관해 소개한다. 당시 분뇨는 도시에서 시골로 모아져 처리하고 유통됐는데 수십만 달러의 가치로 환산된다. "1908년경 중국인 사업가는 도시의 한 지역에서 70만 달러 상당의 금액을 지불하고 연간 78,000톤의 분뇨를 시골 농부들에게 판매할 권리를 얻었다."[90] 분뇨는 역사적으로 가치 있는 상품이자 지속 가능한 농업 실천을 위한 자원이었다. 이제 거름은 수입 비료로 대체됐으며, 자원에서 폐기물로 인식 프레임이 바뀌었다. 지방 자치 단체는 잠재적 수입원을 버리기 위해 매년 막대한 돈을 지출한다. 이런 역사에 비춰 볼 때, 게이츠 챌린지는 빈민가 거주자들한테서 분뇨를 구매해(또는 무료로 수거해) 농부에게 판매하기 위한 비료로 가공하는 새로운 사업에 투자하는 게 더 나을 수 있다. 도시 농업에서든, 시골로 운송한 후든 상관없이 농부를 대상으로 하는 사업이 가능한 것이다.

마지막으로, 디자인 내러티브가 지배의 매트릭스를 숨기는 방식을 보여주는 사례로, 이 분야의 많은 글에서 인도인들이 성희롱을 우려해 딸을 공동 화장실에 보내는 걸 원치 않는다는 이야기를 한다.[91] 성희롱이 위생 인프라 접근의 주요 장애물 중 하나라면, 위생 시설 접근성 개선에 관심이 있는 사람들은 성희롱 근절에 투자해야 할 것이다. 그러나 이 단순한 통찰은 프레임 정의, 범위 지정, 수상 적격 여부, 매스컴 홍보 등 화장실 재창조 챌린지 관련 내러티브에서 완전히 빠져 있다. 여성과 소녀들이 공중화장실 사용 중 겪을 수 있는 성희롱 위험 원인을 제거하는 데 필요한 비용과 인도의 각 가정에 제대로 작동하는 화장실을 설치하는 데 필요한 비용에 대한 비용·편익 분석을 수행하는 게 더 합리적일 수 있다.

디자인 챌린지에서와 같이 디자인 내러티브의 경계는 사회 조직을 기반으로 하는 시스템적 문제, 근본 원인, 접근성을 해결할 가능성을 제한한다. 화장실 재창조 챌린지에선 저비용의 기존 기술, 비료의 주요 자원으로서의 인간 분뇨를 중시하는 비즈니스 모델, 공동 위생 시설을 사용하려는 여성과 소녀들에 대한 성폭력을 근절하거나 대폭 줄여야 할 필요성이 모두 배제돼 있다. 이 세 가지 접근 방식 중 어떤 것이 깨끗한 물과 위생 시설에 접근하지 못하는 인구 비율을 크게 줄이는 목표를 달성할 가능성이 새로운 화장실 디자인 방안보다 더 높을지라도, 실상이 그러하다.

물론, 새로운 기술은 흥미롭고 때로는 삶의 질을 상당히 개선할 뿐 아니라 인간의 능력을 확장한다. 그리고 디자인 이니셔티브는 획기적인 결과물을 낼 커다란 퍼즐에 단단히 집중함으로써 영향을 최대화하길 바란다. 하지만 디자인 챌린지는 가장 결과물의 영향을 받는 사람들의 의견을 거의 또는 전혀 반영하지 못한 채 구축됐고, 현장에서 수천 마일 떨어져 연구하는 대학 전문가로부터 솔루션이 나올 것이라고 가정한다는 점과 기존 솔루션을 무시하고 확인된 문제의 근원을 회피하려는 태도는 디자인 정의에 근거한다고 볼 수 없다는 점에서 결국 실용적, 윤리적 측면에서 실패할 가능성이 크다.

다행히도 이런 점을 인식하고 디자인 과제 영역에 생생한 경험이 있는 커뮤니티와 협력해 프레임을 잡고 범위를 지정하며 프로토타입을 만들고 디자인 작업을 수행하는 사람들, 조직, 네트워크가 점점 늘고 있다. 이런 경향은 디자인 정의 네트워크Design

Justice Network의 디자인 내러티브 워크숍, 유축기를 끔찍하지 않게 만들기 해커톤 및 정책 서밋Make Breast Pump Not Suck Hackathon and Policy Summit,[92] 마이그라핵MigraHack(이민자 해커톤),[93] 트랜스*H4CKTrans*H4CK[94] 등 여러 디자인 분야에서 일어난다. 4장에서는 지배의 매트릭스를 재생산하기보단 도전하는 방식으로, 해커톤, 디스코테크DiscoTech 등 기술 디자인 활동을 조직화하는 방법에 대해 더욱 깊이 이야기를 나눠볼 것이다.

디자인 내러티브: 결론

스토리에는 힘이 있다. 트위터의 기원에 관한 '공식적' 스토리에 따르면 창립자 중 한 명이 비현실적일 정도로 눈부신 천재성을 지녔기 때문에 트위터가 탄생할 수 있었다고 한다. 하지만 참여했던 개발자들은 반대되는 이야기를 한다. 아나키스트 해커 활동가들이 2004년 NYC 공화당 전당 대회 시위에서 운동 단체들이 경찰보다 한발 앞서 움직일 수 있도록 TXT몹을 만들었으며, TXT몹은 오데오 핵데이Odeo hackday에서 트위터 전신이 되는 데모 디자인으로 활용됐다는 것이다. 여기서 말하고자 하는 요점은 새로운 기술의 디자인에 관해 우리가 말하는 이야기는 세상에 대한 우리의 폭넓은 이해를 반영하기도 하고 가능성의 지평을 형성하기도 한다는 것이다.

디자인은 관심을 불러일으킨다. 하지만 관심은 공평하게 할당되지 않는, 점점 더 부족해지는 자원이 되고 있다. 우리가 부여할 수 있는 관심의 양은 지배의 매트릭스(백인 우월주의, 이성애 가부장제, 자본주의, 정착민 식민주의) 내 우리의 위치에 따라 정해진다. 디자인 정의 접근 방식은 디자인 프로세스에서 너무나 자주 무시되곤 하는 참가자들의 적절한 귀속을 요구한다.

모든 기술 혁신과 마찬가지로, 미디어 기술의 혁신은 사용자, 개발자, 기업, 대학, 국가 등 복잡한 행위자 집합 간의 상호 작용에 기반하며, 고독한 프로그래머 '록스타rock star'*

---

* 소프트웨어 업계에선 평범한 여러 개발자보다 탁월한 1명의 개발자가 큰 역할을 한다는 록스타 원칙이 존재함. 탁월한 개발자를 록스타라고 칭함 – 옮긴이

가 이끄는 하향식 프로세스로 만들어지지 않는다. 리드 사용자들은 어떤 현장에서든 (대부분은 아닐지라도) 많은 혁신 사례를 만들고 발전시킨다. DIY 환경에서도 혁신을 만들어내고, '공식' 리서치, 디자인, 개발 단계가 아닌 비공식 프로세스 안에서도 혁신을 이끌어낸다. 이는 우리가 디자인에 대해 생각하고 말하는 방식과 정책적 방향에 영향을 미친다. 사회 운동은 미디어 산업과 사회 운동 커뮤니케이션의 관계 때문에(정보 전달 또는 와전) 미디어 도구와 실천 측면에서 언제나 혁신의 온상이었다. 특히 소외된 커뮤니티가 주도하는 사회 운동은 대중 매체에서 조직적으로 무시되고 잘못 진술되기 때문에, 그들은 흔히 강력한 커뮤니티 미디어 관행을 만들어내고 적극적인 반대 세력을 규합하며 필요에 따라 미디어 혁신을 이뤄낸다.[95] 따라서 사회 운동은 기술 디자인, 보급, 채택, 지원의 중요한 현장이 될 수 있다. 사회 운동에서의 미디어 혁신 사례들은 나중에는 본래의 반패권적 의도는 제거되고, 저널리즘 업계와 폭넓은 문화 산업에 채택된다. 예시로는 TXT몹, 트위터, 시그널Signal, 왓츠앱 등이 있다. 우리는 디자인의 역사에서 사회 운동의 공헌이 지워지지 않도록 이런 스토리들을 전해야 한다.

마지막으로, 내러티브가 디자인을 구조화하는 가장 중요한 방법 중 하나는 디자인 문제의 범위와 프레임을 정의하는 것이다. 디자인 범위를 설정하는 프로세스에서 구조적 문제, 대형 기관의 행위자, 국가를 배제하고 설정하면 디자인은 반정치적 시스템 antipolitics machine이 되고 만다. 디자인 내러티브는 너무나도 자주 지배의 매트릭스를 감추고 상상의 경계를 설정해 이미 존재하는 커뮤니티 주도 솔루션들을 배제하게 만든다. 마치 게이츠 재단의 화장실 재창조 챌린지가 그랬던 것처럼.

디자인 정의는 우리가 디자인 내러티브를 분석하는 데 사용할 수 있는 렌즈를 제공한다. 다시 말하자면, '디자인 문제, 솔루션, 맥락, 결과와 관련해 어떤 이야기들이 전해지고 있는가? 누가 이 이야기들을 전하는가? 누가 참여하고, 누가 혜택을 보며, 누가 피해를 입는가?' 등의 질문을 던지는 것이다.

디자인 정의는 실용적이면서도 이상적인 접근 방식을 고민한다. 이런 이원적 관점은 사람들의 삶의 질을 향상시키기 위한 즉각적 구현, 구체적 제안을 하는 동시에, 장기적으로 사람들의 삶의 기회에 영향을 미치는 권력 불평등과 커다란 구조적 강제력을 요구한다. 디자인 정의는 또한 커뮤니티 자산 관점의 렌즈를 통해 범위를 정하고 프레임을 잡는다. 그리고 지배의 매트릭스에서 소외된 커뮤니티들이 도리어 문제를 탐색할 전략과 도구를 이미 개발했고 문화, 정치, 경제생활을 지원할 사회기술적 실천 관련 풍부한 레퍼토리들을 만들어냈음을 인정한다. 디자인 정의는 기존 커뮤니티 기반 디자인 솔루션, 실천 방안, 실무 활동들을 증폭시키고 고양시키며 가시화하는 스토리들을 전하는 데 관심이 있다.

4장

디자인 현장:
해커스페이스, 팹랩, 해커톤, 디스코테크

그림 4.1 디트로이트 디지털 정의 연합(Detroit Digital Justice Coalition)의
「디스코테크 진(DiscoTech zine)」 표지

서로를 위해 탁월해지자, 친구들.

    – 노이즈브릿지(Noisebridge)의 규칙[1]

여러 면에서 '해커스페이스^{hackerspace}'는 중산층 백인 남성을 가리키는 엘리트주의적 명칭이다. 이들은 컴퓨터로 장난을 쳐 큰일을 벌이곤 한다. 하지만 이 마을 모든 블록에 있는 차량 정비소에서 상상보다 훨씬 많은 해킹이 시도된다. 그리고 사람들은 친구, 가족, 동료 네트워크와 함께 무언가를 배우고 창조한다. 이런 내용은 「와이어드^{Wired}」지에 실리지 않는다. 그러니 당신은 헛소리 탐지기를 작동시켜야 한다.

    – 리즈 헨리(Liz Henry), '페미니스트 해커스페이스의 부상. 당신만의 것을 만드는 방법'

뜨거운 납땜의 매캐한 냄새가 모퉁이에 있는 탁자에서 뿜어져 나온다. 세대 구분없이 모인 사람들이 해적 FM 라디오 방송국 개설 방법을 배우고 있다. 맞은편 비트 메이킹 콜라보레이션 스테이션에선 십대 청소년 셋이 헤드폰을 끼고 자신들이 만들어내는 힙합 비트의 **붐붐뱁**^{boom boom bap}에 맞춰 고개를 끄덕이고 있다. 다른 모퉁이에선 어린아이들이 거대한 녹색 스크린 앞에 무리지어 놀면서 나중에 애니메이션으로 만들 스틸 이미지를 촬영한다. 이런 활동은 2012년 연합 미디어 콘퍼런스^{AMC, Allied Media Conference}의 미디어 고고랩^{Media a Go Go Lab}에서 열린 디스코테크^{DiscoTech}, 디스커버링 테크놀로지 ^{Discovering Technology} 커뮤니티 축제의 일부다.[2] AMC 프로그램 공간에 대한 설명은 다음과 같다. "참가자들은 주말 내내 DIY 미디어 제작 기술, 협력적 디자인, 혁신적 커뮤니케이션 전술, 구축 기술(송신기, 기기 컨트롤러 등)을 배운다. 우리는 현재와 미래의 미디어와 기술을 분석하고 리믹스, 변형해볼 수 있는 기회를 얻을 것이다! 이 역동적인 공간은 AMC에서 워크 투 더 토크Walk to the Talk를 진행하는 곳이다."[3] 3일 동안 펼쳐지는 이 행사엔 수백 명이 참여한다. 뛰어난 기량을 갖춘 진행자가 인솔하는 집중 워크숍에 참가하기 위해서 오는 사람도 있고, 그저 '사람들과 한바탕 어울리며 덕질하러' 오는 사람도 있다.[4]

디스코테크는 10년 전 커뮤니티 기술 전문가인 다이아나 누세라Diana Nucera와 디트로이트 디지털 정의 연합DDJC, Detroit Digital Justice Coalition이 처음 만들었다. DDJC에 따르면 **디스코테크**는 '멀티미디어, 모바일 이웃 워크숍의 반복 가능한 모델'이다.[5] 첫 번째 디스코테크는 2009년 12월 12일 토요일 디트로이트의 5E 갤러리에서 열렸다. 인터넷, 전자, 공공 정책, 그리고 DDJC를 만들기 위해 연결됐던 조직들의 성장하는 커뮤니티에 관한 실습 중심의 워크숍이 이 공간의 특징이었다. 상담 공간, 전자 공방, 영화 상영회 등이 있었다. 참가자들은 고령자, 청소년, 환경 정의 운동가, 힙합 아티스트, 프로듀서, 복지 관계자, 커뮤니티 조직가, 예술가, 기술 전문가 등 다채로웠다. 직접 체험해보는 실습 활동은 인터넷 계정을 설정하는 방법부터 재활용 부품을 사용해 컴퓨터를 만드는 방법에 이르기까지 다양했다. 디스코테크 참가자들은 DDJC 프로그램을 발전시키는 데 참고할 인터뷰와 설문 조사에도 참여했다. 다수의 의견은 DDJC가 미시간 대학교와 협력해 성공적으로 입찰한 연방 정부의 광대역 테크놀로지 기회 프로그램BTOP, Broadband Technology Opportunity Program 기금을 사용해 추후 구현됐다.

디스코테크 모델은 2012 AMC의 디스코테크 모여라DiscoTechs Unite 세션에서 공유된 후 널리 퍼졌다. 그곳에서 DDJC는 브로드밴드 브릿지Broadband Bridge(앞서 2년 동안 디스코테크를 조직하기 시작한 워싱턴 DC 기반 이니셔티브)와 AMP 네트워크 회원들과 합류해 최초의 AMC 디스코테크를 만들었다.[6] 그들은 7월 1일 일요일, 콘퍼런스 참석자들을 초대했다. "와서 스테이션 여기저기를 뛰어다니며 당신의 동료들과 함께 기술을 발견하길 바란다. 재미있을 것이다!"[7] 이 디스코테크는 참가자들이 전기, 오디오 녹음, 비트 제작, 납땜, 메시 네트워킹, 암호화 등에 중점을 둔 디자인과 기술을 배우고 실습할 수 있는 전용 **협업 스테이션**이 특징이었다. 또한, 「디스코테크 진」(그림 4.1)이 2012년 창간

돼 AMC와 그 너머로 널리 배포됐다.[8]

2013년까지 나는 AMP의 다이아나 누세라, 자넬 야마시로Janel Yamashiro, 워크 디파트먼트Work Department의 니나 비앙키Nina Bianchi, 열린 기술 연구소Open Technology Institute의 앤디 건Andy Gunn과 함께 AMC 디스코테크를 3일 동안 계속될 전용 공간으로 확장하려 노력했다. 그해 디스커버링 테크놀로지 랩Discovering Technology Lab은 DIY와 DITDo-It-Together 기술, 코디자인, 메이킹, 해킹, 하드웨어, 소프트웨어, 지속 가능 기술에 중점을 두고 진행했다. 모든 참석자는 「디스코테크 진」을 받았으며 펑키 폰 괴물과 함께하세요get down with Phunky Phone Phreaks, 치열한 패셔니스타Fierce Fashionistas, 데이터 비즈위즈 키즈Data Viz Wiz Kids, 도큐먼테이션 닥터Documentation Doctors, 테크 헬프데스크 디바Tech Help Desk Divas, 우리의 멋진 웹메이킹 친구들! our Wonderful Webmaking Friends!의 초대를 받았다.[9]

나는 AMC 디스코테크에서 영감을 받아 보스턴 지역과 다른 곳에서 유사한 이벤트를 조직하는 데 도움을 주고자 사람들을 서로 연결해줬다. 2014년 MIT 코디자인 스튜디오MIT Codesign Studio의 학생들과 교직원들은 전 세계 지역 조직들과 협력해 캠브리지(매사추세츠), 샌프란시스코, 라말라, 멕시코 시티, 벵갈루루, 뉴욕에서 일련의 '상대 감시 디스코테크Countersurveillance DiscoTechs'를 조직화했다.[10] 이 모델을 접하고 흥분한 건 나뿐만이 아니었다. 2014년 벤또 미소 협업 워크숍Bento Miso Collaborative Workshop은 토론토에서 디자인 중심의 디스코테크를 개최했다.[11] 이 이벤트는 포스터 디자인, 스크린 인쇄, 제본, 만화, 스톱모션 애니메이션을 특징으로 하는 행사였고, 2014 AMC의 퓨처 디자인 랩Future Design Lab을 위한 모금 행사였다. 한편 이스탄불에서 열린 2014 인터넷 거버넌스 포럼Internet Governance Forum에서는 진보적 커뮤니케이션 협회APC, Association for Progressive Communications, 전술 기술Tactical Tech, 월드와이드웹 재단World Wide Web Foundation이 조직한 디스코테크를 선보였다.[12] 2016년 MIT 코디자인 스튜디오 팀, 리서치 액션 디자인Research Action Design, 인텔리전트 미스치프Intelligent Mischief, DCTP는 여러 도시의 지역 주최자들로 하여금 협력 경제 발견 기술 박람회Cooperative Economy Discovering Technology fair, co-op DiscoTechs를 운영하도록 지원했다. 이들은 노동자 소유 협동조합, 소비자 협동조합, 주택 협동조합 등 협동조합 경제를 강화하기 위한 기술 사용에 초점을 맞췄다. 보스턴,

세일럼, 뉴욕, 볼더, 필라델피아, 오클랜드, 런던에서 이벤트가 있었으며 반응은 모두 엄청났다.[13]

디스코테크는 계속 확산되고 있다. 그들은 참여 디자인, 디지털 미디어, 기술에 중점을 둔, 포용적이면서도 커뮤니티 중심적인 이벤트를 조직하는 데 있어 훌륭한 모델을 제시한다. 여기엔 핵랩hacklab, 메이커스페이스makerspace, 팹랩fablabs, 해커톤hackathon 같은 여러 유형의 디자인 이벤트, 모임, 공간이 존재한다. 4장에서는 "우리는 인클루시브 디자인 현장을 만들기 위해 디자인 정의 원칙들을 어떻게 적용하는가?"라는 질문을 탐구한다.

디자인 활동은 어디서나 일어나지만, 디자인 실천을 위한 이상적인 공간으로 평가받는 특정 현장이 있다. 핵랩, 해커스페이스, 메이커스페이스, 팹랩 등 사람들이 해킹, 메이킹, 구축 방법을 배우기 위해 모이는 다양한 유형의 공간뿐 아니라 해커톤 같이 일시적으로 열리는 디자인·기술 중심 이벤트에 관한 문헌이 증가하고 있다. 불행히도, 디자인 정의 실무자들에게 이런 문헌은 핵랩과 해커스페이스가 사회 운동 네트워크와 긱geek 커뮤니티의 교차점에서 명백히 정치화된 공간으로 변해가는 장기적 변화 양상을 보여준다.[14] 점차 스타트업 문화, 개인의 기술적 숙달과 기업가적 시민의식에 관한 신자유주의적 담론이 해커스페이스를 지배하게 됐다.[15] 도시 관리자들이 기술 솔루션주의의 인기를 극대화시켜 시립 '혁신 연구소'를 만들었음에도 불구하고, 해커스페이스가 변질되고 있다.

우리는 신자유주의적 담론이 현장의 과거, 현재, 미래에 급진적 가능성을 지우도록 허용해선 안 된다. 핵랩과 미디어·테크 융합 센터media/tech convergence center가 사회 운동과 결합된 공간이라는 깊은 역사 또는 대안적 계보가 존재한다. 또한 최근 해커와 메이커 스페이스를 의도적으로 다양화하려는 움직임이 있었다. 특히 성별과 인종에 따라 조금씩 차별화한 공간들이 나타나고 있는 것이다. 이런 경향은 우리를 현지에서 해방시키기Liberating Ourselves Locally, 더블 유니온Double Union 등 해킹, 메이킹, 공예, 디자인 중심의 새로우면서도 교차적인 페미니스트 공간에서 찾아볼 수 있겠다. 4장에서 나는 핵랩 참가자들의 다양화와 더불어, 디자인 정의를 위해선 그 현장이 조직되는 방식에 폭넓은 문화적 변화가 필요하다고 주장한다. 특히 디자인 정의란 디자인 현장을 사회 운동 네트워크에 의도적으로 다시 연결해야 함을 의미한다.

디자인 현장이 변모돼야 하는 것처럼, 우리는 해커톤 같은 디자인 이벤트의 이상, 담론, 관행에 질문해야 한다. 디스코테크, 오큐파이 데이터 해커톤Occupy Data hackathon, 미그라핵MigraHack, 트랜스*H4CKTrans*H4CK, 유축기를 끔찍하지 않게 만들기 해커톤 및 정책 서밋Make the Breast Pump Not Suck Hackathon and Policy Summit처럼 디자인 이벤트를 보다 자유로우면서도 포용적으로 재구성하는 것에 대한 관심이 커지고 있다. 4장에서는 해커스페이스에 대한 문헌과 실제 사례를 비판적으로 다룬다. 신자유주의의 영향을 받는 해커 문화를 추적한다. 그리고 디자인 정의 원칙과 실천 사례들이 구현될 수 있는 자유롭고 포용적인 현장으로의 상상을 시도한다. 교차적 페미니즘 디자인 현장의 지속적 확산 경향을 설명하며, 디자인 정의 원칙에 따라 디자인 현장을 발전시키는 구체적 방안을 제안하는 것으로 끝을 맺는다.

해킹하기, 만들기, 혁신 경제에 미치는 영향: 하위 집단로서의 디자인 현장, 주변부에서의 디자인 관행

해커스페이스, 메이커스페이스, 해커톤 등 특혜받은 디자인 현장만 유일하게 이용할 수 있는 괜찮은 선택지는 아닐 것이다. 실제로 대부분의 디자인은 다른 곳에서 발생한다. 억압받고 소외된 사람들에겐 이미 자신만의 디자인 현장, 관행, 커뮤니티가 존재하지만, 이런 현장들은 수시로 무시되거나 밀려나게 되고, 드러나지 않거나 또는 '덜 중요하게' 보여진다. 내가 **하위 집단로서의 디자인 현장**subaltern design site이라고 부르는 현장들은 항상 존재해왔다.

과학과 기술 분야를 연구하는 알론드라 넬슨Alondra Nelson, 투이 린 응우옌 투Thuy Linh Nguyen Tu, 알리시아 헤드램 하인즈Alicia Headlam Hines가 편찬한 서적 『Technicolor』(NYU, 2001)에서 저자들은 하위 집단 디자인 현장은 규범적으로 컴퓨터와 소프트웨어 개발 같은 '첨단' 도구들과 관행에 중점을 둘 뿐 아니라, 자동차 정비소, 휴대폰 수리점, 오디오 매장, 사운드 시스템 문화 같은 '일상' 기술에도 초점을 맞출 수 있음을 상기시킨다.[16] 자동차 문화는 고도의 기술과 디자인 능력을 요구한다. 자동차 차대를 낮춘 로우라이더를 디자인하고 유지·관리하는 작업을 생각해보자.[17] 또는 자메이카 사운드 시스템의 역사에 대한 광범위한 연구라든지, 뉴욕시 힙합을 낳은 사회기술적 지식과 관행 관련 카리브 디아스포라의 영향(예를 들어, 자메이카 태생의 DJ이자 오디오 혁신가 쿨 허크Kool Herc의 영향 등),[18] 그리고 레코드판과 턴테이블 기술을 활용해 세계를 변화시키는 새로운 음악 장르와 문화 운동을 창출해내는 전용 사례를 고민해보자.[19] 킹 터비King Tubby, 리 '스크래치' 페리Lee 'Scratch' Perry와 자메이카 스튜디오 혁신가들은 드롭the drop(미리 녹음된 트랙을 더하고 빼는 기법으로 음악을 작곡하고 리드미컬한 긴장감을 만들어내는 방식)과 같은 글로벌 대중 음악에 내재화된 음악 녹음 기술을 만들어냈다. 그들은 또한 뛰어난 하드웨어 해커이기도 했다. 물리적으로 마그네틱 테이프를 늘리고 트랙의 메인 리듬에 맞춰 트리플렛(셋잇단음표)을 생성할 수 있는 길이로 잘라내서 테이프 지연 효과tape-delay effect를 만들었다.[20]

디자인 정의는 또한 인종화되거나 젠더 여성화되는, 그리고 덜 가치 있다고 여겨지거나 '기술'로 인식할 수 없다고 여겨지는 디자인 관행에 초점을 맞춘 현장의 중요성을 인정한다. 때때로 여성, 팜므 등 여러 억압을 받는 사람들의 디자인 관행은 집과 같은 소규모 현장에서 작동한다. 오직 특정 유형의 기술, 사회기술 지식, 디자인 실천, 기술만이 제도적, 문화적, 정치적, 경제적 체제에 의해 인정받고 촉진되는 상황에서 많은 디자인 실천 현장은 결코 자원을 지원받거나 인정받지 못한다. 우리는 이런 현상을 보면서 주요 사회기술적 실천이 가정, 가족, 친족 네트워크 공간 안에서, 그리고 커뮤니티 안에서 지속적인 소규모 상호 작용을 함으로써 계획되고 발전되며 공유된다는 점을 깨달았으면 한다. 예를 들어, 마을 농장이나 커뮤니티 가든에서 일어나는 농업 지식, 노하우의 발전과 교환을 떠올려보자.[21] 또 다른 예를 들어보면, 커뮤니케이션 학자 아이샤 더럼Aisha Durham은 힙합 페미니즘hip hop feminism이라는 용어를 만들었다. 이 용어는 1997년 10월 25일 필라델피아에서 성공적으로 진행된 백만 여성 행진Million Woman March을 조직하는 데 활용된 지원 활동과 미디어 전략처럼, 페미니스트 조직 관행에 큰 변화를 가져온 흑인 여성에 의한 사회기술 혁신의 구체적 모습과 사회 역사를 설명한다.[22] 주변부로부터의 사회기술 혁신 스토리를 중심에 두고 연구하는 학술 연구가 대규모로 빠르게 성장 중이다. 그럼에도 불구하고 여성, 팜므, QTPOC, 장애인에 관한 디자인 실천, 공간, 네트워크, 역사는 여전히 소외되고 면면히 드러나지 않은 영역으로 남아 있고, 투입 자원 역시 부족한 상태다.

가시화되지 않는 디자인 관행은 또한 커다란 기관의 주변부에서 발생하곤 한다. 본인이 통제할 수 없는 기관에서 일하는 사람들은 종종 디자인 기술을 포함한 광범위한 지식과 실천 방식을 공유하는 그룹 내 지원 네트워크를 스스로 만들곤 한다. 예를 들어, MIT 리틀 디바이스 랩MIT Little Devices Lab의 공동 소장인 호세 고메즈 마르케스Jose Gomez-Marquez는 1900년에서 1947년 사이에 간호사들(대부분 여성)이 환자 돌봄 방식을 개선하기 위해 지속적으로 의료 기술을 디자인하고 수정했을 뿐 아니라 관련 기술을 공유하고, 미국 간호학 저널AJN, American Journal of Nursing에 의료 기기 혁신을 주제로 발표했던 사실을 발견했다.[23] 고메즈 마르케스는 하위 집단의 이러한 디자인 실천 역사에 영감을 받고 간호사들, 병원들과 협력해 현재 간호사들의 의료 기술 지식, 실천, 대상을 지원하고 촉진하며 가치를 부여하기 위해 메이커널스MakerNurse 현장을 열었다.[24]

디자인, 메이커, 해커 문화는 노동 계층의 커뮤니티에서 시작됐고, 여성과 팜므를 중심으로 또는 유색 인종 커뮤니티를 기반으로 발전해왔다. 이 문화는 백인, 시스젠더, 이성애 남성들에게 부여되는 자원, 주목, 인정, 존중을 받지 못한다. 이 커뮤니티의 역사는 해킹, 메이킹, 디자인, 혁신과 관련해 깊이는 있으나 대중에겐 덜 알려졌다. 여기엔 주류 경제학자들이 비즈니스 프로세스 혁신business process innovation이라고 불렀던 사례들과 디자인 커뮤니티의 제품product과 서비스 디자인service design 사례 모두 포함된다. 물론 노동 계층 커뮤니티의 서비스 디자인 혁신이 필연적으로 서비스 디자인 혁신이라고 불리는 건 아니다. 사람들은 그 용어 대신 자신의 용어로 쓸 수도 있다. 예를 들어, 미디어 학자 크레이그 왓킨스Craig Watkins는 그의 신간에서 이런 유형의 활동들이 혁신 경제에 점차 중요한 부분으로 자리 잡는 변화 양상을 설명하면서, 사이드긱side gig이나 허슬hustle이라는 표현을 썼다.[25]

한편, 비가시화invisibility는 하위 집단에게 전략적 선택일 수 있다. 하위 집단 커뮤니티들은 때때로 주류의 가시성으로부터 자신의 실천과 혁신을 보호해 그들에게 통합되거나 전유되는 상황을 피한다. 또한, 많은 분야의 혁신은 종종 법의 회색 지대에 나타나곤 한다. 이때 시스템적으로 불평등한 치안 유지 활동으로 인해 하위 집단의 혁신가들은 감산 복합체의 다양한 위험 및 해악에 노출될 수 있다. 이런 현상은 오늘날 미국의 마리화나 합법화 사례에서 극명하게 드러난다. 수십 년간의 마약 전쟁으로 흑인과 라틴계 수십만 명이 마리화나 흡입, 소지, 판매 혐의로 수감됐고, 이후 갑자기 백인 소유의 기업들이 새로 합법화된 마리화나 시장에서 큰 몫을 차지하려 기습적으로 움직인 것이다. 이 회사들 대부분은 마리화나 주문 및 배달을 위한 '시장 선도적' 애플리케이션을 제공하고 수백만 달러의 벤처 자본금을 차지하려 악전고투하면서 기술 혁신의 담론에 참여한다.[26]

덧붙여 말하자면 디자인 정의 실무자들은 하위 디자인 현장, 특권적 디자인 현장 모두 유토피아가 아님을 안다. 우리가 후자에서 비판하고 바꾸려는 많은 부분, 대체적 권력 역학 관계는 종종 전자에서도 나타난다. 예를 들어, 자동차 관련 작업장은 노동 계층 남성 근로자들 간 사회기술적 지식 및 기술의 공유를 위한 현장이 될 수 있다. 이와 동시에 여성과 팜므를 배제하는, 즉 젠더화된 공학 지식과 기술의 이성애 가부장주의적 규범을 재생산할 수 있다. 아니면 이 작업 현장은 그런 규범이 도전받거나 변화해가는 현장일 수 있다. 마찬가지로, 패션 디자인 스튜디오는 의류 디자인 및 생산 관련 고도의 기술 지식을 개발하고 공유하는 현장일텐데, 인종, 젠더 정체성, 성적 취향에 따른 포용적 공간일 수도 있고 아닐 수도 있다. 또한 이 패션 현장은 생산과 소비의 자본주의적 관계 안에서 핵심 교점이 될 수도 있다. 의류 디자이너들은 혁신적 패턴을 만들어내기 위해 노력한다. 그 결과물은 노동 시간이 길고 임금은 낮으며 상사의 학대와 건강의 위협에 직면한 이주 노동자들이 굴욕적 업무 환경, 노동 착취의 현장에서 만들어내기 때문이다.[27] 또한, 디자인 정의는 커뮤니티, 지역, 디아스포라, 원주민의 디자인 현장이 때로는 사회기술적 지식과 디자인 개체들의 지속적 생산을 통한 문화적 말소 시도에 저항하는 장소가 될 수 있음을 인정한다. 정착민 식민주의를 통해 강요하곤 했던 이성애 가부장적 가치와 규범이 동시에 재생산되는 상황일지라도 그들은 이겨내려 할 것이다.

디자인 정의는 지역, 커뮤니티, 디아스포라, 원주민의 지식, 관행, 디자인 프로세스, 기술이 지닌 가치를 강조한다. 이 가치들은 식민주의와 자본주의 아래 수 세기 동안 종종 전유되고 훼손됐으며 공격받고 주변화되긴 했지만 여전히 존재한다. 실제로 자본주의의 역사는 상당 부분 가족과 커뮤니티 내 소규모 현장에서 발생했던 디자인 관행의 역사다. 그리고 대량 생산의 요구 사항에 부합하는 후속 조치 체계화, 합리화 그리고 수정의 역사다. 예를 들어, 농업 분야를 생각해보자. 소규모 재배 및 수확, 토지 관리 기술에 대한 토착적 지식에서 단일 재배, 살충제 및 비료 사용, 로봇 투입 대규모 농장 기법 등 현대 농업 기업으로의 전환을 고려할 수 있다.[28] 치유 활동도 과거엔 여성의 일이라고 여겨졌는데, 오늘날 현대 의학으로 인식이 바뀌었다(자치론자이자 마르크스주의 페미니스트 학자인 실비아 페데리치Silvia Federici가 그녀의 훌륭하고도 충격적인 책『캘리번과 마녀』(갈무리, 2011)[29]에서 문서화한 것처럼 여성 치료사들에게 큰 폭력으로 남음). 의류에 대한 개념도 자본주의 생산 방식의 탄생 관점으로 살펴볼 수 있는데, 가정에서 수행된 디자인·생산·수선 유지 관행에서 노동 착취 현장에서의 노동력, 패스트 패션, 일회용품으로서의 패션이라는 글로벌 거대 산업으로서의 의류 현장으로 바뀌었다.[30]

그렇다면 디자인 정의는 특혜를 받는 디자인 현장에 대해 무엇을 이야기해야 할까?

디자인 공간: 핵랩, 메이커스페이스, 팹랩

디자인 정의 커뮤니티는 기나긴 사회 운동 역사 안에 존재하는 실천 공동체다. 예를 들어, 3장에서 언급한『풀뿌리 혁신 운동』에선 6가지 사례 연구를 소개한다.[31] 첫째, 사회적으로 유용한 생산을 지향하는 영국의 운동, 둘째, 남미 적정기술 운동, 셋째, 인도 인민과학 운동PSM, Indian People's Science Movement, 넷째, 전 세계의 해커스페이스, 팹랩, 메이커스페이스, 다섯째, 브라질 사회 기술 네트워크Brazilian Social Technology Network, 여섯째, 인도 허니비네트워크Indian Honey Bee Network가 대표 사례로 설명된다. 저자들은 "현대의 환경주의modern environmentalism와 지속 가능한 지역 발전을 위한 도구 개발을 중시하는 전통적 사고 관점'에서 해커스페이스, 팹랩, 메이커스페이스를 맥락화한다. 여기엔 머레이 북친Murray Bookchin, 스튜어트 브랜드, 홀 얼스Whole Earth 프로젝트의 사회적 생태학, 에른스트 슈마허의 **적정 기술**, 이반 일리치Ivan Illich의 **공생적 도구**convivial tools*, 피터 하퍼Peter Harper와 고드프리 보일Godfrey Boyle 같은 대안 기술 전문가들의 생각, 사회적으로 유용한 생산에 관한 마이크 쿨리Mike Cooley와 사람들의 아이디어 등이 포함된다"라고 말한다.[32] 그러나 이 역사의 대부분은 디자인과 사회기술적 혁신에 대한 대중적인 내러티브들로 인해 지워졌다.

많은 사람이 그 역사의 소멸에 도전하고 있다. 미디어 학자 맥시가스Maxigas는 1990년대 글로벌 자율주의 네트워크global autonomist network의 핵심 교점에서 핵랩의 진화를 주의 깊게 추적했다. 해커 놀이터로서의 핵랩이 신자유주의 도시에 통합되면서 더욱 세속적인 오늘날의 구성체로 변모해가는 과정을 관찰했던 것이다.[33] 이런 변화는 디자이너 요하네스 그렌츠푸르트너Johannes Grenzfurthner와 프랭크 아펑크 슈나이더Frank Apunkt Schneider가 크리티컬 메이킹Critical Making(비판적 만들기) 출판 시리즈를 위한 **해킹더스페이스 진**Hacking the Spaces zine에서도 설명된다.[34] 그들은 핵랩의 기원을 1960년대 후반 반문화의 모호한 유토픽utopic의 붕괴 이후 자본주의 세계화 체제와 병행해 등장한 대안적 삶의 경로로의 미시적 실천을 위한 공간으로 설명한다. 그들은 글로벌 혁명에 취해 혁명의 슬로건을 내건 공상가들보다는 반문화 계열의 일부 참가자들이 실체가 있는 대안 커뮤니티의 탄생을 이끌어냈다고 주장한다. 여기엔 국가 권력을 장악해 위에서부터 체제 전환을 시도하기보다는 낡은 체제 안에서 새로운 세계를 건설하는 데 초점을 둔 다양한 프로젝트들이 포함돼 있다. 많은 자율주의 실천이 키릴 리오넬 제임스C.L.R. James 등의 블랙 마르크스주의자들과의 지속적 대화에서 직접 영감을 받았다는 사실에도 불구하고, 그리고 흑표당Black Panther Party(흑인 무장 조직)의 무료 아침 식사 및 교육 프

---

* 자율적이고 창조적인 도구가 인간의 삶을 활기차게 만들어준다는 의미에서 사용 – 옮긴이

로그램, 가사 노동의 임금 관련 흑인 여성들의 활동에서 많은 영감을 받았다는 사실에도 불구하고, 그렌츠푸르트너와 슈나이더는 역사를 인종과 성별을 표시하지 않은 채로 남겨둔다.[35] 그들이 말했듯, "1970년 후반 이탈리아에서 나타난 자치 운동은 나중에 독일어권 국가들과 네덜란드 사람들에게 영향을 끼쳤다. 그 자치 운동은 자율 청소년 센터를 위한 공간의 점유 또는 해적 라디오를 위한 전파의 점유에 관한 것이었다. 따라서 최초의 해커스페이스는 스쿼트 하우스(불법 거주 건물을 칭함), 대안 카페, 농업 협동조합, 집단 운영 비즈니스, 코뮌, 비권위적 보육 센터 등으로 구성된 반문화적 지형에 가장 잘 부합한다."[36] 저자들은 해커스페이스의 첫 물결에 참여한 사람들이 명백히 반권위주의적이면서도 자본주의, 권위주의, 공산주의 모두에 반대했었다고 주장한다. 또한 그들은 부르주아의 규범, 문화, 가치, 생활 방식도 거부했다. 이 해커스페이스는 종종 물리적으로 스쿼트 안에 위치했으며, 일과 놀이, 수면을 위한 혼합 환경이었기 때문에 삶의 대안적 공간 모델로 사용됐다. 그러나 그들이 지적했듯이, "대안 공간과 생활 형태는 충분히 유용하고 마케팅이 가능한 흥미로운 아이디어들을 제공했다. 따라서 이러한 '인디' 운동 결과물들의 특정한 구조적 특징들은 갑자기 높은 찬사를 받았고 자본주의 개발 실험실에 적용돼 그대로 복제copy&paste됐다."[37]

커뮤니케이션 학자 프레드 터너Fred Turner는 미국에서의 이런 현상과 밀접하게 연관된 역학 관계를 연구한다. 그는 실리콘밸리 스타일의 자유주의 테크노 유토피아의 문화적 기원을 추적하며(실패한 캘리포니아 코뮌까지 추적), 버닝맨 페스티벌Burning Man festival이 실리콘밸리의 부상과 정보 경제에 미친 영향에 대해서도 논의한다. 터너에게 자본주의는 끝없이 적응할 수 있는 체제다. 반문화의 에너지와 신선한 아이디어를 사용해 그 자체로 스스로 활성화하는 특징이 있다.[38] 그렌츠푸르트너와 슈나이더는 유럽 해커스페이스에서도 유사한 상황이 벌어졌다고 주장한다. 그들에 따르면 해커스페이스는 본래 공산주의 국가와 자본주의 시장의 논리 밖에 존재하는 '제3의 공간'이었다. 처음에 사람들은 삶, 일, 놀이가 자연스럽게 뒤섞이는 고도로 정치적인 반문화 커뮤니티였던 이 공간에 끌렸다. 그러나 저자들은 많은 생태적 반문화 아이디어와 프로젝트가 최근 유행하는 '친환경green' 또는 '지속 가능한sustainable' 비즈니스로 바뀌고 있고, 이런 변화는 자본주의 시스템에 지속적으로 참여하려는 긍정적 영향을 축적시킨다고 주장한다.

이런 과정이 담긴 내러티브는 반권위주의적 사회 운동 네트워크에서 일하는 사람들에 의해 개척된 급진적 아이디어와 실천 방안이 어떤 경우엔 기업에 채택돼 확장되고 정규화됐다는 내용일 수 있다. 또 다른 해석을 해보면, 이 말인즉슨 아나키스트 사상과 (어떤 경우엔) 개인이 자본주의 제도에 침투할 수 있었고, 기술 체계 디자인을 통해 사회 전체에 탈중심적 권력을 퍼뜨렸다는 것이다(예를 들어 인터넷 아키텍처).

아무튼 해커스페이스가 자치주의 운동 네트워크의 급진적 교점에서 새로운 스타트업을 낳기 위한 괴짜들의 안식처로 변모한 것은 냉전의 종식, 공산주의 국가들의 붕괴, 자유 민주주의와 신자유주의 시장이 전 세계에서 승리한 흥분되고 신화적 사건 등 긴 맥락에서 발생했다.[39] 정부가 자유 시장 승리의 시대를 맞아 스스로를 재정비하고 고급 정보 산업 일자리를 유치하며 (도심지 범죄를 우려해서 떠났던) 백인 중산층의 교외 이주를 다시 되돌려놓기 위해, 그리고 관광 경제를 건설하고 품위 있는 도시로 바꾸기 위해 도심을 '건전하게 바꾸면서', 그들은 또한 대부분의 스쿼트를 단속하고 닫았고 일부는 (대부분) 백인 도시 보헤미안, '창의적 노동자', 힙스터를 위한 로프트 공간으로 개조됐다.

최근 『+KAOS』(Institute of Network Cultures, 2017)란 책에서 강력하면서도 구체적으로 서술했듯이 급진적 이탈리아 기술 단체 아우티스티치·인벤타티Autistici/Inventati의 전환적이고도 총체적으로 저술된 역사와 반권위주의적 좌파와 연계된 스쿼트, 사회 센터는 1990년대와 2000년대에 유럽 해커 활동가들의 핵심 현장이었다. 하지만 (이 공간들 모두는 아니지만) 많은 곳이 후에 경찰에 의해 정리됐다. 그 공간들은 관광 사업, 도심 활성화, 건전한 혁신 허브 또는 창업 구역 조성을 위한 도심 재개발 추진으로 해체되거나 밀려났다.[40] 그리고 핵랩은 반정치적 사회 아나키스트들의 거주지에서 신자유주의 기업가적 주체성 생산을 위한 현장으로 점점 변해갔다.

남반구 저개발국에서의 핵랩

맥시가스Maxigas, 그렌츠푸르트너와 슈나이더, 투팽Toupin 등은 해커스페이스와 핵랩에 관한 사려 깊고 비판적인 관점의 역사 자료물을 제공하고, 최근의 비정치화 경향과 부지불식간에 가부장제와 인종주의를 재생산하는 방식과 관련된 공간들을 비판한다. 하지만 라틴 아메리카 해커에 관한 설명은 찾아보기 어렵다는 점에서 그들 또한 유럽과 미국 밖 해커스페이스의 풍부한 역사를 경시하고 있다는 것을 알 수 있다. 디지털 미디어 학자 안드레스 롬바나 베르무데스Andres Lombana Bermúdez는 라틴 아메리카 해커스페이스와 메이커스페이스에 대해 심도 있게 저술했다.[41] 콜롬비아엔 **지역 혁신 센터** Laboratorios de Innovación Territorial가 있고 중앙 아메리카의 여러 지역엔 '만들어보고, 수정하고, 배우기' 창의 캠프가 있다는 사실 등을 밝혔다. 테크노XTecnoX는 오픈 하드웨어 해커들의 네트워크로, 사회 운동에 오픈 하드웨어 해킹 기술을 도입하는 방법을 고민하고 행동하는 라틴 아메리카 전역의 네트워크다.[42] 브라질에 기반을 둔 트랜스페미니스트 해커 조직인 코딩라이트Coding Rights는 변호사이자 기술 전문가인 조아나 바론Joana Varon이 이끄는 조직으로, 리서치, 프로토타입 제작, 디자인, 밈 문화를 사용해 미주 전역에 존재하는 데이터 식민주의, 젠더 기반 폭력 및 구조적 정보 불평등에 도전한다 (codingrights.org).

쿠바에서 미디어와 문화를 연구하는 팔로마 듀엉Paloma Duong은 게이머들이 만든 DIY 이웃 네트워크와 기업가들이 만든 USB 드라이브로 영화, 음악, 게임 복사본을 물리적으로 배포하는 **파퀘이츠**paquetes 또는 스니커넷* 콘텐츠 전달 네트워크에 대해 설명한다.[43] 인류학자 수자타 페르난데스Sujatha Fernandes는 베네수엘라에서의 도시 사회 운동이 지역 커뮤니티 라디오와 TV 방송국을 허용하는 통신법 개정을 통해, 그리고 대중 통신·대중 정보 부처의 설립과 수백만 달러의 예산 배정을 통해, 국가로 하여금 커뮤니티의 ICT 제어를 지원하도록 압박하는 방법을 탐구한다. 듀엉은 또한 그 과정에서 국가 기구와 운동 조직 간 발생한 긴장에도 주목했다.[44]

---

* 컴퓨터 간 데이터 이동을 네트워크가 아닌 플로피 디스켓 등 저장 매체로 하는 이용법 – 옮긴이

파울로 로제리오Paulo Rogerio가 설립한 브라질 살바도르의 미디아 에트니카 연구소 Instituto de Midia Etnica에는 **우자마**Ujamaa라고 불리는 아프리카 미디어·기술·디자인 센터가 있다. 이 곳은 핵랩, 방문자를 위한 게스트룸과 주방, 강연과 이벤트를 위한 공간을 자랑한다. 우자마는 오쿠파숑 아프로 푸투리스타Ocupação Afro Futurista(아프리카 미래 직업) 같은 디자인 워크숍을 정기적으로 개최하고 아프리카계 브라질 사회기술 혁신의 오랜 역사에 대한 인식을 제고하려 노력해 왔다.[45] 또한 브라질에서는 룰라 이나시오 다 실바Lula Inacio da Silva의 노동당 정부 아래서 문화부 장관 질베르토 길Gilberto Gil이 문화 핫스팟, **푼토스 데 꿀뚜라**Puntos de Cultura 네트워크를 촉진하고 지원했다. 이 커뮤니티 미디어 센터는 무료 소프트웨어로 구동되며, 전국의 저소득 지역에서 문화 생산 및 유통을 위한 인프라를 제공했다. 이런 경험은 아르헨티나에서도 재현됐다.[46] 푼토스 데 꿀뚜라는 동네 청소년들이 음악을 녹음하고 편집하며, 비디오를 제작하고 그래픽 디자인, 웹 개발 같은 디지털 기술을 배우는 곳이 됐다.

커뮤니케이션 교수 아니타 세이 찬Anita Say Chan은 저서 『Networking Peripheries』(MIT, 2014)에서 도시 계획가, 정부 공무원, 민간 부문 투자자가 상상하고 창조한 혁신 허브와는 거리가 먼 사회 주변부에서 기술 혁신이 자주 발생하는 현상에 대해 강력한 개요를 제시한다. 세이 찬은 남반구를 포함한 주변부 국가에서 유기적으로 출현 중인 디지털 문화가 강대국의 입장에서 작동하는 테크노 솔루셔니스트의 보편적 상상과 어떻게 다른지 설명한다.[47]

남반구 전체에 걸쳐 나타나고 있지만 우리 눈에는 잘 띄지 않는 지역 디자인 현장들의 규모를 추적하는 건 4장의 범위를 벗어난다. 여기에 인용된 사람들과 탈식민화 디자인 그룹Decolonising Design group(decolonisingdesign.com) 등에 속한 여러 학자와 실무자가 이미 이 작업을 하고 있다. 시간이 지나면서 디자인 현장들에 대한 보다 폭넓고 포용적인 역사가 많은 사람에게 공유되길 바란다. 이런 연구는 비전과 열망 면에서 글로벌하면서도 지역적 특성에 깊이 뿌리를 둔 방식으로 디자인 정의 현장들의 해방적 미래를 상상하는 데 도움이 될 것이다.

신자유주의 도시에서의 핵랩과 혁신 허브의 부상

지난 30년 동안 민간 부문, 학계, 국가는 (순서대로) 모두 핵랩의 영향력을 인식하고 핵랩을 각각의 혁신 전략에 통합하기 시작했다. 특히 혁신 연구소는 USC의 아넨버그 이노베이션 랩Annenberg Innovation Lab, 하버드 이노베이션 랩Harvard Innovation Lab 등 사립 대학들에서 점점 더 인기를 얻고 있다. 대학들처럼 모든 도시에서도 혁신 연구소를 설립하고 있다. 보스턴에는 시장의 새로운 도시 역학New Urban Mechanic 사무실이 있으며, 로스앤젤레스에는 시민 혁신 연구소CIL, Civic Innovation Lab가 있다. CIL은 스스로의 존재 의미를 다음과 같이 정의하고 있다. "허브 LA에 있는 시민 혁신 연구소는 디자인 연구소이자 커뮤니티 단체이며 도시 솔루션 촉진장치로서, 로스앤젤레스 전역의 커뮤니티들과 함께 지역 사회를 위한 디자인 솔루션 개발에 전념하고 있다."[48] CIL은 2014년 9월 디자인 이벤트로 시작됐으며, 이 이벤트에 참가한 사람들은 디자인 도전 과제를 제시하도록 고무됐다. 그런 다음 솔루션을 제안하도록 요청했고, 스타트업이 되기 위해 '인큐베이팅'할 프로젝트를 선택했다. 우리는 이게 올바른 방향임을 안다. 시 정부는 더욱 투명하게 행동하고, 더 많은 행정 데이터가 일반인들에게 제공되며, 행정관들은 정부 서비스와 도시 거주자들의 질을 개선하는 방법을 참여하는 대중들의 아이디어에서 적극적으로 찾는다. 이런 이니셔티브를 통해 시 행정부는 몇 년에 한 번씩 주기적으로 의사를 표시하는 투표뿐 아니라, 지속적으로 의사 결정에 대중이 참여하도록 초대한다는 신호를 보낸다. 혁신 연구소는 이 렌즈를 통해 참여 민주주의의 일상적 관행으로 우리를 움직이게 만들 뿐 아니라 도시 시스템 디자인에 더 많은 사람을 포용할 수 있는 잠재력을 지닌다. 또한 3장에서 언급한 것처럼 디자인 챌린지의 프레임을 잡고 범위를 정하는 권한이 매우 중요한데, 디자인 챌린지를 정의하기 위한 요청에 거주자가 포함된 것도 고무적인 일이다.

하지만 좀 더 신중하게 고민해보면 우리는 이런 발전이 긍정적이긴 하지만 아직은 불완전하다고 말할 수 있다. 첫째, 이 프로세스에 관여하는 '이해관계자들'은 일반적으로 도시 거주자들을 대표하지 않는다. 불행히도 대부분의 일반인 참여 디자인 프로세스에서 엘리트 사용자군(계층, 인종, 성별, 교육, 언어 등)의 참여가 표준이다.[49] 따라서 디자인 챌린지들과 솔루션들은 일반적으로 엘리트층의 관심 범위로 제한된다. 또한 구현 여부가 중요하다. 도시 혁신 연구소는 우수한 아이디어와 프로토타입을 개발할 수있다. 하지만 시 공무원, 부서장, 기술 관료, 행정관의 하향식 동의와 커뮤니티 기반의 상향식 동의를 받지 못해 채택에 실패하는 경우가 많다.

또한, 시 주도의 혁신 연구소는 도시의 브랜드를 바꾸고 혁신 센터, 허브, 혁신 구역을 만들어 기술 기업들을 유치하려 협력하는 시 공무원, 도시 계획가, 부동산 업계의 더 큰 맥락에서 더 비판적으로 읽을 수도 있다. 예를 들어, 보스턴은 혁신 구역을 만들었다.[50] 케임브리지, 매사추세츠, MIT는 켄달 스퀘어Kendall Square 주변에 소프트웨어, 항공 우주, 생명 공학 연구 단지를 개발하는 중이며,[51] 뉴욕시는 코넬 대학교와 협력해 루즈벨트 아일랜드Roosevelt Island를 혁신 구역으로 변화시켰다.[52] 로스앤젤레스 또한 기술 기업들이 LA 다운타운의 로스앤젤레스 강을 따라 사무실을 설치하도록 인센티브를 제공했다.

2015년 시민 기술 교수 에릭 고든Eric Gordon과 대학원생 스티븐 월터Stephen Walter는 미국 도시에서의 혁신 오피스 부상과 관련된 간략한 역사를 추적한다.[53] 그들은 도시 데이터 시스템의 성장이 NYPD 내부에서 사용하기 위해 디자인된 뉴욕시의 콤프스탯CompStat 범죄 데이터베이스에서 시작했고, 여러 도시 오피스로 확산됐으며(파크스탯ParkStat과 헬스스탯HealthStat), 나중에는 다른 도시들에서도 채택됐다고(볼티모어, 보스턴, 로스앤젤레스) 주장한다. 그들은 또한 음성 통화로 시민들의 피드백을 수집하도록 디자인된 311 시스템의 제작과 확산 사례에 대해서도 소개한다. 그들의 설명에 따르면 오바마 행정부의 개방형 데이터 지침은 연방 기관이 데이터를 사용할 수 있도록 했으며 많은 도시에서 데이터 세트를 공개하고 개인과 민간 기업이 공용 데이터를 기반으로 새로운 서비스를 구축할 수 있도록 API(응용 프로그래밍 인터페이스)를 만들고 유지·관리하는 촉매 혹은 기폭제 역할을 했다. 그 과정에서 저자들은 최고 디지털 책임자chief digital officer, 최고 혁신 책임자chief innovation officer 등 고위 도시 행정직의 꾸준한 성장에 주목했다. 이런 직위는 대부분 민간 부문 출신의 전문가들로 채워진다. 기술 스타트업과 인터넷 기업 출신의 전문가들은 시 정부에 영리 부문의 언어, 디자인 접근 방식, 가치를 도입하고, 자신들의 경험을 활용해 시 정부를 사용자 친화적이고 효율적으로 만들 것을 약속한다.

한편, 이런 과정은 많은 도시 서비스 인터페이스의 사용성을 향상시킨다. 동시에 시민들은 사용자들이 프레임워크 안에서 간단히 뭔가를 하는 동안 해당 프레임워크를 세우는 데 참여하며 사용자들과 융합하는 모습을 보인다.[54] 도시를 기계로 보는, 또는 최적화돼야 할 소프트웨어 시스템 정도로 보는 신자유주의적, 기술 중심적 발상은 점점 더 두드러지게 됐다. 나는 시민들이 신자유주의 통치성 관점의 렌즈를 통해 사용자로 축소되면 안 된다는 이 글의 저자들과 디지털 미디어 이론가 웬디 춘Wendy Chun의 의견에 동의한다.[55] 또한 '사용자'도 기술의 디자인과 (재)생산 과정(3장에서 논의됨)에 능동적 참여자로 고려될 수 있다고 믿는다.

디자인 현장들이 유기적으로 등장한다면 그 현장은 폐쇄적인 섬이 아닐 것이다. 실무자들의 두터운 네트워크 내 허브 또는 활기찬 문화를 위한 모임 장소일 것이다. 정부나 민간 기업 등 힘 있는 기관 행위자들이 계획하고 건설한 하향식 혁신 공간이 종종 강제적으로 느껴지는 이유 중 하나가 이것이다. 하향식 혁신 공간은 실무자들의 기존 커뮤니티에 기반하지 않으며 일반적으로 지역의 특수성, 문화, 자산을 반영하지 않는다. 오히려 그들은 혁신을 구성하는 요소를 세계화되고 보편화된, 추상화된 이상에 의존한다. 그 현장들은 기본적으로 혁신, 디자인, 창의적 산업군에 대한 인종, 계층, 성별, 장애 차별적 가정을 내포하고 있다. 또한 그 현장은 다원적 가능성을 만들어내는 장소로서의 역할을 하기보다는 아르투로 에스코바르Arturo Escobar가 **단일 세계 존재론**으로 표현했던 개념을 재생산하는 측면이 있다.[56]

이런 경향은 공간적, 심미적, 담론적, 언어적 수준에서뿐 아니라 멤버, 인력 배치, 거버넌스, 자원 할당 등 여러 수준에서 나타난다. 예를 들어, 도시의 특정 구역에 설치된 혁신 공간의 위치를 그 공간이 자리한 건물의 유형, 공간 그 자체의 심미적 특징을 머릿속에 떠올려보자. 공간이 이야기되는 방식은 어떠하고, 서비스를 제공받는 대상은 누구이며, 공간을 선전하는 프로파간다propaganda의 시각적·서면적 스타일은 어떠한가? 그리고 그 공간들은 전형적으로 민족 국가의 단일 언어를 사용하고, 문화적으로 지배적인 특정 인종·민족 그룹에 맞춰져 있으며, 담론적이면서도 실용적으로 젠더화되고 있는지, 그 방식에 대해 생각해보라. 예를 들어, 얼마나 많은 혁신 공간이 통역 서비스를 제공하고 있는가? 얼마나 많은 공간이 보육 시설이 갖추고 있으며, 모유 유축을 위한 유축실을 마련하고 있는가?

더욱 광범위해지는 사회적 구조 불평등 경향과 그런 불평등 구조가 재생산되는 상황(여기서 설명하는 공간적, 미학적, 담론적, 문화적, 정치적 경제적 방식 등 여러 관점에서의 불평등 재생산을 포함)을 감안할 때, 이 공간에 속한 구성원들은 백인, 중산층, 시스젠더, 남성을 심하게 왜곡하는 경향이 있다. 거버넌스^{Governance}(공간이 어떻게 운영되는지, 공간이 자원을 어떻게 할당하는지, 우선순위는 무엇인지 등에 대한 의사 결정)는 일반적으로 같은 그룹의 목소리가 우세하게 반영된다.

또한, 혁신 오피스는 효율성, 예측 가능성, 개인주의라는 신자유주의 가치를 재생산하는 경향이 있다. 개인 사용자는 (커뮤니티 기반 조직이나 도시 사회 운동은 말할 것도 없고) 시민과 커뮤니티 모두를 대신한다. 시민 행동의 한계는 (기술 부문이 도시 정부로 이전되면서 예상했던 것처럼) '훌륭한' 시민 행동에 도리어 제약을 받으며, 주로 새롭고 능률적인 도시 서비스(DMW에서 예약하기, 주차권 지불 등)와 즐거운 상호 작용을 하는 '행복한 고객'에 중점을 둔다는 점이다. 신자유주의 도시의 선량한 시민은 또한 민간 부문의 영리 기업(예를 들어, 텍타이젠^{Textizen} 등)과 계약을 맺고 시 행정부가 구축하고 유지·관리하는 공개 데이터 시스템의 기여자로 여겨진다. 이런 식으로 시 정부는 권력을 피통치자에게 분산시켜 권력을 두 배로 늘리면서 협력의 약속 이면에 권위를 숨긴다.[57] 혁신 오피스는 전통적으로 정부가 수행해온 과업들을 도시 거주자들에게 떠넘기는 플랫폼을 만들고 유지·관리하며 홍보한다.

사용자들이 문화 경제의 지배적 플랫폼^{dominant platform}에 무료 노동을 제공하는 것처럼 신자유주의 시민들은 지배적인 도시 사고 예측 플랫폼^{urban incident reporting platform}에 시 행정 담당관들을 위해 무료 노동을 제공한다. 시민들은 도로의 포트홀, 경범죄, 그래피티 낙서 등을 신고하도록 독려받고, 신고하면 더욱 신속한 서비스를 제공한다는 약속을 받는다. 저널리즘 교수 마이클 슈드슨Michael Schudson은 이런 관행을 **모니터링 시민의식**monitorial citizenship으로 설명한다.[58] 모니터링 시민의식은 공공 서비스의 민영화, 시민과 사용자의 융합, 신자유주의적 통치성neoliberal governmentality이 행정 담론administrative discourse으로 확산되는 핵심으로 해석할 수 있다. 이 과정은 또한 신자유주의적 주체 의식neoliberal subjectivity을 낳는다. 시민은 효율성을 높이기 위해 제 역할을 하는 도시 주민으로서 스스로 할 일을 다시 생각하게 되는 것이다.

고든Gordon과 월터Walter는 이데올로기, 담론, 제한된 형태의 행동, 스마트 (참여) 도시의 성장 측면을 비판한다. 그들은 또한 이 시스템들이 기존 도시 시스템의 효율성을 극대화하는 장점이 있음에도 시민 참여를 제한한다는 점에 주목한다. 그러나 두 연구자는 이 시스템들이 다양한 유형의 도시 거주자들에게 미치는 차등적 영향을 완전히 탐구하지는 않는다. 이런 시스템의 발전 분석에 인종, 계층, 성별, 성적 취향, 장애, 이민자 신분 여부를 포함시키면 어떤 결과가 나올까? 스마트 시티 시스템들은 도시 거주자들의 지배 매트릭스 내 위치에 따라 거주자들의 생활 경험과 삶의 기회에 차등적 영향을 미친다.

다음으로, 도시 전반에서의 디자인 씽킹 랩design thinking lab 프로세스 적용 확산으로 인한 구조적 효과는 무엇일까? 시민 혁신의 언어는 종종 사회 복지 국가의 지속적 축소를 위한 신자유주의 코드에 기인한다. 공공 프로그램은 민영화 과정privatization process의 첫 단계로 디자인 과제로 전환된다. 참여 디자인 프로세스는 민간 부문이 모든 것을 더 좋고 저렴하며 효율적으로 수행할 수 있다는 가정을 뒷받침하는 커뮤니티 제작 자료를 만드는 데 자주 활용된다. 지속 가능성은 노동, 생태, 사회적 편익과 해악을 고려해 특정 프로세스의 장기적 유지·관리 여부를 조사하는 '시스템 레벨'의 분석에서 국가 조직의 효율성이나 특정 기업의 잠재적 수익성에 주로 초점을 맞춘 '조직 레벨' 분석으로 전환된다. 디자인 프로세스는 그 자체가 스스로 좋다고 느끼는 상태에서 참여 가능한 측면이 있다. 최악의 경우엔 기존 계획에 대한 정당성을 제공하기 위해 참여 디자인 프로세스를 단순히 이용하기도 한다. 중산층 참가자들로 구성된 소규모 그룹 대부분은 프로세스와 계획에 약간의 수정을 제안할 기회를 갖게 된다. 지침의 원칙은 (그들에게 가장 중요한 조항과 관련 단서 조항을 제외하고) 현재의 권력자와 전문 로비스트의 이익에 따라 이미 결정돼 있다.

전반적으로 볼 때 탈산업화와 도심 인근지의 비어 있거나 버려진 공장 구역의 출현, 그리고 더불어 나타난 새로운 사회 운동, 스쿼트, 자율 시회 센터의 부상은 유럽 핵랩의 첫 물결에 필요한 핵심 조건이었다. 이는 부에노스아이레스의 라스바라카스 핵랩 Las Barracas Hacklab의 사례처럼 라틴 아메리카 맥락에서도 다르지 않다.[59] 잠정적 가설은 핵랩을 명확히 지역의 탈산업화 순간에 '운동'과 연결된 정치적 공간으로 연계해 생각해볼 수 있다. 즉, 산업계에서 더 싼 노동력, 더 느슨한 환경 규제를 좇아 생산 공장을 중소득·고소득 국가에서 저소득 국가로 이전하면서 핵랩이 등장하는 것이다. 그런 다음 도시 중심부와 도심 인근의 탈공업화된 구역들이 소프트웨어 개발, 생명 공학 같은 전 세계적으로 네트워크화된 정보 집약적 산업용 새로운 자본 유입으로 재편되기 시작한다. 그러면 임대료가 치솟으면서 빈곤층과 노동 계층은 도시 중심부에서 밀려나게 되고,[60] 버려진 공장들은 세련된 기업 사무실 또는 레디 메이드ready-made '주거·업무 겸용' 로프트로 개조된다. 이런 새로운 공간이 스쿼트의 불법 거주자, 예술가, 정치 조직가, 활동가, 사회 센터를 좇아낸다. 정치적 성향의 핵랩들은 물리적으로 쫓겨나거나, 신자유주의 기업가 담론을 수용하기 위해 방침을 바꾼다. 그러면서 이 담론에 어울리는 새로운 공간이 만들어진다. 이 내러티브는 모든 곳에서 일반화될 수는 없으며, (인정하건대) 구체적이고 개별적이기보다는 상당히 일반화시켜 설명된다. 그러나 이런 큰 그림을 이해한다면 많은 핵랩을 기업과 연계된 디자인 현장이 아니라, 운동과 연계된 디자인 현장으로 유지하기 위한 전략을 수립하는 데 도움이 될 것이다.

팹랩: 누구의 현실을 디자인하는가?

제작 실험실fabrication laboratory로도 불리는 **팹랩**fablab은 '(개인) 디지털 제작을 권하는 소규모 워크숍'이다.[61] 팹랩은 디자인, 모델링, 프로토타입 제작, 실물 제작, 테스트, 모니터링, 문서화를 위한 도구들을 다룬다. 팹랩에 대한 아이디어는 풀뿌리 발명 그룹

Grassroots Invention Group과 MIT 미디어 랩^{MIT Media Lab}의 비트 앤 아톰 센터^{Center for Bits and Atoms} 간 협업으로 만들어졌다.[62] 첫 번째 팹랩은 2002년 인도 푸네^{Pune}의 비그얀 애쉬람^{Vigyan Ashram}에 세워졌다. 그 이후 팹랩 네트워크는 약 1,300곳의 현장으로 성장했다(네트워크 웹사이트에 따름).[63]

'전형적인 팹랩'의 모습을 보여주는 그림 4.2는 fablabs.io에 있는 팹랩 네트워크 랜딩 페이지의 메인 화면 이미지다. 사진에선 11명(어린 소년들 9명, 젊은 성인 1명, 나이 많은 성인 1명)이 보인다. 모두 남성인 듯하고 한두 명을 제외하면 모두 백인이다. 젠더 표현이 젠더 정체성과 동일한 의미는 아니겠지만, 이 사진을 보면 참가자들의 인종, 성별 등 신원 정보를 확인할 수 없음에도 이미지는 대체로 백인 소년들이 나이 든 남성의 지도를 받는 세대 간 멘토링 프로그램, 기술에 대해 학습하는 공간으로 팹랩의 인상을 전한다.

그림 4.2 '전형적인 팹랩'의 모습. fablabs.io의 메인 화면 이미지

'팹랩' 콘셉트를 공동으로 창시한 MIT 교수 닐 거센펠드^{Neil Gershenfeld}는 최근 팹랩 네트워크를 위한 일종의 지침서 『Designing Reality』(Basic Books, 2017)를 공동 저술했다.[64] 이 책은 모든 팹랩에서 무료로 사용할 수 있지만, 다운로드 파일은 무료로 제공하지 않는다. 현지의 디지털 제작을 통한 글로벌 생산·소비 시스템의 구조를 개혁하자는 기본 제안을 감안하면 다소 아이러니한 일이다. 저자들은 전 세계에 디지털 제작 기술

의 차등적 활용으로 인해 불평등이 확산되고 심지어 증폭될 수 있는 '제3의 디지털 격차'의 위협에 대한 주제를 다룬다. 그러나 그들은 불평등을 가장 넓은 범주의 의미로 해석해, **부유한 국가들**(정착민 식민주의, 원주민 집단 학살, 노예제, 착취적 식민주의, 천연 자원 수탈 등의 역사적 과정을 통해 부유해진 민족 국가들)과 **가난한 국가들**(수백 년간 유럽의 막강한 군사력에 점령돼 식민주의 통치하에 있던 국가들) 간의 불평등 관계로 생각한다. 그들은 젠더를 언급하긴 하지만, 디지털 불평등이 성별, 인종, 계층, 장애, 이주 여부에 따라 구조화되는 구체 방식에 대해선 논의하지 않는다. 그들은 자원과 기회의 교차 분포를 고려하지 않으며, 정보 격차를 고민할 때도 지배 매트릭스의 개념을 통합해 고민하지 않는다. 지배 매트릭스에 기반한 디지털 제작 혜택의 배분을 교차 분석 관점으로 보면 관념적인 국가 수준의 정보 격차 프레임워크보다 훨씬 더 정확할 것이다.

디자인 정의 관점에서 '현실 디자인하기designing reality' 질문에 대해 고민하자면 여러 방면의 분석이 동반될 것이다. 가장 중요한 질문은 '누가 디지털 제작 도구에 접근할 수 있는가?'로 팹랩이 해결하고자 하는 질문이다. 또 다른 질문은 '이 도구들을 사용하는 사람들을 어떤 가치로 안내할 것인가?'일 수 있다. 한편, 디지털 제작을 하면 우리가 1장에서 논의했던 접근 방식으로 수많은 물질적 객체에 해방liberation의 가치를 하드코딩할 수 있는 엄청난 기회가 분명히 있을 것이다. 그리고 2장에서 확인했듯 디지털 디자인과 제작의 폭넓은 가용성은 커뮤니티가 제어하는 디자인 프로세스의 기회를 늘리며 훨씬 더 다양한 사용자들과 사용자 스토리들을 포용할 여지를 만든다. 또한 어포던스(그리고 디스어포던스)를 보다 공평하고 폭넓게 분배시킨다. 그러나 이 기회가 결코 이 방식이 자연스럽다거나 불가피하다거나 심지어 그렇게 될 가능성이 높음을 의미하진 않는다.

그보다는 디자인 정의의 교육학과 실천을 구현하려는 체계적 노력을 하지 않는다면, 팹랩은 (핵랩, 메이커스페이스 등 특혜가 부여된 디자인 현장들처럼) 일상 물건들의 생산 수단을 근본적으로 철저히 민주화하겠다는 약속에도 불구하고, 지배 매트릭스의 재생산을 위한 현장이 돼 버릴 수도 있다. 더 구체적으로 말하면 팹랩이 자본주의에 도전하거나 자본주의를 재편하려 노력한대도 이 과정에서 가부장제, 백인 우월주의, 정착민 식민주의를 재현할 수도 있다. 이런 현장들은 대부분 3D 프린트 인공기관 보철물 같은 보조 기술로 어느 정도 장애에 도전하지만, 일반적으로 장애 정의 분석과 사회적·관계적 모델은 고려하지 않고 장애의 개인·의료 모델을 통해 고민하는 경향이 있다.[65]

팹 헌장Fab Charter은[66] 공간이 '열려있다'고 말한다. 그러나 다양성과 포용에 대한 언급은 찾아볼 수 없으며 교차 페미니스트 공간들이 흔히 채용하는 행동 강령들을 제안하지 않는다. 현장을 '열린' 곳으로 만들어 인종, 계층, 성별, 장애의 역학을 구체적으로 다루지 않고도 포용적으로 만들 수 있다는 가정은 많은 특권을 가진 디자인 현장들에서 흔히 볼 수 있는 생각이다. 예를 들어, 해커스 온 더 플레인Hackers on a Plane이 2007년에 발행한 「핵랩 디자인 키트The Hacklab Design Kit」는 현재의 핵랩 물결을 일으킨 것으로도 널리 알려져 있는데, 이 디자인 키트는 인종, 계층, 성별, 장애를 고려하지 않는다.[67] 한편 이와는 대조적으로 최근에 발행된 여러 템플릿, 가이드, 사용법 매뉴얼, 잡지들은 다양하면서도 포용적이며, 반인종주의적이면서도 페미니스트적 성향의 현장들(이벤트, 콘퍼런스 등)을 홍보한다. 4장 앞부분에서 소개한 「디스코테크 진」,[68] 젠더 포용적 콘퍼런스를 위한 ADA 이니셔티브의 행동 강령,[69] 포용적이면서도 반인종 차별적 행사를 위한 AORTA 진행 가이드[70] 등의 문서를 살펴보자.

이와 같이 디자인 정의 원칙과 팹랩의 관계는 복잡하다. 팹랩은 기술 민주화에 기반한 아이디어를 장려하고 독점 영역으로서 기술 전문 지식이라는 발상에 도전한다. 그러나 그들은 신자유주의 기업가 중심의 담론도 수긍한다. 팹랩은 핵랩, 메이커스페이스와 마찬가지로 개별 주체들이 STEM 기술을 배워 기술 관련 직군에서 더 나은 위치를 점할 수 있게 도움을 주는, 그리고 글로벌 자본주의에 순조롭게(또는 '파괴적으로') 융합될 수 있는 새로운 제품과 스타트업 기업을 만들 수 있는 현장으로서 틀을 잡는다. 예를 들어, 디지털 제작 운동에서 가장 눈에 띄는 결과를 보여준 단체는 3D 프린터 기업인 메이커봇MakerBot이다. 렙랩RepRap 오픈소스 프린터 관련 디자인, 자원봉사 커뮤니티, 추진력 등을 갖추고 3D 프린터, 3D 프린터 소프트웨어 인터페이스 특허들을 취득했으며, 이후 다국적 기업 스트라타시스Stratasys에 6억 400만 달러에 인수됐다.[71] 메이커봇 3D 프린터는 이제 월마트에서 구입할 수 있다. 스미스 등Smith et al.은 "디자인에 정통하고 네트워크로 연결된 (사회적) 기업가의 모습이 여기서 크게 보여지는 듯하다"
라고 언급했다.[72]

어떤 때엔 이런 현장의 문화적 규범인 '개방적'이면서도 '협업적'인 디자인 방법론들이
비즈니스 관행에 적용되기도 했다. "기업들은 개방성을 위협으로 여기기보다는 대안
적이자 일탈적인 프로토타이핑의 결과를 가져와 활용하는 방법에 점차 익숙해시고 있
으며, 디자인을 포함하고 마케팅을 통제하며 그 결과로 생긴 제품과 서비스를 보급해
이익을 얻는 방법을 배우고 있다."[73] 다시 말해, 티지아나 테라노바Tiziana Terranova가 소
셜 미디어 플랫폼에 대한 무료 노동에 대해 비판한 것과 마찬가지로,[74] 생산의 민주화
는 "워크숍에서의 아이디어, 디자인, 리서치 방면의 노력들이 '자유 노동'에 효과적으
로 아웃소싱되지만, 자본이 공동의 노력으로 맺어낸 가장 유망한 열매를 전유하고, 상
업화할 수 있는 권한을 갖는 새로운 추출 모드로 간주된다."[75]

이와 동시에 "워크숍은 풀뿌리 이니셔티브와의 협력·통제·개발에 기반을 둔, 탄력
적이면서도 협력적인 지역 경제 활동을 촉진하는 역할을 한다고 간주되기도 한다. 커
뮤니티 활동가의 모습이 바로 여기에 있는 것이다."[76] 4장에서 소개된 많은 현장은 또
한 무료 오픈소스 소프트웨어와 하드웨어에 전념하고 있다. 스미스 등에 따르면 대부
분의 핵랩, 메이커스페이스, 팹랩에는 "무언가를 만들고 수리하는 데 필요한 모든 코
드, 디자인, 설명서를 사람들이 활용하고 고쳐 사용할 수 있도록 무료로 제공하는 정
책과 문화적 규범이 존재한다. 출처를 밝힌다면 사용하는 데 아무런 문제가 없고, 어
떤 수정도 자유롭다."[77] 현장에서 활동하는 많은 사람이 스스로를 **일반인 기반 공동 생산**
commons-based peer production 현장의 참가자라고 생각한다. 일반인 기반 공동 생산 방식은
법률 학자이자 정치 경제학자인 요차이 벤클러Yochai Benkler가 정의한 개념이다. "이는
탈중심적이면서도 협력적이며 비독점적인 방식이다. 광범위하게 분포해 있되 서로 느
슨하게 연결된 개인들이 시장의 시그널이나 경영 관리상의 명령에 의존하지 않고 서
로 협력하면서 자원과 산출물을 공유하는 관계를 기반으로 한다."[78] 어떤 사람들은 이
들을 개인화된 제작personalized manufacturing, 대량 맞춤화mass customization, 새로운 산업 시
대를 여는 기술 혁신가임을 인정하고,[79] 또 어떤 사람들은 해커스페이스, 팹랩, 메이

커스페이스가 기술 시민권technological citizenship의 형성을 위한 도가니, 호된 시련의 장이라고 생각한다.[80] 스미스 등도 이런 현장을 풀뿌리 혁신 운동을 위한 핵심 인프라로 간주하면서 "생산과 소비를 변화시키는 새로운 모델이 아니라, 오히려 디자인 개체, 실천, 아이디어 면에서 풀뿌리 제작의 가능성을 실험하는 현실 실험실로서의 가치를 지닌다"라고 이야기한다.[81]

바르셀로나 시 정부는 디지털 제작 워크숍인 **아따넬즈 데 파브리카씨오 디지타오**Ateneus de Fabricació Digital라는 메이커스페이스를 지원하려 노력하고 있으며, 2040년까지 도시 전역에 이 메이커스페이스를 설치할 계획이다. 이 현장들은 도시에 필요한 물품 가운데 적어도 절반 정도는 현지 생산에 도움이 되도록 생산 시스템의 핵심 교점이 될 것이다. 상파울루 지방 자치 당국과 아이슬란드 정부에서도 유사한 계획을 발표했다. 그러나 비평가들은 아따넬즈Ateneus 계획에 대해 "일련의 도시 개조 사례 중 가장 최근에 나온 것으로, 거주자들의 실제 니즈needs와 열망보다는 국제 자본 시장과 도시에의 투기적 투자를 우선시한다"라고 말한다.[82] 이 도시 주도의 메이커스페이스에 대한 갈등은 시에서 가장 가난한 지역 중 한 곳의 푸드뱅크를 내쫓고 아따넬즈를 설립했을 때 절정에 달했다. 지역 사회 활동가들은 푸드뱅크를 재개하고, 아따넬즈를 직업 훈련에 초점을 맞춰 운영할 것을 강하게 요구하면서 현장을 점거했다.

대부분의 핵랩, 메이커스페이스, 팹랩은 대체로 지배의 매트릭스를 와해하는 데 실패했다. 이들 현장의 조직가들 일부는 사람들에게 디지털 도구를 제공하는 것으로 충분하다고 생각한다. 그리고 소수의 사람들은 이런 공간이 특정 사회 운동의 일부여야 한다거나 정치적 성향의 프로그램을 갖추고 있어야 한다는 생각에 동의하지 않는다. 대신, 그들은 개인의 자율성과 개인이 해킹하고 물건을 만드는 능력을 개발하는 데서 오는 '자율권empowerment'을 강조한다. 어떤 사람들은 자신의 공간을 미래의 인큐베이터로 상상하면서 훗날 가정에서 개인 프로그래밍과 디지털 제작이 보편화돼 공유 공간이 더는 필요없을 거라고 생각한다. '모든 사람'이 개인용 컴퓨터를 갖게 되면 공유 컴퓨터가 사라질 것을 예상하는 것과 같다. (하지만 도서관이나 학교 컴퓨터실에서 분명히 알 수 있듯 실제로 그렇지는 않다.)

스미스 등에 따르면 많은 제도권에서 이런 현장들을 자신들의 의제에 부합하도록 변화시키는 데 점점 더 많은 투자를 하고 있으며, 자금을 제공하고 파트너십을 맺고 담론을 만들어가는 등 많은 노력을 하고 있다. 워크숍이 (자체의) 변혁적 잠재력을 진정으로 실현하려면, 더 커다란 정치 경제 범주에서 수행하길 바라는 역할에 대해 폭넓은 분석을 해야 하고, 그것을 전략적으로 다뤄야 한다. 그렇지 않으면 디자인과 제작 활동을 지배 관점의 개발로 되돌리도록 강제할 수 있는 제도적 논리에 맞닥뜨릴 위험이 있다.[83] 실제로 기업과 정부, 심지어 군사 기관까지도 이 디자인 현장에 관심이 매우 높다. 예를 들어, 셰브론[Chevron]은 더 많은 팹랩을 설립하기 위해 팹 재단[Fab Foundation]에 천만 달러를 기부했으며 미국 국방성의 방위 고등 연구 계획국[DARPA, Defense Advanced Research Projects Agency]은 「메이크[Make]」지와 파트너십을 맺었다.[84] 테크숍[TechShop](10개의 메이커스페이스 체인, 2017년 갑자기 파산을 선언함) 같은 곳은 이런 현장들을 모델 삼아 공간을 만든 다음 사람들에게 회비를 청구하는 비즈니스 모델을 만들려고도 했다.[85]

디자인 도구와 기술에 대한 접근권을 민주화하는 일은 정말 중요하다. 우리는 디자인이나 프로토타입 제작, 코딩, 해킹, 제작 방법 등의 학습을 위한 공간을 마련하려 노력하는 사람들을 칭찬하고 지원해야 한다. 하지만 동시에 이런 공간들은 의도적 개입 없이는 자신들 본연의 자유민주주의적 설득조차 수행하기가 매우 어렵다는 점을 알게 된다. 결국 이 공간도 자유 시간과 이런 공간을 이용할 만한 소득이 있는 백인 시스 남성과 중산층 사람들이 지배하기 때문이다. 더욱이 이런 공간이 모두 하룻밤 사이에 마법처럼 다양한 성별과 다문화을 포용하는 장소로 변한다고 상상한다면, 이건 엄청난 발전일 것이다. 그러나 그들의 진정한 변혁적 잠재력을 깨닫는 것만으론 충분치 않다. 이를 위해선 그런 현장 주변의 커뮤니티들이 부당한 권력(지배의 매트릭스)에 대한 공동의 이해를 갖춰야 하고, 그 권력을 해체하는 방법, 훨씬 더 커다란 프로세스에서의 디자인, 해킹, 만들기, 조립의 구체적 역할에 대한 분석을 자체적으로 해야 한다. 이런 전제 조건은 신자유주의 기업가를 넘어 공동의 정체성의 발전을 의미한다. 무엇보다도 이런 현장과 이미 존재하고 있는 사회 운동 네트워크 간의 깊은 유대를 의도적으로 육성해야 한다.

허리케인 해커? 해커톤, 디스코테크, 컨버전스 스페이스 등의 디자인 이벤트

지금까지 핵랩, 메이커스페이스, 팹랩 같은 현재 발전 중인 디자인 현장들에 중점을 뒤 소개했다. 이번에는 디자인 현장의 또 다른 핵심 유형으로 해커톤hackathon, 디자인 잼design jam 등의 이벤트를 소개한다. 해커톤은 '컴퓨터 프로그래머들과 소프트웨어 개발 관련 일을 하는 사람들이 소프트웨어 프로젝트에 단기간 집중적으로 협력하는 이벤트'다.[86] 해커톤의 신화는 아마도 2010년 영화 〈소셜 네트워크The Social Network〉가 가장 잘 표현했을 것이다. 영화에서 젊은 마크 주커버그Mark Zuckerberg는 파티를 연다. 본질적으로는 동아리 친목 파티이지만 컴퓨터로 주재한 파티였다. 술에 취한 (백인, 시스젠더, 남성) 대학생 개발자들이 어두운 지하실에 모여 맥주와 피자를 먹으면서 코딩 문제를 해결하려 경쟁한다. 그리고 이를 계기로 당시 초창기 소셜 네트워크 사이트인 더페이스북(TheFaceBook.com)에 취업하게 된다. 핵랩과 같이 고정적 현장에서 작동하는 많은 역학이 해커톤 같이 이벤트성으로 진행되는 디자인 현장에서도 압축된 강도로 작동하곤 한다.[87]

해커톤은 민간 부문과 신자유주의 국가의 후원 아래 점점 더 인기를 얻고 있다. 기업 관리자들은 해커톤을 새로운 인재를 선별하는 효과적인 방법으로 이해하고, 기술 부문 채용 파이프라인에 적용 가능한 메커니즘으로 바라본다. 사회학자 샤론 주킨Sharon Zukin과 맥스 파파단토나키스Max Papadantonakis는 '협업 의식으로서의 해커톤Hackathons as Co-optation Ritual'이라는 글을 통해 7건의 뉴욕 해커톤에 대한 애스노그라피ethnography(민족지학) 사례를 바탕으로 사람들을 위축시키는 비판을 내놓는다. "참가자들이 컴퓨터 코드를 작성하고 애플리케이션을 빌드하는, 시간 제한이 있는 이벤트인 해커톤은 물질적 보상에 대한 약속이 거의 없음에도 불구하고 기술 분야의 학생들과 근로자들을 연결해 '혁신'을 일으키는 인기 있는 수단이 됐다 … 해커톤은 무보수의 불안정한 노동을 특별한 기회, 황홀한 노동의 의식이자 모두에게 이익이 되는 혁신에 대해 허구적 기대를 불러일으키는 집단적 상상으로 재구성한다. 그리고 '새로운' 경제에서 제조 노동자들의 합의를 이끌어내는 강력한 전략이 된다."[88] 요약하자면 해커톤은 경영적 관점에서 무보수 노동을 얻어낼 수 있는 훌륭한 기회를 제공한다. 이는 기술 기업들의 정기적 관행에 해커톤의 인기가 날로 증가하는 현상을 설명한다.[89] 그림 4.3에서 알 수 있듯이 해커톤은 지난 10년 동안 점점 더 인기가 높아졌다. 국가에서도 시청에서 백악관에 이르기까지 여러 곳에서 해커톤을 채택해왔다. 해커톤을 운영하는 정부 기관은 상징적으로 시민 기술의 솔루션 프레임워크뿐 아니라 기술의 수용을 시사한다. 어떤 정부 관계자들은 이런 이벤트를 (주로) 언론 플레이 정도로 냉소적으로 조직하기도 할 것이다. 하지만 어떤 사람들은 시민 기술의 가능성과 해커톤 이벤트 형태의 실증 사례에 진심으로 흥분하며 기대한다.

이런 역학 중 많은 부분이 비영리 부문과 '시민 해커톤'에서 작동하고 있다. 비영리 부문의 시민 해커톤은 수익성 있는 신규 기업 창출에 중점을 두기보다 사회적, 환경적 혁신 또는 시민적 혁신을 일으키려 한다. 다른 한편, 이 부문은 민간 부문보다 솔루션주의적이다. 사회 문제를 '해결'하는 데 도움이 되는 새로운 애플리케이션을 만들면 '선한 선례를 남기는 해커톤'으로 성공할 것이라는 가정을 한다.

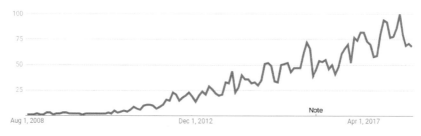

그림 4.3 시간경과에 따른 '해커톤'에 대한 웹 검색 관심도(2008년7월17일~2018년7월17일, trends. google.com에서 'hackathon'으로 검색)

상금 대회로서의 해커톤 모델은 최근 몇 년 동안 기업, 국가, 비영리 부문 등 여러 곳에서 두각을 나타냈다. 이 모델에 참여한 팀들은 대개 제한된 시간 안에 집약적인 스프린트 주기로 프로토타입 웹 또는 모바일 애플리케이션을 만들어 디자인 문제를 해결하려 경쟁한다. 심사위원단은 프로토타입을 검토해 한 팀 또는 여러 우승 팀을 발표한다. 우승 팀들은 상과 함께 일정 금액의 상금을 받으며, 벤처 자본가^{VC, Venture Capitalist}에게 프로토타입을 보여줄 기회와 매스컴의 관심을 받는다. 그리고 (유료, 독점) 소프트웨어 패키지·웹 서비스·도구들에 대한 무료 액세스 권한이 부여된다. 한편, 해커톤의 잠재적 가치(상징적·물질적·투기적 관점의 가치)를 인식해 스스로 해커톤의 전문 주최자를 자처하는 영리 기업들, 그리고 이런 기업들과 연계해 활동하는 소규모 단체들이 등장하기 시작했다. 해커톤닷컴^{Hackathon.com}, 비마이앱^{BeMyApp} 등의 회사들은 기업 해커톤을 조직하고 운영하기 위해 다른 회사들과 계약을 맺는다.

해커톤의 단점

소프트웨어 개발자이자 협동조합 경제^{cooperative economy}의 옹호자인 찰리 드타르^{Charlie DeTar}는 언론 매체가 MIT 미디어 랩의 허리케인 해커 사건을 다룬 방식과 관련한 경험에 힘입어 해커톤에서 빈번하게 나타나는 문제점, 내러티브 왜곡, 잠재적 이점을 강력하게 요약한 블로그 게시물을 작성했다.[90] 드타르와 사람들은 해커톤에서 가장 자주 발생하는 몇 가지 문제를 지적했다. 해커톤은 소프트웨어 개발 기술을 갖춘 백인 시스젠더 남성이 지배하는 경우가 많다는 점, 배타적이고 규범적이며 해결주의적 경향이 있다는 점, 종종 해커톤의 문제를 다루는 사람들의 경험적 지식과 암묵적 전문성을 존중하지 않는다는 점, 거의 항상 문제에만 집중하고 기존 커뮤니티 자산을 기반으로 구축하려 하지 않는다는 점, 그리고 사람들은 해커톤이 크고 작은 문제를 해결한다거나, 밤새 새 제품을 만든다거나, 능력주의^{meritocracy}를 중심으로 혁신의 '공정한 경쟁의 장을 만드는' 것처럼 일반적으로 할 수 없는 일을 할 수 있다고 생각한다는 점 등이다. 데이터 저널리스트이자 교수인 메레디스 브루사드^{Meredith Broussard}는 자신의 훌륭한 저서인 『페미니즘 인공지능』에서 해커톤과 주변 문화들에 대해 비슷한 비판을 하기도 했다.[91]

또 다른 예로, 작가이자 예술가, 활동가인 글로리아 린^{Gloria Lin}의 '2016 대학 해커톤 애스노그라피^{ethnography of college hackathon}'에는 "해커톤 공간이 여성, 장애인, 비전형적인 사람들, 심지어 식이제한자들 등 특정 요구를 가진 해커들을 소외시키는 문화를 배양한다. 다양한 참석자들의 기술, 계층, 성별 정체성과 마찬가지로 그들의 건강, 영양, 돌봄 요구 사항을 계속 무시함으로써, 해커톤은 배타적이면서도 적대적인 환경을 조성한다"라는 내용이 담겼다.[92] 린은 메이저리그해킹Major League Hacking이란 회사에서 주최한 UCLA 해커톤에서 이게 어떤 모습으로 나타나고 있는지 자세히 설명한다. 그녀에 따르면 참석자, 주최자, 멘토, 심사위원은 모두 백인 또는 아시아계 시스 남성이었다. 린은 또한 해커톤이 여성 혐오 행태를 보상하는 경우가 자주 있었다고 지적한다. "LA 핵스 2014LA Hacks 2014*에서 첫 결선 진출자 윙맨Wingman은 여성들의 사진을 분석해 그녀들의 난잡함을 판단하고 사진이 더 매력적으로 보이도록 수정했는지를 알아내는 애플리케이션으로 헤드라인을 장식했다. 해커톤에서 이런 유형의 콘텐츠 개방성은 여성들이 환영받지 못한다는 메시지를 내포한다."[93] 또한 해커톤 팀들은 무엇이든 다시 새롭게 만드는 경향이 있다. 새롭고 빛나는 것에 대한 숭배는 기존에 안정적으로 정착된 조용한 요청을 잠재우고,[94] 그 누구도 새로운 것이 해야 할 일을 이미 하고 있는, 오래된 것의 버그를 해결하고 싶어하지 않는다.

왜 이런 일이 자주 발생할까? 첫째, 가부장제도 아래서 무언가 '새로움'을 만드는 일은 '오래된' 무언가를 돌보거나 유지 또는 지원하는 일보다 더 가치 있다고 여겨지고 더 나은 보상을 받는다. 또한 새로운 일을 시작하는 건 재미있다. 많은 사람에게 새로운 일이란 기존 프로젝트의 기본을 챙기는 일보다 더 창의적으로 느껴진다. 또한, 일을 수행할 때 맥락별 도전 과제와 보상 구조도 존재한다. 특정 문제를 고민할 시간이 제한된 상황에서 해당 프로젝트의 유지 보수 담당자에게 실시간으로 연락할 수 없다면, 기존 소프트웨어 프로젝트에 기여한다는 것 자체가 이치에 맞지 않는 일일 것이다. 디자인 문제를 해결하는 기존 시스템은 새로운 솔루션보다 더 복잡하면서 기능이 더 강력할 수 있다. 실제 사용해보고 만들었을 것이고, 디자인 가정에 관련한 실제 문제점을 직접 확인할 시간이 있었을 것이기 때문이다. 큰 그림의 프로토타입으로 새로운 솔루션을 만드는 일은 기존의 실제 도구에 약간의 개선을 하는 것보다 더 간단한 일이

---

* 매년 열리는 학생 주도의 남가주 최대 규모의 해커톤 – 옮긴이

며, 더 즉각적인 보상을 얻을 수 있다. 한편 기존 프로젝트에 기여하려면 기존 개발자, 유지 보수 관리자, 커뮤니티와 접촉하고 협상해야 한다. 새로운 걸 만들면 개발자에게 귀속되고 크레딧이 주어지며 관심을 받는 반면, 기존 프로젝트 참여 시의 귀속, 크레딧, 관심은 최소화될 수밖에 없다.

이런 문제는 기업, 국가, 비영리, 시민 기술 해커톤에 널리 퍼져 있다. 시민 해킹의 솔루션 중심적 접근 방식은 가장 영향을 받는 커뮤니티의 개개인을 해킹 팀에 참여시킴으로써 완화되기도 하지만, 일반적으로는 대부분의 해커톤은 짧은 기간, 문제 기반 프레임 설정(자산 기반 프레임 설정과는 반대 개념), 제품 지향적 프로세스로 인해 디자인 정의 원칙에 대한 깊은 고민을 하기엔 적합하지 않은 측면이 있다.

2장에서 188명의 기술 실무진들과의 인터뷰, 포커스 그룹을 기반으로 진행한 사회 정의를 위한 기술 프로젝트^{Technology for Social Justice project}와 「#MoreThanCode 보고서」(https://morethancode.cc)에 대해 설명했다. 실무자 중 다수는 해커톤과 관련해 의견을 강하게 내고 있었다. #MoreThanCode 참가자들은 지배적 성향의 해커톤 모델이 가진 많은 문제점을 언급했다. 몇몇 사람은 대부분의 해커톤이 제대로 동작하는 제품을 생산하지 않는다는 점, 해커톤이 리더십을 놓고 경쟁하는 사람들 간 이상한 권력 역학을 형성할 수 있는 점, 여성들이 해커톤에서 종종 성차별을 경험하는 점을 언급했다.[95] 그들은 해커톤이 엘리트 네트워크를 강화하곤 하며, 대개는 가장 영향을 받는 커뮤니티 구성원을 포함하지 않는다고 생각했다. 예를 들어, 어떤 이는 저소득층을 돕기 위한 대부분의 해커톤에 최종 사용자는 논의 테이블에서 쏙 빠진 경우가 많다고 언급했다.[96] 법률 서비스에서 기술을 도입했던 한 실무자는 다음과 같이 말했다. "노숙자들을 위한 원데이 해킹 이벤트는 사회 정의 이슈의 복잡도를 낮추는 역할을 한다. … 당신이 그저 애플리케이션을 개발한다고 해서 세상의 문제를 해결할 순 없을 것이다."[97] 연구 참가자들은 해커톤이 민주적 합의, 강력한 사회 운동 및 정책이 필요한 순간, 종종 기술과 관련된 크고 근본적인 문제를 해결하려 한다고 말한다.

마이크로소프트 시민 기술 부서의 한 실무자는 현장에는 '선한 기술tech for good'에 점점 더 관심을 갖는 스타트업 액셀러레이터를 비롯해, 많은 새로운 행위자가 존재한다고 이야기한다. 하지만 안타깝게도 이 새로운 행위자들은 대부분 이미 진행된 작업에 관해서는 무지한 것 같다고 한다. 그들은 본인들이 강연을 했던 시민 기술 해커톤 사례를 소개한다. "당신은 새로운 회의 소집 도구를 완전하게 만들 수 있습니다. 다른 유사 도구들이 존재한다는 점을 알고, 당신의 도구가 그것들과 어떻게 다른지 내게 말해주세요." 하지만 그들은 "시민 해커들이 내 말은 무시했어요 … 우승 팀 중 한 팀은 회의 소집 도구를 만들었어요"라고 말했다.[98]

한마디로 해커톤은 구조적 불평등과 의심할 여지 없는 특권의 역학이 재생산되는 현장인 경우가 너무나 많다. 많은 기술 공간과 마찬가지로, 해커톤은 백인, 이성애자, 장애가 없는 시스젠더 남성, 기술 능력에 관한 남성우월주의적 가정, 담론의 보편화, 해결책 지상주의가 지배하는 경향이 있다. 그 현장들은 너무나 자주 배타적이어서 규범적 기술 문화에 익숙하지 않은 사람들을 소외시키고, 소외된 사람들의 경험 지식, 도메인 전문성, 자신과 다른 점을 무시한다.

해커톤의 장점

지금까지 해커톤의 단점을 살펴봤다. 그럼에도 불구하고 해커톤은 다른 디자인 이벤트처럼 디자인 정의 실천의 장으로서 잠재적 가치가 매우 큰 현장이다. 해커톤은 종종 강렬하면서 집중된 학습, 만들기, 문제 해결, 커뮤니티 구축, 그리고 놀이의 도가니, 시련의 장으로서의 역할을 한다. 한 #MoreThanCode 참가자는 해커톤이 도메인 전문가, 커뮤니티 멤버, 디자이너, 개발자, 리서치 연구원을 연결하는 데 유용하다고 말한다.[99] 연구원 로빈슨Robinson과 존슨Johnson은 시에서 운영하는 해커톤이 행정 직원들이 관심을 가진 대중과 소통할 수 있는 귀중한 공간을 만들고, 어떤 오픈 데이터 세트가 중요한지 시 행정부에 명확하게 피드백을 제공하며, '오픈 데이터를 공공의 목적으로 사용할 수 있도록 지원'하고, 미래의 오픈 데이터 배포 시 정보를 제공할 수 있다고 주장한다.[100]

또 다른 #MoreThanCode 참가자는 카오스 커뮤니케이션 캠프Chaos Communication Camp, 투어캠프ToorCamp 등의 해커 캠프로 연대감이 생성된다고 말한다. 두 번째, 해커톤이 대규모 협업 프로젝트 참여에 동원될 수 있는 사람들 간 네트워크를 형성한다는 점을 지적한다. 세 번째, 해커톤이 잘 조직되면 사회 정의를 위한 기술 사용에 대한 소개와 더불어, 고용이 일어날 수 있다는 점에 주목한다.[101] 예를 들어, 「#MoreThanCode 보고서」를 위해 인터뷰했던 한 소프트웨어 개발자는 "이 작업에 어떻게 참여하게 됐나요?"라는 질문에 구글과 파트너십을 맺은 도시 해커톤을 시작점으로 설명한다. 또 어떤 사람은 여성 중심의 해커톤 조직화를 경력의 중요한 측면으로 언급한다.[102]

일반적으로 포커스드 팝업focused pop-up, 해커톤, 해킹의 밤이 아이디어 도출에 집중하기보다는 도메인 전문 지식을 가진 조직의 실제 요구에 응답할 때 가치가 있다고 여긴다.[103] 예를 들어, 한 참가자는 해커톤이 법률 서비스 커뮤니티에서 고객과 법률 보조 직원이 법률 시스템을 탐색할 때 쓰는 애플리케이션을 대한 아이디어를 도출했던 게 유용했다고 말한다. 한 근로자 협동조합의 소프트웨어 개발자는 드루팔 포 굿Drupal for Good 같은 여러 기술 커뮤니티에서 해커톤을 활용해 커뮤니티 기반 조직들을 위한 무료 웹사이트 제작을 지원한다는 사실을 공유한다.[104] 이 참가자들에 따르면 해커톤을 포함한 디자인과 개발 프로세스에서 커뮤니티 구성원들을 참여시키는 방향으로 가는 변화가 서서히 일어나고 있다. "예전에는 심지어 사람들이 뭐가 고장났는지 모른 채 고장 수리 팀을 서둘러 구성하고 문제를 해결하려 애쓰곤 했다. … 하지만 이제는 프로그래머 무리들을 모아놓는 데 그치지 않는다. 지금은 실제 커뮤니티 구성원들이 직접 코딩과 상호 작용을 배우는 해커톤이 존재한다. … 커뮤니티 구성원들은 또한 프로그래머들에게 미래를 위해 지속하고 구축하는 데 필요한 것들을 알려준다. 정말 좋은 일이 일어나고 있다."[105]

디자인 정의 렌즈로 디자인 현장을 다시 생각해보기

우리가 디자인 현장을 조직하는 방법을 고민함에 있어, 디자인 정의의 실질적 의미는 무엇일까? 디자인 정의의 핵심은 디자인의 이점과 해악을 공정하게 배분하는 것임을 기억하자. 디자인 의사 결정 과정에 공정하고 익미 있는 참여가 전제돼야 하며, 커뮤니티 기반의 디자인 전통, 지식, 관행을 인정해야 한다. 어떤 디자인 공간들은 점차 이런 목표를 지향해 변화하고 있다.

(4장 앞부분에 요약된) 해커스페이스 설명에서 그렌츠푸르트너와 슈나이더는 디자인 현장의 재정치화를 촉구한다. 그들은 재정치화가 이론과 역사의 재발견을 통해 가능해질 것으로 생각한다. 해커스페이스 사람들은 해커스페이스가 어디서 시작됐는지 배우고, 그들이 반대하는 사회 발전에 대해 논의하며('반대'의 의미를 식별), 본인들의 저항과 사회 변혁과 관련된 이론을 발전시켜야 한다. 그들은 또한 '호의적이면서도' 격식에 얽매이지 않는 백인, 남성, 괴짜 엘리트들이 크게 지배하고 있는 대부분의 해커스페이스의 리더십 변화를 촉구한다. 그들은 미국의 해커스페이스가 흑인 또는 라틴계 회원들을 포함하는지 여부를 고려하게 만들고, 유럽의 해커스페이스가 북아프리카 또는 터키 이민자 멤버들과 함께하고 있는지를 성찰하게 만든다. 그리고 모든 곳의 해커스페이스가 멤버 구성과 리더십 측면에서 젠더 균형에 대해 현실적으로 생각하도록 돕는다. "우리에게 필요한 것은 반문화 역사상 첫 해커스페이스가 의도했던 것처럼 부르주아 사회로 인해 소외된 모든 그룹을 강압적이지 않은 방식으로 포용하는 일이다. 정치의 본질은 항상 행동하는 사람들의 이익을 위한 것이라는 마르크스의 주장을 수용해 생각해보면, 해커스페이스 정치는 현재로서는 백인 중산층 남성의 이익을 위한 공간에 머물러 있다. 이건 바뀌어야 한다."[106] 디자인 정의는 우리로 하여금 대의적 정치를 넘어, 소외된 커뮤니티에 기반을 둔 사회 운동 조직에 디자인 현장을 다시 연계시키는 여러 전략을 개발하게 만든다.

다행히 사람들은 이미 새로우면서도 근본적으로 포용적인 디자인 현장을 만들려 하고 있다. 기존 현장을 변혁하고 핵랩, 해커스페이스, 해커톤을 사회 운동에 다시 연결시키려고 노력 중이다. 어떤 공간들은 해커 윤리를 수용하면서 근본적으로 포용하려 노력한다. 보스턴 지역의 사회적 개입을 위한 디자인 스튜디오Design Studio for Social Intervention, 브루클린의 인텔리전트 미스치프Intelligent Mischief(지적인 장난), 베이 지역의 롤 스페이스 앤 더블 유니온LOLspace and Double Union, 브라질 바이아 살바도르의 해커스페이스 우자마Ujamaa 등이 그 예다.

활동가이자 연구원인 소피 투팽Sophie Toupin은 미국에서 부상하는 교차적 페미니스트 해커스페이스에 대해 명쾌하게 설명한다. 교차적 페미니즘을 압축적으로 소개하는 것에서 시작해, 해커스페이스의 정의와 가치를 살펴보고 유럽에서 미국으로 퍼져나간 역사를 간략하게 설명한다. 다음으로, 투팽은 미국에서의 페미니스트 해커스페이스의 기원을 긱 페미니즘 위키Geek Feminism Wiki, 에이다 이니셔티브Ada Initiative, 2013년경 샌프란시스코에서 열린 세 번째 에이다 캠프Ada Camp에서 시애틀 애틱Seattle Attic이 발표한 '페미니스트 해커스페이스를 구축하는 방법' 프레젠테이션에서 찾는다. 그녀는 교차적 페미니스트 사상의 이론적 발전 역사, 페미니스트 해커·긱·메이커의 역사, 교차적 페미니스트 해커스페이스의 최근 설립 사례들(비엔나의 Mz*발타자르 연구소Mz* Baltazar's Laboratory, 오클랜드의 리버레이팅 아워셀브즈 로컬리Liberating Ourselves Locally(현지에서 우리를 해방시키기), 버클리의 마더십 해커맘즈Mothership Hackermoms, 시애틀 애틱Seattle Attic, 포틀랜드의 플럭스Flux, 샌프란시스코의 더블 유니온, 미시간의 해커 갤Hacker Gals 등)에 대한 의견을 밝힌다.[107] 리즈 헨리Liz Henry는 널리 읽히는 「모델 뷰 컬처Model View Culture」의 2014년 기사에서 오클랜드에 기반을 둔 페미니스트 해커스페이스 더블 유니온의 설립 배경을 설명하고, 기술 안에서 조직화되는 페미니스트 역사를 더불어 소개했다.[108] 반인종주의, 페미니스트, 활동가 지향적 메이커스페이스임을 자처하는 또 다른 사례는 2001년 문을 연 로스앤젤레스의 슈거 쉑Sugar Shack이다.[109]

일부 메이커스페이스·팹랩 주최자들은 해방 지향적인 정치적 비전을 명쾌하게 통합시켰다. 예를 들어, 암스테르담에 있는 드 워De War 팹랩은 MIT 모델을 차용해 무단으로 풀뿌리 팹랩을 열었으며, 현재는 지속 가능성sustainability과 탄력성resilience의 렌즈로 생산, 소비, 더 넓게는 경제를 해킹하는 데 중점을 두고 활동한다.[110] 이는 팹랩 모델의

풀뿌리 반란grassroots insurgency과 전유appropriation로 설명된다.[111] 또한 팹랩 네트워크 안에는 팹랩을 좀 더 포용적인 공간으로 변화시키려는 사람들이 많이 있다.

이외에도 (핵랩이나 해커스페이스의 프로세스로 불리지는 않지만) 함께 챙겨야 하는 중요한 프로세스들이 많다. 예를 들어, 미국에선 미국 회복 및 재투자법ARRA, American Recovery and Reinvestment Act(오바마 경기부양법Obama Stimulus Bill으로 더 잘 알려짐)의 광대역 테크놀로지 기회 프로그램BTOP, Broadband Technology Opportunity Program이라는 제도가 있는데, 필라델피아의 미디어 집결 프로젝트Media Mobilizing Project의 주최자들은 이 제도 아래 연방 기금을 활용해 광대역 액세스와 정치 교육 및 미디어 제작 워크숍을 결합한 커뮤니티 컴퓨터 랩을 자원화할 수 있었다.[112] 사람들이 디자인 기술을 배우고, 도구에 대한 접근성을 높이며, 해킹과 수리하는 문화를 탐구하고, 소비 문화의 일회성 논리에 도전하는 커뮤니티 기반 워크숍이 점점 더 널리 퍼져 나가고 있다. 스미스 등에 따르면 "노후화되도록 디자인된 기기들을 해킹하고 수리하며 업그레이드한 다음, 기기와 그 작동 관련 지식을 자유롭게 공유하는 일은 자본주의 논리로 보면 일탈 행위나 다름 없다. … 여기서 우리가 질문해야 할 주제는 이런 이니셔티브가 … 지속 가능성과 사회 정의의 대안적 논리로 길을 찾는 운동들과 연계할 수 있는지다."[113]

도서관은 (4장에서 다루고자 하는 범주를 벗어나긴 하지만) 지식에 대한 접근, 민주화 관점에서 오랫동안 중요한 역할을 해왔으며, 최근에는 사람들이 디지털 디자인에 대해 배우고 탐구할 수 있는 현장으로 도서관을 활용하는 빈도가 늘고 있다.[114] 또 다른 흥미로운 현장은 컴퓨터 클럽하우스Computer Clubhouse로, 잘리사 트랩Jaleesa Trapp 등의 교육자들이 저소득층 청소년들, 여자 아이들, 젠더 비순응 유색 인종 아이들과 함께 디자인 기술을 익히고 그들의 지원 네트워크를 구축하기 위해 일하는 곳이다.[115] 학교도 물론 디자인 정의 실천을 키우는 중요한 현장이다. 나는 5장에서 이와 관련된 교수법에 대해 더 논의하고자 한다.

해커톤 해킹하기: 보다 포용적인 디자인 이벤트를 위한 모델

영구적으로 존재하는 디자인 공간이 디자인 정의의 목표를 잠재적으로 지원할 수 있는 것처럼 단기 디자인 이벤트도 마찬가지다. 활발하게 활동하는 사회 운동계에선 이미 디자인 정의 원칙에 잘 부합하는 해커톤과 여러 디자인 이벤트를 위한 여러 모델을 개발했다. 예를 들어, 해커톤과 디스코테크가 있기 전인 1990년대 후반과 2000년대 초, 글로벌 정의 운동이 한창인 당시에는 대중의 동원과 의견 수렴은 종종 미디어·기술 연구소의 영향이 컸다. 인류학자 제프리 주리스Jeffrey Juris가 설명하듯, 이 임시 실험실은 모든 종류의 활동이 조율되는 더 커다란 글로벌 정의 수렴 공간에 내재돼, 더 큰 사회 조직 안에서 기술과 미디어 기관으로서의 역할을 했다. 그 실험실들은 사회기술적 혁신, 지식 교환, 커뮤니티 구축의 현장이었으며 외부와 단절된 채로 존재하지 않았다. 그들은 당면한 특정 프로젝트에 가장 직접적으로 응답하곤 했는데, 이 일은 대규모의 사람들을 동원하는 걸 지원하고 독립 미디어들의 시위 관련 보도를 지원하기 위해 통신, 연결, ICT 인프라를 효과적으로 구성하는 일이었다.[116] 나는 개인적으로 칸쿤에서 열린 세계무역기구WTO, World Trade Organization 각료 회의에 반대하는 시위와 관련해 2003년 마이애미에서 시위 도중 조직된 자유무역지역지대FTAA, Free Trade Area of the Americas IMCIndependent Media Center에 참여하고 이런 공간들이 조직화되도록 도왔다. 이외에도 2003년 제네바에서 열린 정보사회 세계정상회의WSIS, World Summit on the Information Society에서 위 씨즈 허브We Seize! Hub로,[117] 2004년 아워미디어 콘퍼런스OurMedia conference에서 폴리미디어 랩Polimidia Lab으로,[118] 2008년 공화당 전당 대회를 반대하는 시위 중 조직된 트윈 시티 인디미디어 센터Twin Cities Indymedia Center로 활동했다. 2012년 즈음엔 많은 진영에서 유사한 미디어·기술 조직들이 생겨났다. 오큐파이 보스턴Occupy Boston, 오큐파이 월 스트리트Occupy Wall Street, 오큐파이 런던Occupy London 등에 미디어 텐트가 생겼으며, 오큐파이 DCOccupy DC에는 캠프를 위한 메시 무선 네트워크 환경을 구축하고 소형 컴퓨터용 휴대용 배터리 마운트를 제작해 행진 도중에도, 경찰에 의한 혼란 상황에서도 캠프의 안정적인 고퀄리티 라이브스트리밍이 가능하도록 돕는 기술 조직과 작업 그룹이 존재했다.[119]

요즘에는 해커톤 정신, 에너지, 긍정의 가능성을 내재화하는 동시에, 배타적인 경향을 변화시키려는 포용적 해커톤 또는 해커톤 유사 이벤트 모델을 만들고 공유하려는 사람들의 커뮤니티와 조직이 증가하고 있다. 예를 들어, 긱 위다웃 바운드Geeks Without Bounds, 애스퍼레이션 테크Aspiration Tech, 디트로이트 디지털 정의 연합Detroit Digital Justice Coalition, 공정X디자인EquityXDesign 등의 그룹이 그렇다. 우리는 앞서 디스코테크와 그들이 등장하게 된 연합 미디어 콘퍼런스Allied Media Conference의 맥락을 살펴봤다. 다양성과 포용을 강조하는 또 다른 콘퍼런스와 이벤트로는 모즈페스트MozFest, 인터넷 자유 페스티벌Internet Freedom Festival, 뉴욕시의 크립토할렘 모임CryptoHarlem meetups, 브라질의 크립토파티CryptoParties, 라틴 아메리카 전역의 엔쿠엔트로스 핵페미니스타스Encuentros Hackfeministas, DC의 테크 레이디 해커톤Tech Lady Hackathons 등이 있다. 레즈비언 후 테크 서밋Lesbians Who Tech Summit은[120] 모든 기술 산업 분야에서 일하는 레즈비언들을 위한 물리적 만남의 자리와 네트워킹 공간을 제공한다. 트랜스*H4CKTrans*H4CK는 샌프란시스코, 보스턴 등의 도시에서 진행된 지역 행사이자 트랜스*, 성별 비순응자를 위한 해커톤 행사다.[121] 유사 행사로는 라틴 아메리카의 국제 개발 디자인 서밋Cumbres Internacionales de Diseno para el Desarollo이 있다. WhoseKnowledge.org는 "(대다수 국가에 존재하는) 소외된 커뮤니티들의 지식을 인터넷에 모으기 위한 글로벌 캠페인이다. 우리는 특히 여성, 유색 인종, LGBTQI 커뮤니티, 토착민, 남반구 지역민들과 협력해 우리의 모든 지식을 온라인에 더 많이 구축하고 표현한다."[122] 이 캠페인을 통해 자원, 방법 가이드, 서밋, 해커톤 같은 **지식 스프린트**(참가자들은 소외된 사람들, 역사, 지식을 다시 바로잡기 위해 위키피디아Wikipedia를 함께 편집하는 활동)가 조직된다.

접근성 기술 커뮤니티는 #A11yCAN 해커톤이라는 이름으로 포용적인 디자인 이벤트를 조직한다. 이 이벤트는 '장애인들이 사용할 수 있는 제품, 기기, 서비스, 환경에 관한 디자인'에 중점을 둔다.[123] 유축기를 끔찍하지 않게 만들기 해커톤 및 정책 서밋Make Breast Pump Not Suck Hackathon and Policy Summit은 유축기 디자인과 더불어, 모유 수유 중인 사람들, 특히 저소득층 유색 인종 산모들로부터 모유 수유를 어렵게 만드는 정책과 규범을 개선하는 데 초점을 맞췄다. 주최자들은 저소득 유색 인종 여성들과 출산 정의

^{reproductive justice} 조직들의 경험과 전문성을 바탕으로 포용적인 공간을 만들고자 노력했으며 영유아를 둔 엄마들의 참여를 독려하고 지원했다.[124]

글로리아 린^{Gloria Lin}은 또한 '테크니카^{Technica}, 메릴랜드 대학교와 칼리지 파크에서 진행한 모든 여성을 위한 해커톤'처럼 보다 포용적인 해커톤의 출현에 주목했다. 이 해커톤 일정에는 해커들이 스스로 건강을 챙기면서 참여할 수 있도록 요가 휴식 시간이 포함돼 있다. 캘리포니아 대학교의 핵 데이비스^{Hack Davis}는 스스로를 24시간 소셜 해커톤으로 브랜드화했다.[125] 이에 대해 린은 "이런 해커톤은 해커들로 하여금 자신이 하는 일을 왜 하는지, 그 이유를 반추하게 하고 기술 영역에서 소외된 커뮤니티들의 신념과 복지를 추구하는 한편 그들의 행복과 안전을 고려하며 행동하게 만든다"라고 설명했다.[126]

교육 기술 연구자 가브리엘라 리차드^{Gabriela T. Richard}와 공동 저자들은 2015년 SIGCSE 콘퍼런스 논문에서 '착용과 돌봄^{wear and care}'이라는 주제로 웨어러블을 디자인하기 위해 릴리패드 아두이노^{LilyPad Arduinos}를 사용하는 데 중점을 둔 하드웨어 해커톤인 스티치페스트^{StitchFest}에 대해 소개한다.[127] 그들은 목표 참가자를 어떻게 모집할지, 어떤 주제에 중점을 둘지, 참가자들에게 특정 종류의 자료를 어떻게 제공할지에 따라 여성의 참여율을 높일 수 있었다고 주장한다. 그들은 또한 코딩 대회에 더 많은 여성과 소수자들을 모집하는 방법과 관련해 국립 여성 정보 기술 센터^{NCWIT, National Center for Women and Information Technology}의 권장 사항을 요약해 설명한다. "(1) 여성과 다양한 학생들이 등장하는 판촉 자료를 만든다 (2) 여성 참가자들을 적극적으로 모집한다 (3) 지속적으로 격려한다 (4) 참가자들이 자신에게 흥미로운 프로젝트를 할 수 있도록 허용한다 (5) 경험이 많은 구성원과 경험이 없는 구성원이 섞인 혼합 팀을 장려한다 (6) 튜토리얼 또는 방법을 설명하는 이벤트를 연다 (7) 학습에 집중하면서 승리할 수 있는 다양한 방법이 있음을 알린다 (8) 여성 멘토·교육자·심사위원을 참여시킨다 (9) 누구나 이 공간에 접근할 수 있음을 명확히 한다 (10) 관련된 사람들을 교육시킨다."[128]

비슷한 맥락으로 #MoreThanCode 참가자들은 디자인 현장을 보다 다양하고 포용적이며 유용하게 만들 방법에 대한 구체적인 제안을 많이 받았다. 한 사람은 당신이 해커톤을 조직하는 방식은 누가 참석하게 될지 그 결과에 큰 영향을 미치며, 무슨 요일, 하루 중 어느 시간, 어떤 장소, 강조 표시된 발표자 등의 여러 측면이 모두 중요하다고 지적했다.[129] 또 다른 사람은 뉴욕 공원 관리부서NYC Parks Department와 협력해 30년 동안 공개된 나무 데이터를 해킹했다고 설명했는데, 이 해커톤에는 나무 관리 자원봉사자, 근린 조직 직원, 시 전체의 비영리 단체, 공원 부서 직원뿐 아니라 기술·데이터·디자인 커뮤니티들에 속한 사람들도 함께 참여했다.[130] 한 실무자는 오클랜드에서 유색 인종의 교차적 페미니스트 주도의 메이커스페이스를 만드는 과정을 설명했으며, 다른 한 명은 뉴욕시에 도시 혁신 연구소를 설립한 경험을 공유했다.[131] 몇몇은 사회 정의 기술 조직, 특히 메이퍼스트·피플링크May First/People Link가 사회 운동의 힘을 가장 효과적으로 결집시키려 기술이 사용된 방법을 알아내기 위해 활동가들을 모아 기술 융합 활동을 오랫동안 조직해 왔다고 말했다. 한편, 「#MoreThanCode 보고서」는 좀 더 다양하면서도 포용적인 기술 디자인 현장을 만들기 위해 다음과 같이 주요 권장 사항을 제시한다. 첫째, 관련 데이터를 수집하고 공적으로 공유하자. 둘째, 공개적으로 시간 제한을 두고 다양성을 목표로 설정하자. 그리고 "콘퍼런스, 회의, 모임 등을 훨씬 더 다양하고 포용적이며 접근 가능하고 감당할 수 있도록 만들자. 디스코테크 모델처럼 포용적 이벤트 모범 사례들을 채택하자. 도서관, 대학, 커뮤니티 칼리지, 핵랩, 메이커 스페이스 같은 주요 현장들에서 동일하게 활동하라."[132]

대개는 이런 권장 사항과 디자인 정의 원칙에 따라 많은 해커톤을 조직하는 일이 가능해야 한다. 여기서 가장 중요한 점은 조직 위원회에 해커톤 도메인 영역의 영향을 받는 사람들을 포함해야 한다는 것이다. 또한 팀이 이벤트 도메인 관련 경험자들을 참여시키도록 권장하거나 요구하고, 이를 가능케 하는 지원과 발판을 제공하는 게 중요하다. 이외에 일반적인 모범 사례로는 명확한 행동 강령을 개발한 경우, 보다 포용적 참여를 가능하도록 재정적 지원을 한 경우, 커뮤니티 자문 위원회를 만든 경우를 꼽을 수 있다. 3장에서 언급했듯이 문제를 해결하려는 커뮤니티 기반 조직CBO, Community-Based Organization들과 함께 프레임워크를 세우는 일도 중요하다. CBO와 협의해 디자인 문제의 범주를 설정하자. 그리고 문제를 기반하기보다는 자산을 기반으로 한 프레임워크를 고려하라. 덧붙여 이야기하자면, 직접적으로 영향을 받는 사람들은 디자인 팀의 멘토가 될 수 있으며, 프로젝트 심사위원은 프로젝트 팀에 비평과 피드백을 제공한다(여기에 '승자' 유무가 달렸다). 디자인 이벤트에 대한 홍보에는 이벤트 주최자들과 기존 CBO의 작업을 강조할 수 있다.

많은 #MoreThanCode 인터뷰 대상자들은 디자인 이벤트 주최측이 참가자들에게 전인적인 관심을 기울여야 한다고 말했다. 이는 음식, 생체 휴식, 모든 신체 유형과 성별에 친화적인 접근 가능한 욕실, 낮잠이나 휴식을 취할 수 있는 편안한 공간, 적절한 조명을 고려하는 일이 중요함을 의미한다. 이외에도 부모들도 참여할 수 있도록 아이 돌봄 서비스를 제공하고, 수유를 하거나 유축할 수 있는 깨끗하고 편안한 공간을 제공하며, 커뮤니티 구성원들에게 친숙한 장소에서 행사를 개최하는 방안을 고려하라. 만약 다른 장소에서 행사를 개최할 만한 합당한 이유가 있다면 커뮤니티 구성원들이 쉽게 참석할 수 있도록 교통, 물류 지원을 준비한다. 많은 사람에게 친숙한 위치를 선택하고, 교통, 음식, 아이 돌봄, 통역, 접근성을 고려하라.

2019년경, 내가 MIT에서 이끌었던 코디자인 스튜디오^{Codesign Studio} 과정에서 학생들은 CBO와 협력해 '해커톤을 해킹'하는 데 중점을 뒀고, 근본적으로 포용적이고 접근 가능한 디자인 현장이 되도록 지원했다. 박사 과정 학생이자 디자이너, 소프트웨어 개발자인 빅토리아 팔라시오^{Victoria Palacios}는 그녀의 마지막 프로젝트로 더 나은 디자인 이벤트를 조직하는 방법과 관련된 기존 문헌들을 검토하고 학기 중 해당 과정이 진행되는 동안 발견한 교훈들을 검토해 그 교훈들을 모두 일련의 매우 유용한 가이드라인으로 통합시켰다. 가이드라인은 웹사이트(bit.ly/designeventguidelines)에서 무료로 활용할 수 있다.

흑인 레즈비언 페미니스트 작가이자 시인, 활동가인 오드리 로드^{Audre Lorde}가 강력하게 말했듯, 지배자의 도구로 지배자의 집을 절대 무너뜨릴 수 없다면[133] 해커스페이스, 메이커스페이스, 팹랩, 해커톤은 우리가 새로운 종류의 도구를 개발하는 현장으로 활용할 수는 있을까? 그럴 수도 있고 아닐 수도 있지만, 우리가 지배자의 건축 계획을 따르려 새로운 도구들을 사용한다면 어느 쪽이든 도구가 문제되진 않을 것이다. 디자인 현장은 디자인 정의 원칙을 따름으로써, 페미니스트적이고 반인종 차별적 공간으로 변모될 수 있다. 진정으로 포용적일 뿐 아니라 (억압적 시스템을 암묵적으로 재생산하기보다는) 그 시스템에 명쾌하게 도전하는 공간이 되는 것이다. 더 나아가 그 현장은 새로운 종류의 주거 계획을 개발하는 데 도움을 주기 위해 지배의 매트릭스 아래서 많은 부담을 지닌 사람들이 이끄는 사회 운동과 연계될 수도 있을 것이다.

5장

디자인 교육학:
"이 시스템엔 뭔가 문제가 있어요!"

그림 5.1 〈감시(surveillance)〉〈템플 그랜딘作〉. 2013년 MIT 코디자인 스튜디오(CoDesign Studio)의 포스터 이미지로 사용된 콜라주 작품. 2011년 연합 미디어 콘퍼런스의 작업 부문 중 네임 댓 테크(Name That Tech) 워크숍에서 제작된 이미지임. (사진 제공: 니나 비앙키(Nina Bianchi))

비판적 교육학은 의식을 변화시키고, 학생들이 스스로를 더 잘 알고 더욱 풍요로운 세상을 살 수 있게 하는 지식의 길을 열어주고자 한다.

　　— 벨 훅스(Bell Hooks), 『넘어설 수 있도록 교육하다(Teaching to Transgress)』(Routledge, 2014)

나는 모든 참된 교육의 목적이 '사람'을 목수로 만들기 위함이 아니라, 목수를 '사람'으로 만들기 위한 것이라고 주장한다.

　　— 윌리엄 에드워드 버가트 듀보이스(W. E. B. Du Bois), 『재능 있는 열 번째(The Talented Tenth)』
　　(Amazon Digital Services LLC–KDP, 2020)

억압받는 사람들에겐 (그들의 정규 교육 수준과 관계없이) 주변 세계를 이해하고 해석하는 능력, 세상을 있는 그대로 보는 능력, 세상을 변화시키려 움직일 수 있는 능력이 있다.

　　— 엘라 베이커(Ella Baker)

"여러분, 싸울 준비 됐나요?" 보스턴 지역 주거 권리 단체인 시티 라이프·비다 어바나CL/VU, City Life/Vida Urbana의 커뮤니티 조직가 중 한 명이 큰소리로 외친다. 강하고도 분명한 어조로 던진 한 문장의 질문이 방안에 울려 퍼진다. "네!" 30대 중반의 한 흑인 여성은 씨티라이프City Life의 상징인 검과 방패를 머리 위로 높이 들고 선언한다. "그럼 우린 당신과 싸울 겁니다!" 방안 여기저기 앉아 있거나 서 있는 커뮤니티 회원 50여 명은 하나가 돼 주먹을 들어 올리며 호응한다. 이들 대부분은 본인 또는 친구, 가족, 이웃의 퇴거를 막는 데 도움을 받고자 CL/VU에 왔다. 방패는 퇴거와 압류에 맞서 방어하려는 집단적 커뮤니티 행동의 힘을 대변한다. 그리고 칼은 CL/VU가 은행, 악덕 고리대금업자, 파렴치한 집주인을 협상 테이블로 불러내고 수백 명의 가족을 집에 살 수 있게 하려 반복해 사용해온 법적 무기와 언론 활동을 나타낸다.

이런 활동은 수십 년에 걸친 투자 중단과 백인들의 도심 탈출 상황에서 기업과 투자자들을 도심으로 불러들이고, 젊은 전문직 종사자들(대부분 백인)이 살기에 '안전한' 도시를 만들고자 도시를 '건전하게' 만들려는 신자유주의직 연빙·주·시정 정책 아래선 쉬운 일이 아니다.[1] 실제로, 2008년경의 모기지 위기와 금융 붕괴 이후 흑인 가정들은 큰 타격을 받았다. 흑인들은 당시 24만 채 이상의 집을 잃었다.[2] 그리고 현재 여전히 흑인들의 주택 소유율은 2000년대 중반 최고치보다 6.6% 정도 낮은 상태이며, 흑인 가정 대다수[51%]는 빈곤 지역에 산다.[3] 주거 권리 조직은 이런 상황에서 특히 더 중요하다. CL/VU는 1973년 보스턴 지역에서 조직된 이후 성공적으로 저렴한 주택 400채 이상을 지었고 40동 이상의 건물에 세입자 협회를 구성했으며 퇴거 방어와 법적 조치, 그리고 대출 기관, 은행, 집주인과의 집단 재협상이라는 포괄적 전략을 통해 800가족 이상이 자신의 집에 머무를 수 있게 도왔다.[4] 이 조직은 저소득층, 대다수의 흑인, 원주민, 유색 인종[B/I/PoC, Black, Indigenous, People of Color]이 그들의 유서 깊은 삶의 터전으로부터 쫓겨나지 않도록 맞서 싸우려 미국 전역에서 활동하는 전국 도시 권리 연합[National Right to the City Coalition]의 공동 창립 기반이자, CBO의 네트워크다.[5]

나는 2012년부터 MIT에서 시민 미디어 협력적 디자인 스튜디오[Civic Media Collaborative Design Studio] 과정을 맡아왔고, 이 과정에서 가르쳤던 학부생과 대학원생 20명으로 구성된 그룹과 함께 활동하고 있다. 프로그램 카탈로그에서 코디자인 스튜디오[CoDesign Studio]를 다음과 같이 설명한다(https://ocw.mit.edu/courses/cms-362-civic-media-codesign-studio-fall-2020/pages/assignments/project/).

우리는 CBO의 요구에 기반해 현실에 실존할 프로젝트를 디자인하고 개발하기 위해 노력할 것이다. 여러분은 이 수업의 학생으로서 파트너 조직이 이끄는 협력적 디자인 팀의 일원이 될 것이다. … 스튜디오는 프로젝트 아이디어, 디자인, 구현, 테스트, 평가로 이뤄진 반복적인 단계를 통해 커뮤니티 참여 방식에 관한 이론, 역사, 우수 사례, 비판점을 공유하고 질문하는 공간이기도 하다. 시민 미디어 협력적 디자인 스튜디오는 커뮤니티를 단지 소비자, 테스트 대상, '테스트베드' 또는 연구 대상으로 보지 않는다. 공동의 지식, 기술, 내러티브, 사회적 실천의 공동 설계자이자 공동 저자로 상정한다. 우리의 목표는 두 가지다. 기술 디자인 프로세스가 기존의 권력 불평등을 종종 복제하던 방식을 이해하는 것과 (주어진 프로젝트의 제약 안에서 가능한 한 많이) 비판을 넘어 커뮤니티 공동 저작자의 위치로 이동하는 것이다.

이번 학기엔 학생 팀 중 하나가 CL/VU와 협력해 조직의 요구에 부합할 미디어 프로젝트를 디자인하는 동시에 학생들의 기술과 관심을 프로젝트에 연계했다. 그들은 CL/VU의 커뮤니케이션 이사 마이크 레이바Mike Leyba와 긴밀하게 협력하며 그와 함께 CL/VU 회원들의 피드백을 받아 보스턴 주거 시장의 불평등을 보여주는 다채로운 게임 세트를 개발하기로 했다. 그들의 프로젝트는 체인지 게임Change the Game이라는 이름으로 불렸다. 두더지 잡기whack-a-mole, 콘홀cornhole*, 야바위 게임shell game†과 같은 대중적인 게임을 변형시켜 만든다. 이 게임은 공공장소에서 하도록 디자인됐는데, 게임을 통해 사람들의 관심을 끌고 주거 권리에 대해 교육하며 새로운 회원들과 집단을 참여시키는 역할을 한다. 디자인 팀은 게임을 하는 플레이어와 관중에게 나눠줄 게임 팸플릿을 제작했다. 이 팸플릿엔 주거, 젠트리피케이션gentrification과 이로 인한 이주 문제, 보스턴의 도시 권리 커뮤니티에 관한 정보가 담겨 있다. 게임은 또한 주거 위기에 관한 내러티브를 전환시켜 위기는 끝났다는 생각을 뒤집어보도록 디자인됐으며, CL/VU의 세 가지 진행 중인 캠페인(퇴거와 압류에 맞서기, 젠트리피케이션에 저항하기, 압류된 주택으로 이익을 보는 부동산 투자자들을 널리 알리기)을 강조해 소개한다.[6]

---

* 옥수수 등의 곡식 주머니를 던져 점수를 얻는 게임 – 옮긴이
† 종지 세 개를 엎어 놓고 여러 위치를 바꿔 어느 종지 안에 콩이 들어 있는지 알아맞히는 게임 – 옮긴이

그림 5.2 에드 카브레라(Ed Cabrera)와 트리아나 카잘레 시르데니스(Triana Kazaleh Sirdenis)의 CL/VU 체인지 게임 툴킷 표지 그림

CL/VU 조직화 회의가 끝난 후, 수업에 참여한 학생들은 모여서 프로젝트를 되짚어보고 배운 걸 토론하며 서로 느낀 점을 공유한다. 컴퓨터 공학을 공부하는 2학년 학생은 특히 많은 생각이 드는 순간이 있었다면서, 새 CL/VU 회원과 어린 딸이 아파트에서 어떻게 쫓겨났는지, 가족과 친구들의 집 소파에서 지내다가 몇 달을 그녀의 차에서 보냈는지에 대한 개인적인 이야기를 전했다. 학생은 약간 당혹스러워하는 어조로, 그리고 약간은 화난 어조로 다음과 같이 말했다. "그 여성과 그녀의 아이가 차에서 자야 하는 시스템엔 무언가 틀림없이 문제가 있어요!" 학생은 문제를 '시스템'이라고 칭하며 이야기했는데, 나와 수업 과정생들은 학생이 시스템 디자인 측면에서 사고하고 있음을 이해했다. 학생은 이 노골적인 부당함을 초래하는 디자인 오류를 찾길 원했다.

이 경험은 코디자인 스튜디오 참가자들에게 중요한 학습의 기회를 제공했다. 나는 **디자인 정의 교육**이 추상적 이론이 아니라, 구체적 경험에 근거한다는 점을(활동 과정에서 동반되는 혼란스러움까지도 함께 다뤄짐) 이야기하고자 한다. 기본적으로 5장은 '우리는 어떻게 디자인 정의를 가르치고 배울 수 있는가?'라는 질문에 대해 깊이 고민하도록 요청한다. 나는 이 질문에 답할 방법이 한 가지뿐이라고 생각하진 않는다. 그래서 '교육학' 을 복수형pedagogies으로 사용한다.

대중 교육: 디자인 정의 교육의 토대

나는 디자인 정의 교육이 **대중 교육**popular education(스페인어로 educación popular, 미국에선 실무자들이 종종 'pop ed'라고 부름)으로 알려진, 보다 광범위한 접근 방식에 기초해야 한다 고 믿는다. 대중 교육은 본래 급진적 성향의 브라질 교육자이자 철학자인 파울로 프레 이레Paulo Freire가 개발한 개념이다. 브라질의 군사 통치 기간에 정치범이었던 프레이레 는 망명 생활을 했다. 민주화 이후 그는 브라질에 돌아올 수 있었고, 상파울루시의 교 육 장관이 되고자 했다. 프레이레는 널리 영향을 끼친 저서 『페다고지』(그린비, 2018)에 서 전문가로 자리 잡은 교육자가 학생들의 마음에 지식을 심으려 시도하는 **은행 교육 모 델**을 맹렬히 비난한다. 그가 장려하는 비판적 교육학에서 교육자의 역할은 문제를 제 기하고, 비판적 의식의 집단적 발상이 가능한 환경을 조성하며, 세상을 더 나은 곳으 로 만들려는 행동 계획을 세우고, 학습자들이 주체적으로 사고할 수 있도록 돕는 것 이다.

프레이레는 행동의 실천과 더불어, 비판적 사고를 하도록 만드는 데 중점을 둔다. 그 는 '행동을 위한 실용적인 지식'을 뜻하는 그리스어 **praxis**를 언급하면서,[7] 교육을 '세계 를 변화시키기 위한, 세계에 대한 반성과 행동'으로 정의한다.[8] 다시 말해 프레이레와 그의 사상에 영감을 받은 대중 교육자들에게 교육의 목표는 억압받는 개개인들을 억 압 상황을 바꾸기 위한 집단 행동에 참여하는 주체로 변화시키는 일이다. 브라질과 라 틴 아메리카 전역에서 대중 교육자들은 비판적 교육과 실천과 관련해 프레이레의 방 법론을 사용해 수백만 명의 농민과 도시 영세민들에게 읽고 쓰는 방법을 가르쳤고, 더 불어 일하면서 정치적 억압에 대해 집단적으로 분석하는 한편, 군사 독재를 종식시키 는 데 도움이 된 강력한 사회 운동들을 조직했다.[9]

대중 교육은 오랫동안 미국의 사회 운동, 특히 시민권 운동에서도 중요한 역할을 했다. 예를 들어, 교육자 마일스 호튼Myles Horton이 1932년에 설립한 하이랜더 연구 및 교육 센터Highlander Research and Education Center는 사회 정의 리더십 훈련 학교이자 문화 센터로, 수십 년간 대중 교육을 통해 시민권, 조직 노동, 환경 운동 등에서 풀뿌리 리더십을 구축해 왔다. 하이랜더 센터에서 호튼은 마틴 루터 킹 주니어Martin Luther King, Jr., 로사 파크스Rosa Parks, 존 루이스John Lewis를 비롯한 민권 운동가들을 가르치고 함께 일했다. 하이랜더 센터에서는 대중 교육의 핵심 원칙을 다음과 같이 설명한다.

1. **불공평한 교육**Education is never neutral: 교육은 현재의 지배 체제를 유지하거나 사람들을 해방시키게끔 디자인된다.
2. **관련성**Relevance: 대중 교육은 사람들이 깊이 관심을 두는 문제에 관여한다.
3. **문제 제기**Problem-posing: 모든 참가자는 생각하고 질문하며 행동할 수 있는 능력이 있으며, 대중 교육은 사람들이 바꾸고 싶어 하는 문제의 근본 원인을 발견하기 위해 행해진다.
4. **대화**Dialogue: 모든 걸 아는 사람은 없지만, 서로의 말을 경청하면 많은 것을 알게 된다.
5. **실천**Praxis: 진정한 배움은 세상을 변화시키기 위한 반성과 행동의 순환을 통해 이뤄진다.
6. **변화**Transformation: 대중 교육은 개인, 커뮤니티, 환경, 사회를 변화시키기 위해 커뮤니티를 모든 과정에 참여시키는 일이다.[10]

나는 디자인 교육이 이런 원칙에 기반을 두고 진행될 수 있도록 재점검하는 일이 디자인 정의라는 큰 범주의 프로젝트에 중요하다고 믿는다. 다행스럽게도 이런 조짐은 이미 시작되고 있다.

대중 교육은 기술과 디자인을 받아들인다

2017년 봄, 사회 운동계의 기술 전문가들(대부분은 유색 인종, 절반은 여성과 팜므, 다수의 퀴어와 트랜스*)은 권리 해방을 위해 기술을 사용하는 방법에 대한 전략을 세우려 하이랜더 센터에서 모였다. 그 결과 중 하나가 다음 내용을 포함하는 공동 성명서였다. "현재 기술은 지배 계급이 개발해 통제 및 소유하고 있으며, 잔인한 과잉 착취와 억압의 체계를 유지하려는 지배 계급의 이익을 위해 사용된다. 우리는 기술이 어떻게 만들어지고 사용되는지에 대한 기본 논리의 변화를 바란다. 또한 기술을 분열과 정복의 도구로 사용하기보다는 사람들이 이를 되찾아 해방의 도구로 사용해야 한다고 믿는다."[11] 성명서의 공동 저자, 서명자 명단에는 메이퍼스트·피플링크May First/People Link, 프로그레시브 테크놀로지 프로젝트Progressive Technology Project, 애스퍼레이션 테크Aspiration Tech, 팔란테 기술 협동조합Palante Technology Cooperative, 디트로이트 커뮤니티 기술 프로젝트Detroit Community Technology Project 등의 운동 기술 조직과 18MR.org, 평등 연구소Equality Labs, 데이터 포 블랙 라이브스Data for Black Lives, LAPD 스파이 중지 연합Stop LAPD Spying Coalition, 미디어 정의 센터Center for Media Justice, 프로젝트 사우스Project South 등의 기술과 기타 영역의 교차점에서 일하는 그룹들이 포함된다. 이 조직들은 신기술 디자인 시 대중 교육 원칙을 어떻게 실천하고 있는가?

조지아 애틀랜타에 기반을 둔 프로젝트 사우스Project South는 하이랜더 센터처럼 대중 교육을 통해 수십 년간 커뮤니티의 힘을 키워온 사회 운동 단체다.[12] 프로젝트 사우스는 1986년부터 빈곤, 폭력, 인종적 불의에 맞서 투쟁하는 사람들을 조직하기 위해 대중 교육을 사용해왔다. 최근에는 커뮤니케이션, 미디어, 디자인, 기술의 커뮤니티 제어에 중점을 두고 발전해왔다. 2015년부터 글로벌 액션 프로젝트Global Action Project, 리서치 액션 디자인Research Action Design, 변혁적 미디어 조직화 프로젝트Transformative Media Organizing Project와 협력해 사회 운동의 역사를 기록하고 사람들의 개인적 투쟁 사례를 역사와 연계하는 워크숍을 촉진하고자 운동 역사 타임라인 도구Movement History Timeline Tool(인터랙티브 타임라인을 생성)를 디자인하고 개발한다.[13] 프로젝트 사우스는 또한 하이랜더 회의, 미국 사회 포럼, 연합 미디어 콘퍼런스 등의 모임에서 공동의 분석 체계를 구축하고 목표를 세우기 위해 사회 운동 기술 전문가들을 모으는 데도 도움을 줬다.

대중 교육은 또한 역사를 조직하려는 서부 해안 지역의 커뮤니티에도 영향을 미쳤다. 로스앤젤레스에 있는 남가주 대중 교육 연구소IDEPSCA, Institute of Popular Education of Southern California는 대중 교육 방법론을 통해 30년 이상 이민자 커뮤니티를 조직해온 경험을 가진 커뮤니티 기반 단체. '현실을 읽고 역사를 쓴다'를 모토로 하는 IDEPSCA는 미국에서 가장 소외된 사람들의 노동권과 삶의 질 향상을 위해 애써온 NDLON National Day Labour Organizing Network(전국 일용직 근로자 조직화 네트워크)과 NDWA National Domestic Workers Alliance(전국 가사도우미 연합)의 회원이기도 하다. IDEPSCA와 이 두 전국 네트워크는 수년 동안 기술 디자인에 대중 교육 방식을 적용해왔다. 나는 로스앤젤레스에서 대학원생으로 지내던 때 IDEPSCA와 5년간 보즈몹 VozMob에서 일했다. 보즈몹은 이민 근로자들의 목소리를 더욱 확산시킬 목적으로 휴대폰을 사용하는 데 초점을 맞춘, 인기 있는 교육이자 참여 디자인 프로젝트였다.[14] NDWA는 최근 가정 내 청소 노동자들과 함께 참여 디자인 방식으로 노동자들이 생애 첫 건강보험에 가입하고 유급 휴가를 받을 수 있도록 하는 혜택 플랫폼 '알리아 Alia'를 개발해 출시했다.[15]

기술 디자인과 관련된 대중 교육 접근법에는 ICT 인프라를 이해하게 만들려는 노력도 포함된다. 예를 들어, 뉴욕시의 도시 교육 센터 Center for Urban Pedagogy는 보즈몹, 미디어 동원 프로젝트 Media Mobilizing Project, 피플스 프로덕션 하우스 People's Production House, 미디어 정의 센터 Center for Media Justice와 협력해 다이알드 인 Dialed In(휴대폰 문맹 퇴치 도구 키트)을 개발했다. 이는 사람들이 모바일 기술의 작동법을 배울 수 있도록 도와주는 대중 교육 자료와 디자인 워크숍이다. 다이알드 인에는 셀룰러 타워, 멀티미디어 메시지, 모바일 전화 시스템과 인터넷 간 게이트웨이에 관한 내용이 포함된다. 또한 모바일 감시 기술에 대한 학습 모듈과 사회 운동이 권리 해방을 위해 모바일 기술을 어떻게 사용하는지에 대한 사례들을 포함한다.[16]

디트로이트 커뮤니티 기술 프로젝트 DCTP, Detroit Community Technology Project는 커뮤니티 기술 전문가이자 교육자, 예술가인 다이아나 누세라(마더 사이보그 Mother Cyborg라고도 불림)가 최근까지 이끈 프로젝트다. 대중 교육 방법론을 활용해 무선 인터넷 인프라 등의 기술을 이해하고 디자인·구축·유지 관리할 수 있는 커뮤니티 역량을 갖추는 것이 목표였다. DCTP는 2012년경 연합 미디어 프로젝트[Allied Media Project]와 열린 기술 연구소[OTI, Open Technology Institute]의 프로젝트를 기반으로 만들어졌다. DCTP의 디지털 간사인 커뮤니티 거주자들은 다른 거주자들과 지역 사업체, 현지 기관과 협력해 무선 메시 네트워크를 설계 및 설치하고 유지 보수하며 이 네트워크를 관리하기 위한 정책을 개발한다. DCTP는 2018년까지 디트로이트 5곳, 뉴욕시 7곳(브루클린 레드 훅[Red Hook]에서 시작됨), 전 세계 11곳으로 확대됐다. 조직은 공정 인터넷 이니셔티브[Equitable Internet Initiative]를 통해 프로젝트를 더 키우려 연방 자금을 받아냈다. 교육학과 단체에서 개발한 많은 대중 교육 워크숍들은 **교육 커뮤니티 기술 핸드북**[Teaching Community Technology Handbook], 매거진, 여러 교육 자료에 광범위하게 문서화돼 있으며, 해당 문서들은 프로젝트 웹사이트에서 확인할 수 있다.[17]

이 조직들을 포함해 미국 전역을 비롯한 전 세계의 많은 조직에선 이미 대중 교육 방법론을 사용해 커뮤니티를 구성하고 일반 사람들을 새로운 기술의 디자인과 개발에 참여시키고 있다. 그들은 이전 세대의 사회적 투쟁뿐 아니라, 오늘날 권력을 구축해 다음 세대를 위해 세상을 재편하려는 교차적 사회 운동의 새로운 물결에도 영향을 미치고 있다.

디자인 교육을 위한 복합적 해방 프레임워크

디자인에 대해 가르치고 배우기 위해 대중 교육 프레임워크를 사용하는 사람들 외에도, 다른 용어를 사용하긴 하지만 대중 교육 원칙에 부합하는 교육학적 접근 방식이 다수 존재한다. 여기엔 주요 커뮤니티 기술 교육학, 참여적 행동 디자인, 데이터 페미니즘, 구성주의의 특정 측면뿐 아니라, 디지털 미디어 리터러시의 일부 요소도 포함된다.[18] 디자인 교육을 탈식민화해야 한다는 요구가 증가하는 것도 디자인 정의 원칙과 일치한다. 나는 여기서 각 접근 방식을 깊이 탐구하진 않겠지만, 다음의 간략한 요약이 더 폭넓게 그리고 급속히 발전하는 연합의 노력 속에서 디자인 정의 교육이 자리매김하는 데 도움이 되길 바란다.

디자이너이자 교육자인 전 MIT 협력적 디자인 스튜디오 참가자 마야 왜고너는 **주요 커뮤니티 기술 교육**critical community technology pedagogy의 개념을 발전시켰다. 이 접근법은 '시스템적 권력 불평등을 이해하기 쉽게 설명해주고, 다방향 학습 프로세스를 서로 연계시키며, 결과물을 이전 가능한 기술로 만드는 한편, 지식을 쌓으면서 새로운 세계를 형성해가는' 접근법을 발전시킨 것이다.[19] 왜고너는 자신의 MIT 석사 논문에서 이런 비판적 교육학을 해방을 위한 디자인 실천의 지속적인 발전을 위한 토대로 가정한다. 그녀는 이런 접근법이 현실 세계에서 나타난 사례를 설명하면서, '환경 행동 연구를 위한 시민연구소Civic Lab for Environmental Action Research', '디트로이트 디지털 정의 연합 데이터 디스코테크Detroit Digital Justice Coalition Data DiscoTechs', '도시 교육학의 도시 조사 센터Center for Urban Pedagogy's Urban Investigation'의 사례 연구를 진행했다.[20]

한편 앞서 언급한 많은 커뮤니티 기반 대중 교육 디자인 프로젝트와 왜고너가 분석한 사례들과 더불어, 자체 조직된 디자인 워크숍, 학교, 상호 지원 공간 등 교육 기관 밖에서도 오롯이 그래픽 디자인을 학습해온 다양한 역사가 존재한다. 워커 아트 센터 Walker Art Center의 '절대 배우지 않는다Never Not Learning'는 제목의 블로그 게시물에 따르면 주앙 도리아João Doria는 에스콜라 리브르 앤 에스콜라 아베르타A Escola Livre and Escola Aberta(브라질), 애스터리스크 여름 학교Asterisk Summer School(에스토니아), 메이비 스쿨 메이비 파크Maybe a School, Maybe a Park(어쩌면 학교이고 어쩌면 공원)(캘리포니아), 리지스트레이션 스쿨Registration School(영국), 반에이크 여름 디자인 아카데미Van Eyck Summer Design Academy(네덜란드), 패럴렐 스쿨Parallel School(브르노, 상파울로, 칼리, 라이프치히, 로잔, 런던 등 여러 곳에서 조직됨) 등 이런 성향의 최근 워크숍들을 문서화했다.[21] 디자인 정의는 이미 많은 워크숍에서 공명되는 접근법이기도 하지만, 그 원칙들은 그들을 강화하는 데 도움이 될 수 있으며, 그들이 포용하는 커뮤니티에 대해 더욱 의도적으로 행동하도록 독려하는 데 도움이 될 것이다.

또 다른 관련 프레임워크는 참여 행동 디자인PAD이다. 학자인 딩Ding, 쿠퍼Cooper, 펄맨 Pearlman은 2007년 PAD 방법론에 관한 글에서 이 방법론의 근원을 1970년대의 참여 디자인으로 소개한다. 참여 디자인은 노르웨이의 철강금속 노동조합Iron and Metal Workers

Union과 협업한 소프트웨어 개발자가 주도한 방법론이다(2장 참고). 저자들은 피츠버그 대학의 퀄리티 오브 라이프 테크놀로지 센터Quality of Life Technology Engineering Research Center가[22] PAD 방법론을 사용해 장애인의 삶의 질을 향상시키는 시스템을 어떻게 개발하는지 설명한다. 이 접근법은 장애가 있는 사람들people with disabilities(저자들이 사용한 용어), 엔지니어, 사회 과학자, 가족 구성원, 간병인을 한데 모아 진행하는 방법론이다. 저자들은 제품 개발 프로세스 전반에 걸쳐 최종 사용자들을 포함해야 한다고 강조한다.[23] 또한 그들은 엔지니어링 학생들이 제품·시스템 디자인 과정에서 최종 사용자들과 상호작용하는 '10주 집중 프로그램'과 연구 초반 실험실에서 벗어날 기회를 제공하는 '퀄리티 오브 라이프 테크놀로지 에스노그라피Quality of Life Technology Ethnography'라는 민족지학 과정을 통해 PAD를 가르치려 했던 본인들의 노력에 대해서도 설명한다.[24]

데이터 과학자이자 예술가, 연구원, 교육자인 캐서린 디그나지오Catherine D'Ignazio와 로렌 클라인Lauren Klein은 2019년 저서 『데이터 페미니즘Data Feminism』(MIT, 2020)에서 '교차적 페미니스트처럼 데이터를 가르쳐라Teach Data Like an Intersectional Feminist'라고 말한다.[25] 그들은 데이터 과학을 가르치는 현재 접근 방식이 엘리트 남성이 이끄는 세계를 모델링할 때 어떻게 억압을 재현하는지 설명한다. 그리고 데이터 과학은 추상적이면서도 기술적이라는 점, 데이터를 수집·정리·사용할 때 윤리와 가치를 고려할 여지가 거의 없다는 점, 학습 목표는 개념과 테크니컬 스킬을 개별적으로 숙달하는 것이라는 점 등을 설명한다. 그러면서 그들은 이와는 반대로, 공정성equity과 공동 해방co-liberation의 가치에 토대를 둔 데이터 과학의 교육으로 교차적 페미니스트 접근 방식을 제안한다. 저자들은 실제 수업 사례를 근거로 제시하며 주장에 설득력을 싣는다. 그들은 다음과 같이 데이터 과학의 페미니스트 교육학 핵심 요소를 설명한다.

1. 문제에서 영향을 가장 많이 받는 사람들의 의견을 경청하고 그들과 관계를 맺어라. 공정X디자인EquityXDesign, 반억압적 디자인, 디자인 정의 네트워크처럼.[26]
2. 맥락을 존중하고 상황에 맞는 지식을 신뢰하며 데이터는 절대 '날것'이 아님을 분명히 하면서 데이터 과학을 가르쳐라. 데이터 베이직Data Basic, 데이터 바이오그래피data biography, 데이터 사용자 가이드data user guide처럼.[27]

3. 개인의 숙달보다는 공동의 의미를 만들기 위해 데이터를 사용해야 함을 강조하라. 디트로이트 디스코테크Detroit DiscoTech 또는 데이터 문화 프로젝트Data Culture Project처럼.[28]

4. 포함하는 것과 포함하지 않는 것의 정치적 견해를 가리려 하기보다는 맞서 해결하라. 오픈스트리트맵OpenStreetMap, 공개기술 과학 공공 연구소Public Laboratory for Open Technology and Science, 프린세사 바토리Princesa Bathory의 페미사이드femicide(여성 혐오 살해) 지속적 매핑, 그웬돌린 워렌Gwendolyn Warren의 디트로이트 백인 통근자에 의한 어린이 사망 지도, 블랙라이브스메터BlackLivesMatter(흑인의 생명도 소중하다)의 경찰 폭력 지도, 미미 오누오하Mimi Onuoha의 누락된 데이터 세트Missing Data Set 목록, 또는 프로퍼블리카ProPublica와 NPR의 산모 사망률에 대한 크라우드소싱 보고에서 하는 것처럼.[29]

5. 이성뿐 아니라 윤리, 감성, 이성을 모두 중시하는 데이터 과학을 가르쳐라. 타히르 헴필Tahir Hemphill의 랩 연구소Rap Research Lab 또는 라훌 바르가바Rahul Bhargava의 데이터 뮤럴스Data Murals(데이터 벽화)에서처럼.[30]

이 원칙들은 앞서 하이랜더 센터에서 분명히 설명한 바와 같이, 대중 교육의 원칙과 일치하며, 이 책 서문에 소개한 디자인 정의 네트워크 원칙들과도 밀접한 관련이 있다.

구성주의

컴퓨팅 교육학에 어느 정도 영향을 미친, 또 다른 디자인 교육학은 구성주의Constructionism다. 구성주의는 인종, 계층, 성별, 장애 정치에 관해 명시적으로 무언가를 표방하고 있진 않지만, 이 교육관도 맥락, 상황에 부합하는 지식, 행동을 통한 학습을 중심으로 하는 교육학적 접근법이다. 구성주의 학습 이론과 관련된 교육학은 인공 지능 개발에 기여했으며 어린이용 로고 프로그래밍 언어의 창시자 중 한 명인, 수학자이자 컴퓨터 공학자, 교육자인 시모어 페이퍼트Seymour Papert에 의해 개발됐다. 페이퍼트는 아동 발달 심리학자 장 피아제Jean Piaget의 연구를 기반으로 이 교육법을 고안했다.[31]

피아제는 교육자가 학습자의 뇌에 정보를 전달할 때 학습이 일어난다는 발상(프레이리언Freirian의 용어로, 교육의 '은행' 모델을 일컬음)을 거부했다. 대신 피아제에게 학습은 경험적인 것으로, 그는 학습자가 대상이나 아이디어를 수정 또는 변형하는 능력을 개발하는 능동적 과정을 통해 학습이 이뤄진다고 봤다. 페이퍼트는 피아제의 이론을 취해 구성주의의 두 가지 중심 개념으로 집대성했다. 첫 번째 개념은 학습은 지식의 전달이라기보다는 재구성이라는 것이고, 두 번째 개념은 "학습 활동의 일부로, 학습자가 의미 있는 제품을 구성하는 것처럼 경험할 때 학습은 가장 효과적"이라는 것이다.[32] 이런 생각들을 바탕으로 페이퍼트는 로고Logo, 레고 마인드스톰LEGO Mindstorm, 어린이 노트북 보급OLPC, One Laptop per Child(저렴한 노트북을 아이들에게 보급하려 했던 프로젝트) 프로젝트를 진행하는 데 도움을 줬다.

대중 교육과 유사한 구성주의 교육학에서 교사들은 학생들이 문제 기반 학습problem-based learning 방식으로 학습 목표를 달성하도록 돕는 촉진자 역할을 한다.[33] 문제 기반 학습은 문제점이 크고 실제 존재하는 과업의 일부일 때 가장 잘 작동한다. 이 교육법은 학습자가 문제에 대한 소유권을 갖도록 지원하며, 과제는 학습자의 이해 수준과 능력에 적합하게 설정한다. 학습자는 무엇을 학습하고 있고, 그걸 어떻게 학습했는지에 대해 숙고해야 한다. 교육자는 학습자들로 하여금 다양한 맥락에서 자신의 아이디어들을 테스트하도록 독려한다.[34]

페이퍼트와 함께 공부한 MIT 미디어 랩의 라이프롱 킨더가든LLK, Lifelong Kindergarten 그룹 교수 미첼 레스닉Mitchel Resnick은 이 아이디어를 계속 발전시켜 널리 사용되는 여러 교육 도구를 만드는 데 적용했다. 레스닉은 무엇보다도 로봇공학 원리와 스크래치Scratch를 가르치기 위한 레고 마인드스톰 개발에 특히 기여했다. 스크래치는 어린이를 위해 만들어진 프로그래밍 언어일 뿐 아니라, 소프트웨어를 사용해 인터랙티브 프로젝트를 만드는 젊은이 수천 명의 성장하는 커뮤니티이기도 하다. 스크래치는 구성주의 원칙에 따라 낮은 바닥(신규 사용자에게 용이함), 넓은 벽(많은 유형의 프로젝트 지원), 높은 천장(상급 사용자가 복잡도가 매우 높은 프로젝트를 만들 수 있음)의 특징을 가진 언어로 디자인됐다. 레스닉과 스크래치의 다른 제작자들은 궁극적으로 "사람들이 일반적으로 프로그래밍,

컴퓨터에 대해 생각하는 방식에 변화가 필요하다. 우리는 '디지털 능숙도digital fluency'의 개념을 탐색browsing, 상호 작용interacting뿐 아니라 디자인designing, 생성creating도 포함하도록 확장해야 한다"라고 주장한다.[35]

레스닉과 그가 가르친 LLK 학생들은 여아, 저소득 청소년, 유색 인종 청소년에게 불이익을 주고 컴퓨팅 기술과 지식의 민주화를 가로막는 교육 불평등의 지속을 깊이 우려한다. 예를 들어, 레스닉 등은 '컴퓨터 클럽하우스The Computer Clubhouse'에서 MIT 미디어랩과 컴퓨터 박물관Computer Museum이 공동으로 노력해 컴퓨터에 접근하기 어려운 보스턴 지역 청소년들에게 컴퓨팅과 소프트웨어 활용 능력을 키워주려 했던 컴퓨터 클럽하우스Computer Clubhouse의 역사를 설명한다. 저자들은 디지털 접근 불평등을 해결하려는 많은 노력이 학교에 컴퓨터를 제공하고 아이들에게 워드 프로세싱 같은 기본적인 컴퓨팅 기술을 가르치는 데 초점이 맞춰져 있다고 지적한다. 반면, 레스닉 등은 목표는 기술 능숙도technological fluency, 즉 청소년의 창의 활동에 컴퓨터와 디지털 기술을 온전히 사용할 수 있도록 하는 역량 증진이어야 한다고 주장한다. 그들은 1990년대에 컴퓨터 클럽하우스의 청소년층이 자신의 작품을 디지털 방식으로 촬영하고, 사진을 컴퓨터로 가져오고, 소프트웨어로 이미지를 조작하고, 만화책을 디자인하고 인쇄하는 방법을 어떻게 배웠는지 설명한다. 레스닉은 이 경험을 들어, 기술 교육자를 위한 4가지 원칙을 설명한다. 첫째, 디자인 경험을 통한 학습을 지원한다. 둘째, 청소년이 자신의 관심사를 바탕으로 활동을 구성하도록 지원한다. 셋째, '신생 커뮤니티'를 육성한다. 넷째, 존중과 신뢰의 환경을 조성한다.[36] 레스닉은 또한 디자인 활동이 컴퓨터 클럽하우스에서 학습자의 경험에 매우 중요하다고 주장한다. 디자인 활동은 창의적인 문제 해결, 비이분법적 사고(옳고 그름을 따지는 이분법의 반대 개념), 디자이너 주도의 문제·솔루션 정의, 대상자의 감각, 성찰과 토론을 장려한다.[37]

레스닉은 구성주의의 핵심을 다음의 두 가지 원칙으로 요약한다. 첫째, '사람들은 아이디어를 얻는 게 아니라 만든다.' 둘째, '사람들은 개인적으로 의미 있는 제품을 만들면서 실질적인 새로운 지식을 구성한다.'[38] 따라서 디자인 정의의 구성주의 교육학에서 학습자는 스스로 디자인 정의에 대한 지식을 만들어야 하며, 특히 의미 있는 프로젝트 작업을 통해 그렇게 해야 한다. 이런 활동은 디자인 프로세스에서 너무 자주 제외되곤 하는 커뮤니티를 위한 활동이라기보다는 커뮤니티와 함께 발전돼야 하는 활동이다.

디자인 교육학의 탈식민화Decolonizing Design Pedagogies

디자인 교육학에서 지금까지 설명한 바와 같은 '커뮤니티 주도의 프로세스', '교차적 페미니스트 원칙', '행동을 통한 학습'으로의 변화와 더불어, 디자인 교육학을 '탈식민지화'하려는 아이디어가 힘을 받고 있다. 디자인을 탈식민화한다는 것은 디자인 교육학에 대한 서구적 접근 방식을 탈중앙화하는 동시에, 토착 커뮤니티에 뿌리를 둔 디자인 접근 방식, 역사, 이론, 실천을 중심에 두려는 시도다. 예를 들어, OCAD 토론토 디자인 학교의 새 학장인 도리 턴스톨Dori Tunstall은 디자인 학교 커리큘럼을 탈식민화하는 작업을 하고 있다.[39] 스탠딩 록Standing Rock의 **엠니 위코니**Mni Wiconi · 물은 생명이다Water Is Life 투쟁을 위한 시각 자료 디자인 작업으로 알려진 라코타 · 다코타Lakota/Dakota 그래픽 디자이너 새디 레드 윙Sadie Red Wing은 레드랜즈 대학교에서 디자인 탈식민화 과정을 가르치고 있다. 현재 (북아메리카 맥락에서) 디자인 교육학의 탈식민화에 중점을 둬서 활동하는 사람으로는 오클라호마 주립 대학의 포우야 자한샤히Pouya Jahanshahi, 오티스 예술 디자인 대학의 칼리 니키타스Kali Nikitas, 버몬트 미술 대학의 이안 린햄Ian Lynham, 미네소타 대학의 스티븐 매카시Steven McCarthy, 아트센터 디자인 칼리지의 엘리자베스 친Elizabeth Chin 등이 있다. 여러 디자이너, 학자, 활동가들이 디자인 탈식민화 관련 자료들을 웹사이트(decolonisingdesign.com)에 업로드하고 있으니 참고하길 바란다.[40]

비슷한 맥락에서, 디자인 역사가이자 학자인 빅터 마골린Victor Margolin은 '디자인 역사 교육Teaching Design History'이라는 영향력 있는 글에서 디자인 역사가 유럽 중심적이면서도 근대적이었던 접근 방식에서 벗어나 라틴 아메리카, 아프리카, 아시아의 디자인 실천을 포함한 진정한 글로벌 접근 방식으로 전환되는 변화를 옹호한다. 그는 이미 존재하는 유럽 중심의 커리큘럼 위에 '비서구적' 디자인 개체들을 드문드문 흩뿌리는 방식에 대해 경고하고, "디자인은 인공 세계에 대한 구상, 계획과 다름 없다. 그리고 이 제품은 개체, 프로세스, 시스템, 환경 등 한마디로 모든 것을 포함한다"라고 주장한다.[41] 마골린은 또한 단순히 더 많은 문화권에서 디자인된 대상을 포함하기보다는, 이전에 주변화되거나 사장된 디자인 관행들을 중심으로 역사적 내러티브를 재고하는 일이 이런 시행착오를 피하는 데 도움이 될 수 있다고 여긴다.[42]

기술적으로 한계를 넘어서는 법 가르치기

흑인 페미니스트 작가이자 교육자인 벨 훅스[Bell Hooks]는 그녀의 고전적 텍스트『경계 넘기를 가르치기』(모티브북, 2008)에서 자유의 실천으로서 페미니즘, 반인종주의, 계급 의식 교육을 주장한다. 훅스에게 교육의 주요 목표는 교사와 학생 모두가 비판적으로 사고하고 인종, 계층, 성별의 한계를 넘어서는 행동을 취할 수 있는 능력을 개발하는 것이다. 더불어 훅스는 교육자들이 우리 자신을 수업의 주체로 인식해야 한다고 주장한다. 신체에 대한 이런 인식은 인종, 성별, 계층, 장애를 명쾌하게 교육 환경으로 가져온다. 훅스에 따르면 교사는 교실에서 우리 자신의 위치와 지배 관계를 재생산하려는 경향을 인식하고 도전할 수 있다. 그녀는 또한 교육자들에게 교실에서 인종 차별과 성차별에 대해 토론하고 작업할 것을 촉구한다. 수업 자료의 '실제' 학습 목표에 초점을 맞추려다 보니 인종, 계층, 성별에 대한 대화에서 나타나는 갈등을 억지로 봉합하려 하는 상황도 나타나곤 하는데 그것보다는 서로 토론하고 작업하길 요구하는 것이다. 훅스는 커리큘럼 개정이 해방 교육학의 유일한 방법이 아니라고 강조한다. "다시 한번 이야기하지만, 우리는 단순히 다른 자료를 사용함으로써, 또는 다른 급진적인 관점을 취해봄으로써, 교실의 지배 정치를 전복시킬 수 있을지 토론하는 걸 말하고 있다. 당신과 나는 기존과 다른 급진적인 주제 설정이 해방적 교육학 환경을 조성하진 않으며, 개인 경험을 통한 단순한 실천이 단순히 커리큘럼을 변경하는 것보다 훨씬 건설적이면서 도전적일 수 있다고 거듭 말하고 있다."[43] 따라서 디자인 정의 교육은 여성과 팜므, 흑인과 원주민과 유색 인종, LGBTQ와 두 개의 영혼[Two-Spirit]들, 장애인 등 여러 주체와 관련된 많은 텍스트를 포함하도록 디자인 커리큘럼을 수정하는 것이 확실히 필요할지라도 커리큘럼 수정만 이야기해선 안 된다. 또, 디자인이 어떻게 인종 차별, 성차별, 또는 지배 매트릭스의 여러 차원을 재생산하는지에 대한 비판적 텍스트를 단순히 포함하는 것만으로는 충분하지 않다. 디자인 정의 교육학은 학생들 자신의 실제 경험과 연결되는 방식으로 디자인, 권력, 해방에 대해 비판적으로 분석해볼 수 있게끔 지원해야 한다. 교육자들은 또한 학생들이 스스로 아이디어, 디자인 파트너와의 관계, 세상에서의 디자인의 역할에 도전적으로 사고할 수 있게 할 방법을 찾아야 한다.

이 모든 것이 실제로 어떻게 보여질까? 다음 절에서는 나의 강의 경험을 소개하면서 디자인 정의 교육을 설계하기 위한 주요 과제들을 탐색해본다.

코디자인 스튜디오의 교훈

5장은 MIT 코디자인 스튜디오 학생들이 시티 라이프 · 비다 어바나City Life/Vida Urbana에서 열린 커뮤니티 조직화 회의에 참석한 후 시스템적 불평등에 대해 생각하면서 적은 짧은 글로 시작한다.[44] 코디자인 스튜디오와 커뮤니티 파트너 조직의 주제는 가르칠 때마다 바뀐다.

예를 들어, 2014년도 수업은 감시surveillance와 개인 정보 보호privacy에 중점을 두고 진행됐다. 각 팀은 국가, 군대, 기업의 가장 큰 감시 표적이 되곤 하는 지역 사회 커뮤니티의 요구에 기반해 대감시countersurveillance(감시하지 못하게 방어하는) 프로젝트를 디자인하고자 했다. 당시 진행했던 프로젝트와 파트너 조직을 소개하자면 매사추세츠 미국 시민 자유 연합American Civil Liberties Union of Massachusetts과 가디언 프로젝트Guardian Project와 함께한 안드로이드 기반 통신 감청 장비Stingray 감지기인 **스파이디앱**SpideyApp 프로젝트, 전자 프런티어 재단Electronic Frontier Foundation과 함께한 **감시 자기 방어 가이드**Surveillance Self-Defense Guide용 그래픽 제작 프로젝트, 수감자 재활을 위한 시민 연합Citizens United for Rehabilitation of Errants과 함께 성범죄자 등록 프로젝트 **아임 낫 어 닷**I Am Not A Dot, 트랜지션 하우스Transition House와 더 토르 프로젝트The Tor Project와 함께 IPVIntimate Partner Violence(연인, 가족 등 친밀한 관계에서 일어나는 폭력) 가해자의 모바일 기술 사용에 관한 연구 프로젝트 IPV테크IPVTech, 도시 청소년 콜라보러티브Urban Youth Collaborative와 함께한 UYC SMS **설문 조사 이니셔티브**UYC SMS Survey Initiative 프로젝트(뉴욕시 고등학교 내 감시와 경찰 폭력 경험에 대한 데이터 수집용 SMS 설문 조사 시스템 구축), 소무브SoMove, the Social Movements Oral History Tour(사회 운동 구술 역사 탐방)와 함께한 미국 사회 운동의 연방 침투 관련 인터랙티브 웹 기반 다큐멘터리 **인필트레이티드**Infiltrated, 구금 감시 네트워크Detention Watch Network와 함께한 구금 침대 할당량 등 미국 이민자 구금·추방 시스템의 부당성을 알리는 인터랙티브 다큐멘터리 마이크로사이트 **베드타임 스토리즈**Bedtime Stories 등이 있다.

2016년엔 플랫폼 협동조합주의platform cooperativism에 대한 관심과 대화에 영감을 받아[45] 협동조합 경제cooperative economy의 시민 단체, 커뮤니티 기반 조직들과 파트너 관계를 맺는 데 초점을 둔 과정이 진행됐다. 우리는 현존하는 저임금 부문의 노동 착취 모델을 와해시키기 위해 노동자들이 공동으로 소유하고 있는 무료 오픈소스 소프트웨어를 기반으로 삼중 수익형triple-bottom-line* 스타트업 기업용 파이프라인을 만드는 데 일조하고 싶었다. 우리는 보스턴 지역에 있는 4군데의 노동자 소유 협동조합들과 파트너십 관계를 맺었다. 도체스터Dorchester에 본사를 둔 상업용 퇴비화 협동조합 기업 'CERO'와 함께 판매와 마케팅 관련 실험을 하고 음식물 쓰레기의 환경적 영향과 퇴비화의 이점에 대한 소셜 미디어 캠페인을 제작했다. 그리고 브라질 가정 청소부 협동조합 '비다 베르데'Vida Verde'와 함께 온라인 가격 견적 계산기, 청소 일정을 잡기 위한 달력 시스템을 개발했고 협동조합 웹사이트를 좀 더 쉽게 탐색하면서도 검색 엔진을 최적화할 수 있도록 사이트를 업그레이드했다. 또한 태스크래빗TaskRabbit의 협동조합 버전인 프리랜서 작업 플랫폼 '로코노믹스Loconomics'와 함께 사용자 테스트를 하고 다양한 과업 관련 인터페이스의 개선안을 프로토타입으로 만들었다. 이외에도 자메이카 플레인에 기반을 둔 조경 협동조합 '리스토어링 루츠Restoring Roots'와 함께 협동조합 서비스뿐 아니라 도시 원예, 영속 농업, 노동자 소유 협동조합에 대한 아이디어를 홍보하기 위해 트랜스미디어 마케팅 캠페인을 공동으로 디자인했다.[46]

2017년의 파트너는 보스턴 지역의 청소년 미디어 조직들이었고, 프로젝트는 보스턴의 주거 위기, 젠트리피케이션, 이주에 대한 청소년들의 경험과 관련된 것들이었다. 우리

---

* 기업 이익, 환경 지속성, 사회적 책임이라는 3가지 기준으로 기업 실적을 측정 – 옮긴이

는 보스턴 지역의 청소년 예술·미디어 조직인 'ZUMIX', '어바노 프로젝트Urbano Project' 와 캠브리지의 중고등학생을 위한 혁신 학교 '누부 스튜디오NuVu Studio와 파트너십을 맺 었다. 11세에서 26세 사이의 코디자인 스튜디오 학생들은 매주 MIT 시민 미디어 센 터에 모여 디자인 정의, 젠트리피케이션, 변혁적 미디어 조직화를 주제로 토론했다. 당시 진행했던 프로젝트로는 커뮤니티 구성원들의 사진, 손글씨, 인쇄물 텍스트를 담 은 인쇄물 형태의 책이자 온라인 책인 **오픈북·리브로 아비에르토**Open Book/Libro Abierto, 이 글스턴 스퀘어Egleston Square의 이주와 커뮤니티에 관한 오디오 인터뷰, 이스트 보스턴 East Boston 지역의 젠트리피케이션과 실향에 관한 팟캐스트 **이스트 보스턴 보이스**East Boston Voices, 집과 이주에 관한 지리적 위치 미디어 프로젝트 **홈스티커**Homesticker, 캠브리지 거 주민들의 젠트리피케이션 경험에 관한 센트럴 스퀘어 그래피티 골목에 설치된 인터랙 티브 아트 설치물 **레인보우**Rainbow 등이 있다.

모든 코디자인 스튜디오 프로젝트 팀은 사례 연구를 진행한다. 디자인 팀들은 각 사 례 연구에서 자신의 작업을 반성하고 비판적으로 평가할 책임이 있다. 그들은 프로젝 트의 배경 맥락을 설명하고, 디자인 프로세스와 그들이 만들어낸 디자인 개체들을 분 석하며, 핵심 과제에 대해 논의하면서 마무리한다. 지난 6년간 코디자인 팀들은 자체 적인 평가를 통해 다음의 공통 과제들을 대면해왔다. 구조적 불평등은 식별할 수 있지 만 디자인 프로세스를 통해 해결되지는 않는다는 점, **커뮤니티**를 정의하고 커뮤니티 책 무를 지는 일은 매우 어렵다는 점, '해를 끼치지 않는' 방법을 비롯해 여러 영향력을 고 려하는 게 중요하다는 점, 초반에 프로토타입을 제작해 커뮤니티 구성원에게 제공하 는 일이 중요하다는 점, 폭넓은 권력 역학 관계는 디자인 정의 팀 안에서도 계속 존재 한다는 점, 효과적인 커뮤니티 참여를 이끌어내려는 상당한 조정과 물류 운용이 존재 한다는 점, 커뮤니티 대면 행사가 포용적 프로세스의 핵심 현장이라는 점, 프로젝트 소유권에 대한 투명성을 보장하기 어려울 수 있다는 점, 유해한 기존 시스템 밖에서 프로젝트 구현과 관련된 사회기술적 제약이 존재한다는 점 등 그들이 맞닥뜨린 과제 는 다양했다. 나는 아래와 같이 학생 사례 연구에서 가져온 예시들을 사용해 각 과제 에 대한 토론을 진행해왔다. 나는 과제들을 이 책의 시작부에 소개한 디자인 정의 네트워크 원칙Design Justice Network Principles과의 대화 형식으로 배치해봤다.

원칙 1: 우리는 커뮤니티를 유지하고 치유하며 강화할 뿐 아니라, 착취적이고도 억압적인 시스템으로부터 해방을 추구하려는 목적으로 디자인을 사용한다

디자인 정의 네트워크의 첫 번째 원칙은 디자이너들로 하여금 억압적 시스템을 비판할 뿐 아니라 적극적 치유와 커뮤니티 자율권 부여에 나서도록 독려한다. 실제로 학생 디자인 팀들은 디자인 정의 연구 중 식별된 구조적 문제들이 쉽게 해결될 수 없다는 근본적인 갈등 상황과 씨름한다.

이런 갈등은 특히 교육 환경에서 학생 디자이너들을 무력하게 만들 수 있는데, 디자인 작업이 헛된 노력처럼 보여져 압도당하거나 희망이 없다고 느끼게 하기 때문이다. (모든 디자인 접근 방식에 해당되겠지만) 참가자들이 실현 가능성을 확신할 수 있는 특정 방법을 찾는 일이 디자인 정의에서 특히 중요하다. 그렇지 않으면 그 접근 방식은 지배의 매트릭스에서 소외된 사람들로 하여금 디자인에 참여하길 장려하기보단 단념하게 만들 수 있다. 예를 들어, 3장에서는 착취적 내러티브를 디자인 프로세스의 일부로 변화시킬 필요성에 초점을 맞췄다. 5장의 시작부에서 설명했던 CL/VU 체인지 게임Change Game 프로젝트 팀은 구조적 불평등 문제에 대한 참여와 실체가 있는 제품 산출물 개발 사이의 긴장에 주목했다. 그들은 주요 과제가 '주거 내러티브 변화'와 같은 모호한 개념과 실질적인 제품 생산 필요성 간의 균형을 잡는 일이라는 걸 알게 됐다.[47]

거대 내러티브는 매우 강력해서 방해하기 어렵다. 스파이디앱 팀은 그들에게 주어진 가장 큰 과제가 '프라이버시에 대한 사람들의 선입견을 극복하고 그들에게 문제가 무엇인지, 그들이 왜 관심을 가져야 하는지 교육하는 것'이라고 여겼다. 이 팀은 감시의 필요성에 관한 국가의 내러티브와 '숨길 것이 없다'라는 많은 사람의 의견에 좌절했다.[48]

디자인 정의는 디자인 접근법과는 달리, 권력 불평등의 구조적, 제도적 분석을 중심으로 근본 원인에 더 많은 관심을 두는 방법론이다. 디자인이 억압에 도전하는 데 제한된 방식으로만 기여할 수 있다는 사실을 알긴 하지만, 이게 바로 실제 디자인된 개체, 인터페이스, 서비스 등을 생산하기 위한 방법론이기도 하다. 따라서 디자인 정의를 대하는 방식에는 구조적 불평등의 크고 장기적인 관점의 권력을 다루는 행위와 커뮤니티를 유지하고 치유하며 권한을 부여하는 데 기여할 수 있는, 지금 여기에서 무언가를 구체화해야 할 필요성 사이에 상충하는 갈등이 존재한다.

원칙 2: 우리는 디자인 프로세스의 결과에 직접적인 영향을 받는 사람들의 목소리를 중심으로 사고한다

'우리 없이 우리 이야기를 논하지 말라.' 이 원칙을 따르는 일은 중요하다. 디자인 팀은 두 번째 디자인 정의 원칙을 실제로 이행하는 과정에서 어려움을 겪곤 한다. 2장에서 우리는 "누가 디자인을 하는가?"라는 중요한 질문에 관해 이야기를 나눴다. 특히 학생들이 포함된 디자인 팀에서 많은 사람이 다음과 같은 질문을 한다. 이 프로젝트의 커뮤니티는 어디인가? 누가 커뮤니티를 대변하는가? 우리는 우리의 디자인 프로세스를 어떻게 책임감 있게 만들 수 있을까?

코디자인 스튜디오에서 교육 팀은 주로 지역 커뮤니티에서 좋은 실적을 보이는 시민 단체를 찾아 이런 질문을 해결할 발판을 마련하고, 시민 단체가 디자인 프로세스에 온전히 참여할 수 있도록 자원을 확보한다. 단체들은 일반적으로 코디자인 스튜디오에 참여할 한두 명의 직원 또는 참여도가 높은 커뮤니티 구성원을 프로젝트 리더로 선택한다. 이 사람들은 매주 미팅과 디자인 워크숍, 프로젝트 팀 회의에 참석한다. 이런 방식으로 우리는 전통적인 개념의 전문가·클라이언트 간 관계와 교실의 벽을 무너뜨리기 위해 노력한다. 프로젝트 팀엔 학생들, MIT 직원들, 커뮤니티 파트너 조직의 직원들과 자원봉사자들이 참여해 함께 프로젝트를 디자인한다. 이 방식은 학생 디자이너들이 자신들이 시작하고 구상한 디자인 프로세스에 참여할 커뮤니티 구성원들을 찾으려 자신이 속하지 않은 커뮤니티에 찾아가는 인위적 상황을 방지한다.

디자인 정의 과정을 가르치거나 도모하려는 교육자는 (가능하다면) 커뮤니티 파트너들에게 자원을 제공할 방법을 찾아야 한다. 디자인 프로세스에 계속 참여하려면 많은 시간과 에너지가 필요하지만, 비영리 단체 직원들이나 사회 운동 단체 구성원들은 시간을 내기가 쉽지 않다. 또한 커뮤니티 파트너가 디자인 프로세스에 온전히 참여하고 싶다는 의사를 표현할 수 있으나, 이럴 때도 그들에겐 종종 자원과 인력이 부족하고 몇 안 되는 직원마저 여러 역할과 책임을 다해야 하는 상황일 수 있다. 디자인 프로세스가 상당 기간 진행된다면 프로세스 초반에 보인 열정은 진행 중인 상황의 실상, 우선순위 조정, 개발 대응의 요구, 위기, 더 넓은 관점에서 정치적 기회에 대응할 필요성 등 다양한 이유로 무너지고 대체된다.[49] 커뮤니티 파트너들이 프로젝트에 참여한 시간에 보상할 방법을 찾는다면 이런 문제 상황을 완화하는 데 도움이 될 수 있다.

시민 단체를 처음부터 디자인 프로세스에 참여시키는 일은 책무 차원에서의 핵심 전략이다. 이와 더불어, 코디자인 스튜디오에서는 디자인 정의를 실천하려는 팀에서 매우 명확하면서도 투명하고 명시적인 의사 결정 프로세스를 개발해야 한다는 점도 알고 있다. 이를 강제하는 한 가지 방법은 모든 팀 구성원 간에 서면 작업 계약이나 양해각서를 요구하는 일이다. 이런 종류의 문서는 누가 참여하는지, 각자의 역할이 무엇인지, 의사 결정이 어떻게 이뤄지는지, 결과물에 대한 소유권은 누구에게 있는지 등을 설명한다.[50] 요점은 프로세스를 모든 참여자에게 명백하고 확실하게 만들어야 한다는 것이다. 또한 팀들은 서면 계약이라는 실질적인 의미의 출발점을 지나서도 중간중간 의사 결정 프로세스가 어떻게 작동하고 있는지, 그들이 디자인 제품에 대해 어떻게 생각하는지 확인해야 한다. 이는 2016년 보스턴을 중심으로 하는 광역 도시권 전역의 지역 커뮤니티와 학교 간 파트너십 관계를 조사한 보스턴 시민 미디어 컨소시엄Boston Civic Media Consortium에서도 권장하는 방식이다. 이러한 협정은 대학과 시민 단체 간의 불균형적인 권력 관계를 완화하는 데 중요하다.[51]

예를 들어, ZUMIX 코디자인 스튜디오 팀원들은 그들의 사례 연구에 이런 역학 관계를 크게 반영했다. 그들은 서면 MOU를 준비하는 과정에서 "최종 제품에 무엇을 구현할 수 있을지 고민해야 할 뿐 아니라, 이 프로젝트에 수반되는 계획, 의사 결정, 구현 프로세스에 대해 비판적이고도 공개적으로 생각해봐야 했다. 우리가 어떤 프로젝트를 선택하는지는 누가 결정하는가? 누가 최종 제품을 디자인하고 구축하는 데 참여하는가?"를 기록했다. 한편, 그들은 문서상으로는 명확했을지라도 실제로 대표성과 책무 관점에서는 더 복잡했다고 이야기한다. "MOU에 따르면 우리의 의사 결정 권한은 'ZUMIX 스태프, ZUMIX 청소년 대표, 그리고 CMS.362 학생들로 구성된 프로젝트 파트너십 팀'이 가지고 있다. 그러나 청소년 대표는 공식적으로 선출된 적이 없어 자리가 비어 있었다. 그리고 갈등이 발생할 수밖에 없는 상황이 됐을 때, 의사 결정 과정에 청소년의 목소리는 반영되지 않았다. 이와 같이 후속 조치가 부족했던 것은 경험 부족, '일을 끝내고 싶다'는 욕구, 핵심 디자인 팀의 (본인들은 인식하지 못했겠지만) 연령 차별주의의 결과일 가능성이 크다."[52]

팀원들은 계속해서 함께 만들었던 인터넷 라디오 기기의 물리적 하우징에 어떤 폼팩터를 사용할지 검토하는 과정에서의 갈등을 설명한다. 당시 학생들은 ZUMIX를 대표하기 위해 아크릴 케이스를 거대한 Z 모양으로 레이저 커팅을 원했고, 단체의 스태프들은 리믹스remix와 지속 가능성sustainability의 가치를 드러내려는 의도로 재활용된 목재로 만든 옛날식 라디오로 인터넷 라디오의 외관을 만들길 원했다. 학생들은 자신들의 의견을 밀어붙여 레이저 커팅된 케이싱을 만들었고, 결국 단체에선 프로젝트 결과에 만족하지 못했다. 팀원들은 과제에 대한 평가에서 처음에 서면 MOU 서명에 신경쓰는 것보다는 의사 결정 과정이 어떻게 진행되고 있는지 주기적으로 확인하고 팀 회의를 통해 제품과 관련한 토론에 집중하는 것이 도움이 됐을 거라고 반추했다.[53]

원칙 3: 우리는 디자이너의 의도보다 커뮤니티에 미칠 디자인 영향력을 우선 고려한다

디자인 정의 교육에서 교육자들은 학생들의 학습 결과뿐 아니라 파트너에 대한 개인·조직·커뮤니티 차원의 영향도 고려해야 한다. 가장 중요한 건 "커뮤니티 사람들이 프로세스에서 무엇을 얻을 것인가?"라고 정직하게 질문해야 한다는 것이다. 특히, 여러 교차적 억압을 감내하고 있는 커뮤니티 구성원 대부분은 디자인 프로세스에 오롯이 참여할 여유가 없다. 때로는 그들에게 참여에 대한 대가가 주어지지만, 커뮤니티 파트너들은 디자인 프로세스에 이용당하고 있다고 느끼기도 하고, 실제로 이용당할 수도 있다. 최악의 경우, 학생 디자인 팀들은 주로 학생 디자인 아이디어를 테스트하기

위해 취약한 상황에 놓인 사람들에게 접근해 커뮤니티 파트너 단체들을 이용하기도 한다.[54]

실수와 실패는 학습 과정의 일부다. 그러나 실패를 가치 있게 여기는 스타트업 담론은 디자인 정의 과정에선 해로울 수 있다. "빨리 움직이고, 고정 관념을 깨라Move fast, Break things", "열심히 실패하고, 빨리 실패하라Fail hard, Fail fast" 같은 스타트업 이데올로기는 특권을 가진 학생 디자이너들이 커뮤니티 파트너들을 희생시키면서 현실에서 실수를 저지르는 학습 경험을 용인하게 만들고, 이 과정에서 광범위한 구조적 불평등을 재생산하는 작업의 방식을 정당화할 수 있기 때문이다.

코디자인 스튜디오에서 우리는 디자인 팀들이 인지도를 높이는 것 이상으로 프로젝트가 어떤 영향을 주길 원하는지 구체적으로 고민하는 게 중요하다는 걸 배웠다.[55] 문제를 가시화하는 것으로는 충분하지 않다. 프로젝트 팀들은 사람들이 취할 수 있는 행동을 안내해야 하며, 특히 기존 조직들과 사람들을 연계시킬 책무가 있다. 디자인 프로젝트가 크게 영향을 주려면, 그리고 이게 팀에서 세운 목표 중 하나라면(항상 그럴 필요는 없다) 기관들과의 파트너십이 종종 필요하다. 시민 단체와 네트워크 외에도 정부, 교육, 예술, 미디어 관련 기관들은 모두 추가적인 자원을 제공할 수 있으면서도 문제를 가시화하고 영향력을 키우는 데 도움이 되는 파트너들이다. 그러나 기관의 승인이 필요한 이벤트는 대개 학사 일정과 맞지 않다. 예를 들어, 공공 인터랙티브 조형물을 설치하고 싶었던 누부NuVu 팀은 시市의 기나긴 승인 절차 없이 설치해야 했다.[56] 게다가 기관과의 파트너십은 프로젝트의 귀속 문제, 제어, 소유권 같은 디자인 정의 작업에 대한 과제도 고민하게 만든다.

디자인 정의 실무자들이 지켜야 하는 핵심 원칙 중 하나는 해를 끼치지 않는 것이다. 학습 환경에서 이 원칙을 지키기란 복잡하고도 어려울 수 있다. 어떤 경우에는 학생들의 아이디어가 취약한 상황에 놓인 커뮤니티 사람들을 위험에 빠뜨릴 수도 있기 때문에, 교육자나 커뮤니티 파트너는 학생들의 아이디어를 거부해야 할 수도 있다. 예를 들어, '도시 청소년 콜라보러티브Urban Youth Collaborative' 프로젝트의 경우, 처음엔 디자인 후보안에 뉴욕시 학교 내 고등학생에 대한 경찰 폭력을 다룬 소셜 미디어 캠페인을 포함했다. 그러나 UYC 프로젝트 운영자들은 MIT 학생들에게 이런 접근 방식으로 인해 고등학생들이 매일 대면해야 하는 교내 경찰들에게 보복당할 위험 상황에 놓이게 될 것임을 상기시켰다.[57]

원칙 4: 우리는 '변화'를 프로세스의 결과가 아닌, 책임감 있고 다가가기 쉬운 협업 프로세스 과정에서 창발된 것으로 본다

코디자인 스튜디오 참가자들은 어떤 디자인 프로젝트든지, '의사 결정' 시 포용적이면 서도 협력적이며 책임감 있게 판단하려는 '욕구'와 작업을 완료해야 하는 '요구' 사이에 세심한 균형이 필요하다는 사실을 안다. 많은 경우 (어쩌면 직관적 사고로는 이해되기 어렵겠지만) 대부분의 참가자들은 의사 결정에 제약이 있으면서도 특정한 상황들로 한정될 때 프로세스가 더 바람직하게 운영된다고 느낀다. 예를 들어, 특히 초기 단계의 디자인 프로젝트에서는 아이디어 구상을 하고 프로토타입을 제작하게 될 텐데, 사람들은 대부분 작은 변경점들을 왔다갔다하며 피드백을 주고받는 것보다는 피드백 횟수를 어느 정도 제한해 의견을 나누는 것이 더 낫다고 여긴다. 피드백 횟수를 제한하면(예를 들어, 3회 정도로 하면) 첫 단계와 다음 단계 사이의 가장 중요한 변경점에 집중하고 우선순위를 정하는 데 도움이 된다. 이 생각은 다양한 디자인 프로세스를 겪은 내 경험에 기반한 것이다. 전통적인 클라이언트·디자이너 관계의 프로젝트도 마찬가지다. 그래픽 디자인과 웹사이트 개발을 하는 노동자 소유의 협동조합 '디자인 액션 컬렉티브 Design Action Collective'에선 표준 계약에 피드백 횟수를 지정한 상세 프로세스 로드맵을 포함한다.

디자인 프로세스 초반에 실제 사용자에게 프로토타입을 보여주는 것은 디자인의 접근성에 대해 좀 더 고민할 수 있게 하는 기본 활동이다. 이는 가정을 검증하고 잘못된 생각을 드러내며 팀이 선택한 콘셉트를 반복적으로 개선하는 데 중요하다. 이런 활동은 많은 디자인 프로젝트에서 널리 이해되고 채택되고 있다. 학생 팀들은 리서치, 이론화, 분석, 아이디어 구상에 너무 많은 시간을 할애한다. 하지만 목업 또는 프로토타입 (프로젝트 유형에 따라 다름)을 빨리 만들지 못하면 사용자 테스트와 피드백을 기반으로 프

로젝트를 반복해서 개선할 수 있는 귀중한 기회를 잃게 된다.[58]

한 학기 일정으로 운영되는 디자인 팀의 프로젝트 시간은 부족하기 쉽다. 예를 들면, **오픈 북**Open Book은 '보스턴 지역의 젠트리피케이션과 거주민의 이주에 개입하는 활동가들과 주민들의 이야기를 공유'하기 위해, 어바노 프로젝트Urbano Project와 함께 매력적인 프로토타입을 제작했지만, 해당 프로토타입을 활용해 공공의 대화를 이끌어내려는 커뮤니티 파트너의 아이디어들을 실행하기엔 시간이 부족했다. 그들은 이 책을 보스턴 시청에 공공 이벤트용으로 가져가 콘텐츠 제작 협업을 위한 많은 조직을 도시 전역에서 모으는 데 활용하고 싶었으나, 시간 제약으로 그렇게 하지 못했다.[59] 도시 청소년 콜라보러티브 팀도 비슷한 경험을 했다. 그들은 "플랫폼을 안정화시키고 필요에 기반해 맞춤 기능을 고민하기보다는, 플랫폼 옵션을 조사하는 데 너무 많은 시간을 소요했다"라고 말했다.[60] 가용 시간 안에 커다란 개념의 디자인 콘셉트를 동작하는 프로토타입 제작으로 구체화하는 일은 어려울 수 있다. 여기서 필요한 교육자의 역할은 명확한 기대치와 확실한 마감 일자를 제시함으로써 팀을 프로세스로 안내하는 것이다.

디자인 정의 교육은 단순히 '최종' 제품을 평가하기보다는 프로세스와 제품 간의 균형을 강조한다. 그래서 학생 작업과 디자인 프로세스에 대한 주기적 평가는 모든 사람의 전반적인 경험을 개선하는 데 도움이 될 수 있다. 이때 평가를 모든 과정이 끝나는 시점 또는 한두 번의 중요한 시점(예를 들어, 중간고사와 학기말 등)으로 미루는 건 잘못된 판단이다. 그리고 학생들이 항상 과정, 실제 맥락, 도전 과제, 파트너십을 강조하는 교육학의 진가를 인정하는 건 아니라는 사실 역시 상황을 더욱 복잡하게 만든다. 학생들은 그런 가치보다는 최종 제품에 기반한 평가를 통해 창의성의 한계를 자유롭게 탐색할 수 있는 디자인 스튜디오를 원하는 경향이 있다.[61]

원칙 5: 우리는 디자이너의 역할을 '전문가'가 아니라 '촉진자'로 생각한다

프로젝트에 참여하는 모든 사람이 디자인 정의 원칙에 충실하다고 해서 디자인 팀에서의 폭넓은 힘의 역학이 마법처럼 사라지는 건 아니다. 성별, 인종, 계층, 장애, 교육, 언어 등 여러 형태의 구조적 불평등은 항상 교육 환경에 도사리고 있다. 이런 힘은 성장 배경이 다른 학생들 사이에, 학생들과 교육자들 사이에, 학생들과 지역 커뮤니티 구성원들 사이에 작용한다. 이런 불평등은 탐색하기 어려울 수 있는 복잡한 역학 관계다.

특권과 권력은 결코 사라지지 않겠지만, 디자인 정의 스튜디오는 이를 명백하게 인정하고 이해하며 논의하는 장소가 될 것이다. 학습 촉진자들은 디자인 정의에 관한 비판적 관점의 교육학을 발전시키면서 참가자들이 특권과 권한에 대해 토론하도록 독려해야 한다. 또한 이런 역학 관계를 명확하게 명시하고 조치 방법을 규정한 작업 계약을 소개해야 하며, 그 외에도 디자인 프로세스를 구조적 억압의 재생산에 도전하는 방법에 관한 상호 학습과 성장의 장소로 만들기 위해 노력해야 한다. AORTA 반억압 교육 매뉴얼 등의 교육 자료는 디자인 정의 작업에 매우 도움이 된다.[62]

학생들과 커뮤니티 구성원들 사이의 벽을 허무는 것은 디자인 정의 교육의 목표 중 하나지만, 실제로 그렇게 만들기란 매우 어렵다. 동시에 우리는 타자^{他者}화된 개념을 와해시키고 다양한 종류의 다름^{difference} 위에 공동의 연결을 추구하려 하지만, 그렇다고 해서 차이를 '지우거나' 원래부터 없었던 척하고 싶지는 않다. 서로 다른 관점과 삶의 경험의 타당성을 인정하고 존중하면서 장벽을 허물고, 상호 공감하고 연대하는 공간을 만들려는 이 두 가지 목표를 조화롭게 공존시키는 것은 디자인 정의 교육의 핵심 과제 중 하나다. 또한 많은 학생은 **다중 이해당사자주의**^{multi-stakeholderism}라는 자유민주주의 이론에 동의한다. 이 개념은 페미니스트 ICT 학자이자 활동가인 폴라 차크라바르티^{Paula Chakravartty}가 면밀하게 비판한 개념이기도 하다.[63] 예를 들어, 한 그룹의 학생들은 이주 문제로 싸우고 있던 지역 커뮤니티 파트너 조직과 긴밀히 협력하기보다는 부동산 개발업자, 집주인, 젠트리파이어 등 젠트리피케이션 촉진에 참여하는 사람들을 디자인 프로세스에 포함시켜보고 싶다고 말했다.

학생, 커뮤니티 파트너를 비롯한 대부분의 사람들은 디자인 팀 내 사람들의 다양한 관점 외에도 클라이언트·디자이너 관계 안에서 일하는 데 익숙하다. 특정 종류의 기술, 특히 소프트웨어 개발, 그래픽 디자인 또는 산업 디자인 기술을 보유한 전문 교육 과

정의 학생들은 협력적 디자인 프로세스에서 본인이 유일한 '전문가'가 아닐 수도 있다는 생각을 종종 받아들이지 못한다. 그들에겐 커뮤니티 파트너에게 없는 전문 지식이 있을 수도 있다. 그러나 일부 학생은 커뮤니티 파트너도 전문 지식이 있다는 점을 충분히 인식하지 못하고 존중하지 않는 경향을 보인다. 어떤 이들은 특정 지식이 다른 지식보다 훨씬 더 가치가 있다고 믿기도 한다. 마찬가지로 학생들은 흔히 커뮤니티 조직가와 구성원보다 자신의 기술과 경험을 우선시하는 가치 체계를 내면화하는 경향이 있다.

이러한 역학 관계는 전문 디자인 맥락에서 더욱 두드러진다. 즉, 많은 디자이너가 고도로 전문화된 기술을 갖고 있으며, 커뮤니티 파트너(또는 클라이언트)보다 자신의 기술과 의견을 더 중시하곤 한다. 디자인 정의 프로세스에서 클라이언트·디자이너 관계의 기본 개념에 도전해 공동의 상호 책임이 있는 협력적 디자인 팀을 만들고자 시도하는 것이 타당한지, 아니면 클라이언트와 디자이너의 역할을 명확하게 구분하는 것이 실제로 합리적인 것인지는 질문할 가치가 있다.[64] 어느 쪽이든, 모든 역할과 책무, 의사 결정 프로세스를 상세히 설명해야 하고, 이런 상호 공유는 매우 중요하다. 페미니스트 학자 조 프리먼Jo Freeman이 그녀의 고전적인 글 『The Tyranny of Structurelessness』(Dark Star, 1982)에서 언급했듯이, 구조를 평등하게 위장하는 것은 주로 권력 역학을 수평적으로 만드는 것이 아니라, 단순히 은폐하는 역할을 한다.[65]

디자인 팀들은 의사 결정 프로세스에 대해 명료하게 이해하지만, 대부분의 사람들은 민주적 의사 결정에 익숙하지 않을 수 있다. 우리는 일생 동안 (특히 어릴 때 더더욱) 권위주의적인 의사 결정 구조로 사회화된다. 교실이나 직장, 가정은 대부분 위계적 권력 구조로 돼 있다. 디자인 정의는 디자인 의사 결정 과정에의 공정하면서도 의미 있는 참여에 중점을 둔다. 그러므로 디자인 정의 교육의 목표 중 하나는 디자인 프로세스에서 보다 민주적인 의사 결정의 가능성을 탐색하는 것이다. 학생 팀들은 이를 수행하는 방법과 관련해 상당한 발판과 지원을 필요로 한다. 예를 들어, CERO 팀은 다음과 같이 말한다. "우리가 프로젝트에 착수하기 전, 모든 사람이 프로젝트 방향에 합의하길 원했기 때문에 의사 결정 과정은 상당히 지저분했다. … 하지만 우리는 팀으로서 함께 우선순위를 조정해갈 수 있었기 때문에, 이런 방식이 아이디어들을 뒤죽박죽으로 만들고 시간이 많이 걸리긴 했지만 결국 유용했다고 믿는다."[66]

요약하면, 특권과 권력은 디자인 정의 과정에서 마법처럼 사라지진 않는다. 학생 디자이너들은 종종 클라이언트·디자이너 관계 안에서 역할이 수행되길 기대한다. 또한 그들은 민주적 의사 결정 방식에 익숙하지 않다. 학생들은 디자인에 관한 주류의 견해에 동의하곤 하며, 커뮤니티에 관해 사실일 수도 있고 아닐 수도 있는 가정을 끊임없이 하는 경향이 있다. 이런 문제들을 완화하기 위한 몇 가지 전략으로 프로젝트 소유권과 의사 결정 프로세스에 대한 명확한 서면 계약을 작성하고 가정을 조기에 자주 검증하는 방안이 검토된다.

원칙 6: 우리는 모든 사람이 자신의 경험을 바탕으로 한 '전문가'이며, 우리 모두가 디자인 프로세스에 남다르면서도 아주 성공적으로 '기여' 한다고 믿는다

모든 사람이 자신의 경험을 바탕으로 한 '전문가'라는 원칙은 디자인 정의의 중요한 요소다. 그러나 학생, 커뮤니티 파트너, 지원 스태프로 구성된 디자인 수업에서 포용의 가치를 실행하기란 매우 어려운 일이다.

다양한 디자인 팀들은 제각기 특별한 어려움을 겪는다. 커뮤니티 파트너들과의 관계는 고사하고 학생들끼리도 서로 의견을 맞추기 어렵다. 그래서 학생의 기술과 관심을 커뮤니티 프로젝트와 일치시킬 수 좋은 방법을 찾는 일이 중요하다. 실제 디자인 작업을 수행하는 데 가장 효과적인 방법은 해당 수업의 학생들이 이미 커뮤니티 파트너 조직들과 관계를 맺고 있는 것이다. 물론 이런 접근 방식은 다른 한편으로 이미 그런 관계를 맺은 학생들로만 제한되는 제약이 존재한다. 학자이자 예술가, 데이터 과학자인 캐서린 디그나지오와 로렌 클라인은 페미니스트 데이터 시각화를 가르치면서 이런 관계를 육성하는 것 자체가 비판적 디자인 교육학의 중요한 목표라고 말했다.[67]

또한 팀은 변화한다. 참가자들은 여러 가지 이유로 프로젝트 과정 동안 곧잘 움직인다. 이런 경향은 기간에 관계없이 확장되는 모든 디자인 프로세스에 해당되기도 하

244

지만, 특히 소규모 시민 단체들과 파트너 관계를 맺은 경우 특히 그렇다. 예를 들어, CERO 팀은 중간에 새로운 협동조합 멤버를 합류시켰고, 이로 인해 프로젝트의 초점은 '우리가 이미 알고 있는 정보와 연관된 MVP를 개발하는 것에서 … 더 많은 정보를 수집하는 것'으로 옮겨갔다. 로코노믹스 팀의 경우엔 한 멤버는 프로젝트에서 빠졌고, 다른 멤버는 다리가 부러져 입원했다.[68]

팀이 탄탄하더라도 일정 조정이 까다로울 수 있다. 예를 들어, **클라로 퀘 시**Claro Que Si 팀은 팀원 중 학생, 비영리 직원, 노동자 계층의 사람들을 포함하고 있었는데, 사람들 간 조율에서 큰 어려움을 겪었다.[69] 특히 수업 시간 외 다른 시간을 내서 만나기는 아주 힘들었다.[70] CERO 팀은 학생들과 CERO 스태프·소유주 모두에게 가능한 회의 시간을 찾으려 계속해서 노력했다.[71] 우리는 코디자인 스튜디오에서 팀이 이메일 목록, 채팅 그룹 등 지속적인 커뮤니케이션 채널을 구성하도록 구체적으로 상기시켜야 한다는 사실을 알게 됐다. 팀은 또한 프로젝트 작업을 위한 도구를 선택해야 한다. 어떤 경우에는 팀이 자체적인 작업 도구를 선택하게 하는 것이 가장 좋을 수도 있고, 어떤 경우에는 교육자가 수업 전체에 사용할 도구를 표준화하길 원할 수도 있다. 후자와 같이 동일한 도구를 사용할 때의 이점은 수업 참가자들이 형식에 얽매이지 않고 동료들 간에 서로 손쉽게 지원할 수 있다는 점이다. 그러나 매우 다른 유형의 프로젝트들을 진행하거나 매우 다른 유형의 커뮤니티들과 작업하는 팀은 특정 도구를 찾고자 할 수 있다. 또한 디지털 도구 선택은 기술에 정통한 팀원들에게 특권을 부여하는 경향이 있다.

언어도 장벽이 될 수 있다. 팀 비다 베르데Team Vida Verde는 그들과 함께 일했던 가정 청소부들이 포르투갈어를 모국어로 사용하는 반면, 학생들은 대부분 영어를 단일 언어로 구사했기 때문에 프로젝트 진행에 어려움을 겪었다.[72]

지리적으로 분산된 팀은 함께 작업하기가 특히 어렵다. 예를 들어, 도시 청소년 콜라보러티브 팀은 팀원들이 케임브리지, 보스턴, 웰즐리, 뉴욕시에 분산돼 있었는데, 그들은 팀 내 의사소통과 시간 조율이 매우 어렵다고 느꼈다.[73] 구금 감시 네트워크

Detention Watch Network 팀은 가능하면 지리적으로 분산된 팀원들이 직접 만나거나(이상적인 경우) 원격으로 만나서(필요한 경우) 함께 집중해 신속하게 진행하도록 시간을 조절하는 것이 가장 효과적이라고 말했다.[74]

교육자·교육 퍼실리테이터(들)가 제공하는 지원의 양과 관계없이 CERO 프로젝트 팀은 "디자인 프로세스는 골치 아프고 혼란스러울 수 있다"라고 말한다.[75] 실제로 교육학자 브렌트 모슨Brent Mawson은 디자인 수업에서 자주 가르치는 선형적 디자인 프로세스 모델linear design process model은 학습자들이 실제로 채용하는 비선형 전략nonlinear strategy을 반영하지 못한다고 주장한다.[76] 모든 사람의 실제 경험을 진지하게 받아들이는 포용적인 디자인 프로세스의 '혼란스러움messiness'을 성공적으로 탐색하는 방법을 배우는 게 디자인 정의 교육학의 핵심 목표 중 하나다.

원칙 7: 우리는 커뮤니티와 디자인 지식, 도구를 공유한다

교육자·교육 퍼실리테이터의 역할 중 하나는 학생들이 교실 밖에서 커뮤니티 구성원들과 교류할 수 있도록 지원하는 일이다. 4장에서 논의했듯이 디자인 프로세스에 참여하기 위해 우리가 선택한 물리적 현장은 누가 참여할 수 있는지와 관련해 중요한 의미를 갖는다. 예를 들어, 현장에 따라 기존 커뮤니티 이벤트에 참여할 수 있고, 진행 중인 디자인 회의를 커뮤니티 공간으로 옮기거나, 프로젝트와 관련된 커뮤니티 디자인 워크숍을 조직하는 것이 가능할 수 있다.

디자인 팀들은 종종 기존 커뮤니티 이벤트에 편승해 아이디어를 테스트하고, 피드백을 수집하며, 콘텐츠를 제작할 수 있다. 구금 감시 네트워크와 함께하는 **베드타임 스토리즈** 디자인 프로젝트도 마찬가지였다. 그 디자인 팀은 자원봉사자를 찾고 마이크로사이트의 비디오 콘텐츠를 촬영하기 위해 자메이카 플레인에서 열린 #Not1More 이민자 권리 이벤트를 현장으로 활용했다. "우리는 카메라 장비와 싸구려 침대를 들고 이 행사에 자발적으로 갔고, 주최측에 우리의 GIF 제작을 위해 포즈를 취해주는 데 관심이 있는지 물었다. 그날 우리는 7종의 GIF를 제작할 수 있었다."[77] 또 다른 팀인 '팟캐스트의 완두콩Pears in a Podcast'은 팟캐스트 제작 과정 전체를 커뮤니티 라디오 방송국에서 하길 원한다고 말했다.[78] 디자인과 제작 프로세스를 전문 스튜디오, 대학, 연구소에서 접근 가능한 커뮤니티 현장으로 옮기는 것은 디자인 정의 접근 방식의 핵심이다.

디자인 팀들은 또한 4장에서 소개한 디스코테크처럼 재미있고 매력적인 이벤트를 조직해 더 많은 커뮤니티 구성원을 프로세스에 참여시킬 수도 있다. 그러나 그런 이벤트들은 커뮤니티 구성원들이 아이디어를 생성하고 결정을 내리도록 돕고 디자인 프로세스를 통해 프로토타입을 테스트하거나 의미 있는 피드백을 제공하는 장소라기보다는 새로운 것을 만들거나 해킹하는 장소로 구성되곤 한다. 한편, 로코노믹스 팀원들은 프로토타입 테스트에 적합한 사용자를 찾기 위해 한 학기 내내 고군분투하다가, 결국 협동조합 디스코테크 이벤트Co-op DiscoTech Event에서 한 번에 많은 사람에게 테스트할 수 있었다. 커뮤니티 파트너들이 주최하는 이벤트들은 대체로 아이디어 도출, 테스트, 가정 검증, 의사 결정 등을 비롯해 디자인의 여러 측면에서 훌륭한 기회가 될 수 있다.[79]

원칙 8: 우리는 커뮤니티가 주도하고 통제하는 지속 가능한 결과를 지향한다

학자이자 디자이너, 디지털 노동자 옹호자인 릴리 이라니가 명료하게 설명했듯이, 많은 학생이 기업가·신자유주의적 주체성entrepreneurial neoliberal subjectivity으로 사회화돼 있는 것을 경험했다.[80] 그들은 그들의 작업에 대한 개별적 지적 재산권individual intellectual property, 제품 소유권product ownership, 특허patent를 수용하고 운용하도록 준비시킬 교실에 도착한다. 대학들은 또한 공동의 디자인 프로세스 결과를 영리 목적의 스타트업 회사를 시작하는 데 사용하도록 학생들(그리고 교수진들)에게 지원을 점점 더 늘리고 있다. 학생들은 공유지와 무료 소프트웨어가 왜 중요한지, 커뮤니티 기반 조직이 디자인 결과에 대한 소유권을 갖는 것이 왜 합리적인지에 관한 대화를 접하지 않았을 수도 있다. 그러므로 교실에서 이런 생각에 관해 지속적인 대화를 나누는 것과 더불어, 디자인 정의 교육 안에서 프로젝트 소유권과 양도에 대한 구체적인 합의를 끌어내는 것이 필수적이다.

핵심은 소유권을 명확하게 명시하고 서명한 계약이다. 디자인 프로젝트는 물리적이거나 디지털적인 인공물과 개체, 작업 코드는 물론, 특정 서버에 설치된 애플리케이션에서 프로젝트 내용에 관한 이미지와 표현에 이르기까지 다양한 결과물을 만들어낸다. 프리젠테이션 슬라이드, 매거진, 학술 논문에서 커뮤니티 파트너들과 커뮤니티 멤버들이 생성한 데이터 역시 이런 결과물에 포함된다. 이 모든 결과물은 서면 MOU에 담긴다. 예를 들어, 프로젝트에서 데이터가 생성되면 해당 데이터를 커뮤니티 파트너와 공유해야 한다. 그러나 이런 서면 계약이 존재하더라도 프로젝트 종료 시 관련 자료의 이전이 제대로 이뤄지지 않을 가능성이 있다. 이런 일은 대개 의도적인 규정 미준수로 발생하는 게 아니라, 학년이 바뀌면서 학생들이 이동하기 때문에 일어난다. 예를 들어, 코디자인 스튜디오에서 커뮤니티 파트너인 DS4SI는 '도시 계획의 가능한 미래'에 관한 이웃 거주민들의 견해를 수집하는 학생 디자인 프로젝트에서 이런 경험을 했다. "프로젝트가 종료됐을 때 우리는 모두 기분이 좋았어요. '업햄의 모퉁이 입력 수집기 UCIC, Upham's Corner Input Collector'는 전시물의 디자인과 느낌에 어울리도록 아름답게 만들어졌고, 필요한 데이터를 수집하기 위해 거기에 설치됐죠. 중간에 고장이 나서 일주일 동안 열린 전시의 반절 밖에 동작하지 못했어도 긍정적으로 느껴졌어요. 하지만 한 달 정도 지나자 데이터가 전혀 종합적으로 다뤄지지 않았고, 심지어 우리가 처리해야 하는 날것의 형태로 전송되면서, 프로젝트의 유용성이 떨어져 보였어요."[81] 이 프로젝트 파트너는 계속해서 학기 내 프로젝트를 커뮤니티 파트너에게 인계하는 것이 중요하며, 이 과정을 학생의 성적에 연계시킬 것을 제안했다. 여기서 중요한 점은 학생 디자인 팀들은 프로젝트 결과물을 배포하고 나면 학기가 끝난 후 프로젝트 유지 보수를 계획해야 할 필요성을 잊어버리곤 한다는 점이다.

원칙 9: 우리를 세상과 연결해 서로를 이어주는 비착취 솔루션을 지향한다

이 원칙은 구현 과정에서의 광범위한 사회기술적 제약으로 인해, 실제로는 실현하기 가장 어려운 원칙일 수 있다. 디자인 팀은 그들의 이상적인 비전을 실현하는 과정에서 항상 기술 문제에 직면한다. 사실 1장에서 논의한 바와 같이, 디자인 본질이 그렇다.

디자인 정의 실무자들이 세상에 해를 끼치거나 착취적 근로 관계에 의존하는 솔루션을 피하려 할 때 그들이 선택할 수 있는 옵션은 제한적이다. 물론, 어떤 기준이든 완벽한 솔루션은 없으며, 디자인은 이상을 향한 끊임없는 노력이자 아이디어 구상, 반복적 검토, 수정 등 지속적인 과정으로 볼 수 있다. 디자인 정의 교육에서 이걸 이해한다면 실망을 경감하는 데 도움이 될 것이다.

디자인 팀이 비착취적인 솔루션을 개발하길 희망하더라도 조직과 개인은 특정 인프라, 도구, 플랫폼 또는 작업 방식에 갇혀 있곤 한다. 예를 들어, 디자인 정의 실무자들은 페이스북을 사용자 데이터를 크게 착취하는, 잠재적으로 사회 운동에 해로운 것으로 간주할 때가 많지만, 대부분의 커뮤니티 기반 조직이 페이스북을 의사소통의 핵심 도구로 사용하기도 하므로, 커뮤니케이션 캠페인을 진행하는 입장에서는 페이스북을 무시하기 어렵다.

어떤 경우에는 디자인 프로젝트가 조직들로 하여금 적당하지 않거나 유해한 도구와 플랫폼에서 벗어나도록 자극을 줄 수 있다. 그러나 디자인 팀은 더 자주 이런 제약을 존중하고 환경을 고려해서 프로젝트를 맞춰나가야 한다. 예를 들어, 'EFF 감시 자기 방어EFF Surveillance Self-Defense' 프로젝트의 경우, 조직 구성원들은 학습 난도가 높고 팀에 익숙지 않은 콘텐츠 관리 시스템을 사용하기로 했다. 이로 인해 그들은 외부 개발자의 테마 통합 작업에 의존하게 됐다.[82]

원칙 10: 새로운 디자인 솔루션을 찾기에 앞서, 커뮤니티에서 이미 채용하고 있는 솔루션을 찾아보고, 전통적이고 토착적인 지역 지식과 관행을 존중하고 공유한다

마지막으로, 디자인 정의 교육에서 교육자·교육 퍼실리테이터의 역할은 학자이자 데이터 저널리스트인 메레디스 브루사드Meredith Broussard가 명확하고 재치 있게 설명했듯, 디자인 팀들로 하여금 먼저 커뮤니티에서 이미 채용하고 있는 솔루션을 고려하고 학생들로 하여금 기술 솔루션주의tech solutionism와 기술 폐쇄주의technochauvanism의 함정에 빠지지 않도록 안내하는 것이다.[83] 여기엔 디자인 팀들이 새로운 것을 구축하기보다는 기존 프로젝트, 관행, 애플리케이션 또는 도구를 증폭시키고 재조합하거나 다른 용도로 활용할 수 있는지를 탐색하는 일도 포함된다. 활용 가능한 요소들을 자유롭게 또는 저렴하게, 창의적으로 용도 변경하다 보면 빠른 프로토타이핑, 아이디어 검증, 비용 절감, 장기적 관점의 지속 가능성 등 다양한 측면에서 유용하다. 그러나 마법의 만병통치약 같은 건 존재하지 않는 법이다. 새로운 것을 구축하든, 기존 도구나 제품의 용도를 변경하든, 모든 방안은 저마다의 고유한 과제를 안고 있다. 어떤 프로젝트 팀들은 새로운 것을 만들고자 하는 열망으로 완벽하진 않더라도 프로젝트를 구현하는 데 '충분히 좋은' 기존 도구를 사용하지 않을 수 있다. 동시에 기존 도구, 플랫폼, 인프라가 원칙 9를 위반하는 경우가 종종 있기도 하고, 기존 제품의 한계로 프로젝트 비전을 구현하기 어려운 상황이 발생할 수도 있다.

이런 과제들을 탐색하는 좋은 방법 중 하나는 교육자·교육 퍼실리테이터가 프로젝트 팀들로 하여금 프로세스 초반에 이미 존재하던 도구들을 토대로 최고의 디자인 후보안을 구상하고 해당 후보안의 목업 또는 간단한 프로토타입을 구현하도록 안내하는 것이다. 예를 들어, 얼바노^{Urbano} 팀의 사례 연구는 선불 모바일 핫스팟, '바인^{Vine}'과 듀얼 킨들을 사용해 작은 가방에 스톱모션 애니메이션 스튜디오와 상영 공간을 구현하려 했던 우여곡절을 설명한다. "우리는 '바인'의 통제된 환경 안에서 길을 찾으려 상당한 시간을 보냈어요 … 그리고는 곧 바인을 실행할 유일한 태블릿이 킨들이라는 걸 발견했지요."[84]

마지막으로, 여기서 가장 중요한 교훈 중 하나는 학생들이 지역 커뮤니티와 시간을 보내는 것의 가치와 중요성이다. 디자인 정의 프로세스에서 전체 팀이 프로세스를 이끌어야 하는 커뮤니티와 물리적으로 시간을 보내는 것은 매우 중요하다. DS4SI가 언급했듯, "우리는 '업햄의 모퉁이^{Uphams Corner}' 단체에 학생들이 가보는 것의 중요성을 너무 늦게 깨달았다."[85] '네이버미디어^{Neighbormedia}' 팀도 디자인 프로세스에서 참여자들이 커뮤니티 파트너의 공간에서[86] 최대한 많이, 그리고 최대한 빨리 만나는 것이 매우 중요하다고 말한다.

결론: 진정한 해방을 위한 코딩 학습,
아니면 신자유주의 기술문화 아래 작업공간 마련?

2016년, 오바마 행정부는 '모두를 위한 컴퓨터 공학Computer Science for All' 이니셔티브를 발표하고, 컴퓨터 공학 교사 양성을 위해 주 정부에 40어 달러, 학교 지구에 1어 달러, 국립 과학 재단National Science Foundation과 국가 및 지역 커뮤니티 서비스 법인CNCS, Corporation for National and Community Service에 1억 3,500만 달러를 제안했다. 오바마 대통령은 다음과 같은 성명으로 이 프로그램을 발표했다.

> 우리는 놀라운 변화의 시대에 살고 있습니다. 그 변화는 우리의 생활 방식과 일하는 방식에 영향을 미치고 있는데요. 새로운 기술은 자동화 가능한 모든 작업을 대체하고 있고, 근로자는 앞서 가기 위해 더 많은 기술이 필요한 상황입니다. 이런 변화는 새로운 것은 아니며, 가속화되고 있습니다. 따라서, 우리가 스스로에게 던져야 하는 질문은 "모든 사람이 이 새로운 경제에서 공정한 성공을 거둘 수 있게 하려면 어떻게 해야 하는가?"입니다. … 저는 아이들이 (특히 소녀들과 소수자로서 어려움을 겪는 아이들이) 컴퓨터 공학을 배울 기회를 얻도록 도울 계획을 준비했습니다. 이 계획은 '모두를 위한 컴퓨터 공학'이라고 합니다. 이는 미국의 모든 학생이 새로운 경제에서 앞서가는 데 필요한 기술을 조기에 배울 수 있도록 하는 것을 의미합니다.[87]

이때 제안된 액수가 대부분 실현된 건 아니지만,[88] 이니셔티브의 기본 가정은 힘을 받았다. 사람들에게 코딩하는 방법을 가르치는 것이 정보 자본주의 후기 단계의 교육 시스템에서 점차 핵심 목표로 제시되고 있는 것이다. 소프트웨어 개발 기술 역량을 갖춘 인력을 양성하거나 코딩 능력을 갖춘 인력을 충분히 공급하고자 하는 목표는 많은 국가에서 주요 프로젝트가 됐다.

그러나 미국 교육 시스템은 장기간에 걸친 자원 부족 상황에 직면해 있다. 공교육을 위한 자금 지원은 끊임없는 공격을 받고 있으며, 아이들은 이원적 교육 체제로 내몰

린다. 하위 계층의 교육 시스템은 **학교에서 감옥으로 이어지는 파이프라인**인 교도소 산업 단지prison industrial complex를 위한 창고이자 공급 시스템으로 전락했다.[89] 부의 불평등 확산이라는 광범위한 맥락에서 교육 시스템을 보면, 부유한 백인들은 자녀들을 혼합 소득mixed-income과 다인종 인구를 대상으로 하는 학교에서 다른 곳으로 이동시키고 관련 세금을 회수하는 등 승자 독식 역학이 작동한다. 빈곤율 80% 이상인 학교의 재학생 비율은 흑인과 라틴계 학생이 43%인 데 반해 백인 학생은 4%대다.[90]

저소득 유색 인종 커뮤니티 지역의 학교엔 높은 퀄리티의 STEM 교육을 하는 데 필요한 자원이 거의 할당되지 않는다. 결과적으로 흑인, 라틴계의 저소득층 학생들은 경험이 부족한 교사들이 가르칠 가능성이 더 크고, 학생당 자금을 덜 지원받으며, 기대도 낮고, STEM 시험에서 더 낮은 점수를 받게 되면서, 결국 더 높은 수준의 STEM 학교에 입학할 가능성이 작아진다.[91] LGBTQ과 GNC 청소년, 특히 LGBTQ 유색 인종 청소년이 직면한 퇴학과 학교 폭력은[92] 더 많은 여성, POC, LGBTQI 사람들이 STEM 교육을 받고 이를 통해 코딩, 디자인, 기술 분야의 직업으로 이동하는 것에 영향을 미치는 요인이기도 하다. 게다가, 근본적으로 재정 지원이 부족한 공립 교육의 긴축 상황에서 학교에서 코딩을 배우는 일이란 결국 다른 기술, 특히 인문학과 예술에 대항하는 위치에 놓이게 된다. 창의성과 비판적 사고를 강조하는 과목은 예산 삭감의 첫 번째 대상이다.

한편, 사립 학교와 부유한 학교는 점점 더 많은 컴퓨터와 디자인 과정을 개설한다. 사회학자 트레시 맥밀런 코튼Tressie McMillan Cottom이 자신의 저서 『낮은 교육Lower Ed』(NEW, 2017)에서 문서화한 것처럼 코딩 기술을 가르치고 졸업생들에게 일자리를 제공하겠다고 약속하는 영리 목적의 대학이 온오프라인에서 급증하고 있다.[93] 가장 눈에 띄는 영리 목적의 코딩 학교들과 부트캠프들 다수는 비용이 비싸고 접근이 어려우며 취업 알선 결과도 수상쩍다.[94]

당연히, 이런 맥락에서 청소년들의 디지털 학습은 인종, 계층, 성별에 따라 구조화돼 있다. 디지털 학습에 대한 최근 연구에서, 교육 연구원 미미 이토Mimi Ito와 저스틴 라이히Justin Reich는 많은 경우 MOOC와 온라인 교육, 학교 내 컴퓨터 수업 등 여러 해결책들이 실제로는 저소득 계층 학생과 부유한 학생 간의 학습 결과에, 유색 인종 학생과 백인 학생 간의 학습 결과에, 남학생과 여학생 간의 학습 결과에 불평등을 악화시킨다는 사실을 발견했다. 또한, 그들은 교육에서 디지털 기술을 사용하는 환경 자체가 종종 의도치 않게 불평등을 재생산한다는 점에 주목한다. 그 이유는 대부분 "개발자와 개발자가 수혜를 제공하려는 사람들 사이의 일상화된 무의식적 편견과 사회적 거리" 때문이다.[95]

결과적으로, 점점 더 많은 생산 프로세스가 디지털화되고, 디자인이 주로 소프트웨어에 의존하게 됨에 따라, 디자인 교육 격차가 커지고 있다. 다시 말해, 디자인의 디지털화가 이론적으로는 디자인 교육을 민주화하는 측면이 있겠지만, 실제로는 이미 권력을 선점한 그룹에 불균형적으로 혜택을 준다. 디자인 교육의 이점은 여전히 지배의 매트릭스에 의해 구조화돼 있는 것이다.

디자인 교육의 민주화

이렇게 극도로 어려운 상황임에도, 디자인 교육의 민주화에 중점을 둔 훌륭하고도 혁신적인 개인과 커뮤니티 조직은 조금도 부족함이 없다. 그들의 노력 덕분에, 이 장에서 제시하는 대중 교육과 여러 해방지향적 디자인 교수법의 어떤 목표는 주류가 되고 있다.

예를 들어, 코딩 학습은 다양성, 창의성, 비판적 사고를 강조하는 방식으로 교육 방침이 바뀌고 있다. 이런 경향은 특히 K-12 교육에서 나타난다. 교육자이자 『수월한 처지에 갇혀Stuck in the Shallow End』(MIT, 2017)의 저자인 제인 마골리스Jane Margolis와 조안나 구드Joanna Goode는 컴퓨터 공학 탐구 커리큘럼을 개발해서 NSF 자금 지원을 받았다.[96] 이 커리큘럼은 컴퓨터 학습의 형평성에 중점을 둬서 만든 고등학생 대상의 1년짜리 컴퓨터 공학 입문 프로그램과 교사의 전문성 육성 프로그램으로, 개발된 이후 널리 채택됐다. 한편, 대규모 비영리 단체인 Code.org는 학교에서 컴퓨터 공학 교육을 확대하는 데 중점을 둔 단체로, 고등학교 컴퓨터 공학 수업에서 여성과 잘 드러나지 않는 소수자들의 참여율을 늘리고, 더불어 조짐이 좋은 결과를 맺기 위해 여러 방면에서 노력하고 있다.[97] MIT 교육 시스템 연구소MIT Teaching Systems Lab는 교육의 편향을 다루기 위한 리서치 기반 접근 방식을 발전시켰으며, 그 결과 중 일부는 Code.org의 방식에 통합됐다.[98] 컴퓨터 활용 능력을 키우기 위해 널리 사용되고 있는 플랫폼인 스크래치Scratch는 MIT 미디어 랩의 라이프롱 킨더가든 그룹에서 개발한 것으로, 전적으로 창의적인 컴퓨팅에 중점을 두고 있다.[99] 이외에 컴퓨터 공학을 사회, 윤리 문제와 관련된 방식으로 가르치려는 고등 교육에 관한 새로운 관심의 물결이 존재한다.[100]

또한, 최근엔 STEM 교육의 다양성 부족에 관한 관심(그리고 이를 해결하기 위한 자금 지원)이 증가 추세에 있으며, STEM 분야에서 성평등과 인종 평등을 위해 오랫동안 노력해 온 많은 조직의 지속적 노력에도 관심이 쏠리고 있다. 예를 들어, 국립 여성 정보 기술 센터는 수백 개의 기업, 대학, 정부 기관, 비영리 단체로 구성된 커뮤니티로, ICT에 대한 여성과 소녀들의 참여를 증진하기 위한 목적으로 국립 과학 재단National Science Foundation에서 2004년 설립했다.[101] 한편, 오래된 이니셔티브들과 더불어, 소녀들과 여성들, B/I/PoC와 LGBTQ 사람들의 디자인, 기술, 미디어 활동에 중점을 둔 새로운 조직들도 계속해서 등장하고 있다. 미디어 학자 크리스티나 던바 헤스터Christina Dunbar-Hester는 데비앙 우먼Debian Women, 긱 페미니즘Geek Feminism(geekfeminism.org), 파이레이디스PyLadies, 젠더 체인저스Genderchangers(https://www.genderchangers.org) 등 2000년대 초반부터 파이썬Python, 데비앙Debian, 리눅스Linux 관련 커뮤니티들에서 무료 소프트웨어 개발에 여성들의 참여를 늘리는 데 중점을 둔 여러 그룹에 관해 설명한다.[102] 2011년에 시작된 '흑인 소녀 코드Black Girls Code'는 젊은 아프리카계 미국인 여성들에게 컴퓨터 공학과 소프트웨어 개발의 기초를 가르친다.[103] 2012년 출범한 '코딩하는 소녀들Girls Who Code'은 기술과 엔지니어링 부문의 성별 격차 해소에 중점을 두고 있다.[104] 샌프란시스코에 기반을 둔 '코드2040Code2040'은 "미국에서 흑인과 라틴계가 다수가 되는 2040년까지, 자신들이 기술 전문가, 투자가, 사상가, 기업가로서 미국 혁신 경제에서 비례적으로 대변할 수 있도록" 노력하고 있다.[105]

이런 종류의 조직들은 매우 중요한 작업을 수행해오고 있다. 의심할 여지 없이, 디자인 정의는 소프트웨어 개발 역량의 폭넓은 민주화를 요구한다. 소프트웨어로 구성된 세계에서 지배의 매트릭스를 해체하려면, 더 다양한 배경을 가진 사람들이 코딩 기술을 배워야 한다. 그러나 디자인 정의 원칙들은 우리에게 다음과 같은 질문을 던지게 만든다. 이 모든 코딩 교육이 필연적으로 우리의 집단적 해방을 앞당길 수 있을 것인가? 우리는 해방이 가능하다는 걸 어떻게 확신할 수 있는가?

모든 사람을 좋은 프로그래머로 만들 것인가,
아니면 모든 프로그래머를 좋은 사람으로 만들 것인가?

100년 전, 사회학자이자 역사가, 흑인 해방 운동가인 듀보이스^{W. E. B. Du Bois}는 교육자이자 작가, 대통령 고문인 부커 워싱턴^{Booker T. Washington}과 함께 노예 제도의 종식, 재건의 붕괴, 짐 크로우^{Jim Crow}의 부상 이후 흑인들을 위해 마련될 교육 시스템의 성격에 대해 한결 같은 논쟁을 한 것으로 유명하다. 세기의 전환기 무렵, 워싱턴은 농업과 산업 분야에서의 고용 가능성을 고려해 흑인들에게 시장성 있는 기술을 가르치는 데 중점을 둔 직업 학교 시스템을 만들었다. 반면, 듀보이스는 흑인 지도자, 비판적 사상가, 문화적 저명인사, 그리고 무엇보다도 교육의 혜택을 모든 흑인들에게 가져올 교사 등 새로운 세대를 양성하기 위한 흑인 인문과학 대학을 설립해야 한다고 주장했다.[106] 듀보이스는 여러 연설과 저술에서 "교육의 목적은 '사람'을 목수로 만드는 것이 아니라 목수를 '사람'으로 만드는 것"이라고 반복적으로 이야기한다.[107] 우리는 듀보이스를 따라 최근 코딩 학습 분야에서 강조되는 질문을 할 수 있을 것이다. 궁극적인 목적은 사람들을 훌륭한 프로그래머로 만드는 것인가, 아니면 프로그래머를 좋은 사람으로 만드는 것인가?

새로운 기술, 플랫폼, 시스템을 디자인하는 능력은 의심할 여지 없이 오늘날 경제의 핵심 기술이며, 이 능력의 민주화는 디자인 정의의 핵심 목표 중 하나다. 그러나 결국 자본주의 스타트업과 대규모 기술 기업의 지속적 수익성을 보장하기 위해 일할 (인정하건대 더 '다양한') 프로그래머를 양산하는 것이라면, 우리는 코딩을 배우는 '모든 사람'에 만족하는가? 또는 우리가 듀보이스처럼, 사람들로 하여금 소프트웨어, 기술, 디자인에 대해 더 비판적으로 사고하도록 유도하고, 지배의 매트릭스가 아니라 인간 해방과 생태학적 지속 가능성에 봉사하는 기술로 재구성하는 방식으로 코딩을 배우도록 설득하겠는가?

두 가지 모두 가능하다. 비판적 사고를 촉진하는 디자인 교육은 실용적인 디자인 기술 개발과 양립할 수 있다. 디자인 정의는 비판적 의식의 발달을 억제하기보다는 지원하는 방식으로 컴퓨팅, 소프트웨어 개발, 디자인을 가르치려 할 때 우리를 안내하는 데 도움이 될 프레임워크이자, 우리의 세상을 변화시키는 데 필요한 학습자와 사회 운동에의 연결 발판을 제공하는 프레임워크다.

6장

미래 작업의 방향:
#TechWontBuildIt에서
#DesignJustice로

그림 6.1 #TechWontBuildIt 캠페인의 'ICE를 위한 기술 사용 반대(No Tech for ICE)' 이미지

받는 사람: 아마존 인사 팀

문의에 감사드립니다. 이게 아주 좋은 기회임을 알지만, ICE가 인간을 감금하는 데 쓰이는 인프라를 열렬히 제공하고, 경찰에 얼굴 인식 기술을 판매하며, 창고 직원을 인간 이하로 취급하는 회사에서 일하는 데 관심이 없습니다. 행운을 빕니다.

　　－ #TechWontBuildIt의 익명 참가자

기술직 근로자들은 최근 #TechWontBuildIt 해시태그를 사용해 억압적인 기술 프로젝트들을 적극적으로 거부함으로써 권력을 구축하고 있다. 나의 네트워크 사회 운동 세미나에서 MIT 학생인 로렌 루오Lauren Luo는 이런 현상을 다음과 같이 설명했다.

2016년 12월 13일, 기술 정상 회담에서 최고 기술 경영진들이 도널드 트럼프를 만나기 하루 전, 기술직 근로자 그룹은 "사람들을 인종, 종교, 국가 출신별로 식별하는 데이터베이스 구축을 거부할 것"이라는 네버 어게인 서약Never Again pledge을 발표했다. 그로부터 대략 한 달 후, 구글의 공동 창립자 세르게이 브린Sergey Brin과 와이 콤비네이터Y-Combinator의 사장 샘 알트만Sam Altman은 2017년 1월 28일 샌프란시스코 국제 공항에서 트럼프 대통령의 이슬람 7개 국가의 이민을 금지하는 행정 명령에 반대하는 시위에 합류했다. 그리고 이틀 후, 구글 전 세계 사무소에서 2,000명이 넘는 직원이 파업을 벌였고, 난민과 협력하는 비영리 단체에 위기 기금 200만 달러 이상을 기부했다.[1]

이런 활동의 물결은 계속됐다. 2018년까지 구글 직원 4,000여 명은 미 국방부가 드론 전쟁에 활용할 이미지 인식 시스템을 개발하기 위해 계약한 메이븐 프로젝트^{Project} ^{Maven}를 철회하자는 캠페인을 했다.[2] 학자와 과학자들은 근로자들과의 연대를 표명했다. 루시 서치만$^{Lucy\ Suchman}$, 릴리 이라니$^{Lilly\ Irani}$, 피터 아사로$^{Peter\ Asaro}$는 국제 로봇팔 제어 위원회$^{International\ Committee\ for\ Robot\ Arms\ Control}$와 함께 캠페인을 지원하는 공개 서한을 조직했다. 구글의 공동 창립자인 래리 페이지$^{Larry\ Page}$의 스탠포드 대학 지도 교수였던 컴퓨터 공학 교수 테리 위노그라드$^{Terry\ Winograd}$ 같은 저명인사를 포함해 1,100여 명이 서명에 참여했다.[3] 결국 구글 경영진은 2018년 6월 프로젝트를 중단하겠다고 발표했다.

2018년 여름 #TechWontBuildIt은 이민자 권리 시위와 함께 성장했다. 수천 명의 이민자 자녀를 부모와 분리시키는 트럼프 행정부의 정책에 대한 폭로와 더불어, 임시 구금 시설에 갇혀 끔찍한 상황에 처한 어린이와 유아들의 이미지가 공개된 후 #KeepFamiliesTogether(가족들을 함께 있게 하라) 시위는 전국을 휩쓸었다.[4] 취재 기자들과 인권 단체들은 이 어린이들 중 일부가 본인이 원치 않는 약물을 복용했다는 사실을 발견하고, 아동의 성적·신체적·정서적 학대와 ICE 구금 중 아동 사망 사례를 문서화해 세상에 알렸다.[5] 이로 인해 #KeepFamiliesTogether와 #AbolishICE(ICE를 폐지하라)가 미디어 사이클에서 두각을 나타내자, 마이크로소프트 직원들은 회사에 ICE와의 1,940만 달러짜리 계약을 철회하도록 압력을 가했다. 기술직 근로자들은 이민자 권리 단체들과 함께 시애틀, 보스턴, 뉴욕 등의 도시에 있는 마이크로소프트 매장에서 #NoTechForICE(ICE를 위한 기술 사용 반대) 시위를 조직했다.[6] 마이크로소프트가 무료 오픈소스 코드의 가장 큰 저장소인 깃허브^{GitHub}를 인수한 후, 300명에 가까운 오픈소스 개발자들은 마이크로소프트가 ICE와의 계약을 철회하지 않는다면 플랫폼에서 프로젝트를 중단하겠다고 밝혔다. (내가 이 글을 쓰는 지금, 마이크로소프트 경영진은 아직 반응을 보이지 않고 있지만, 압력은 계속 커지고 있다.)

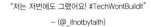

"변화를 위해 오늘 채용 이메일에 답장하기로 결정했다.
#TechWontBuildlT #NoTechForICE"

– 안나 가이두첵(Anna Geiduschek(@ageiduschek))

"저는 저번에도 그랬어요! #TechWontBuildlt"

– (@_ifnotbyfaith)

(AWS 채용에 대한 거절 회신)

(아마존 채용에 대한 거절 회신)

그림 6.2 기술직 근로자들은 #TechWontBuildlt 대상 기업의 채용 담당자들에게 응답한 내용을 트윗한다.
(출처: 트위터 캡처 화면)

세일즈포스Salesforce에서 일하는 근로자들은 #CancelTheContract(계약을 취소하라) 해시태그를 사용해 미국 관세 국경 보호청CBP, Customs and Border Protection과의 데이터베이스 서비스 계약 종료를 요구했다. 수백 명의 근로자가 청원에 서명했고, 2018년 7월 9일 월요일 베이 에어리어에 소재한 세일즈포스 본사에서는 수십 명이 항의 집회를 열었다.[7] 샌프란시스코의 한 커피숍은 세일즈포스의 연례 콘퍼런스인 드림포스Dreamforce에서 계약에 대한 항의의 의미로 4만 달러 공급 업체 계약을 거절했다.[8] 텍사스의 풀뿌리 이민자 권리 단체인 RAICES도 세일즈포스의 25만 달러 기부를 거부했다.[9] 부즈 앨런 해밀턴Booz Allen Hamilton, 딜로이트Deloitte, 프라이스워터하우스쿠퍼스PricewaterhouseCoopers 등의 컨설팅 기업들은 계속해서 ICE에 '정보 시스템, 데이터 통합, 분석'에 대한 조언을 했지만, 세계에서 가장 권위 있고 영향력 있는 경영 컨설팅 기업 매킨지McKinsey는 ICE와 2,000만 달러 규모의 계약을 종료했다.[10]

한편, 어떤 기술직 근로자들은 압박을 가하기 위한 새로운 전략을 개발했다. 그들은 기술 기업 채용 담당자들에게 자신의 윤리적 입장을 전달한 다음, 소셜 미디어에 공개적으로 회신 내용을 공유했다(그림 6.2).

이민자 권리 집회는 2018년 #TechWontBuildIt 추진 모멘텀의 핵심이었지만, 기술 종사자들은 다양한 문세 영역에서 조직화하는 중이다. 예를 들어, 프로젝트 드래곤플라이Project Dragonfly라는 이름으로 중국 시장을 위해 검열된 검색 엔진을 구축하려는 구글 경영진의 내부 계획이 유출된 후 구글 직원들은 다시 집결했다. 2018년 8월까지, 구글은 짧은 시일 내에 중국에 진출하지 않을 거라고 발표했다.[11] 아마존 직원들은 자신들의 회사에 아마존 레코그니션Amazon Rekognition 안면 인식 기술을 법 집행 기관에 판매하는 걸 중단하길,[12] 그리고 아마존 클라우드 서비스를 군사·정보 데이터 분석 회사인 팔란티어Palantir에 판매하는 걸 중단하길 촉구했다.[13] 2,000명이 넘는 IBM 직원들도 시민의 자유를 침해하는 정부 계약 관련 일을 그만두도록 요구하는 청원에 서명했다.[14] 2018년 11월, 전 세계 구글 직원의 약 20%가(50곳 이상의 도시에 있는 사무실에서 2만 명 넘는 직원들이) 회사의 성희롱 정책에 대한 항의의 표시로 회사를 떠났다.[15] 기술직 근로자들의 조직화된 활동이 항상 목표를 즉각 달성하는 건 아니지만, 최근 노력은 가능성의 지평을 확장하는 데 기여했다.

이 모든 조직화를 통해 2016년 설립된 '기술직 근로자 연합TWC, Tech Workers Coalition'은 네트워크로 연결된 주요 사회 운동 조직으로 부상했다. TWC는 다양한 기업들의 기술직 근로자들이 업계에 책임을 묻고 관행을 변화시키려는 노력을 지원한다. 그들의 사명은 다음과 같다. "포용적이면서도 평등한 기술 산업을 위한 TWC의 비전에 따라 일반 구성원들의 자기 조직화와 교육을 통해 근로자의 힘을 구축하도록 조직한다."[16] 또 다른 조직인 '민중을 위한 과학SftP, Science for the People'은 지부를 12개 도시로 확장하고, 2018년 7월말 마이크로소프트의 여러 오피스에서 시위를 조직하는 데 도움을 줬다.[17] SftP는 1969년 MIT에서 처음 탄생한 조직을 오늘날 다시 재개한 것이다. 당시 과학자들(교수, 직원, 학생)은 연구의 군사화에 항의하는 의미로 연구실에서 나와 대학 교육에 참여했다.[18] 1969년 3월 4일 토론회에서 있었던 사건과 연설의 녹취록은 최근 MIT

프레스^{MIT Press}에서 『3월 4일^{March 4}』(MIT. 2019)이라는 기념 에디션 책으로 다시 발행했다.[19]

#TechWontBuildIt은 기술직 근로자가 정치적이지 않다는 계속되는 신화에 반대한다. 이런 종류의 작업에 지배적인 문화적 내러티브는 그 역사를 지우는 경향이 있음에도, 과학자와 기술자, 디자이너가 정치적으로 참여해온 오랜 역사가 있어서다. 예를 들어, 맨해튼 프로젝트 과학자들이 핵 기술의 사용을 제한하고 통제하기 위해 1945년에 결성한 미국 과학자 연합^{Federation of American Scientists}은 오늘날에도 여전히 활동 중이다.[20] 이 그룹은 과학과 기술 정책에 폭넓게 영향을 미쳤으며, 원자력 위원회^{Atomic Energy Commission}의 창설을 이끌었다.[21] '사회적 책임을 위한 컴퓨터 전문가^{CPSR, Computer Professionals for Social Responsibility}'는 오랜 기간 참여적 디자인 콘퍼런스를 설계해온 핵심 단체로, 1983년부터 2013년까지 활동했다. CPSR은 당시의 반핵 확산 운동과 함께 탄생했으며, 전쟁에 컴퓨터를 사용하는 것을 반대했다.[22] 이 책의 1장에서 밸류센서티브 디자인, 인클루시브 디자인, 탈식민화 디자인^{decolonizing design} 등 이론과 실천 모두에서 디자인과 기술의 여러 정치적 하위 영역을 탐색했다. 3장에서는 글로벌 정의 운동과 밀접하게 연결된 인디미디어 네트워크의 급진적인 기술자들이 어떻게 열린 출판, 사람 중심의 뉴스, DIY 미디어 프로덕션의 대중화에서 혁신의 요체가 됐는지에 관한 이야기를 나눴다.[23] 4장에서는 해커스페이스의 뿌리를 자치론자^{autonomist}와 아나키스트 사회 센터^{anarchist social center}를 중심으로 추적했다.

기술 민주화 캠페인은 더 큰 사회 운동과 결부될 때 가장 효과적이다. 학자인 에이드리언 스미스^{Adrian Smith}, 마리아노 프레솔리^{Mariano Fressoli}, 디네쉬 아브롤^{Dinesh Abrol}, 엘리사 아론드^{Elisa Around}, 에이드리언 엘리^{Adrian Ely}는 『풀뿌리 혁신 운동』이라는 책을 저술했는데(3장에서 소개됨), 이 책은 적정 기술 운동^{Appropriate Technology Movement}, 인도의 인민 과학 운동^{People's Science Movement}, 메이커스페이스^{makerspace} · 해커스페이스^{hackerspace} · 팹랩^{fablab}, 소셜 테크놀로지 네트워크^{Social Technologies Network}, 허니비 네트워크^{Honey Bee Network} 등 사회적으로 유용한 제작 관련 운동을 비롯해 여러 연구 사례를 소개한다.[24] 커뮤니케이션 학자인 산드라 브라만^{Sandra Braman}은 인터넷의 역사에 관해 연구했다. 브라

만의 연구는 컴퓨터 공학자와 전기 공학 엔지니어의 정치적 견해가 기술적 설계상 의사 결정에 영향을 미친다는 많은 근거를 제시한다(브라만은 MIT 프레스의 정보 정책 시리즈 Information Policy Series 편집자이며, 이 책도 해당 시리즈의 일부임을 밝힌다).[25] 루하 벤자민과 저스트 데이터 랩JUST DATA Lab은 최근에 기술, 디자인, 데이터, 사회 정의가 서로 얽히는 교차점에서 일하는 조직들에게 유용한 아주 훌륭한 리소스 가이드를 만들었다.[26]

디자이너, 프로그래머 등을 비롯한 많은 기술직 종사자들이 오늘날 미국의 모든 분야에 존재하는 진보적이면서도 급진적인 사람들과 같은 이유로 집결하고 있다. 공개적으로 인종 차별주의자이자 여성 혐오주의자, 장애인 차별주의자, 이슬람 혐오자, 반이민자, 트랜스*·퀴어 혐오주의자임을 자처하는 트럼프 행정부는 대중을 자극했다. 사회 운동은 2016년 이래로 성장하고 있다. 그들은 자신들의 참가자 기반을 구축하고, 역사적인 거리 시위를 조직하고, 선거에 후보자를 출마시키고(2018년에는 주요 경선에서 승리했음), 직접적인 행동 조치를 하는 등 저항과 권력 이동을 위한 광범위한 전술을 사용했다. 기술직 종사자들은 또한 사회 운동 학자 루드 쿠프만스Ruud Koopmans가 주창한 **논쟁의 물결**wave of contention,[27] 또는 미디어 정보 연구 교수인 닉 다이어 위데포드Nick Dyer-Witheford가 **투쟁의 순환**a cycle of struggle이라고 일컬은 역사의 일부가 된다는 것에 뿌듯해 하기도 한다.[28]

다시 말해 오늘날 기술직 종사자들의 집결은 유사 행동이 결집된 오랜 역사이자 네트워크화된 다양한 운동에 걸쳐 강화된 투쟁의 순환 일부다. 마이크로소프트와 세일즈포스에서의 ICE 계약 종료 요구는 트럼프 행정부의 잔인한 아동 분리 정책으로 촉발된 이민자 권리 시위와 연관이 없었다면 가시화되지 못했을 것이다. 이와 마찬가지로 법 집행기관과의 안면 인식 계약에 반대하는 아마존 근로자들의 요구도 계속 진행되고 있는 #BlackLivesMatter(흑인의 생명도 소중하다) 운동 없이는 그렇게 두드러지지 않았을 것이다. B/I/PoC 감시에 맞선 저항의 물결은 정착민 식민주의, 백인 우월주의, 노예 제도의 수 세기에 걸쳐 감시하는 사회기술적 관행의 역할 맥락에서도 이해돼야 한다.[29] 트럼프 선거 이후 전례 없는 규모의 '과학을 위한 행진^{March for Science*}'은 인종, 계층, 성별, 이주, 장애 등 여러 방면의 투쟁의 중심성에 대한 내부 갈등으로 어려움을 겪었음에도 지역 조직 위원회의 연합된 구조로 #TechWontBuildIt의 출현을 위한 비옥한 기반을 마련했다.[30]

디자이너, 개발자, 기술 전문가는 글로벌 경제에서 특권적인 위치를 차지한다. 그들 없이는 커다란 억압의 시스템이 활용하는 인프라를 구축하거나 유지할 수 없다. 이 근로자의 상당수가 이런 사실을 알고 그들의 기업과 기관에 압력을 가하고 있다. #TechWontBuildIt 운동 멤버들이 억압적인 사회기술 체계 디자인에 참여하길 거부한다고 밝힌 것은 중요한 발전이다. 계속되는 거부의 필요성과 함께 디자인 정의 네트워크(그리고 이와 관련된 많은 조직)는 억압적인 시스템 디자인에 대한 참여를 반대할 뿐만 아니라, 대안을 디자인하고 구축하며 유지하는 데 필요한 대화를 진행하려 한다. 빅테크^{big tech}에서 그래픽 디자인, 건축, 그 이상에 이르기까지 여러 분야의 디자이너들이 디자인 기업, 산업, 전반적인 관행을 변화시키려는 노력에 디자인 정의 프레임워크가 도움이 되길 기대한다.

디자인 정의 실무자들을 위한 질문

이러한 변화를 끌어내려면 우리가 기술로 만들어내는 어포던스와 디스어포던스의 분포를 비롯해, 디자인이 어떻게 다양한 메커니즘을 통해 지배의 매트릭스를 재생산하는지(디자인 가치), 누가 디자인 작업을 수행하고 누가 디자인 프로세스를 제어하는지(디자인 관행), 디자인에 대해 이야기하려고 선택한 내러티브(디자인 내러티브), 디자인 특권이 있는 위치에서 다양한 유형의 사람들을 포용하고 배제하는 경향(디자인 현장), 디자인에 대해 가르치고 배우는 데 사용하는 방법론(디자인 교육학) 등을 더 잘 이해할 필

요가 있다고 이 책은 강조했다. 그리고 전반적으로 오늘날 디자인 정의 작업을 활발히 수행하는 사람들, 조직, 네트워크의 구체적 사례에 초점을 맞춰 소개했다.

하지만 여전히 해야 할 일이 훨씬 많다. 이 책의 마지막 절에서는 디자인 정의에 대한 몇 가지 질문을 간략하게 소개하고, 향후 활동을 위한 방향성에 대해 논의한다.

디자인 도메인별 특이사항은?

첫째, 이 책의 대부분의 예시는 특정 디자인 도메인, 특히 소프트웨어 개발에서 가져 왔지만, 여기에 설명된 질문들은 디자인 범주에 해당하는 모든 활동에 적용할 수 있다 고 생각한다. 실제로 각 분야의 특수성 없이는 이런 논의를 깊이 있게 하기 어렵겠지 만, 일부 디자인 분야에서는 이미 분명히 일어나고 있는 일이다. 1장에서 논의한 바와 같이, 사회 정의 렌즈를 통해 AI와 머신러닝을 재고하는 데 초점을 맞춘 활동이 늘고 있다. 예를 들어, 리서치 기관인 AI 나우^{AI Now}, 데이터 앤 소사이어티^{Data & Society}, 데이 터 정의 랩^{Data Justice Lab}의 작업이 존재하고, FAT*, 데이터 포 블랙 라이브스^{Data for Black Lives}, 블랙인 AI^{Black in AI}, 우리의 데이터 보디 프로젝트^{Our Data Bodies Project} 등의 콘퍼런 스와 네트워크가 존재한다. 또한, 사피야 노블^{Safiya Noble}, 메레디스 브루사드, 버지니아 유뱅크스, 팀니트 게브루^{Timnit Gebru}, 조이 부올람위니, 루하 벤자민, 오누오하 미미^{Mimi Onuoha}, 다이아나 누세라 등의 학자, 활동가가 활동 중이다. 모든 디자인 도메인에서 더 욱 비판적인 분석이 시급히 이뤄져야 한다. 많은 사람이 디자인 정의에 대한 논의를 산업 디자인, 서비스 디자인, 건축, 도시 계획,[31] 그래픽 디자인, 패션 등을 비롯한 다 양한 분야로 확장하고 심화시켜 감화되길 바란다.

프로세스^{Process}와 결과^{Outcome} 사이의 갈등?

2018년 리머릭^{Limerick}의 디자인 연구 학회^{DRS, Design Research Society}에서 나는 이 책의 많은 주장을 담아 디자인 정의에 관한 논문을 발표했다(http://www.drs2018limerick. org/).[32] 질의응답 시간에 한 청중이 다음과 같이 말했다. (요점만 전달하자면) "디자인 정의는 멋지게 들리지만, 실상은 실용성이 떨어지거나 불가능합니다." 이 의견에 대한 유일한 응답은 "우리는 우리가 원하는 세계에 대한 비전을 분명히 해야 한다. 그렇지 않겠는가?"여야 한다. 제품 출하가 더 중요하다는 이유로 프로세스에 대한 질문을 무시하는 디자이너들은 목적이 수단을 정당화한다는 마키아벨리적 주장을 구사하고 있다.[33]

물론, 이론적으로 디자인 정의는 평등한 디자인 프로세스와 디자인 결과 모두를 요구한다. 그러나 실제로 모든 디자인 프로젝트엔 자원과 시간이 제한돼 있으며, 프로세스의 포용성과 제품 출하의 니즈는 언제나 상충한다. 다시 말해, 포용적인 디자인 프로세스를 강조하는 디자인 정의 원칙과 디자이너의 의도보다 커뮤니티에 대한 영향을 우선시하는 원칙 사이엔 실제로 갈등이 존재한다. 디자인 프로젝트는 놀랍도록 포용적이고, 모든 참가자에게 주인의식을 심어주며, 작업에 대한 공평한 보상을 할 것이다. 하지만 커뮤니티에 유용한 디자인 제품을 생산하지 못할 수 있다. 오히려 전혀 포용적이지 않은 프로세스가 유용하고 널리 사랑받는 제품을 생산할 수도 있는 것이다. 이런 상충 관계를 완전히 해소할 수는 없겠지만, 적어도 절차적 정의와 분배적 정의 모두에 주의를 기울이려는 디자인 정의 실무자들의 시도를 무력화하지는 않을 것이다.

어떤 사람들은 디자인 정의의 방식이 사물을 실제로 디자인하고 세상에 양산하는 걸 불가능하게 방해한다고 여길 수도 있다. 디자이너들이 여러 하위 그룹에 관한 작업의 차등적 영향을 평가하는 데 모든 시간을 할애한다면 프로젝트를 완료할 수 없을 거라고 말한다. 디자인 정의 실무자들은 비판critique이 그들의 주요 활동이 되지 않도록 주의해야 한다. 테스트, 평가, 비판을 지나치게 강조하면 궁극적으로 권한을 약화시킬 수 있기 때문이다. 반면, 대안적 제안과 결속된 명시적 비판은 매우 생산적일 수 있다.

디자인이 불평등을 재생산하는 모든 방법을 고려하는 일은 기술적으로 불가능할 수도 있다. 그리고 '완벽은 좋은 것의 적the perfect is the enemy of the good'이라고 했다. 완벽이나 최고를 추구하기보다는 '그냥 시도해보자!'라고 말하고 싶다. 다문화·다국어·퀴어 등 다양한 성향을 지닌 디자이너, 연구원, 커뮤니티 구성원, 프로그래머, 테스터로 구성된 그룹이 포용적인 디자인의 행복한 무지개 아래서 함께 즐겁게 뛰노는 완벽한 디자인 프로세스는 없을 것이다. (이런 프로세스는 무척 재미있어 보이지만 존재할 리 만무하다!) 하지만 다양한 분야의 수많은 디자이너가 우리의 프로세스를 보다 포용적이면서도 공정하게 만들기 위해 매일 노력하고 있다.

이 주장을 좀 더 완화한 버전은 디자인 정의가 실제 디자인 프로세스를 실행하기엔 너무 극단적으로 느려진다는 주장이다. 그러나 실제로 디자인 정의 팀은 다른 디자인 접근 방식처럼 빠르게 또는 느리게 작업할 수 있다. 또한 디자인 정의는 성숙할수록 더 많은 사람이 이를 실행하고 전문화된 도메인별 도구와 사례를 사용할 수 있게 되면서 더욱 쉬워질 접근 방식이다. 또한 디자인 정의 프로세스가 일반적으로 더 많은 시간이 걸린다는 게 사실이라면, 더 정의롭고 지속 가능한, 더 나은 세상을 만들기 위해서는 더 천천히 가는 것도 가치가 있을 것이다.

실용적 디자인의 역설?

디자인 정의는 전통적인 관점에서는 '해결할 수 없는' 구조적 불평등을 포착할 수 있을 만큼 충분히 폭넓은 렌즈를 사용할 것을 요구한다. 이와 더불어 성공적인 디자인 정의 프로젝트는 비판 그 이상을 만들어내야 한다. 디자인은 사물, 시스템, 인터페이스, 애플리케이션, 일러스트레이션, 의류, 기계, 건물 등을 생산한다. 이건 디자인 정의 프레임워크 안에 존재하는 **실용적 디자인의 역설**이다. 디자이너들은 운용할 수 있는 디자인을 개발하고 제품을 생산하기 위해 제한된 자원의 현실을 직시해야 한다. 사용할 수 없는 리소스를 요구하므로 구현되지 못하는 급진적이고도 유토피아적인 디자인은 근 미래의 일상 생활을 개선하지 못할 것이다. 반면, 사용 가능한 리소스에 부합되도록 구성된, 제한적이면서도 실용적인 디자인은 프로토타입으로 제작될 것이고, 다듬어져서 출시될 것이고, 최상의 경우 사람들에게 실질적인 혜택을 제공할 것이다. 그러나 리소스 제약이 문제의 근본 원인을 조사하지 않는 핑곗거리가 된다면 디자이너들은 기껏해야 깊은 상처에 반창고나 제공하는 격으로 일하게 될 것이고, 최악의 경우 기존 권력 구조에 적극적으로 봉사하게 될 것이다. 만약 현재의 권력 구조가 부당할 뿐 아니라 지구 생태계의 붕괴와 종의 죽음으로 끝나는 지속불가능한 길로 인류를 이끌고 있다는 생각을 진지하게 받아들인다면, 우리는 순전히 실용적인 디자인만으로는 만족할 수 없을 것이다.

예를 들어, 어촌 지역 사회의 커뮤니티와 손 잡고 일하는 디자인 팀을 상상해 보자. 지역 커뮤니티는 오염된 물을 가장 큰 문제이자 그들이 개입해야 할 영역으로 여긴다. 오염 물질은 상류에 위치한 석유화학 공장에서 발생한다. 이때 디자인 팀은 개인 음용수의 오염 물질을 크게 줄일 수는 있지만 제거할 수는 없는 여과 장치를 개발해 나눠주는 데 자원을 할당해야 할까? 아니면 석유화학 공장의 소유주가 물을 오염시키는 것을 멈추게 하기 위한 시도에 자원을 할당해야 할까? 공장과 규제 기관을 대상으로 한 공개적인 캠페인을 하는 동시에 필터를 만들어 나눠주기 위한 자금을 모으는 등 두 가지를 동시에 수행하는 것이 가능하진 않을까?

디자이너이자 학자인 칼 디살보Carl DiSalvo는 정치적 투쟁 이론political theory of agonism에 근거한 접근 방식인 '적대적 디자인adversarial design'을 주장한다. 디살보는 디자이너들에게 논쟁의 대상을 정하고, 패권적 권력 구조에 도전하며, 사변적 대안을 제공할 것을 촉구한다. 디살보는 "디자인은 물질적이면서도 경험적인 형태로, 대안적인 현재와 가능한 미래를 모델링해 행동으로의 변화를 이끌어낼 수 있다"라고 말한다.[34] 또 다른 접근 방식은 화용론pragmatics과 이상utopics을 병렬적으로 검토하는 것이다. 즉, 급진적이거나 이상적인 디자인 솔루션을 각 디자인 프로젝트의 맥락 안에서 체계적이고 명시적으로 개발하고자 초기 단계(아이디에이션 단계 중) 또는 동시에 실용적 디자인 제품과 병행해 개발하는 것이다. 그러면 디자인 프로세스 자체가 급진적 비전의 활동이 된다. 가장 직접적인 영향을 받는 커뮤니티가 이끄는 디자인 팀은 문제의 근원을 탐색하고 시스템을 변화시킬 아이디어를 개발할 뿐 아니라, 프로젝트 자원의 제약 안에서 구현할 수 있는 제품이나 서비스에 대한 아이디어를 발전시킨다. 이런 방식으로 디자인 산출물에는 다면적 문제에 대한 더욱 깊은 이해, 급진적 변화를 가져올 제안, 기존 디자인 산출물 등이 포함된다. 다시 말해 디자인은 기껏해야 자꾸 줄어드는 가능성의 맥락 위에 점진적 개선을 가져오거나, 최악의 경우 억압된 커뮤니티에서 아이디어를 뽑아내려는 추출 도구가 아닌, 해방의 실천 활동인 것이다.

흑인 페미니즘 사상의 더 폭넓은 적용가능성?

또 다른 질문은 '왜 흑인 페미니즘 사상이 전체 인적 산업으로서의 디자인을 재고하는 토대로 사용돼야 하는가?'이다. 어떤 사람들은 이게 다른 형태의 지식을 예속시키는 움직임이라고 느낀다. 또는 이걸 미국 상황을 중심으로 인종, 계층, 젠더와 관련된 특정한 이해를 지나치게 보편화한 것이라고 여길 수도 있다.[35] 그러나 흑인 페미니즘 학자들과 활동가들이 발전시킨 교차성과 지배 매트릭스의 핵심 개념 자체가 미국에만 있는 건 아니다. 백인 우월주의 이성애 가부장적 자본주의와 정착민 식민주의는(지배의 매트릭스는) 장소와 규모에 따라 다르게 작동하고 있지만, 계속 진행 중인 전 지구적 현상이다.[36] 사실, 디자인 이론과 실천에 대한 의미는 더 구체화되고 지역화돼야 한다. 프레임워크로서의 디자인 정의가 미국 맥락에서만 유용해야 할 이유는 없다.

흑인 페미니즘 사상은 디자인, 미디어, 커뮤니케이션 학문 분야에서 영향력이 커지고 있다. 사피야 노블은 저서 『구글은 어떻게 여성을 차별하는가』의 결론에서 '디지털과 아날로그 미디어 연구에서 젠더화되고 인종화된 정체성을 연구하기 위한 인식론적 접근 방식'인 **흑인 페미니스트 기술 연구**BFTS, Black Feminist Technology Studies를 요구한다.[37] '비판적 인종 및 디지털 연구 센터Center for Critical Race and Digital Studies'의 연구자 그룹은 '디지털 미디어 기술과 시스템의 구조적 불평등이 미국과 전 세계의 유색 인종 커뮤니티와 개인에게 이질적이면서도 부정적인 영향을 미치는 방법'에 초점을 맞추는 한편, '더 많은 인종적 자율권empowerment(권한 부여 및 분산), 개인적 · 정치적 기관personal and political agency, 민주적 참여, 불평등 해소를 위한 행동주의를 이끌어내기 위한 잠재적 수단으로서의 디지털을 상상'하기 위한 노력을 한다.[38] 디나 칼릴Deena Khalil과 메레디스 키어Meredith Kier는 흑인 페미니즘 사상에 기반을 둔 반인종주의적 디자인antiracist design에 대한 접근 방식인 **비판적 인종 디자인**critical race design이라 부르는 개념을 설명한다.[39] 안드레 브록André Brock은 비판적 인종 이론critical race theory, 흑인 페미니즘, 퀴어 이론을 종합해 '비판적 기술 문화 담론 분석CTDA, Critical Technocultural Discourse Analysis'을 제안한다. 이 방식은 '과소 대표되는 비주류 인구들이 기술 사용 시 겪을 수 있는 결핍deficit 기반 모델을 피하기 위해, 서비스를 충분히 제공받지 못하는 ICT 사용자들의 인식론적 관점'을 중심으로 한다.[40] 향후 미래의 디자인 정의 작업은 이러한 접근 방식들이 디자인 관행에 미치는 영향을 탐구할 것이다.

패트리샤 힐 콜린스Patricia Hill Collins는 고전으로 여겨지는 저서『흑인 페미니즘 사상』(여이연, 2009)의 결론에서 권력이 **구조적, 규율적, 헤게모니적, 대인 관계적** 영역에서 작동하기 때문에, 권력을 행사해야 하는 필요성에 대해 논의한다. 미래의 디자인 정의 실무자들은 커뮤니티 주도의 책임 있는 디자인 프로세스를 통해 이러한 권력 도메인 각각에 참여해야 한다. 예를 들어, 디자인 정의는 권력의 '구조적' 영역에서 고용, 교육, 주택, 건강, 통신, 법률, 비즈니스, 정부 기관을 리디자인함으로써 혜택과 부담을 보다 공평하게 분배한다. 권력의 '규율적' 영역에서 디자인 정의는 관료 시스템과 감시 체제에 저항하고 리디자인하는 것뿐만 아니라 교도소 산업 단지의 해체를 의미할 수 있다. 그리고 권력의 '헤게모니적' 영역(이데올로기, 문화, 의식의 영역)에서 디자인 정의는 지금까지 누가 우리 세상의 디자인에 참여했고 미래에는 누가 참여하게 될지에 관한 새로운 내러티브를 만들어야 할 필요성을 시사한다. 크고 작은 억압과 저항의 일상 행동으로 특징지어지는 '대인 관계' 영역에서 디자인 정의 접근 방식은 우리로 하여금 컴퓨터 인터페이스에서 건축 환경에 이르기까지 모든 것을 어포던스와 디스어포던스를 보다 공평하게 배분하는 방식으로 재구성하도록 청한다.

마지막으로, 나는 백인 트랜스* 팜므로서 백인 연구자들이 흑인 여성의 작품을 차용하고 지운 역사가 있는데도, 디자인 이론을 탐구하고 확장하려는 시도에 왜 흑인 페미니즘 사상을 중심에 두는지에 대해 간략히 설명하고자 한다. 나는 흑인 페미니스트들이 억압과 저항의 역학을 가장 명확하게 표현하는 많은 개념을 창조했기 때문에 흑인 페미니즘 이론을 염두에 두고 활동한다. 흑인 페미니즘 사상과 그 이론을 창조한 흑인 여성들은 모든 해방 이론과 실천에 필수적인 존재다. 나는 이 책 전반에 걸쳐 흑인 여성의 노고를 인용함으로써 전유와 삭제보다는 디자인 이론과 실천에서 흑인 페미니즘 학문과 행동주의를 중심에 두는 데 조금이나마 기여했길 바란다. 또한 내가 비록 논바이너리 트랜스*로서 특정한 억압에 직면하고 있더라도, 나 자신이 백인이며 영향력 있는 대학에 고용됐고, 계속되는 정착민 식민주의 아래 미국 시민권을 가졌으며, 대체로 장애 관련 경험이 없는 등 지배의 매트릭스 안에서 특정 위치에 있음으로써 얻게 되는 다양한 형태의 특권을 인정한다. 나는 독자들에게 '비판적 인종 및 디지털 연구 센터 Center for Critical Race and Digital Studies' 등에서 나온 강력한 분석 자료들, 멜리사 브라운Melissa Brown이 모아놓은 자료들(blackfeminisms.com), 루하 벤자민이 수집한 저스트 데이터 랩 리소스 가이드(www.thejustdatalab.com/resources)를 더 자세히 탐색하도록 촉구한다.

다음 절에서는 이 책의 5가지 주제(가치, 실천, 내러티브, 현장, 교육학)의 최상위 범주에 따라 구성된, 앞으로 우리가 나아가야 할 방향에 대해 설명한다.

가치

1장은 "우리가 디자인하는 디지털 개체와 시스템의 어포던스는 어떻게 권력을 표현하고 재생산하며 바꾸려 도전하는가?"라는 질문을 다뤘다. 기술은 (항상은 아니지만) 종종 의도치 않은 결과를 초래한다.[41] 디자이너들은 우리가 만드는 것들이 어떻게 사용될지 전혀 모른다. 하지만 이 영역은 과학과 기술 연구에서 중요한 연구 영역으로, 사회 기술 체계에 가치를 담으려는 모든 시도에 중요한 의미를 갖는다. 이 문제를 해결하고 디자인 정의 방법론이 널리 채택되도록 만들기 위해, 우리는 지식 생산의 추출적 형태가 가져올 위험성에 주의를 기울이면서 지침, 표준, 코드, 법률뿐 아니라 평가 기준을 개발해야 한다.

프로젝트 평가와 영향 평가Evaluation and Impact Assessment

우리는 디자인 정의 원칙에 따라 디자인 프로젝트를 어떻게 평가해야 할까? 「디자인 저스티스 진Design Justice Zine」 2호에 실린 한 가지 방식을 소개한다. 우리는 모든 디자인 프로젝트에 세 가지 질문을 할 수 있다. 누가 디자인 프로세스에 참여했는가? 누가 그 디자인으로 혜택을 받는가? 누가 그 디자인으로 피해를 입는가?[42] 「디자인 저스티스 진」은 이 접근 방식을 디트로이트의 여러 디자인 프로젝트에 적용한 사례를 제시한다.

특정 유형의 디자인 관행에선 공식적인 접근성 평가가 법적으로 요구된다. 예를 들어, ADA는 건축 디자인, 웹 디자인 등 여러 도메인에서 접근성 표준을 준수하도록 요구한다.[43] 그 결과로 웹 서비스, 브라우저 플러그인 등의 접근성 평가 프로세스·도구·지표는 디자이너들이 ADA 준수 여부를 확인하는 데 널리 사용된다. 더욱 심층적인 수준의 준수 테스트도 또한 여러 세부 레벨로 검사를 수행할 수 있는 기업 생태계에서의 서비스로 제공된다. 하지만 불행히도 디자인 역사가이자 페미니스트 학자인 에이미 햄라이가 지적하듯, 대부분의 경우 디자이너들은 접근성을 사후 체크리스트이자 회사 법무 팀에서 요구하는 의무로 접근한다. 규제, 법적 책임, 의무적 접근성 준수는 확실히 장애 인권 활동과 조직화에 기반한 진정한 승리로 여겨져야 하지만 만병 통치약은 아니다.[44]

어떤 사람들은 환경 영향 평가에 기반한(환경 정의 운동에서 개발한 접근 방식) 공식적인 디자인 차별 영향 평가를 제안한다. 1980년대 초, 지방의 페미니즘 학자인 콜랜 부시 Corlann Bush는 디자인 프로젝트에 대한 젠더 영향 평가 보고서를 제시했다.[45] 알고리듬 정의 리그 Algorithmic Justice League를 비롯한, 작지만 성장 중인 기업들과 조직들이 알고리듬 책무 감사를 한다. 최근 이런 사례들의 영향을 연구한 데보라 라지 Deborah Raji와 조이 부올람위니는 공개된 다중의 견고한 교차 알고리듬 편향 검사가 대상 기업들이 판매하는 제품을 향상시킨다는 사실을 발견했다.[46]

디자인 정의 평가를 지원하는 도구에는 많은 교차 벤치마크 사례들이 포함된다. 다양한 피부 톤으로 성별을 분류하는 얼굴 분석 알고리듬의 능력을 테스트하기 위해 부올람위니가 만든 파일럿 팔러먼트 벤치마크 데이터 세트 Pilot Parliament Benchmark dataset(2017), 밸류센서티브 디자인의 지지자들이 제안한 소프트웨어 개발자들이 사용하는 라이브러리, 디자인 정의 네트워크와 디트로이트 커뮤니티 기술 프로젝트 Detroit Community Technology Project에서 제작한 자료 같은 활용 가이드라인·매뉴얼·핸드북, 보스턴 시민 미디어 컨소시엄 Boston Civic Media Consortium이 수집하고 공유하는 것 같은 작업 계약서와 MOU 모델 등이 있다.[47] 우리는 또한 정체성의 교차적 속성뿐 아니라, 정체성 범주의 유동성(사회적 수준에서 시간이 지남에 따라 변화함), 개인 식별 여부(개인의 일생 동안 바뀔 수 있음), 그리고 표현·행위 변화 양상(일생에서 의식적이든 아니든 끊임없이 변화함)을 설명하는 디자인 정의 검사 방법을 개발해야 한다.[48]

디자인 정의 실무자들은 이런 유형의 도구와 서비스를 확장해 많은 디자인 팀이 교차 렌즈를 통해 차별적 디자인을 더 수월하게 평가하도록 만들 수 있다. 여러 분야에서 일하는 디자이너들은 교차 검사를 수행할 도구가 필요한 상황이며, 우리는 디자인 정의 기준으로 검사를 수행할 기업 생태계를 육성해야 한다. 요점은 단일한 규정을 강요하려는 것이 아니다. 궁극적으로 디자이너들과 커뮤니티들로 하여금 디자인 정의 원칙에 기반을 둔 다양한 평가 방식을 개발하고 공유하도록 장려하려는 것이다.

지침, 표준, 코드, 법률

디자인 정의 원칙은 지침^{guideline}, 표준^{standard}, 코드^{code}를 생성하는 데 사용할 수 있으며, 디자이너는 표준 기구와 전문 협회에서 이런 결과물들을 채택하도록 만들어야 한다. 다른 디자인 도메인에는 다른 종류의 디자인 정의 지침이 필요하다. 예를 들어, 유니버설 디자인 옹호자인 베티 로즈 코넬^{Bettye Rose Connell}, 마이크 존스^{Mike Jones}, 론 메이스^{Ron Mace}, 짐 뮬러^{Jim Mueller}, 아비르 멀릭^{Abir Mullick}, 일레인 오스트로프^{Elaine Ostroff}, 존 샌포드^{Jon Sanford}, 에드 스타인펠드^{Ed Steinfeld}, 몰리 스토리^{Molly Story}, 그레그 반더하이덴^{Gregg Vanderheiden}이 1997년에 편집해 공개한 '유니버설 디자인 원칙'에는 주요 디자인 원칙과 (디자이너들이 이런 원칙들을 구현하는 데 유용한) 특정 지침이 모두 포함된다.[49]

표준은 때로는 자발적으로 채택되고, 어떤 경우에는 법적 요구 사항으로 적용된다. 국제 코드 위원회^{International Code Committee}는 안전한 건물에 관한 코드를 개발하며,[50] 국립 기술 표준 연구소^{NIST, National Institute of Standards in Technology}는 미국의 광범위한 기술 도메인에 관련된 표준을 만든다. 예를 들어, NIST는 현재 알고리듬 편향을 억제하기 위한 표준을 모색 중이다. 그리고 HCI에서 사용자 중심 디자인^{user-centered design}의 실무자는 국제 표준화 기구^{ISO, International Organization for Standardization}의 문서 ISO 9241-210:2010, '인간 시스템 상호 작용의 인체공학^{Ergonomics of Human-System Interaction}' 가이드를 따르도록 안내받는다.[51] 또 다른 예로, 글로벌 인터넷의 핵심 표준 설정 기구인 '인터넷 엔지니어링 태스크 포스'IETF, Internet Engineering Task Force'에는 인권과 사회 정의를 옹호하는 전통이 있다. 닐스텐 오에버Niels ten Oever와 codingrights.org의 임원인 조아나 바론Joana Varon, 코린느 캐스Corinne Cath 등의 변호사 · 해커 · 학자 · 활동가들은 수년간 '인권 프로토콜 고려사항Human Rights Protocol Considerations'에 관한 IETF 가이드라인을 개발하려 노력해 왔다. 이 문서는 인권의 개념을 인터넷 네트워킹 프로토콜 관련 기술 용어로 번역한다.[52] 또한 이 문서는 네트워크 프로토콜 레벨에서 개인 정보 보호를 명백히 지원하기 위해 개발된 기존 표준 자료들을 기반으로 한다.[53] 제안된 방법론은 IETF 표준 초안의 인권 고려 여부를 분석하는 것, 표준 변경점의 인권에의 잠재적 영향 분석, 직접적 영향을 받는 사람들과 커뮤니티와의 인터뷰를 인터넷 표준 디자인의 정규 프로세스로 통합, 새로운 표준 구현점들의 인권에의 영향력 사후 분석 등이다. 엔지니어들이 새 프로토콜을 개발할 때 고려해야 할 지침에는 개인 정보 보호, 국제 규격화, 공개 표준, 접근성, 신뢰성, 익명성에 미치는 영향이 고려된다.

미국의 '장애인법Disabilities Act'[54] 또는 유럽 연합의 '일반 데이터 보호 규정GDPR, General Data Protection Regulation'[55]에 정보를 제공하는 보편적이면서도 접근 가능한 디자인 표준 사례처럼, 사회 정의를 잠재적으로 지원하는 디자인 표준도 때로는 법률로 채택된다. 나는 이 책에서 법과 정책을 거의 다루지 않았다. 하지만 언젠가 디자인 정의의 법적 · 정책적 의미가 법학자, 공익 변호사, 옹호 단체들에 의해 다뤄지기를 희망한다.

전유 관련 참고 사항

기술의 커뮤니티 전유appropriation(3장에서 논의)에 관한 학문적 관심과 문화적 절도를 설명하기 위해 널리 사용되는 용어들 간엔 불일치가 존재한다. 많은 학자들이 저항적이거나 비판적인 상향식의 기술 전유를 높이 평가하기도 하지만, 전유는 다른 가치를 지향하는 사람들을 비롯해 누구든 사용할 수 있는 프로세스다. 이 용어는 대중 문화에서 가장 자주 사용된다. 백인들과 백인 문화를 생산하고 가치를 부여하는 문화 산업이 B/I/PoC의 문화(아이디어, 패션, 음악, 음식, 속어 등)를 그 자체의 역사와 기원을 인정하지 않고, 그로 인한 혜택(금전적 혜택 등)을 공유하지 않은 채 지속적으로 훔치고 사용하는 과정을 지칭하는 데 사용된다. 백인 우월주의 아래 권력의 유리한 위치를 점한 사람들은 B/I/PoC의 아이디어와 문화를 체계적으로 전유하거나 훔쳐서 혜택을 누린다. 정착민들도 토착 토지와 문화를 전유함(절도)으로써 이익을 얻는다. 자본주의 아래서 권력 구조상 유리한 위치에 있는 사람들에 의한 전유의 역학은 자동화로 인해 노동자들이 쫓겨나는 노동 과정 혁신에서도 볼 수 있다. 예를 들어, 작업 현장 근로자가 조립 프로세스를 좀 더 효율적으로 리디자인하면, 작업자는 작업량이 줄지 않는 데 반해, 공장 소유주에겐 변화로 인한 혜택이 주어진다. 심지어 작업자들은 리디자인된 공정 안에서 더 높은 수준의 생산 업무를 하도록 요구받을 것으로 예상된다. 이성애 가부장제하에서 남성들은 여성의 스타일, 매너리즘, 언어 형식, 문화를 체계적으로 전유하지 않는다. 실제로 그렇게 한다면 남성의 젠더 규범을 깨고 트랜스미소지니즘적 transmisogynistic 폭력(트랜스 혐오 태도)을 불러일으키는 것과 다름 없다. 그러나 남성은 이성애적 인종 자본주의 아래서 여성화되고 인종화되며 평가절하되는 가사 등 여러 형태의 노동뿐 아니라 감정적·정서적·재생산적 노동을 비롯해 여성과 여성의 노동을 끊임없이 전유한다.[56]

개인 디자이너들과 개발자들이 **의도적으로** 소외된 커뮤니티를 전유하거나 착취하는 데 참여하지는 않지만, 실제로는 그런 프로세스에 은연중 참여한다. 이게 바로 디자인 정의 원칙 중 하나가 의도보다는 결과에 초점을 맞추는 이유다. 의도치 않게 발생하는 '전유'는 지배의 매트릭스를 재생산하는 데 핵심 역할을 한다.

실천

2장에서는 "누가 디자인 프로세스에 참여하고 통제하는가?"라는 질문을 탐색했고, 소외된 커뮤니티에 대한 책임과 (최종적으로는) 커뮤니티의 디자인 통제를 주장했다. 커뮤니티가 통제하는 디자인 프로세스에 관해 자주 회자되는 비판으로는 '위원회committee에 의한 디자인은 평범하다', '우리는 공통 분모가 가장 작은 디자인으로 끝내고 싶지 않다!' 등의 의견이 있다.

"위원회에 의한 디자인은 평범하다"

디자인 정의가 평범한 결과를 낳는다는 주장엔 다양한 속뜻이 있다. 예를 들어, 소프트웨어 개발 커뮤니티에서 **위원회에 의한 디자인**이란 문구는 '(a) 비효율적이고 (b) 우아하지 않으며 (c) 핵심 이슈core concern에 반응하지 않는' 디자인을 만들어내는 프로세스를 의미하곤 한다. 이는 공동의 의사 결정이 절대 제대로 작동하지 않음을 의미한다.[57] 다른 도메인의 예를 들면, 다큐멘터리 영화 업계에서는 감독들 다수가 공동체의 책무성이 창의성을 파괴한다고 생각한다.[58] 이런 주장은 한편으로 커뮤니티의 책무성, 민주적 절차, 공동의 의사 결정, 위임 간 관계에 대해 깊이 대화해야 한다는 의미이며, 다른 한편으로는 전문가 지식의 역할, 전문성, 개인 창의성에 대해 논의해야 한다는 의미다. 이런 비판적 시각을 다루기 위해선 다음의 두 가지 질문이 도움이 된다.

첫째, 디자인 정의는 위원회에 의한 디자인을 요구하는가? 대답은 간단하다. 요구하지 않는다. 반대로, 잘 작동하는 디자인 프로세스에서 디자인 팀은 각 참가자의 고유한 기술과 경험을 인식하고 평가한다. 팀은 종종 특정 종류의 작업과 특정 종류의 의사 결정을 숙련된 개인과 작업 그룹에 위임한다. 가령 팀에서 어떤 사람이 숙련된 일러스트레이터인 경우, 그는 프로젝트를 위한 일러스트레이션과 상세한 목업을 만드는 작업을 할당받을 수 있다. 특정 재능이나 기술이 평가 절하되거나 추상적 '공동의 의지 collective will'에 종속돼야 함을 필연적으로 암시하는 프레임워크로서의 디자인 정의는 존재하지 않는다. 실제로 디자인 정의는 디자인 프로세스에 기여한 모든 사람이 인정을 받고 귀속되며 노동에 대한 보수를 적절하게 받도록 보장한다. 이런 성향은 계층 구조의 최상위에 있는 사람들이 피라미드 아래에 위치한 사람들의 집단 노동과 아이디어에 대한 보상의 막대한 부분을 받아가는 다른 디자인 접근 방식과는 매우 대조적이다. HCD에서도, 심지어 많은 참여적 디자인 프로세스에서조차, 커뮤니티 구성원은 디자인의 다양한 단계에 참여하고 아이디어와 피드백이 제품 구현의 핵심을 제공하더라도 거의 보상을 받지 못하거나 인정받지 못한다. 그렇다면 이런 인식은 늘 그렇듯 형식적이어서 시늉에 불과한 것이 아닐까.

둘째, 위원회에 의한 디자인은 항상 평범한 결과를 낳는가? 아마 아닐 것이다. 가장 와 닿을 만한 예로, 인터넷 자체가 커뮤니티의 합의로 설계됐다는 점에 이의를 제기하는 사람은 아무도 없다.[59] 그러나 악마는 디테일에 있다고 말하는 것이 공평할 것이다. 많은 사람이 모든 결정을 내리는 디자인 프로세스는 훨씬 오래 걸릴 수 있으며 결과가 평범할 수도 있다. 그러나 이런 경향은 의사 결정 과정에 디자인 위원회가 관여한다는 단순한 사실 때문이라기보다는 디자인 위원회의 특정한 의사 결정 프로세스와 더 관련이 있다고 하겠다. 합의를 이루려는 성향인가? 다수결 원칙? 즉석 가부 결정? 또는 대표로 선정된 개인이 모든 사람의 의견을 경청하고 최종 결정을 내리는 자문인가? 예를 들어, 월드 와이드 웹WWW: World Wide Web에 관한 표준은 위원회 구조로 운영되는 W3C라는 기술 기구에서 만들었다. W3C는 대략 10명에서 15명으로 구성된 위원회가 더 많은 공개 메일링 리스트의 피드백으로 보강된, 소규모이면서도 참여도가 높은 핵심 멤버들과 함께하도록 권장한다.[60] 소프트웨어 개발자이자 합의 프로세스 연구자인 찰리 드타르Charlie DeTar는 민주적 의사 결정을 지원하기 위한 사회기술 체계 디자인에 관한 훌륭한 박사 학위 논문을 썼다.[61]

가장 작은 공통 분모 디자인: 깔때기 VS 프리즘

공통 분모가 가장 작은 디자인이라는 개념은 사람들이 디자인 의사 결정에 관여할 때 누구도 만족하지 않지만 모든 사람이 수용할 수 있는 솔루션에 도달할 수 있다고 간주한다. 이 주장은 디자인 정의가 우리에게 모든 사람을 위한 디자인을 요구하지만, 우리가 모든 사람을 위해 디자인하려고 하면 지루하고 평범한 물건을 디자인하게 될 거라고 말하기도 한다. 더욱이 모든 사람이 접근할 수 있도록 만들고자 한다면, 디자인된 개체에 가능한 모든 어포던스를 활용할 수 없을 것이다. 예를 들어, 휠체어를 탄 사람들이 접근할 수 있는 물리적 공간을 디자인하고자 할 때 건축 환경에서 계단을 디자인 요소로 사용할 수 없다.

나는 지금 우루과이, 푼타 델 디아블로에 있는 작고 아름다운 집에서 이 책을 쓰고 있다. 집에는 높은 천장의 큰 방 1개, 작은 침실, 욕실이 있다. 2개의 어린이용 침대가 있는 다락방 공간loft도 있다. 다락방은 약 75도 각도로 벽에 세워 놓은 사다리 형태로 만들어진, 가파른 나무 계단으로 올라갈 수 있다. 사다리 발판을 열 개가량 밟으면 올라갈 수 있지만, 사다리를 오를 수 없는 사람은 다락방에 접근할 수 없다. 이런 디자인은 어린이와 노인, 장애인을 배제시킨다. 그렇다면 디자인 정의는 우리가 이런 다락방 공간을 절대 만들면 안 된다는 걸 의미할까? 그렇지 않다. 다락방은 공간 활용도가 뛰어나다. 면적이 작은 평형에서도 가능하고 심미적으로 만족스러우며 기능적인 수면·작업 공간을 추가로 더 제공한다. 침실과 주요 거실 공간으로부터 어느 정도 분리된 공간이기도 하다. 다락방을 즐기는 사람의 입장에서는 멋진 디자인 결정인 것이다.

디자인 정의는 지배의 매트릭스에서 가장 소외된 사람들을 위한 모든 접근성 기준을 충족하는 조건으로 옵션을 줄여야 함을 의미하지 않는다. 디자인 정의는 접근성 체크리스트에 실패했다는 이유로 대부분의 디자인 가능성을 고려 대상에서 제외하려 사용하는 필터가 아니다. 사실상 프레임워크로서의 디자인 정의는 그 반대의 의미를 지닌다. 최소한의 보편적인 디자인 선택지로 우리 스스로를 제한하려 사용하는 '깔때기funnel' 같은 역할이 아니라, 오히려 특정 그룹의 요구를 반영하도록 잘 다듬어진, 훨씬 폭넓고 세심한 선택지를 만들어내는 '프리즘prism'으로서 작동하는 것이다.

이 책 전반에 걸쳐 논의된 바와 같이, 다수의 디자인 접근 방식들이 누가 혜택을 받을지, 누가 배제될지, 누가 해를 입을 수 있는지에 관한 인식 없이 보편화를 시도한다. 디자인 정의는 이러한 선택들이 가져올 영향을 명시적으로 드러내며 잘못된 보편화에 반대한다. 이는 '관점 이론standpoint theory'과 관련이 있다. 디자인 정의는 다름을 지우는 척하기보다는 다름을 인정하고 존중하며 구체화하는 디자인 접근 방식이다. 그리고 디자인 정의는 '페미니스트 인식론feminist epistemology'을 기반으로 한다.[62] 이는 보편적이면서도 비감정적이며 개인 의견에 영향을 받지 않는다고 가정하는 데이터를 기반으로 디자인하는 척하기보다는(상대적으로 부유한 백인 시스 남성의 생생한 경험을 위한 가면을 의미하곤 함) 디자인 정의가 디자인 프로세스 그 자체뿐 아니라 디자인된 개체 또는 시스템에 의해 많은 영향을 받을 커뮤니티 구성원들과의 열린 대화, 공감, 그리고 그들의 생생한 경험을 통해 발전된 통찰력을 중요하게 생각한다. 우루과이에 있는 작은 집의 예시로 돌아가보자. 사다리가 있는 다락방은 많은 사람이 접근할 순 없지만, 여전히 그 집의 멋진 특징이자 어떤 사람들에겐 커다란 즐거움일 것이다. 한편, 그 집의 유일한 출입문은 폭이 좁고 6인치가량 높이의 문턱이 있는데, 이런 문의 형태로 인해 휠체어를 사용하는 사람들의 접근성이 크게 낮다. 디자인 정의 접근 방식은 휠체어를 사용해야 하거나 계단을 오르기 어려운 사람들(노인 등)을 포함해 온 가족이 여기서 함께 즐거운 시간을 보낼 수 있도록 실제로 입구에 더 넓은 문이 바닥 평면과 연결된 형태 등 다른 디자인을 지원하도록 돕는다.

다시 말해 디자인 정의는 사용 맥락에 주의를 기울이며, 우리가 디자인하는 개체와 시스템의 혜택과 피해를 잘 할당할 방법을 고민하고 구체화하며 의도를 감안하면서 결정할 것을 요구한다. 디자인 정의는 가장 작은 공통 분모의 디자인을 의미하지 않는다. 오히려 여러 관점을 고려한 매우 구체적이고 의도적인 맞춤형 디자인을 의미한다. 훌륭한 디자인이더라도 모든 사람이 접근할 수 없다면 그 디자인의 훌륭한 이점을 제거해야 한다는 것이 아니라, 그 이점을 보다 공정하게 할당하는 것에 초점을 맞추자는 것이다.

내러티브

3장에서는 "우리가 전하는 스토리가 어떻게 디자인을 형성하는가?"라는 질문을 다뤘다. 디자인 프레이밍, 범위 지정, 귀속 측면에서 내러티브의 변화가 필요하다고 주장했다.

디자인 구세주 VS. 투쟁의 순환 주기에서 디자인의 역할

필연적인 내러티브의 전환은 우리로 하여금 테크노쇼비니즘technochauvinism과[63] 솔루션주의solutionism를 거부하게 하고, 디자이너가 더 넓은 범주의 사회 운동에서 중요한 역할을 할 수 있다고 이해하게 만든다. 디자인의 명백한 정치화는 주기적으로 나타난다. 이런 성향은 투쟁의 순환 주기라는 맥락에서 오르락내리락하는 모습을 보인다.[64] 내가 문장을 적고 있는 지금 이 순간에도, 우리는 미국 트럼프 행정부부터 브라질 보우소나루 대통령에 이르기까지 전 세계 민주주의 국가에서 극우와 노골적인 백인 우월주의가 정치적 권력을 장악하고 있는 환경 아래 살고 있다. 그러나 스노든 Snowden의 폭로, 급증하는 소득 불평등, 기후 위기, 테러와의 전쟁, 계속 확장되는 교도소 산업 단지 등의 부활하는 권위주의는 오큐파이 월스트리트 Occupy Wall Street(월스트리트를 점령하라)에서 #BlackLivesMatter(흑인의 생명도 소중하다)에 이르기까지 새로운 사회 운동을 촉발한다. 정착민 식민주의 프로젝트와 연관된 석유 추출의 지속적 추진은 #StandWithStandingRock(미국 원주민 인디언 지지) 같은 토착민 주도 조직의 새로운 저항에 직면해 있다. 트럼프 행정부의 극단적이고 노골적인 인종 차별, 여성 혐오, 외국인 혐오는 이민자 권리(#NoWallNoBan, #KeepFamiliesTogether)를 비롯해, 강간 문화(#MeToo) 등에 맞선 투쟁의 거대한 순환에 활력을 불어넣었다. 이런 흐름은 트랜스* 유색 인종의 주류 문화로의 가시성 증가, 교차 분석의 확산, 퀴어 투쟁의 재정치화와 함께 나타난다. 이런 맥락에서 사람들은 디자인 가치, 실천, 내러티브, 현장, 교육을 명확하게 교차하는 페미니스트, 퀴어, 반인종주의적 정치로 재정렬하려는 열망을 느낀다. 따라서 디자인 정의는 투쟁의 더 넓은 순환 주기의 일부라 하겠다.

플랫폼 협동주의 VS. 공유 경제

디자인 정의 실무자들이 맞서 도전해야 하는 또 다른 핵심 내러티브는 바로 공유 경제 sharing economy의 내러티브다. 우버Uber, 아마존Amazon, 에어비앤비Airbnb 등 주문형 서비스와 상품을 제공하는 디지털 시장의 플랫폼 디자인은 현재 근로자에 대한 소비자의 권력을 강화하고, 모든 사람에 대한 소유자의 권력을 강화하도록 구조화돼 있다. 플랫폼 어포던스는 너무도 자주 사회적·경제적 특권층에게 특혜를 준다. 플랫폼 디자인은 백인 우월주의이자 자본주의 이성애 가부장제와 정착민 식민주의 아래서 경제 관계와 사회 통제를 재생산하는 핵심 '정황'이다. 현재 플랫폼 소유권은 또한 자본주의 수익성과 노동자 착취 측면에서 점점 더 중요한 근원이 되고 있다. '모든 것의 우버화Uberization of Everything'에 맞선 대응 전략엔 노동자의 자주적 조직 결성, 소비자 보이콧(불매)과 바이콧(구매 권장), 주주 행동주의, 노동조합에 의한 플랫폼 노동자 조직화, 플랫폼 협동주의 등이 있다.

플랫폼 협동주의 Platform cooperativism는 미디어 연구자이자 활동가인 트레버 숄츠Trebor Scholz, 저널리스트이자 미디어 연구 교수인 네이선 슈나이더Nathan Schneider, 변호사이자 작가인 자넬 오르시Janelle Orsi가 명쾌하게 설명한 개념으로, 근로자가 자신의 디지털 노동 시장을 소유해야 한다는 제안이다.[65] 근래에 플랫폼 협동주의에 관한 글이 늘고 있으며, 같은 이름의 콘퍼런스와 플랫폼 협동주의 컨소시엄(platformcoop.net)을 중심으로 형성된 실천 커뮤니티도 있다. 이미 존재하는 플랫폼 협동조합의 예로, 사진가 소유의 스톡 사진 플랫폼인 '스톡시Stocksy', 음악가와 청취자가 소유한 스트리밍 서비스 '레저네잇resonate.is', 덴버에 있는 운전자 소유의 '그린택시 협동조합Green Taxi Co-op'이 있다. 엄밀한 의미에서 협동조합은 아니지만 노동자 파워를 지원하려 노동자들이 함께 디자인한 플랫폼으로는 콘트라타도스(Contratados.org)(이주자 권리 센터의 '이주 노동자를 위한 옐프'), 터콥티콘Turkopticon(기계적 터크 노동자가 고용주에 관한 리소스와 정보를 공유할 수 있는 곳), 알리아Alia(전국 가사 노동자 연합National Domestic Workers Alliance의 가정 청소부용 이동식 복리후생 플랫폼) 등이 있다. 플랫폼 협동주의는 점점 더 많은 지지자 그룹과 함께하는 주요 제안이다. 이는 인종과 젠더 분석을 완전히 통합하지 못하면 해방 프로젝트로 발전할 수 없을 것이며, 실무자들이 디자인 정의 접근을 잘 통합한다면 가장 효과적으로 발전할 것이다. 디지털 노동 시장의 발전에 활용되는 디자인 정의는 다양한 부문의 (협동조합, 근로자 소유의) 플랫폼 디자인에 처음부터 근로자, 근로자 옹호 단체, 협동조합이 참여하는 걸 의미한다.

도전하고 변화시켜야 할 디자인에는 거시적 관점의 많은 내러티브가 존재한다. 그 내러티브들을 풀어내는 일은 미래의 디자인 정의 실무자들이 해야 할 주요 과제 중 하나다.

현장

4장에서는 "우리는 디자인 정의 원칙이 활기차게 실현될 수 있는, 자유로운 현장을 어떻게 상상하고 구축할 수 있는가?"를 질문했다. 특권이 부여된 디자인 현장은 인종, 계층, 성별이 어느 정도 정해져 있다. 우리는 해커톤, 핵랩, 메이커스페이스, 팹랩 같은 디자인 현장에서 지배 매트릭스가 재생산되는 방식에 도전해야 한다. 이런 현장들은 매우 다양하면서도 포용적인 공간으로 변형될 수 있으며, 4장에서는 이런 현상이 이미 일어나고 있는 많은 유형을 문서화했다. 동시에 우리는 다양한 참여를 넘어 해방이라는 가치를 하드코딩하도록 돕고, 담론의 힘을 변화시키며, 디자인 정의 교육을 실체화하기 위해 현장을 재구성하는 방법을 고민해야 한다.

이 장은 디자인 현장을 보다 포용적으로 만드는 방법에 관한 몇 가지 제안으로 마무리되지만, 디자인 정의 원칙에 따라 다양한 종류의 현장을 구성하는 실용적인 가이드가 (예를 들어, 「디스코테크 진」 등) 유용할 것이다. 빅토리아 팔라시오스는 최근 기존 문헌 자료와 방법 가이드를 기반으로 매우 유용한 가이드라인을 통합 정리했다. 그녀의 작업물은 웹사이트(bit.ly/designeventguidelines)에서 확인할 수 있다. 우리는 특권이 부여된 디자인 현장을 더 많은 사람(특히 지배의 매트릭스 아래 소외되고 많은 부담을 지는 사람들)에게 개방하는 것 외에도, 하층 디자인 현장의 가치를 높이는 한편 체계적으로 리소스를 제공하려 노력해야 한다. 그리고 개별 공간 또는 행사 주최자가 할 수 있는 조치 외에 정책적 차원에서도 고민해야 한다. 예를 들어, 도시, 주, 국가 차원에서 다양성과 포용 지향적 계획을 세우고 측정 가능한 목표에 기반해 활동을 허가하고 현장을 할당하며 해커, 메이커, 혁신 공간에의 보조금을 조건화하는 건 어떠한가?

또한, 4장은 디자인 현장을 디자인 정의 렌즈로 사고해보려 시도한다. 하지만 디자인 정의에 관한 공간 이론을 정교화하거나, 건축과 도시 계획에 관한 폭넓은 문헌 자료에 깊이 관여하거나, 이미 그 일을 하고 있는 많은 사람과 조직에 관한 정의를 내리는 일은 내 능력 밖의 일이다. 예를 들어, 건축가 브라이언 리 주니어Bryan C. Lee Jr.와 그의 회사 콜로케이트 디자인Colloqate Design이 처음 소집한 디자인 정의 플랫폼Design Justice

Platform은 2017년 1월 20일 뉴올리언스, 뉴욕, 디트로이트 등의 도시에서 지역 디자인 시위DesignAsProtest 이벤트를 조직했다. 이 행사는 트럼프 차기 행정부가 가장 표적으로 삼은 커뮤니티들과 연대하고 보호하기 위해 건축가와 도시 계획가들이 모여 진행됐다. 이 사람들은 2018년 9월, 미국 건축가 협회AIA, American Institute of Architects와 제휴해 뉴올리언스에서 '디자인 정의 서밋Design Justice Summit'을 조직했다.[66] 공정X디자인 EquityXDesign 그룹은 건축 분야의 성별과 인종 격차에 대한 분석을 하고, 일련의 콘퍼런스를 조직했다. 그리고 AIA가 데이터를 수집하고 공정성에 관한 목표를 설정하도록 압력을 넣었으며, 전문 건축가들을 대상으로 설문 조사를 실시했고, 업계에서 계속 나타나는 격차에 관한 출판물을 만들었으며, 건축 분야의 공정성을 요구하는 대중 캠페인을 제작했다.[67] 이런 활동은 향후 디자인 정의 네트워크가 건축, 도시 계획 등 관련 디자인 도메인에서 디자인 정의에 중점을 둔 그룹들과 긴밀한 관계를 발전시키는 데 중요할 것이다.

교육학

5장은 "디자인 정의를 어떻게 가르치고 배우는가?"라는 질문에 초점을 맞췄다. 대중 교육 방법론을 토대로 하되, 공식적 교육 공간과 비공식 교육 공간 모두에서 가능한 디자인 정의 교육학을 탐구했다. 이 장에서 나는 주로 대학 환경에서 강의했던 경험을 이야기한다. 추가적인 탐구를 위한 질문은 다음과 같다. 기술 디자인의 커뮤니티 참여 교육을 지원하는 제도는 무엇을 의미하는가? 그리고 교육 시스템에도 신자유화 바람이 부는 시대에 디자인 정의 교육을 실현하기 위한 과제는 무엇인가?

예를 들어, 보스턴 시민 미디어 컨소시엄Boston Civic Media Consortium은 PAR, PD, 코디자인 방식을 활용해 교육하는 그레이터 보스턴Greater Boston 지역의 대학 교육자들을 연결한다. 이 컨소시엄은 2018년 이러한 참여형 교수법에 관한 몇 가지 주요 과제를 요약한 보고서를 발표했다.[68] 한편, 제도적 지원 분야에서는 최근 기술 윤리 수업이 붐을 이룬다. 이런 붐은 윤리와 AI에 대한 대중적인 논의로 확산됐고, 오미디아르Omidyar,

모질라Mozilla, 슈미트 퓨처스Schmidt Futures, 크레이그 뉴마크 자선사업Craig Newmark Philanthropies 같은 펀드 제공자들에 의해 주도됐다. 이들은 2018년 '책임 있는 컴퓨터 공학 챌린지Responsible Computer Science Challenge'를 시작하려 서로 협력했다. 이런 보조금 경쟁은 학부 CS 교육에 윤리를 통합하는 수업이 만들어지도록 지원한다.[69]

미래 과제로 다른 학습 현장에서의 디자인 정의 교육도 탐색해야 한다. 예를 들어, 고등학교, 커뮤니티 칼리지에서 어린 아이들을 대상으로 디자인 정의를 가르치고 배우는 방법, 디자인 정의 방식과 많은 종류의 코딩 부트캠프 프로그램 간의 관계를 정립하는 방법을 시급히 논의해야 한다. 예를 들어, 디자인 스튜디오 앤드 올쏘 투는 최근에 **합의적 기술 UX·UI 언부트캠프**Consentful Tech UX/UI Un-Bootcamp를 시작했다. 그들은 이 언부트캠프를 "학습자들에게 디지털 디자인 기술 역량을 갖추게 하고, 합의적 기술의 프로토타입을 만들어보는 영리 교육 프로그램"이라고 설명한다.

이와 함께 디자인 사고를 교육에 적용하고 모든 학생에게 디자인 사고를 가르치려는 최근 시도의 이면에 존재하는 역학에 관해 조사할 필요가 있다. 교육자 셰리 스펠릭Sherri Spelic은 '교육을 재고하라'는 요구에 대한 반발이 거세지고 있음을 탁월하게 요약한다. "디자인 사고Design Thinking는 기업가 정신과 창업 문화의 신자유주의적 열정과 잘 어울린다. 나는 이 방식이 역사적 불평등과 계층화로 인한 사회적 딜레마를 해결하는 데 얼마나 적합할지 의문을 제기한다."[70] 스펠릭이 지적한 것처럼 역사와 구조적 불평등을 도외시하는 교육을 재설계하는 어떤 접근 방식도 유색 인종, 저소득 청소년, 정규 교육 시스템에서 항상 소외된 사람들에겐 좋은 접근 방식이 아닐 것이다. 대신 그녀는 이렇게 주장한다. "우리 학생들은 불평등을 볼 수 있다. 그들 중 많은 이가 매일 불의를 경험한다. 바로 여기에 우리 교육자들의 에너지를 집중시키는 걸 보고 싶다. 학생들이 우리 사회에서 가장 취약한 사람들을 괴롭히는 잘못된 디자인을 보고 식별할 수 있도록 돕는 것이다. 이런 디자인들과 패턴들을 해체하고 수정하려면, 그들은 먼저 그것들을 인식하고 명명할 수 있어야 한다. 이게 바로 내가 희망하고 바라는 디자인 사고다. '무엇이 잘못된 거지?'라는 인식을 시작으로, '만약에 이렇게 바꾼다면 어떨까?'라는 시도를 하면서 우리가 추구하는 방향으로 나아가자."[71] 마지막으로, 디자인 정의 교육에 관한 논의는 교육 정의 운동에 긴밀하게 엮어 진행돼야 한다. 이는 필라델피아 학생회Philly Student Union, 디트로이트 피플 인 에듀케이션People in Education in Detroit, 메이크 로드 뉴욕Make Road New York, 로스앤젤레스 청소년 정의 연합Youth Justice Coalition in Los Angeles처럼 디자인 정의 작업을 학생·교사·학부모 주도의 커뮤니티 조직 그룹과 연계하는 것을 의미한다. 이는 또한 교육 정의 연합Alliance for Educational Justice과 같은 전국 네트워크와 연계하고, 로스앤젤레스 교사 노동조합UTLA, United Teachers Los Angeles의 성공적인 파업처럼 교사 노조 조직의 새로운 흐름과 연결돼 있음을 의미한다. 이들과 다른 그룹들은 유색 인종 청소년의 어려운 전쟁을 끝내고 학생들을 학교에서 감옥으로 보내는 파이프라인을 해체하며 청소년 조직가들 사이에서 권력을 구축해 모두를 위한 양질의 교육을 요구하기 위해 수년 동안 싸워왔다. 진정한 디자인 정의 교육은 교육의 미래를 둘러싼 청소년·교사·학부모 주도의 투쟁과 더욱 긴밀하게 연계될 것이다.

결론

#TechWontBuildIt은 흥미로운 개발 관점을 상기시킨다. 구글이 프로젝트 메이븐Project Maven을 포기하고 프로젝트 드래곤플라이Project Dragonfly를 취소하며 #MeToo를 진지하게 받아들이도록 촉구하는 성공적인 노동자 주도 캠페인은 마이크로소프트, 아마존, IBM, 세일즈포스 등의 여러 기술 기업에서 ICE의 지속적인 인권 침해에 대한 공모를 끝내기 위해 지속적으로 진행하는 캠페인들과 마찬가지로 모두 중요하다. 게다가 #TechWontBuildIt 시위는 단일 이슈만을 다루는 캠페인이 아니다. 이슈들과 관련된 많은 노동자가 기업 곳곳에서 연합을 구축했으며, 오늘날 투쟁의 순환 주기를 특징짓는 네트워크화된 사회 운동과 밀접하게 연결돼 있다. 현재의 시위 물결이 트럼프 행정부 아래 양극화된 정치 환경에 대한 반응으로 단기적으로 촉발된 한순간에 지나지 않을지, 아니면 사회기술 디자인의 궤도를 크게 바꿀 잠재력을 가진 변화의 시작일지는 두고 봐야 한다.

어느 쪽이든 접근 방식으로서의 디자인 정의, 그리고 성장하는 디자인 정의 네트워크가 유용한 개념과 도구를 제공하는 데 도움이 될 수 있길 바란다. 오늘날 디자인 관행이 지배의 매트릭스를 체계적으로 재현하는 경우도 많지만, 집단 해방과 생태학적 지속 가능성을 위해 디자인의 힘을 활용하려 노력하는 사람들과 단체들, 디자인 정의 실무자 커뮤니티가 증가하고 있다. 이 책이 그 일을 바라보는 창을 제시하길 바란다. 자, 우리에게 필요한 세계를 모두 함께 건설하자!

용어 정리

이 책 전반에 걸쳐 사용된 주요 용어에 대한 간략한 설명과 두문자 풀이를 한데 모았다. 주요 용어 정의는 대부분 '변혁적 미디어 조직화 프로젝트^{Transformative Media Organizing Project}'에서 제공한 정의를 기반으로 했다^{transformativemedia.cc/research}. 용어 해설은 아니스 레이첼 샌즈^{Annis Rachel Sands}가 편집했음을 밝혀둔다.

18F 정부 기관들을 지원하기 위해 기술 제품과 서비스를 구축하고 개선하는 미국 연방사무소

+KAOS(+카오스) 이탈리아 급진적 기술 집단 '아우티스티치·인벤타티^{Autistici/Inventati}'에서 공동 저술된 역사

#MeToo(나도 그랬어) 2006년 타라나 버크^{Tarana Burke}가 당시 인기 있는 소셜미디어 웹사이트인 마이스페이스^{Myspace}를 사용해 시작된 사회 운동으로, 흑인 여성이 지속적으로 성폭행과 괴롭힘에 노출되는 문제를 알리려 했다. 그리고 2017년 여배우 알리사 밀라노^{Alyssa Milano}는 #MeToo 해시태그를 써서 할리우드에서 여성과 팜므들이 겪는 성폭력과 괴롭힘에 도전했다. 버크가 먼저 10년간 #MeToo 해시태그를 사용했음에도 불구하고, 처음엔 밀라노가 #MeToo를 사용하기 시작한 것으로 인정받았다. 그러나 밀라노와 타임즈업^{Time's Up} 운동은 버크와 다른 흑인·황인 여성 활동가들과 조직가들이 젠더·성폭력을 경험하는, 전 세계에서 가장 소외된 여성들과 팜므들을 세상에 드러내고자 노력한 노고에 공을 돌렸다. Time's Up, #TIMESUP 용어 해설을 참고하자.

#MoreThanCode(코드 그 이상)   사회 정의를 위한 기술 분야에 관한 참여 행동 연구 프로젝트. #MoreThanCode 보고서를 살펴보길 권한다(https://morethancode.cc).

#TIMESUP(시간이 다 됐어)   #MeToo 운동에서 등장한 타임즈업Time's Up 캠페인의 해시태그. 캠페인은 2018년 1월 1일에 공식적으로 시작됐다. Time's Up 용어 해설을 참고하자.

A/B testing   A/B 테스트 두 가지 서로 다른 안의 성능을 비교하기 위한 무작위 실험. 웹 디자인에서 자주 활용된다.

A/IAutistici/Inventati(아우티스티치·인벤타티)   이탈리아 해커 활동가 집단. 『카오스Kaos』(Institute of Network Cultures, 2017)의 저자

ACLU   미국 시민 자유 연합American Civil Liberties Union

ACT UP!(액트 업!)   AIDS 직접 행동 단체. AIDS Coalition to Unleash Power의 약자 표기

ADA   미국 장애인법Americans with Disabilities Act

AI   인공 지능Artificial Intelligence

AIDS(에이즈)   후천성 면역 결핍 증후군Acquired Immune Deficiency Syndrome

AJN   미국 간호 저널American Journal of Nursing

AMC   연합 미디어 콘퍼런스Allied Media Conference

AMP   연합 미디어 프로젝트Allied Media Projects

AORTA   사회 정의와 연대 경제solidarity economy를 위한 운동을 강화하려는 노동자 소유 협동조합(http://aorta.coop 참고)

API   응용 프로그램 인터페이스Application Programming Interface

ARRA   오바마 부양 법안으로 더 잘 알려진 미국 회복 및 재투자법American Recovery and Reinvestment Act

B/I/PoC 흑인 · 원주민 · 유색 인종Black/Indigenous/People of Color

BBS 게시판 시스템Bulletin Board System

BTOP 광대역 기술 기회 프로그램Broadband Technology Opportunity Program

C-Innova 커뮤니티 혁신 센터Centros de Innovacion Comunitaria(영어로는 Community Innovation Centers)

CBOs 커뮤니티 기반 조직Community-Based Organizations

CCTV 캠브리지 커뮤니티 텔레비전Cambridge Community Television. CCTV는 이전에 네이버미디어NeighborMedia로 알려졌던 조직의 새 이름이다. NeighborMedia 용어 해설을 참고하자.

CERO 코퍼러티브 에너지 리사이클링 앤 오가닉스Cooperative Energy, Recycling, and Organics는 매사추세츠 도체스터에 본사를 둔 협동조합 기반의 상업적 퇴비화 기업이다 (http://www.cero.coop 참고).

CIL 시민혁신연구소Civic Innovation Lab

Cis 시스젠더cisgender의 줄임말. cisgender 용어 해설을 참고하자.

Cisgender(시스젠더) 비非트랜스젠더. 성 정체성이 태어날 때 주어진 성별과 일치하는 사람을 일컫는다. 예를 들어, 태어날 때 남성으로 태어났고, 다른 사람들에게 남성으로 보이며, 성 정체성이 남성인 사람은 시스젠더 남성cisgender male이다. 시스 남성cis man, 시스 여성cis woman에서처럼 시스cis로 축약 사용하기도 한다.

CL/VU 시티라이프 · 비다어바나City Life/Vida Urbana. 보스턴 지역의 주거 권리 단체이자, 전국 도시 권리 연합National Right to the City Alliance의 정회원

Co-op 협동조합Co-operative

CRMs 구성 요소 관계 관리 시스템Constituent Relationship Management systems

CS 컴퓨터 공학computer science

CUTgroup 시카고 사용자 테스트 그룹Chicago User Testing group

DARPA 국방 고등 연구 계획국Defense Advanced Research Projects Agency

DC 콜롬비아 지역District of Colombia

DCTP 디트로이트 커뮤니티 기술 프로젝트Detroit Community Technology Project

DDJC 디트로이트 디지털 정의 연합Detroit Digital Justice Coalition

DHS 미국의 국가 안보를 총괄하는 국토안보부Department of Homeland Security

Disabled people(장애인) 어떤 사람들은 '사람 우선people-first'이라는 용어를 '장애가 있는 사람들People with Disabilities(종종 PwD로 약칭함)'로 사용하는 걸 선호하지만, 나는 이 책 전반에서 '장애인disabled people' 또는 '정체성 우선identity-first'이라는 용어를 사용한다. 두 용어는 모두 장애 옹호 관점에 기반을 두지만, 어떤 사람들은 전자가 장애의 개인·의료 모델을 의미하는 반면 후자는 장애의 사회적 생산에 관련된 장애 정의 개념과 더 밀접하게 연관돼 있다고 여긴다. 장애 정의에 관한 최근 연구를 살펴보려면 'Piepzna-Samarasinha 2018'을 참고하자.

DiscoTechs(디스코테크) 디트로이트 디지털 정의 연합Detroit Digital Justice Coalition에서 만든 디스커버링 테크놀로지Discovering Technology 이벤트

DIT 함께하기Do-It-Together

DIY 혼자 하기Do-It-Yourself

DMV 자동차 학과Department of Motor Vehicles

DREAM 외국인 미성년자를 위한 발전·구호·교육법Development, Relief, and Education for Alien Minors Act

DS4SI 사회 개입을 위한 디자인 스튜디오Design Studio for Social Intervention

EBIT 이자와 세금 차감 전 소득Earnings before Interest and Taxes

ENIAC(에니악) 전자식 숫자 적분 및 계산기Electronic Numerical Integrator and Computer. computerhistory.org에 따르면 1942년 물리학자 존 모클리John Mauchly는 '완전 전자식 계산 기계'의 필요성을 제안했다. 1943년에서 1945년 사이 2년 동안 미 육군은 이 비전을 발전시키려 사원, 시간, 인력을 투입했고, '기계 부품 요인 때문에 속도가 느려지지 않는, 전자식 속도로 실행되는 최초의 대규모 컴퓨터' ENIAC이 탄생했다.

F/LOSS 무료·자유 오픈소스 소프트웨어free/libre and open-source software

Fablab(팹랩) 제작 실험실Fabrication laboratory

FAT* 기계 학습, 자연어 처리, AI 등 컴퓨팅 프로세스에서 발생하는 편향을 주제로 열리는 콘퍼런스. FAT 약자는 공정성Fairness, 책임Accountability, 투명성Transparency을 의미한다.

FTAA 아메리카 자유 무역 지역Free Trade Area of the Americas 협정

FTA IMC FTAA 독립 미디어 센터FTAA Independent Media Center

GIF 그래픽 인터체인지 포맷Graphics Interchange Format(비트맵 그래픽 파일 포맷)

GNC 젠더 비순응Gender Non-Conforming(젠더 이분법에 순응하지 않는 젠더 표현). 젠더 퀴어genderqueer, 젠더 변종gender variant, 젠더 유동gender fluid, 제3의 젠더third gender 등의 정체성을 표현하는 개념이자, 바이젠더bigendered, 멀티젠더multigendered, 논바이너리nonbinary, 논젠더nongendered, 양성애자androgynous, 남성 중심masculine-of-center, 여성 중심feminine-of-center, 젠더 정체성을 찾는 중인 사람gender-questioning 등 여러 범주를 포함하는 개념으로 간주될 수 있다.

GSA 일반 서비스 행정General Services Administration

HCD 인간 중심 디자인human-centered design

HCI   인간 컴퓨터 상호 작용human-computer interaction

IBM   국제 사무기기 기업International Business Machines Corporation

ICE   미국 이민 세관 집행국US Immigration and Customs Enforcement

ICT   정보 통신 기술information and communication technology

IDDS   국제 개발 디자인 서밋International Development Design Summits 또는 Cumbres Internacionales de Diseño para el Desarollo

IDEO   1991년 설립된 글로벌 디자인 컨설팅 기업

IDPSCA   남부 캘리포니아 대중 교육 연구소Institute of Popular Education of Southern California

IDRC   인클루시브 디자인 연구 센터Inclusive Design Research Centre

IMC   독립 미디어 센터Independent Media Center. 인디미디어Indymedia라고도 한다.

Indymedia(인디미디어)   독립 미디어 센터를 부르는 다른 이름

Intersectionality(교차성)   페미니스트 법률 학자 킴벌레 크렌쇼Kimberlé Crenshaw의 정의에 따르면 '교차성'이란 구조적 억압이 인종이나 성 정체성뿐 아니라 인종, 성 정체성, 성적 지향, 계층, 이민 신분, 장애, 나이 등 여러 정체성이 교차된 축을 기반으로 나타남을 의미한다.

Intersex(인터섹스)   간성인intersex은 태어날 때 염색체, 생식선, 해부학적 성별 등 남녀 신체의 의학적 규범에 따라 분류될 수 없는 사람이다. 또한 인터*inter*라는 용어는 간성intersex의 현실과 신체의 다양성을 나타내는 포괄적인 개념으로 사용되고 있다.

IPVtech(IPV테크)   친밀한 관계에서의 폭력과 기술Intimate Partner Violence and technology

IRC   인터넷 릴레이 채팅Internet Relay Chat

Jot@ 스페인 용어 'Joto' 또는 'Jota'의 성별 비표현 표기. 한때 경멸적인 멕시코 속어였으며, 현재는 퀴어^{Queer}라는 단어처럼 커뮤니티 자부심을 표상하는 용어로 사용되고 있다.

K-12 유치원에서 12학년까지의 교육

LA 로스앤젤레스^{Los Angeles}

LAPD 로스앤젤레스 경찰청^{Los Angeles Police Department}

Latinx 라틴 아메리카인 또는 라틴 아메리카 출신의 조상, 가족 뿌리를 가진 사람들을 지칭하는 성 중립적 용어

LGBTQ 레즈비언^{lesbian}, 게이^{gay}, 양성애자^{bisexual}, 트랜스*^{trans*}, 퀴어^{queer}

LGBTQI 레즈비언^{lesbian}, 게이^{gay}, 양성애자^{bisexual}, 트랜스*^{trans*}, 퀴어^{queer}, 인터섹스^{intersex}

LGBTQIATS 레즈비언^{lesbian}, 게이^{gay}, 양성애자^{bisexual}, 트랜스*^{trans*}, 퀴어^{queer}, 인터섹스^{intersex}, 무성애자^{asexual}, 두 개의 영혼^{two-spirit}

LLK 평생 유치원^{Lifelong Kindergarten}. LLK는 MIT 미디어 랩의 리서치 그룹이다.

Loconomics(로코노믹스) 태스크래빗^{TaskRabbit}과 유사한 콘셉트의, 협동조합 소유 프리랜서 작업 플랫폼(https://www.loconomics.coop 참고)

LOL '현지에서 우리 스스로를 해방시키기^{Liberating Ourselves Locally}'라는 메이커스페이스. LOLspace 용어 설명 참고

LOLspace(롤스페이스) 이스트 오클랜드 소재의 유색 인종 중심 퀴어·트랜스* 사회 정의 메이커스페이스. 2011년 만들어진 후 2017년 피콕 레벨리온^{Peacock Rebellion}('공작의 반란'이란 의미의 명칭)과 합병됐다. 유색인 퀴어·트랜스*인 해커, 치료자, 예술가, 활동가 크루가 주도한다. LOL 용어 설명 참고

M-Pesa 보다폰^{Vodaphone}이 2007년 선보인 모바일 송금 서비스

Matrix of domination(지배의 매트릭스)　흑인 페미니스트 사회학자인 패트리샤 힐 콜린스 Patricia Hill Collins는 백인 우월주의, 가부장제, 자본주의, 정착민 식민주의와 연계된 시스템을 언급하려 이 용어를 사용하기 시작했다.

Media justice(미디어 정의)　미디어 정의란 '정책을 통해 경제, 정부, 사회를 민주화하려는 장기적 비전이자, 민주적 미디어 소유권, 기본적인 커뮤니케이션 권리, 미디어와 기술에의 보편적 접근, 뉴스와 대중 문화에서의 사람들의 유의미하면서도 정확한 표현을 보장하는 실천 활동'이다(mediaJustice.org 참고).

MIT　매사추세츠 공과 대학Massachusetts Institute of Technology

MOOC　대규모 공개 온라인 과정Massive Open Online Courses

MOU　양해 각서Memorandum Of Understanding

NASA(나사)　국립 항공 우주국National Aeronautics and Space Administration

NCWIT　국립 여성 정보 기술 센터National Center for Women and Information Technology

NDLON　전국 일용직 조직화 네트워크National Day Labor Organizing Network

NDWA　전국 가사 노동자 연합National Domestic Workers Alliance

NeighborMedia(네이버미디어)　CCTV의 이전 명칭. CCTV 용어 설명 참고

NGO　비정부 기구Nongovernmental Organization

NIDP　노르웨이 산업 민주주의 프로젝트Norwegian Industrial Democracy Project

NPR　국립 공영 라디오National Public Radio

NuVu　"NuVu는 매사추세츠 케임브리지 소재의, 중고등학생을 위한 풀타임 혁신 학교다. NuVu의 교육은 건축 스튜디오 모델을 기반으로 하며, 다학제 협업 프로젝트를 중심으로 이뤄진다. 우리는 학생들에게 프로토타입 제작과 테스트를 통해 시작부터 완성까지 창의적인 프로세스를 탐색하는 방법을 가르친다." (https://cambridge.nuvustudio.com/pages/what-is-nuvu)

NYC   뉴욕시^{New York City}

NYPD   뉴욕 경찰청^{New York Police Department}

OCAD   OCAD 토론토는 '온타리오 예술 디자인 대학^{Ontario College of Art and Design}'의 현재 명칭이다.

Odeo   트위터^{Twitter}가 처음 탄생한 팟캐스팅 기업. TXTMob 용어 해설 참고

OLPC   1명의 어린이에게 노트북 1대를 주는 프로젝트^{One Laptop per Child}.

Online organizing(온라인 조직화)   정치와 사회 운동을 할 때 인터넷과 휴대폰으로 소통하며 시위를 조직화하는 방식을 말한다. 온라인 조직가^{online organizer}에 관한 일반적인 직무 설명을 보면 이메일을 작성하고, SMS·문자 메시지 캠페인을 수행하며, 소셜 미디어 계정을 관리하는 등의 일을 하는 사람을 의미한다.

OTI   오픈 기술 연구소^{Open Technology Institute}

PAD   참여 행동 디자인^{Participatory Action Design}

PAR   참여 행동 연구^{Participatory Action Research}

PARTI   참여형 예술 여행 인스톨레이션^{Participatory Artistic Traveling Installation}. PARTI는 얼바노^{Urbano}에 대한 대중의 인식을 증진시키고 다양한 제약으로부터 해방된 보스턴 시를 상상하는 활동에 다양한 커뮤니티들을 참여시킨다(https://codesign.mit.edu/2013/12/urbano-parti/ 참고).

Participatory media(참여 미디어)   많은 사람이 자신의 미디어를 만들거나 본인의 이야기를 할 수 있도록 미디어 제작 과정에 초대되고 제작 활동이 권장되도록 디자인된 미디어 형태. 참여 미디어는 항상 온라인 상태로 진행되는 것은 아니며, 무엇보다도 예술 제작, 음악, 춤 같은 다양한 문화적 형태를 포함할 수 있다.

PD   참여 디자인^{Participatory Design}

PoC   유색 인종^{People of Color}

Pop ed 대중 교육Popular education

PwD 장애가 있는 사람들People with Disabilities

QT 퀴어queer, 트랜스*trans*

QTI/GNC 퀴어Queer, 트랜스*Trans*, 인터섹스Intersex, 젠더 비순응Gender-Non-Conforming

QTPOC 퀴어Queer, 트랜스*Trans*, 유색 인종People Of Color

Queer(퀴어) 젠더, 젠더 정체성, 성별, 성적 취향의 규범적이면서도 이분법적인 구성을 벗어나는 다양한 범주의 사람들에 의해 포괄적으로 사용되는 용어. 고정된 개념이 아니라 유동적이며, 하나의 의미만 강요하지 않는다.

R&D 연구 개발Research and Development

RAD 리서치 액션 디자인Research Action Design은 '커뮤니티 주도 리서치, 기술과 미디어의 협력적 디자인, 보안 디지털 전략을 사용해 풀뿌리 사회 운동의 힘을 키우려는' 노동자 소유 단체다(http://rad.cat 참고).

RTC 급진적 기술 집단Radical Tech Collectives

RNC 공화당 전당 대회Republican National Committee

School push-out(퇴학) 미국 학교 내 차별적인 징계 관행으로 인해 초·중·고등학교 미이수율은 백인보다 유색 인종의 비율이 훨씬 높고, 이성애자보다 LGBTQ 청소년의 비율이 높으며, 특히 유색인 LGBTQ 청소년의 비율이 가장 높다. 스스로 학업을 그만 두는 중퇴보다 퇴학은 더 청소년들이 어쩌지 못하는, 구조적·조직적·제도적 힘의 소산이며, 이런 징계는 학교 미이수율에 크게 기여한다.

SIGCSE 컴퓨터 과학 교육에 관한 특정 이해 집단Special Interest Group on Computer Science Education

SMS 단문 메시지 서비스Short Message Service

SOGI   성적 지향과 성 정체성Sexual Orientation and Gender Identity

SoMove(소무브)   사회 운동 구술 역사 탐방Social Movements Oral History Tour

SpideyApp(스파이디앱)   안드로이드 기반의 통신 감청 장비Stingray 감지기

Stanford d.school(스탠포드 D스쿨)   스탠포드 대학의 하소 플래트너 디자인 연구소Hasso Plattner Institute of Design

STEM   과학Science, 기술Technology, 공학Engineering, 수학Mathematics

STS   과학과 기술 연구Science and Technology Studies

T4SJ   사회 정의를 위한 기술Tech for Social Justice 프로젝트, #MoreThanCode 보고서를 만든 참여 행동 연구 프로젝트(https://morethancode.cc 참고)

TecnoX(테크노엑스)   라틴 아메리카 전역에 오픈 하드웨어 해커 네트워크가 늘고 있다. 그들은 오픈 하드웨어 해킹을 사회 운동에 연계하는 방법을 함께 고민한다(tecnox. org 참고).

Time's Up movement(타임즈업 운동)   성희롱에 반대하는 할리우드의 여성들, 팜므들의 운동. 이 운동은 2018년 1월 1일에 시작된 이래, 법적 방어 기금을 2,200만불 이상 모금했다. #MeToo와 #TIMESUP의 용어 해설을 참고하자.

Trans*(트랜스*)   이 책은 '트랜스*'라는 표현을 사용해 성 정체성이 출생 시 정해진 성별과 다른 사람들을 폭넓게 아우른다. 트랜스*에는 (여러 정체성과 커뮤니티 중에서) 트랜스젠더transgender, 트랜스여성transfeminine, 트랜스남성transmasculine, MTFMale-To-Female(남성에서 여성이 된 사람), FTMFemale-To-Male(여성에서 남성이 된 사람), 젠더퀴어 genderqueer, 젠더 비순응gender-non-conforming, 젠더 변형gender-variant, 제3의 젠더·섹스third gender/sex, 트랜스섹슈얼transsexual, 두 개의 영혼two-spirit, 복장도착자transvestite/cross-dresser가 포함될 수 있다.

Trans*H4CK(트랜스*H4CK)　트랜스* 해커톤, 연사 시리즈, 코딩 스쿨(transhack.org 참고)

Transformative media organizing(변혁적인 미디어 조직화)　"변형적 미디어 조직화는 미디어, 커뮤니케이션, 문화 활동을 운동의 구심점으로 통합하려는 해방적 차원의 접근 방식이다. 이 조직화 방식은 미디어 정의와 변혁적 조직화가 겹치는 지점에 존재하며, 변혁적 미디어 조직가는 인종, 계층, 젠더, 섹슈얼리티, 장애 등 여러 정체성의 축이 연계된 시스템에 대한 교차 분석으로 활동을 시작한다. 우리는 미디어 제작 과정에 참여하는 사람들의 비판적 의식과 리더십을 함양하고, 운동 기반에 깊이 관여하는 방식으로 미디어를 만들며, 커뮤니티가 미디어 제작에 참여하도록 초대하는 작업을 추구한다. 그리고 플랫폼 전반에 걸쳐 전략적으로 미디어를 만들고, 지역 커뮤니티 활동에 뿌리를 둔 미디어 작업을 하려고 한다." 자세한 내용은 웹사이트(http://transformativemedia.cc)를 참고하자.

TSA　교통안전청Transportation Security Administration

Two-Spirit(두 개의 영혼)　일부 북미 원주민 문화에서 '두 개의 영혼'은 남성과 여성이 섞인 영혼을 가진 사람을 의미한다. 본질적으로 많은 원주민 문화에서 인정되는 제3의 성을 가리키는 포괄적인 용어다. 자세한 내용을 알고 싶다면 노스이스트 투 스피릿 소사이어티Northeast Two-Spirit Society를 찾아보길 바란다.

TWTTR　현재 트위터Twitter로 알려진 프로젝트의 원래 명칭

TXTMob(TXT몹)　MIT 미디어 랩 대학원생이었던 태드 허쉬Tad Hirsch가 개발한 실험적인 그룹 SMS 애플리케이션. TWTTR는 TXT몹에서 영감을 받았다.

UCD　사용자 중심 디자인User-Centered Design

UCIC　업햄의 모퉁이 입력 수집기Upham's Corner Input Collector. DS4SI와 MIT 코디자인 스튜디오 학생들이 제작한 인터랙티브 공공 기획 인스톨레이션

UCLA　캘리포니아 대학교 로스앤젤레스University of California, Los Angeles

UD   유니버설 디자인^{Universal Design}

UI   사용자 인터페이스^{User Interface}

UK   영국^{United Kingdom}

USA   미국^{United States of America}

USB   범용 직렬 버스^{Universal Serial Bus}

USC   서던캘리포니아대학교^{University of Southern California}

Userforge(유저포지)   사용자 페르소나를 빠르게 무작위 생성해주는 도구(Userforge.com 참고)

USSR(소련)   소비에트 사회주의 공화국 연방^{Union of Soviet Socialist Republics}

UTOPIA project(유토피아 프로젝트)   참여 디자인^{PDParticipatory Design} 참고)의 첫 번째 성공 사례. 유토피아 프로젝트는 새로운 레이아웃 애플리케이션을 개발하기 위해 북유럽 그래픽 노동 조합^{Nordic Graphic Workers Union}, 연구원 및 기술 전문가들이 신문 식자공들과 함께 작업한 협력 프로젝트였다.

UX   사용자 경험^{User Experience}

UYC   도시 청소년 콜라보러티브^{Urban Youth Collaborative}는 뉴욕시에 기반을 둔 청소년 조직 그룹이다.

UYC SMS Survey Initiative(UYC SMS 설문 조사 이니셔티브)   UYC와 협력해 뉴욕시 고등학교 안에서의 학생 감시와 경찰 학대 경험에 대한 학생들의 데이터를 수집하기 위한 SMS 설문 조사 시스템

VC   벤처캐피탈^{Venture Capital}

VCs   벤처캐피탈리스트^{Venture Capitalists}

VSD   가치 우선주의 디자인^{Value-Sensitive Design}

WTO World Trade Organization(세계무역기구)

ZUMIX(주믹스) 이스트 보스턴 지역의 청소년 음악·미디어 조직(https://www.zumix.
org/about/history 참고)

참고 문헌

들어가며

1. Critical Art Ensemble 2008; Costanza-Chock 2014; Dizikes 2014; Jenkins et al. 2016.

본론을 시작하기에 앞서

1. alliedmedia.org

2. 별표 표식이 있는 '트랜스*(trans*)' 용어가 점점 더 널리 사용되고 있다. Halberstam 2018에서 관련 토론을 찾아보자.

3. Sadat 2005

4. Schneier 2006

5. 나는 글로벌 정의 운동, 인디미디어, 이민자 권리 운동, 대감시 활동 등을 비롯한 다양한 사회 운동 네트워크에 참여했음에도 불구하고, 나의 하얀 피부 톤, 소속 기관, 교육 배경, 미국 시민권으로 인해 국가 권력의 악명 높은 폭력으로부터 피할 수 있었다.

6. Costello 2016

7. Irani 2016; Dyer-Witheford 2016; Gray and Suri 2019

8. https://www.tsa.gov/transgender-passengers

9. Winner 1980

10. 안나 로렌 호프만(Anna Lauren Hoffmann)은 남녀로만 단순히 구분된 성별 인터페이스에 대해 다음과 같이 말했다. "저를 정말 곤란하게 만든 건, 사람들이 *실제로* 설정 가능한 세부 기준을 알게 된 후에도 이런 화면을 프라이버시 보호의 절충안으로 개발했다는 거예요!" – 트위터, 2018년 9월 3일 (https://twitter.com/annaeveryday/status/1036635912761819136)

11. 2009년 토비 보샴(Toby Beauchamp)은 국가의 감시와 트랜스* 은폐·가시성에 관한 글을 썼다(Beauchamp 2009). 2016년 9월 샤디 페토스키(Shadi Petosky)는 올랜도 공항에서 TSA 요원의 침해적 수색 경험을 라이브 트윗하면서 #TravelingWhileTrans(트렌스젠더로 여행하기)의 도전에 대한 전국적인 관심을 불러일으켰다. 당시 그녀는 남근이 있는 신체지만 여성임을 보여주기 위해 밀리미터파 스캔에 응했다(Lee 2016).

12. https://www.propublica.org/article/tsa-not-discriminating-against-black-women-but-their-body-scanners-might-be

13. Browne 2015

14. Buolamwini 2017

15. 이 책 전반에 걸쳐 사람을 우선시하는 '장애가 있는 사람들(people with disabilities)'이라는 표현보다는 정체성을 우선시하는 '장애인(disabled people)'이란 용어를 사용한다. 디자인 정의가 장애의 개인 · 의료 모델(individual/medical model of disability)보다는 사회적 · 관계적 장애 정의 분석(social/relational disability justice analysis)과 더 밀접하게 연관돼 있기 때문이다. 자세한 내용은 Piepzna-Samarasinha 2018을 참고하자.

16. Ito 2017

17. 이 모임의 씨앗은 2015년 AMC에서 퓨처 디자인 랩(Future Design Lab)에 심어졌으며, 디트로이트 디지털 정의 연합(Detroit Digital Justice Coalition)에서 조직한 디스커버링 테크놀로지(Discovering Technology) 이벤트, 디스코테크(DiscoTechs)에서 영감을 받았다(https://www.alliedmedia.org/ddjc/discotech 참고).

18. '디자인 정의 네트워크 원칙(Design Justice Network Principles)' 첫 번째 버전의 저자는 유나 리(Una Lee), 제니 리(Jenny Lee), 멜리사 무어(Melissa Moore), 웨슬리 테일러(Wesley Taylor), 숀 피어스(Shauen Pearce), 진저 브룩스 다카하시(Ginger Brooks Takahashi), 에보니 뒤마(Ebony Dumas), 헤더 포스텐(Heather Posten), 크리스틴 소넨버그(Kristyn Sonnenberg), 샘 홀러런(Sam Holleran), 라이언 헤이즈(Ryan Hayes), 댄 헤를리(Dan Herrle), 던 워커(Dawn Walker), 티나 하나에 밀러(Tina Hanaé Miller), 니키 로치(Nikki Roach), 아일윈 로(Aylwin Lo), 노엘 바버(Noelle Barber), 키위 일라폰테(Kiwi Illafonte), 데본 드 레나(Devon De Lená), 애쉬 아르데(Ash Arder), 브룩 토질로프스키(Brooke Toczylowski), 크리스틴 밀러(Kristina Miller), 낸시 메자(Nancy Meza), 베카 버드(Becca Budde), 마리나 초노르(Marina Csomor), 페이지 라이츠(Paige Reitz), 레슬리 스템(Leslie Stem), 월터 윌슨(Walter Wilson), 지나 라이허트(Gina Reichert), 대니 스피츠버그(Danny Spitzberg)다. 웹사이트(designjusticenetwork.org)에 네트워크의 기원을 설명하는 블로그 게시물이 있으니 참고 바란다. 예를 들어, AMC의 첫 번째 워크숍에 대해 더 알아보고 싶다면 다음 포스팅 글(http://designjusticenetwork.org/blog/2016/generating-shared-principles)을 읽어보자.

19. 디자인 정의 네트워크 원칙과 서명인 목록은 다음(http://designjusticenetwork.org/network-principles)에서 확인할 수 있다.

20. 디자인 정의 네트워크는 지난 수년간 많은 사람의 노력을 통해 구축됐다. 여기에 모든 개인과 그룹, 커뮤니티를 나열하기는 어려울 것이다. 많은 활동가의 이름이 이 책 앞머리에 있는 감사의 글에 적혀 있다. 연합 미디어 콘퍼런스(Allied Media Conference) 프로그램 관련 서적들과 디자인 정의 네트워크(Design Justice Network) 웹사이트에서도 함께한 이들을 찾아볼 수 있다.

21. https://www.alliedmedia.org/amc/previous-years

22. https://www.andalsotoo.net

23. 앤드 올쏘 투(And Also Too)는 '희망의 깃털, 퍼스트 네이션 청소년 행동 플랜(Feathers of Hope First Nations Youth Action Plan)'과 함께한 그래픽 디자인 프로젝트다. CATIE, 테레사 그룹(Teresa Group), 여자대학병원(Women's College Hospital)과 함께한 HIV 양성 산모의 영유아 수유 자원 프로젝트; 리서치 액션 디자인(Research Action Design), 스튜디오 REV (Studio REV–), 이민자 권리 센터 (Centro de los Derechos del Migrante)와 함께한 Contratados.org 프로젝트(이주 노동자를 위한 자원) 등으로 유명하다.

24. 나는 RAD의 공동 설립자였다.

25. EquityXDesign 2016

26. https://idrc.ocadu.ca/about-the-idrc

27. 자세한 내용은 다음(https://www.civicdesigner.com와 McDowell and Chinchilla 2016)을 참고하자.

28. Chardronnet 2015

29. 디자인 정의 원칙에 서명한 사람들과 조직의 목록은 다음(http://designjusticenetwork.or)을 참고 바란다. 이 공간에서 작업을 하는 조직, 네트워크, 프로젝트 목록은 다음(https://morethancode.cc와 https://www.ruhabenjamin.com/resources)을 참고한다.

30. 도로시 스미스(Dorothy Smith), 도나 해러웨이(Donna Haraway), 패트리샤 힐콜린스(Patricia Hill Collins), 낸시 하트삭(Nancy Hartsock), 힐러리 로즈(Hilary Rose) 등의 관점 이론 연구자들의 견해를 엮은 편집본은 Harding 2004를 참고하자.

31. Jobin-Leeds and AgitArte 2016; https://agitarte.org

32. Downing 2003; Halleck 2003; Kidd 2013

33. https://archive.org/search.php?query=indymedia

34. https://www.alliedmedia.org

35. VozMob Project 2011

36. Lewin 1946; Dewey 1933; Freire 1972; Fals-Borda 1987; Smith 2013

37. Costanza-Chock et al. 2018; https://morethancode.cc

38. 옥스포드 영어 사전의 사전적 정의는 다음(https://www.lexico.com/en/definition/design)을 참고 바란다. 메리엄-웹스터(Merriam-Webster) 사전에선 디자인을 "계획에 따라 창조하고 만들며 실행하고 구성한다(to create, fashion, execute, or construct according to plan)"라고 정의한다(https://www.merriam-webster.com/dictionary/design).

39. Hoffman, Roesler, and Moon 2004

40. 가구 디자이너 찰스 임스(Charles Eames)는 디자인이 "특정 목적을 가장 잘 달성할 수 있도록 요소들을 배열하는 계획"이라고 설명했다. Neuhart et al. 1989에서 인용

41. 원본에서 파파넥은 "모든 남자는 디자이너다"라고 말했다.

42. Papanek 1974, 17

43. 프라이는 또한 2010년 저서인 『Design as Politics』(Berg, 2010)에서 종종 융합되곤 하는 디자인의 세 가지 의미를 다음과 같이 항목화해 설명한다. 첫째는 디자인 개체, 둘째는 디자인 프로세스, 셋째는 디자인 에이전트. 디자인 에이전트는 개인 디자이너, 디자인 기업 또는 디자인 활동에 참여하는 사람들과 사회기술적 프로세스(라투르(Latour)는 이를 액터 네트워크(actor-network)라고 부름)일 수 있다. Fry 2010 참고

44. Willis 2006, 80

45. Dalla Costa and James 1972

46. Shetterly 2017

47. Von Hippel 2005

48. https://www.aiga.org

49. https://www.access-board.gov

50. Hoffman, Roesler, and Moon 2004, 89

51. Hoffman, Roesler, and Moon 2004, 89

52. Aliseda 2006

53. Schön 1987

54. DiSalvo and Lukens 2009

55. Escobar 2018, 21

56. Srinivasan 2017

57. Hernández-Ramírez 2018

58. Irani 2018

59. 나타샤 젠(Natasha Jen)의 연설(https://99u.adobe.com/videos/55967/natasha-jen-design-thinking-is-bullshit)

60. Benjamin 2019a

61. Truth 1995(1851년 초판 발행). Jones, Davies 2007에 인용. Combahee River Collective 1983(1977년 초판 발행)

62. Crenshaw 1989

63. Crenshaw 1989, 144

64. Crenshaw 1989, 149

65. Crenshaw 1991

66. 크렌쇼(Crenshaw)는 글에서 계속해서 구조적, 정치적, 표현적 교차성에 대해 설명한다.

67. Crenshaw 1989, 140

68. Buolamwini and Gebru 2018

69. Collins 2002

70. Collins 2002, 229

71. Collins 2002, 223

72. Angwin and Grassegger, 2017

73. Gillespie 2018

74. Harwell and Miroff 2018

75. Segarra and Johnson 2017

76. Collins 2002, 234

77. Gibson 1979

78. Friedman 1997

79. Wajcman 2010

80. Charlton 1998

81. Von Hippel 2005; Schuler and Namioka 1993; Bardzell 2010

82. Siles 2013

83. Downing 2000

84. Maxigas 2012

85. Irani 2015

86. 연합 미디어 프로젝트 n.d.

1장. 디자인 가치(Design Values)

1. https://logicmag.io/03-dont-be-evil

2. 이마니 간디(Imani Gandy)의 트위터(@AngryBlackLady), 2014년 9월 29일, (https://twitter.com/AngryBlackLady/status/516604901883797505)

3. 트랜스 퀴어 해방 + 이민자 연대 시위(Trans and Queer Liberation + Immigrant Solidarity Protest, https://www.facebook.com/events/392408787772958)

4. Tufekci 2017

5. Gerbaudo 2012

6. Srinivasan 2017

7. Bailey, Foucalt Welles, and Jackson 2019

8. Treré 2012; Cammaerts 2015; Renzi 2015(Veronica Barassi(2013)와 Robert Gehl (2015)도 확인 바란다).

9. Gerbaudo 2012; Adamoli 2012, 1888

10. 예시는 살사 연구소(Salsa Labs) (https://www.salsalabs.com/blog/practical-steps-engage-supporters)를 참고하고, 안슈타인(Arnstein)의 '참여의 사다리(ladder of participation)' 콘셉트에 관해서는 Arnstein 1969를 참고하자.

11. De Vogue, Mallonee, and Grinberg 2017

12. Interaction Design Foundation(인터렉션 디자인 재단), Affordances(어포던스) 2019(https://www.interaction-design.org/literature/topics/affordances)에서 2019년 6월11일 검색

13. Gibson 1979, 127

14. Gaver 1991

15. Norman 2006

16. Norman 2006, 9

17. Norman 2006, 216

18. Norman 2006, 6

19. Norman 2006, 162

20. 장애 정의(disability justice)에 관한 개략적 설명은 Piepzna-Samarasinha 2018를 참조하자.

21. Union of the Physically Impaired Against Segregation(분리에 맞선 신체 장애인 연합) 1975, Oliver 2013

22. Norman 2006, 219-220, 229

23. Gaver 1991, 81

24. 비트코워(Wittkower)는 디스어포던스(disaffordance)가 디자인 문헌에서 거의 논의되지 않았지만, 그 개념을 지(Gee)와 마커스(Marcus)로부터 찾는다고 이야기한다. 이들은 디스어포던스를 다른 종 또는 '우리' 종의 구성원으로부터 보호하거나 배제할 수 있는 디자인 기능으로 설명한다(Wittkower 2016 , 4). 미래의 연구에서는 교도소와 형사 사법 제도에서 주거와 의료에 이르기까지 점점 더 다양한 분야에서 기술 시스템의 디자인을 뒷받침하는 감금 논리에 관한 Ruha Benjamin(2019b)의 논의에 비추어 디스어포던스를 더욱 이론화할 수 있을 것이다.

25. 조이의 TED 강연(https://www.ted.com/talks/joy_buolamwini_how_i_m_fighting_bias_in_algorithms)

26. Gaver 1991, 80

27. 가버(Gaver)는 "특정 크기의 손잡이가 잡을 수 있는지의 여부는 잡는 사람의 키, 손 크기 등에 따라 달라진다. 마찬가지로, 고양이 문은 고양이에게 통로를 제공하지만 나에게는 통로를 제공하지 않듯, 출입구는 나에게 통로로 기능할 수 있을지 몰라도, 키가 큰 사람에게는 통로가 아닐 수 있다. 즉, 어포던스는 사람들이 그것과 상호 작용하면서 정의된 세상의 속성이다"라고 말했다. 가버의 어포던스 이론은 관계적이긴 하지만 체계적으로 구조화된 불평등을 인정하지 않는다.

28. Wachter-Boettcher 2017

29. Winner 1980

30. Winner 1980

31. Browne 2015

32. https://siteselection.com/theEnergyReport/2011/may/sustainable-buildings.cfm

33. Hurley 2018

34. Capps 2017

35. Benjamin 2016a, 147-148. 벤자민(Benjamin)은 TEDx 강연에서도 반차별 디자인의 개념을 요약해 설명했다.

36. Benjamin 2016a, 147

37. Benjamin 2019a

38. Benjamin 2019b

39. Chemaly 2016

40. Miner et al. 2016

41. 미국 여성의 최대 20%는 강간이나 성폭행을 경험하고, 4명 중 1명은 친밀한 관계에서의 폭력을 경험한다. 사실 보고서((https://www.speakcdn.com/assets/2497/domestic_violence2.pdf)에서 가정 폭력에 반대하는 전국 연합(National Coalition Against Domestic Violence)의 연구 요약 부분을 참고 바란다.

42. Chemaly 2016

43. Mohanty 2013

44. 차별적 디자인과 디지털 기술에 관한 토론은 Wachter-Boettcher 2017을 참고한다.

45. Sue et al. 2007

46. Tynes, Rose, and Markoe 2013

47. Gray 2012

48. Adam et al. 2015

49. Sue 2010

50. 피부톤 감지 및 이미지 분석과 관련된 정확도는 여러 영역에 영향을 미치는 문제로 인식되고 있고, 다양한 관련 자료가 존재한다. 최근 사례는 Buolamwini and Gebru 2018를 참고한다. (이 자료는 Buolamwini 2017와 더불어, 여러 기업들에서 복제해 널리 인용된 연구다. 나는 부올람위니(Buolamwini)의 박사 과정 위원회의 일원이었음을 밝혀둔다.) 또한 Coo et al. 2019도 참고 바란다. 그러나 비누 디스펜서 정확도 측면에서 피부 톤의 불일치는 동료 평가된 연구 문헌으로 알려져는 있지만 제대로 연구되지 않은 문제다. 예를 들어, Rutkin(2016)은 사회기술적 체계에서 인종 편견의 많은 사례를 요약하면서 비누 디스펜서를 언급하지만, 이를 뒷받침하는 증거는 제공하지 않았다. 또한 Hankerson et al. (2016)도 아누품 팬츠(Anupum Pant)의 2015년 글을 인용해 이런 시스템이 미국에서보다는 인도에서의 어두운 피부 톤에 더 잘 작동할 수 있는 이유에 대한 추가적인 추론을 제공하지만, 경험적 증거는 제시하지 않는다. Hankerson et al.도 다음과 같이 언급된 기사를 인용한다. "아메리카 스탠다드(American Standard)(세계 최대 양변기 제조사)의 규정 준수 엔지니어링 이사인 피트 드마르코(Pete DeMarco)는 … 1990년대 자동 고정 장치가 처음 대중화됐을 때 레이저 빛을 흡수하는 경향이 있는 어두운 색상을 감지하는 데 어려움을 겪었다고 말했다. 드마르코는 오헤어 공항에서 아프리카계 미국인 신사 옆에서 손을 씻던 일을 기억한다. 드마르코의 수도꼭지는 잘 작동했지만, 그 흑인 신사에겐 작동하지 않았다. 흑인 남성은 드마르코의 수도꼭지가 몇 초 전에 작동한 것을 보고선 드마르코가 사용했던 수도꼭지로 가

서 시도했다. 하지만 작동하지 않았다. 드마르코가 손바닥을 위로 향하게 해보라고 했고, 그렇게 하자 수
도꼭지가 작동했다(Schulz 2006)." Benjamin 2019a도 참고하자.

51. Woods 2016

52. Winner 1980; Latour 1992

53. Friedman and Nissenbaum 1996, 1997; Friedman, Kahn, and Borning 2002; Friedman et al.
2013

54. Friedman and Nissenbaum 1997

55. Friedman and Nissenbaum 1996

56. Paul 2016

57. Muñoz, Smith, and Patil 2016

58. Benjamin 2019a, 7

59. Huff and Cooper 1987

60. 디자인 페르소나와 고정 관념에 관한 문헌은 Turner and Turner 2011에 잘 요약돼 있으니 참고하도
록 하자. 또한, 페르소나에 관한 근래의 비판은 Cutting and Hedenborg 2019를 참고 바란다.

61. Friedman and Nissenbaum 1997, 39

62. Wajcman 2010; Benjamin 2019a, 2019b; Noble 2018

63. https://criticalracedigitalstudies.com

64. Kirkham 2015

65. Bivens 2017

66. Haimson and Hoffmann 2016

67. Flanagan, Howe, and Nissenbaum 2008, 327

68. Friedman and Henry 2019

69. Williamson 2011

70. Williamson 2019

71. Williamson 2019

72. Hamraie 2017

73. Alpert 2018

74. Kafer 2013

75. Davis 2017

76. Story 2001

77. Hamraie 2017

78. Inclusive Design Research Centre, n.d.(https://idrc.ocadu.ca)

79. Inclusive Design Research Centre, n.d.

80. Inclusive Design Research Centre, n.d.

81. Kuhn (1962) 1996, 76

82. Krug 2000

83. Krug 2000

84. 이탈률(bounce rate)은 사이트 방문자들이 한 페이지만 보고 사이트를 떠나는 비율을 측정한 것이다. 웹 개발자들과 사이트 소유주들은 방문자들의 이탈률을 가능한 한 낮추길 원한다. 이탈률이 낮다는 것은 방문자들이 사이트의 여러 페이지를 탐색하고 더 많은 광고를 제공받을 수 있음을 의미하기 때문이다.

85. 미국에서의 스페인어 사용 현황을 대략적으로 살펴보려면 다음(https://en.wikipedia.org/wiki/Spanish_language_in_the_United_States)을 참고한다(정기적으로 업데이트됨). 금본위제 데이터 소스는 다음(http://data.census.gov)에서 미국 커뮤니티 설문조사(American Community Survey) 데이터를 참고하자.

86. Reinecke and Bernstein 2011

87. Zuboff 2015

88. Holmes 2018

89. Buolamwini and Gebru 2018

90. 간략한 개요는 Caplan et al. 2018과 다음(https://bigdata.fairness.io)을 참고한다.

91. Collins 2002

92. Eubanks 2017

93. Crawford 2016

94. Crawford 2016

95. Buolamwini 2017

96. https://www.ajlunited.org

97. http://www.fatml.org

98. Lorica 2018

99. Keyes 2018

100. Hoffman 2019

101. Collins 2002, 297

102. Collins 2002, 297

103. Benjamin 2019a

104. Angwin et al. 2016

105. 가장 최근 FAT* 콘퍼런스 프로그램을 참고하자(https://fatconference.org/2019/program.html). 이 자료가 비록 Mouzannar, Ohannessian, and Srebro 2019처럼 공정한 의사 결정과 사회적 평등이라는 장기적인 목표 간 논쟁을 불러일으킨 자료이긴 하지만 이해하는 데 도움이 될 것이다.

106. Lewis et al. 2018

107. Irani et al. 2010

108. Srinivasan 2017

109. Escobar 2018

110. Subcomandante Marcos 2000

111. https://datasociety.net, https://ainowinstitute.org, https://www.newschool.edu/digital-equity-lab, https://datajusticelab.org, https://publicdatalab.org

112. https://chupadados.codingrights.org

113. https://www.fatml.org, https://datasociety.net, https://civic.mit.edu, https://datajusticelab.org, http://www.communitysolutionsva.org/files/Building_Consentful_Tech_zine.pdf, https://www.odbproject.org, http://femtechnet.org/about/the-network

114. https://alliedmedia.org/amc2018/design-justice-track

2장. 디자인 실천(Design Practices)

1. Wakabayashi 2017

2. 이 메모에 대한 반박 의견은 Sadedin 2017, Fuentes 2017, John son 2017, Barnett and Rivers 2017을 살펴보길 바란다. Eagly(2017)는 메모의 주장 중 남녀 간 생물학적 차이에 관해서는 어느 정도 수긍하겠지만, 다양성 정책에 관한 저자의 결론을 지지하지 않는다고 했고, 어떤 연구자들은 메모를 지지했다. 양측의 과학적 논쟁을 요약한 자료를 보려면 Stevens와 Haidt 2017을 참고하자. 대략적 개요는 Molteni and Rogers 2017를 참고 바란다.

3. Wiener 2017; Bogost 2017

4. Zaleski 2017

5. Shetterly 2017

6. Waxman 2017

7. Volz 2017

8. Angwin et al. 2016

9. Eubanks 2018

10. Lyons, It's Going Down, and Bromma 2017(https://www.politicalresearch.org/2017/01/20/ctrl-alt-delete-report-on-the-alternative-right)

11. Tyson and Maniam 2016; CNN 2016

12. Papanek 1974

13. Wajcman 1991, 찬다 프레스코드 와인스타인(Chanda Prescod-Weinstein)의 '탈식민지 과학 읽기 목록(Decolonising Science Reading List)'(https://medium.com/@chanda/decolonising-science-reading-list-339fb773d51f), 베아트리체 마티니(Beatrice Martini)의 '탈식민화 기술: 읽기 목록 (Decolonizing Technology: A Reading List)'(https://beatricemartini.it/blog/decolonizing-technology-reading-list)

14. National Center for Women & Information Technology 2018

15. Nafus, Leach, and Krieger 2006(Dunbar-Hester에서 인용, 2014)

16. 보고서 '틀 깨기: 기술의 인종적 다양성에 투자하기(Breaking the Mold: Investing in Racial Diversity in Tech)를 참고한다(http://breakingthemold.openmic.org)

17. Josh Harkinson(2014)이 FOIA 리퀘스트(Freedom Of Information Act Request)를 통해 수집된 데이터를 토대로 저술한 마더 존스(Mother Jones)의 폭로, "실리콘밸리 기업들은 당신이 생각하는 것보

다 훨씬 더 백인적이고 남성적이다(Silicon Valley Firms Are even the whiter and more male than you thinks)"를 참고 바란다. 나중에 구글은 자체 데이터를 발표했다(http://googleblog.blogspot.com/2014/05/getting-to-work-on-diversity-at-google.html). Swift 2010도 참고하자.

18. Thurm 2018

19. Skinner 2006

20. Kleiman, n.d

21. Google 2014

22. Silbey 2018; Hicks 2017

23. Dunbar-Hester 2017

24. Weeden, Cha, and Bucca 2016; Wilson 2016; Arce and Segura 2015

25. 이 문헌을 검토해 정리한 Gardner, n.d.를 참고한다.

26. Kushi and McManus 2016

27. Irani 2015

28. Herring, 2009

29. 관련 사례는 Kochan et al. 2003를 참고한다.

30. OpenMIC 2017

31. Hunt, Layton, and Prince 2015

32. Hunt, Layton, and Prince 2015

33. Penny 2014

34. https://www.usability.gov/what-and-why/user-centered-design.html

35. 예를 들어, Oudshoorn, Rommes, and Stienstra (2004)가 작성한, 네덜란드의 두 가상 도시에 관한 디자인 프로세스 분석을 참고 바란다.

36. Hamraie 2013

37. http://contratados.org

38. Melendez 2014

39. Von Hippel 2005

40. Schmider 2016

41. 이렇게 특정 사용자 그룹이 요구하는 제품 사양을 충족시키지 못하는 상황에서, 이론적으로 충족되지 않는 사용자 요구를 충족시키는 새로운 기업들이 시장에 등장하지 못하곤 하는 이유, 관련 주장들을 탐색하는 일은 이 섹션에서 다루고자 하는 범위를 벗어난다. 일단은 글을 쓰는 시점에 젠더 비순응자들의 특정 사용자 요구 사항이 데이트 앱 시장에서 충족되지 않았다는 사실만 이야기하고 넘어가기로 한다.

42. Nielsen 2012

43. Userforge.com

44. Guo, Shamdasani, and Randall 2011

45. Long 2009

46. Norman 1990, 16

47. 현상학적 변이에 관한 자세한 내용은 Ihde 1990을 참고한다.

48. Flower et al. 2007

49. Wittkower 2016, 7

50. Wittkower 2016, 7

51. AMC의 리서치 정의(Research Justice) 트랙을 공동으로 준비한 리서치 액션 디자인(Research Action Design)의 크리스 슈바이들러(Chris Schweidler)는 이 말을 재구성해 이걸 가장 잘 보여주는 재미있는 수술대 밈을 만들었다.

52. Von Hippel 2005; Schuler and Namioka 1993; Bardzell 2010

53. https://airbnb.design/anotherlens

54. Miller 2017

55. O'Neil 2016

56. McCann 2015; http://www.buildwith.org

57. 이런 비판들을 요약한 자료는 modelviewculture.org의 웹 매거진 「모델 뷰 컬처(Model View Culture)」를 참고하자.

58. Prashad 2013

59. Pursell 1993

60. Schumacher 1999

61. Turner 2010

62. Willoughby 1990

63. Gregory 2003

64. Asaro 2000

65. Bannon, Bardzell, and Bødker 2019

66. Sanoff 2008

67. Muller 2003

68. Dunn 2007

69. Byrne and Alexander 2006

70. Von Hippel 2005

71. Eglash 2004

72. Bar, Weber, and Pisani 2016

73. Steen 2011

74. IDEO 디자인 툴킷(https://www.ideo.com/post/design-kit)

75. Sanders and Stappers 2008

76. Ries 2011

77. O'Neil 2013

78. Asaro 2014, 346

79. Srinivasan 2017, 117

80. 노키아에서 얀 칩체이스(Jan Chipchase)의 작업물을 참고하자(http://janchipchase.com/content/essays/nokia-open-studios).

81. Bezdek 2013

82. 유머러스한 디자인 프로세스 다이어그램 샘플링은 다음(https://designfuckingthinking.tumblr.com)을 참고 바란다.

83. Thatcher 1987

84. Fals-Borda 1987, White 1996

85. Mathie and Cunningham 2003

86. Brown 2017

87. Charlton 1998

88. Goggin and Newell 2003

89. Ellcessor 2016

90. Kafer 2013

91. 씬스 인밸리드(Sins Invalid)(장애 정의 퍼포먼스 프로젝트, https://www.sinsinvalid.org)를 대표해 패티 베른(Patty Berne)이 작성한 '장애 정의의 10가지 원칙(10 Principles of Disability Justice)'에서 발췌(Piepzna-Samarasinha 2019, 26-28)

92. Kafer 2013; Piepzna-Samarasinha 2018; https://www.sinsinvalid.org

93. 사례를 보려면 다음(https://www.d.umn.edu/~lcarlson/atteam/lawsuits.html)을 참고한다.

94. 리서치와 디자인을 변화시키는 사회 운동의 또 다른 사례는 ACT UP!(AIDS Coalition to Unleash Power)이다. 이 단체는 직접적인 행동, 미디어 지식, 정책 로비를 통해 HIV에 대한 생물의학 연구 제도와 치료의 접근성 모두를 변화시켰다. Shepard and Hayduk 2002도 참조한다.

95. 이 프로젝트는 코드포아메리카(Code for America)와 넷게인(NetGain)이 자금을 지원하고 조언했다.

96. 프로젝트 방법론에 관한 자세한 정보는 다음(https://morethancode.cc)에서 확인할 수 있다. 우리는 또한 IRS 양식 990 데이터 같은 2차 데이터를 13,000개 이상의 관련 비영리단체를 위해 분석했다.

97. 보고서는 사샤 코스탄자 초크(Sasha Costanza-Chock), 마야 와고네(Maya Wagoner), 베르한 타예(Berhan Taye), 캐롤라인 리바스(Caroline Rivas), 크리스 슈바이들러(Chris Schweidler), 조지아 불렌(Georgia Bullen), T4SJ 프로젝트가 공동 저술했다(https://morethancode.cc에서 확인 가능). Costanza-Chock et al. 2018를 참고하자.

98. Costanza-Chock et al. 2018에서 인터뷰한 '찰리(Charley)'(인터뷰에 참여한 사람들의 이름은 익명으로 표기)

99. Costanza-Chock et al. 2018의 '하이너(Heiner)'와 '흐비키(Hbiki)'

100. Costanza-Chock et al. 2018의 '하디(Hardy)'

101. Costanza-Chock et al. 2018의 '룰루(Lulu)'

102. Costanza-Chock et al. 2018의 '알다(Alda)'

103. Costanza-Chock et al. 2018의 '티볼리(Tivoli)'

104. Costanza-Chock et al. 2018의 '거트루다(Gertruda)'

105. Costanza-Chock et al. 2018의 '찰리(Charley)'

106. Costanza-Chock et al. 2018의 '마티야(Matija)'

107. Costanza-Chock et al. 2018

3장. 디자인 내러티브(Design Narratives)

1. ElBaradei 2003

2. Crawford 2017a

3. Crawford 2017b; Burckle 2013

4. Dyer–Witheford 1999

5. Tarrow 2010; Walgrave and Rucht 2010

6. Furness 2007

7. New York Civil Liberties Union(뉴욕 시민 자유 연합) 2014

8. http://wearemany.com

9. Jackson, Bailey, and Foucault Welles 2019

10. 사실, 허쉬(Hirsch)는 시민 미디어 센터(Center for Civic Media)에서 근무했다. 이 곳은 내가 몇 년 후인 2012년에 MIT 교수진으로 합류하게 될 리서치 그룹이다.

11. Hirsch 2008

12. Hirsch 2013

13. Sifry 2012

14. Hirsch 2013

15. Hirsch 2013

16. Dyer, Gregersen, and Christensen 2011

17. Kelley and Littman 2001

18. 예시는 Carey 1983 and Starr 2004를 참고한다.

19. 능력주의(Meritocracy)는 본래 Robert Frank (2016)가 '성공과 운: 행운과 능력주의 신화(Success and Luck: Good Fortune and the Myth of Meritocracy)'에서 주장한 것처럼 풍자적인 용어였다.

20. Merton 1968. 능력주의의 신화는 또한 차별 철폐 조치(affirmative action)에 대한 도전을 막을 핵심 논리를 제공한다.

21. Rhode 1991

22. Rogers 1962

23. Bar, Weber, and Pisani 2016

24. Bar, Weber, and Pisani 2016

25. Von Hippel 2005

26. Von Hippel 2005, 76

27. 창의성, 혁신, 특허와 저작권법 간의 관계를 풀어 정리한 제시카 실비(Jessica Silbey)의 '유레카 신화(The Eureka Myth, 2014)'를 참고하라.

28. Ferrucci, Shoenberger, and Schauster 2014

29. Matias 2012

30. Gupta 2006

31. Gray 2015

32. Brock 2018

33. Jackson, Bailey, and Foucalt Welles 2019, 12

34. Davenport and Beck 2001

35. 예시는 https://en.wikipedia.org/wiki/Kelvin_Doe를 참고한다.

36. Downing 2000, Rodriguez 2001, Milan 2013

37. Gamson and Wolfsfeld 1993

38. Turner 2010

39. Terranova 2000

40. Santa Ana, López, and Munguía 2010에서 이 주제와 관련된 문헌들을 검토한 결과를 볼 수 있다.

41. Cottle 2008

42. Wood 2014; Della Porta and Reiter 1998

43. Baudrillard 1995

44. Kellner 2004

45. Klein 2003

46. Kumanyika 2016

47. González and Torres 2011

48. Halleck 2002

49. Costanza-Chock 2011

50. Costanza-Chock 2012

51. midianinja.org

52. Blevins 2018; Jackson, Bailey, and Foucalt Welles 2019

53. Taylor 2018

54. Maxigas in AUTISTICI/INVENTATI 2017, 12

55. Maxigas in AUTISTICI/INVENTATI 2017, 12

56. Maxigas in AUTISTICI/INVENTATI 2017, 12

57. AUTISTICI/INVENTATI 2017

58. Lopez et al. 2007; Wolfson 2014; Coleman 2011

59. Metz 2016

60. Simon 1996

61. Schön 1983

62. Steen 2013, 6

63. Hoffman, Roessler and Moon 2004

64. Alexander(Hoffman, Roessler and Moon 2004에서 인용)

65. Hoffman, Roessler and Moon 2004

66. Dourish 2010

67. Smith et al 2016

68. Benford and Snow 2000, 614

69. Smith et al. 2016, 23

70. Hanna-Attisha et al. 2016; Butler, Scammell, and Benson 2016

71. 18F 가이드(https://lean-product-design.18f.gov/1-discovery-research)

72. https://lean-product-design.18f.gov/1-discovery-research

73. Brown 2009

74. Gates Foundation, n.d.

75. Gates Foundation, n.d.

76. Economist online 2012(https://www.gatesfoundation.org/Media-Center/Press-Releases/2018/11/Bill-Gates-Launches-Reinvented-Toilet-Expo-Showcasing-New-Pathogen-Killing-Sanitation-Products)

77. Kennedy 2013

78. Kennedy 2013

79. Kramer(Kennedy 2013에서 인용)

80. https://www.appropedia.org

81. Kass 2013

82. Prasad 2012

83. Prasad 2012

84. Prasad 2012

85. Hurn, Gyi, and Mackareth 2014

86. Hurn, Gyi, and Mackareth 2014, 7

87. Hurn, Gyi, and Mackareth 2014, 7

88. Hurn, Gyi, and Mackareth 2014, 8

89. Alter 2012

90. 드데커(De Decker)의 기사는 철저한 조사를 바탕으로 농업, 식품 시스템과 관련된 인간 배설물 처리 시스템의 역사를 자세히 설명한다. 거기서 드데커는 중국에서 약 4,000년 동안 효과적으로 작동했던 인분과 소변 처리 시스템을 설명한다. 중국 전역의 가정에서 밀봉된 용기를 농지로 운송해 퇴비화시켜 비료로 사용했다. De Decker 2010을 참고한다.

91. Tong 2017

92. https://www.makethebreastpumpnotsuck.com

93. Hare 2013

94. http://www.transhack.org

95. Downing 2000

4장. 디자인 현장(Design Sites)

1. Tweney 2009

2. https://alliedmedia.org/news/2012/03/04/media-go-go-lab-seeking-work-stations-and-skill-sharing-sessions

3. Nucera et al. 2012

4. Ito et al. 2009

5. https://www.alliedmedia.org/ddjc/discotech

6. Detroit Digital Justice Coalition 2012a

7. Allied Media Conference 2012, 112

8. Detroit Digital Justice Coalition 2012a

9. Allied Media Conference 2013, 24

10. https://codesign.mit.edu/discotechs/countersurveillance-discotechs

11. Ad Astra Workshop 2014. 이벤트 전단지는 참가자들이 포스터 디자인, 스크린 프린팅, 제본, 스톱모션 애니메이션 등의 기술을 배우도록 초대했다.

12. Web We Want 2014

13. https://codesign.mit.edu/discotechs. 오클랜드 협동조합 디스코테크(Oakland Co-op DiscoTech)에 대한 설명은 Spitzer 2016을 참고하자.

14. Maxigas 2012

15. Irani 2015

16. Nelson, Tu, and Hines 2001

17. Bengry-Howell and Griffin 2007; Calvo 2011

18. Rose 1994

19. Henriques 2011

20. Partridge 2010

21. Patel 2009

22. Durham, Cooper, and Morris 2013; 힙합 페미니즘(hip hop feminism)에 대한 자세한 설명은 Durham 2014를 참고한다.

23. Gomez-Marquez and Young 2016, 5

24. Gomez-Marquez 2015

25. Watkins 2019

26. Buhr 2016

27. Shadduck-Hernández et al. 2016

28. Wallerstein 2011

29. Federici, 2004

30. Ross 1997

31. Smith et al. 2016

32. Smith et al. 2016, 101

33. Maxigas 2012

34. Grenzfurthner and Schneider n.d.

35. Renzi, personal communication, 2018

36. Grenzfurthner and Schneider, n.d., 3

37. Grenzfurthner and Schneider, n.d., 4

38. Turner 2009

39. Žižek, quoted in Grenzfurthner and Schneider, n.d.

40. AUTISTICI/INVENTATI 2017

41. Lombana Bermúdez 2018

42. https://registro.tecnox.org

43. Duong, personal communication, 2018; 쿠바에서의 블로깅과 DIY 문화 관행에 관한 논의는 Duong 2013을 참고하자.

44. Fernandes 2010

45. http://www.midiaetnica.com.br

46. Mihal 2014

47. Chan 2014

48. http://www.civicinnovationlab.la

49. Fung and Wright 2001

50. City of Boston 2015

51. http://kendallsquare.org

52. Cornell Tech 2017

53. Gordon and Walter 2015

54. Gordon and Walter 2015

55. Chun 2005

56. Escobar 2012

57. Gordon and Walter 2015, 14

58. Schudson 1998

59. Smith et al. 2016, 102

60. 이 패턴은 글로벌 도시에 널리 나타난 패턴이지만, 일부 지역에서는 부유한 사람들이 도심을 떠나지 않았다. 한편, 나머지 사람들은 떠났지만 돌아오는 데 관심이 없다.

61. Wikipedia, n.d.

62. Mikhak et al. 2002; Gershenfeld 2008; Walter-Herrmann and Bueching 2014

63. fablabs.io

64. Gershenfeld, Gershenfeld, and Cutcher-Gershenfeld 2017

65. Kafer 2013

66. http://fab.cba.mit.edu/about/charter

67. http://peerproduction.net/wp-content/uploads/2012/07/maxigas-geneology_of_hacklabs_and_hackerspaces_draft.pdf

68. https://store.alliedmedia.org/products/how-to-discotech-zine

69. https://adainitiative.org/2014/02/18/howto-design-a-code-of-conduct-for-your-community

70. http://aorta.coop/portfolio_page/anti-oppressive-facilitation

71. Clay 2013

72. Smith et al. 2016, 105

73. Smith et al. 2016; Scholz 2013

74. Terranova 2000

75. Smith et al. 2016, 105; Scholz 2013; Soderberg 2013

76. Smith et al. 2016, 105

77. Smith et al. 2016, 106

78. Benkler 2006, 60

79. Gershenfeld, Gershenfeld, and Cutcher-Gershenfeld 2017

80. Holman 2015

81. Smith et al. 2016, 108

82. Smith et al. 2016, 118

83. Smith et al. 2016, 119–120. "기득권의 경제적 이익, 정치적 권위로서의 지위, 문화적 특권, 사회적 규범, 기술 기반 시설 및 연구 의제는 커뮤니티 워크숍에서 나오는 혁신적 아이디어와 관행을 선택적으로 채용한다. 그리고 이런 워크숍에서는 크라우드 펀딩을 받은 실리콘밸리의 사회적 기업가 정신이 우세해 이를 기반으로 개발이 이뤄진다. 워크숍은 개발 경로에 잠재된 폭넓은 원인과 결과에 주의를 기울이지 않고, 특정 디자인 문제만을 다루기도 한다. … 여기서 질문은, 워크숍 운동이 프로토타입 제작의 입증된 가능성을 넘어 근본적인 변혁을 촉진하는 프로세스로 관여할 수 있느냐는 것이다. … 워크숍을 바르셀로나의 아테니우스(Ateneus) 또는 아메르스포르트(Amersfoort)의 팹랩(FabLab)처럼 사회 변화를 위한 커뮤니티 행동주의와 연계해 진행하는 경우, 풀뿌리 활동가들과 그 쟁점에 의미 있는 디자인, 프로토타이핑, 제작 도구를 만들어내기 위한 노력이 필요하다. 관련성은 입증돼야 하며, 가정하지 않아야 한다."(Smith et al. 2016, 120)

84. Smith et al. 2016, 110–111

85. https://web.archive.org/web/20171115182528/http://www.techshop.ws/techshop.pdf

86. Briscoe and Mulligan 2014

87. 찰리 드타르(Charlie DeTar)는 허리케인 해커(hurricane hacker)와 더불어, 해커톤이 커뮤니티를 만들어내곤 하지만 새로운 작업 기술이나 도구를 생성하지는 않는("문제 해결"은 말할 것도 없다) 경향에 대해 썼다. DeTar 2013a 참고

88. Zukin and Papadantonakis 2017

89. Zukin and Papadantonakis 2017

90. DeTar 2013a

91. Broussard 2018

92. Lin 2016

93. Lin 2016

94. DeTar 2013a

95. Costanza-Chock et al. 2018에서 '베카(Becca)', '조스(Joss)', '털(Tal)'은 #MoreThanCode를 주제로 인터뷰를 했다. 다음(https://bit.ly/morethancode-keytakeaways, https://morethancode.cc/quotes)에서 주요 발견점과 실무자 의견들을 확인해보길 바란다.

96. Costanza-Chock et al. 2018의 '에리카(Erica)'와 '하이너(Heiner)'

97. Costanza-Chock et al. 2018의 '하이너(Heiner)'

98. Costanza-Chock et al. 2018의 '엘리오에나이(Elioenai)'

99. Costanza-Chock et al. 2018의 '매튜(Matthew)'

100. Robinson and Johnson 2016

101. Costanza-Chock et al. 2018의 '하디(Hardy)', '털(Tal)', '조스(Joss)'

102. Costanza-Chock et al. 2018의 '마누엘(Manuel)', '마가렛(Margerta)'

103. Costanza-Chock et al. 2018의 '이삭(Isaac)'

104. Costanza-Chock et al. 2018의 '이바(Ivar)', '루나(Luna)'

105. Costanza-Chock et al. 2018의 '루나(Luna)'

106. Grenzfurthner and Schneider 2009

107. Toupin 2014

108. Henry 2014; Fox, Ulgado, and Rosner 2015

109. https://www.facebook.com/sugarshackLA

110. Smith et al. 2016; Hielscher 2015

111. Smith et al. 2016

112. Selvaraj 2016

113. Smith et al. 2016, 122

114. Palfrey 2015, Lee and Phillips 2018

115. Resnick and Rusk 1996; Resnick, Rusk, and Cooke 1998. 이외에 잘리사 트랩(Jaleesa Trapp)의 교육자, 활동가, 창의적 학습 옹호자, 타코마 클럽 하우스의 전 코디네이터로서의 작업을 살펴보자.(https://www.media.mit.edu/people/jaleesat/updates 참고)

116. Juris 2008

117. Costanza-Chock 2003; Sreberny 2004

118. Dichter 2004

119. Costanza-Chock 2012

120. https://lesbianswhotech.org

121. http://www.transhack.org

122. https://whoseknowledge.org

123. https://hackathon.inclusivedesign.ca

124. D'Ignazio et al. 2016

125. Lin 2016

126. Lin 2016

127. Richard et al. 2015

128. National Center for Women & Information Technology(Richard et al. 2015, 115에서 인용)

129. Costanza-Chock et al. 2018의 '톰(Tom)'

130. Costanza-Chock et al. 2018의 '오델(Odell)'

131. Costanza-Chock et al. 2018의 '랜던(Landon)', '오델(Odell)'

132. Costanza-Chock et al. 2018

133. Lorde 1984

5장. 디자인 교육학(Design Pedagogy)

1. Harvey 2008

2. Baptiste 2014

3. Joint Center for Housing Studies of Harvard University 2018

4. http://www.clvu.org/our_history

5. https://righttothecity.org

6. Leyba et al. 2013

7. Aristotle(Halliwell 1986에서 인용)

8. Freire 2018

9. Mayo 1999

10. Highlander Research and Education Center 1997

11. 전체 본분을 보려면 다음(https://progressivetech.org/blog/2018/02/27/movement-tech-statement)을 참고한다.

12. https://projectsouth.org

13. https://www.movementhistory.org

14. Costanza-Chock 2014; http://idepsca.org

15. https://www.myalia.org

16. Center for Urban Pedagogy 2011

17. https://detroitcommunitytech.org/?q=learning-materials

18. 디지털 미디어와 리터러시에 관한 학술 대화 요약본은 Hobbs 2016을 참고한다

19. Wagoner 2017, 12

20. Wagoner 2017, 12

21. https://walkerart.org/magazine/never-not-learning-summer-specific-part-1-intro-and-identities

22. https://www.cmu.edu/qolt

23. Ding, Cooper, and Pearlman 2007

24. 저자들에 따르면 한 PAD 학생은 인도의 휠체어 사용자로부터 사용자 요구 사항과 가능한 솔루션을 수집하기 위해 흥미로운 방법을 개발했다. 그 학생은 최종 사용자들에게 카메라를 주고 일상 생활에서 직면하는 이동 장벽을 문서로 정리하도록 요청했다. 그리고 제약을 두지 않는 자유 의견, 접근성 척도, 건축 환경과 보조 기기 모든 방면에 제안될 수 있는 개선 사항 등이 포함된 양식을 작성하도록 요청했다.

25. D'Ignazio and Klein 2019

26. http://eqxdesign.com, Smyth and Dimond 2014, http://designjusticenetwork.org

27. https://databasic.io/en/, Bhargava and D'Ignazio 2015

28. https://www.alliedmedia.org/ddjc/discotech, https://databasic.io/en/culture

29. http://openstreetmap.org, https://publiclab.org, http://mapafeminicidios.blogspot.mx/p/inicio.html, civic.mit.edu/2013/08/07/the-detroit-geographic-expedition-and-institute-a-case-study-in-civic-mapping, https://www.propublica.org/article/lost-mothers-maternal-health-died-childbirth-pregnancy

30. http://rapresearchlab.com, 데이터 뮤럴스(data murals)는 웹사이트(https://datatherapy.org)와 Bhargava et al. 2016를 참고한다.

31. Papert and Harel 1991

32. Piaget(Sabelli 2008에서 인용)

33. Boud and Feletti 2013

34. Wilson 1996

35. Resnick et al. 2009

36. Resnick, Rusk, and Cooke 1998

37. Resnick, Rusk, and Cooke 1998

38. Bruckman and Resnick 1996

39. Levitt 2017

40. https://www.decolonisingdesign.com

41. Margolin 1996, 3

42. Margolin 1996, 5

43. hooks 1994, 148

44. 나는 이 코스를 다섯 번가량 가르쳤다. 내가 2013년 봄에 휴가를 떠났을 때는 페데리코 카사레뇨(Federico Casalegno)가 대학원생인 드니스 챙(Denise Cheng)과 함께 가르쳤다.

45. Scholz and Schneider 2016

46. 모든 프로젝트 사례 연구는 다음(https://codesign.mit.edu/projects)에서 확인할 수 있다.

47. Leyba et al. 2013

48. Crockford et al. 2014

49. McGregor et al. 2013

50. 코디자인 스튜디오(CoDesign Studio)에서 우리가 사용하는 작업 계약서 템플릿은 다음(http://bit.ly/codesign-agreement-template)에서 확인할 수 있다.

51. Racin and Gordon 2018

52. Duncan et al. 2013, 22

53. Duncan et al. 2013, 22. 코디자인 스튜디오 팀들은 커뮤니티 파트너와의 서면 작업 계약의 중요성도 강조하지만, 모든 플레이어들을 더 잘 이해하고 프로토타입 제작 및 검증을 위한 커뮤니티 파트너의 우선순위 의사 결정을 존중하며 전유의 역학을 경계하기 위해 프로젝트 시작 시점에 생태계 지도를 생성해야 함을 강조한다(CCTV 2013).

54. Design Studio for Social Intervention 2013

55. Henderson et al. 2017

56. Wu et al. 2017

57. Fernandez et al. 2014

58. Leyba et al. 2013

59. Weishaar, Zhong, and Cheng 2017

60. Fernandez et al. 2014

61. 예를 들어, Goldschmidt(2003)는 건축 학교의 디자인 교육을 분석했다. 그는 학생들이 주로 형태와 창의성에 중점을 두길 원했지만 건축의 실제적 측면을 강조하는 세미나, 강사, 비평에 주의를 덜 기울이기도 하고 어떤 경우에는 매우 분개한다는 사실을 발견했다. 학생들은 디자인 교육이 본인들의 창의적 충동을 자유롭게 장악하면서 형식적으로 흥미롭거나, 미학적으로 매력적이거나, 또는 창의적이거나 독특하거나 새로운 건축 모델과 개념을 생산할 수 있는 영역이 되길 기대했다. 그리고 그들은 현실 세계의 건축 구조 또는 공간이 사람, 역사, 문화, 환경 등과 함께 특정 위상과 어떻게 연계되는지 역설하는 디자인 교육의 측면은 폄하했다. 저자는 이를 실제 취업 시장의 현실과는 거리가 있는 디자인 학교의 분위기와 학생들의 열망에 반영된 세계적으로 유명한 건축가들의 스타 컬처로 밝혔다. 거대 기업 구조의 장기적 지속 불가능성(unsustainability)에 대한 커다란 구조적 문제는 고려하지 않았다.

62. https://aorta.coop/resources

63. Chakravartty 2006

64. Fernandez et al. 2014

65. Freeman 1972

66. Mohammad et al. 2016

67. D'Ignazio and Klein 2019

68. Jordan et al. 2016

69. Asharia et al. 2013

70. Wu et al. 2017

71. Mohammad et al. 2016

72. Delazari et al. 2016

73. Fernandez et al. 2014

74. Shah et al. 2014

75. Mohammad et al. 2016

76. Mawson 2003

77. Shah et al. 2014

78. Henderson et al. 2017

79. McGregor et al. 2013

80. Irani 2015

81. Design Studio for Social Intervention(사회적 개입을 위한 디자인 스튜디오) 2013, 20

82. Lu et al. 2014

83. Broussard 2018

84. McGregor et al. 2013

85. Design Studio for Social Intervention 2013

86. CCTV 2013

87. Obama 2016

88. Kastrenakes 2016

89. https://advancementproject.org/issues/stpp

90. Abraham 2011

91. Flores 2007

92. Burdge, Hyemingway, and Licona 2014

93. Cottom 2017

94. 코텀(Cottom)이 주장하는 것처럼, 커뮤니티 칼리지의 기술 및 디자인 과정은 저소득층 사람들이 지식과 기술을 습득하는 데 매우 중요한 역할을 한다.

95. Reich and Ito 2017

96. http://www.exploringcs.org

97. https://code.org/diversity

98. https://tsl.mit.edu/projects/swipe-right

99. Resnick 2017. 아이러니하게도 Ito and Reich(2017)는 학습적 측면에서 스크래치의 접근 방식(열린 결과물을 지향하고 최소한의 안내만을 제공하며 학생 주도로 진행되는 방식)이 이미 가장 혜택을 받고 있는 학생들에게 일방적으로 더 도움이 될 수 있음을 발견했다.

100. 많은 예시 중 하나를 들면, 하버드의 철학자와 컴퓨터 공학자 그룹은 최근 CS 커리큘럼에 윤리적 추론을 통합하고, 학생들에게 작업의 윤리적 의미를 고려하는 방법과 어떤 기술을 구축해야 하는지 또는 거부해야 하는지 결정하는 기준에 대해 가르치기 위해 '임베디드 에틱스(Embedded EthiCS)'라는 학습 모듈 세트를 개발했다(http://embeddedethics.seas.harvard.edu 참고).

101. https://www.ncwit.org와 위키피디아 카테고리 '과학과 기술 분야의 여성을 위한 조직'(http://en.wikipedia.org/wiki/Category:Organizations_for_women_in_science_and_technology)을 참고하자. 포용적인 컴퓨터 공학 교육의 모범 사례에 관한 최근 연구는 Hamilton et al. 2016을 참고한다.

102. debianwomen.org, geekfeminism.org, pyladies.net, http://www.blackgirlscode.com과 위키피디아 카테고리 '과학과 기술 분야의 여성을 위한 조직'(http://en.wikipedia.org/wiki/Category:Organizations_for_women_in_science_and_technology)을 참고한다.

103. http://www.blackgirlscode.com

104. http://girlswhocode.com

105. http://www.code2040.org

106. 에듀케이션앤워크(Education and Work)에서 뒤부아(Du Bois)는 직업 학교들이 직업의 대대적 재편, 자동화, 공장, 다국적 기업의 부상으로 빠르게 대체당하고 있는 직업을 계속 가르친다는 이유로 직업 학교들을 공격했다. 이 비판은 적절해 보인다. 보수가 좋은 코딩 직업군이 지속적으로 성장할 것이라고 진정 기대할 수 있을까? 실상은 이런 가능성을 방해하는 많은 요인이 존재한다. 예를 들어, 산업 내의 아웃소싱 구조, 각종 자동화, 고임금 코딩 직무에 대한 경쟁 증가 등 다양한 요인이 있다. 뒤부아는 부커 워싱턴(Booker T. Washington)과 직업 학교의 옹호자들에게 어떻게 그 목표가 흑인 고용을 위해 훈련시키는 것이었는지 설명한다. 이것은 흑인 부의 창출을 위한 토대를 제공하고 궁극적으로 모든 흑인의

고양과 백인 사회와의 통합으로 이어지는 것을 의미했다. 반면에 뒤부아는 고등 교육이 흑인들에게 지도력, 비전, 도덕적이고 문화적인 우수성을 훈련시키는 기관이 되길 바랐다. 그는 또한 대학 졸업생들이 가장 높은 수준의 산업과 과학 분야에서 핵심적 역할을 맡을 준비를 하길 원했다.

107. Du Bois 1932, 61; Du Bois 1903, 63. 뒤부아는 사람이 아닌 '남자'로 언급했다.

6장. 미래 작업의 방향

1. Luo 2018, 5

2. Godz 2018

3. https://www.icrac.net/open-letter-in-support-of-google-employees-and-tech-workers

4. 구금 감시 네트워크(Detention Watch Network)와 여러 이민자 권리 단체들에 의해 문서화된 바와 같이, 오바마 정부에서도 아동과 가족 구금이 증가했지만, 트럼프 정부가 들어서자 이런 정책은 새로운 차원의 잔혹한 수준으로 끌어 올려졌다(Detention Watch Network, n.d.).

5. Smith and Bogado 2018; Human Rights Watch 2018

6. Chao 2018. MIT 교수진도(저는 공동 저자였음) 마이크로소프트 직원들의 캠페인을 지원하기 위해 학자들과 과학자들의 이름으로 공개 서한을 발표했다. 이 서한에는 전국의 500여명의 교수진, 과학자, 연구원들이 서명했다.(https://actionnetwork.org/petitions/an-open-letter-to-microsoft-drop-your-194-million-ice-tech-contract)

7. Captain 2018

8. Kauffman 2018

9. Sydell 2018

10. Forsythe and Bogdanich 2018

11. Gallagher 2018; Kottasová 2018

12. Condliffe 2018

13. Bright 2018

14. https://www.ibmpetition.org

15. Segarra 2018

16. https://techworkerscoalition.org

17. Science for the People(사람들을 위한 과학) 2018a

18. Science for the People 2018b

19. Allen 2019

20. Gilpin 2015

21. Moore 2009

22. Schuler and Namioka 1993

23. Wolfson 2014

24. Smith et al. 2016

25. Braman 2011; Braman 2012

26. https://www.thejustdatalab.com/resources

27. Koopmans 2004

28. Dyer-Witheford 1999

29. Browne 2015

30. Roston 2017, Brian Resnick 2017

31. 예를 들어, 벤 그린(Ben Green)의 책 『Smart Enough City』(MIT, 2019)는 사람들의 관심이 스마트 시티 담론, 정책, 관행에 관한 실행 가능한 비판으로 이어지길 바란다.

32. Costanza-Chock 2018

33. Flyvbjerg 2005

34. DiSalvo 2012, 118

35. Coffey 2015

36. Mills 2015; Alexander 2005

37. Noble 2018, 171-172

38. https://criticalracedigitalstudies.com

39. Khalil and Kier 2017

40. Brock 2018.

41. Friedman and Nissenbaum 1996

42. Lee et al. 2016

43. ADA 2007

44. Hamraie 2017

45. Bush 1983

46. Raji and Buolamwini 2019

47. https://bostoncivic.media

48. 여기서 폭스 해럴(Fox Harrell)의 환상 매체에 관한 작업(2013)과 산드라 브라만(Sandra Braman)의 정체성과 정보 상태에 관한 작업(2009)은 매우 관련성이 높은 시금석, 기준을 제공한다.

49. Connell et al. 1997

50. http://www.iccsafe.org

51. https://www.iso.org/standard/52075.html

52. Varon and Cath 2015; ten Oever 2018

53. Braman 2012

54. https://en.wikipedia.org/wiki/Accessibility

55. 그러나 법률은 기술 디자인을 형성하는 데 매우 느리면서도 때로는 무딘 도구가 되기도 한다. 예를 들어, Goodman and Flaxman(2016)의 최근 논문은 설명에 대한 권리 또는 알고리듬 투명성 법에 관한 추진에 관한 주제를 다룬다. 저자들은 접근 방식으로서의 투명성이 여러 이유로 가장 중요한 알고리듬 피해를 다루지 않을 것이라고 주장한다. 그들은 먼저 EU GDPR(General Data Protection Regulation, 일반 데이터 보호 규정)의 설명에 대한 권리가 알고리듬 제작자들이 '알고리듬의 작동 방식'을 공개해야 함을 의미하는 요구로 간주된다면, 대응 범위가 너무 광범위하면서도 이행이 불가능할 거라고 주장한다. 저자들은 일반적인 기계 학습 기술이 ('프로세싱 로직에 관한 유의미한 정보'처럼) 설명이라는 용어의 일반적 의미로 설명할 수 있는 의사 결정 프로세스와는 거리가 있는 이유를 설명한다. 다시 말해 알고리듬을 생성하기 위해 기계 학습을 하는 컴퓨터 공학자들은 종종 매우 특정한 종류의 제한된 쿼리 내에서만 이런 종류의 설명을 할 수 있다.

56. Federici 2012

57. Purao, Bagby, and Umapathy 2008

58. Cizek et al. 2019

59. Braman 2012

60. Purao, Bagby, and Umapathy 2008

61. DeTar 2013b

62. Bernal 1998; Collins 2002; and Harding 2004

63. Broussard 2018

64. Dyer-Witheford 1999

65. Scholz and Schneider 2016

66. https://colloqate.org/design-justice-summit

67. http://eqxdesign.com

68. Racin and Gordon 2018

69. https://foundation.mozilla.org/en/initiatives/responsible-cs/challenge

70. Spelic 2018

71. Spelic 2018

찾아보기

A

B

디자인 정의

우리에게 필요한 세상을 위한

발　행 | 2023년 4월 28일

옮긴이 | 송 유 미
지은이 | 사샤 코스탄자 척

펴낸이 | 권 성 준
편집장 | 황 영 주
편　집 | 김 진 아
　　　　 임 지 원
디자인 | 윤 서 빈

에이콘출판주식회사
서울특별시 양천구 국회대로 287 (목동)
전화 02-2653-7600, 팩스 02-2653-0433
www.acornpub.co.kr / editor@acornpub.co.kr